DŻIHAD I SAMOZAGŁADA ZACHODU

fabryka słów®
WYDAWNICTWO

PAWEŁ

LISICKI

DŻIHAD I SAMOZAGŁADA ZACHODU

fabryka słów®

Lublin 2015

Wstęp

Mufti mi wszystko wyjaśnił

Listopad 2014 roku. Za sześć tygodni miało dojść do zamachu islamistów w Paryżu, niewiele wcześniej w Internecie pojawił się kolejny filmik pokazujący, jak człowiek z zasłoniętą twarzą podcina klęczącemu przed nim bliźniemu gardło. Scena typowa. Ubrany na czarno mężczyzna chwyta swoją ofiarę za włosy i przeciąga nożem po szyi. Nie widać dokładnie, jak czerwień krwi łączy się z pomarańczowym kolorem dziwnego kombinezonu, stroju dla tych, którzy nie chcieli wyznawać Allaha. Miesiąc jakich wiele przed nim i po nim. Jeśli wierzyć statystykom, w ciągu tych trzydziestu dni na świecie z rąk muzułmanów zginęło za swoją wiarę około 200 chrześcijan. Może trochę więcej, może trochę mniej. Dane nie są ścisłe, zbierane z opóźnieniem. Według amerykańskiej telewizji WND w roku 2012 z powodu wyznawanej wiary zabito 1201 chrześcijan, w 2013 roku – 2123, łatwo zatem obliczyć średnią miesięczną. Przy tym chodziło wyłącznie o śmierć w przypadku, kiedy wyraźnym motywem sprawców była nienawiść do chrześcijaństwa. Do napaści i zbrodni na chrześcijanach dochodziło ogółem w 37 państwach islamskich – najwięcej przypadków odnotowano w Syrii, Iraku, Egipcie, Pakistanie, Nigerii i Sudanie. Ofiary ginęły i giną w różny sposób. Czasem podrzyna im się gardło, czasem strzela do nich, niekiedy giną zadeptane w tłumie lub podpala się ich domy. Zdarza się, że przed śmiercią kobiety są gwałcone, a ich bliscy torturowani. Raz są to skrytobójcze, pojedyncze morderstwa, raz przypadki zbiorowych egzekucji – najsłynniejsza z nich miała miejsce już w lutym 2015 roku, kiedy to muzułmańscy terroryści zabili 21 egipskich Koptów.

Ostatniego dnia tego miesiąca światowe media zajmowały się jednak czym innym. Nie opisywały strachu i przerażenia niewinnych, nie troszczyły się o los idących pod nóż. Skupiły się na wizycie głowy Kościoła katolickiego w Stambule.

Rzeczywiście, wszystko było tam pełne symboliki. Duchowy przywódca Zachodu, a za takiego może przecież uchodzić papież, wędruje do niegdysiejszej stolicy wschodniego chrześcijaństwa, by tam spotkać się również z najwyższymi rangą przedstawicielami islamu. Chociaż muzułmanie nie mają nikogo na wzór papieża, żadnej najwyższej instancji religijnej, to odwiedziny nad Bosforem mogły skłaniać do myślenia, że dochodzi tam do swoistego spotkania dwóch religii, chciałoby się powiedzieć: dialogu międzyreligijnego na najwyższym możliwym szczeblu. W końcu wielki mufti Stambułu za czasów imperium osmańskiego przez wieki był najważniejszym zapewne muzułmańskim autorytetem religijnym.

Pod piękną, wyniosłą kopułą wspaniałego Błękitnego Meczetu w Stambule Ojciec Święty Franciszek stał, jak to ujęli towarzyszący mu dziennikarze, w „milczącej adoracji". Ceremonia musiała robić wrażenie, nawet na zdjęciach przekazanych przez agencje uderzają elegancja, spokój, pewnego rodzaju majestatyczność widoczne w wielkiej sali domu modlitw. I te dwie postaci w białych strojach od stóp do głów, papież i gospodarz miejsca, a wokół, niczym stado czarnych wron na białym śniegu, tłum towarzyszących im dyplomatów, duchownych, teologów i uczonych. Atmosfera, sądząc po minach i gestach, pełna była wzajemnego zrozumienia i szacunku. Naprawdę było na co popatrzeć. Jak opisywała korespondentka brytyjskiej gazety „The Observer", „w geście mającym pokazać jego zaangażowanie w dialog międzyreligijny papież Franciszek poprowadził cichą modlitwę wraz z wysokim rangą duchownym muzułmańskim. Zwracając twarz ku Mekce, Franciszek pochylił głowę w modlitwie i stał tak przez kilka minut obok muftiego Stambułu Rahmiego Yarana". Mimo tak licznej obecności wszelkiej maści obserwatorów nie zdołałem dowiedzieć się od nich, co właściwie zawierała modlitwa Ojca Świętego. Wiedziałem jedynie, że papież na pewno nie ograniczył się do podziwiania niezwykłych skarbów architektury, oszałamiającej pustej przestrzeni przykrytej wypukłym sklepieniem. Nie, skierowanie się ku Mekce, typowy gest muzułmanów, wskazywało, że Franciszek faktycznie się modlił – wprawdzie jeszcze w milczeniu – do Allaha. Co mówił? Jakich słów użył?

Na szczęście sam papież nieco więcej opowiedział o swojej modlitwie później, w trakcie specjalnej konferencji prasowej, zorganizowanej w samolocie wracającym z Turcji 30 listopada. Oto własne słowa Ojca Świętego: „Przybyłem do Turcji jako pielgrzym, nie turysta... kiedy wszedłem do meczetu, nie mogłem powiedzieć: »Teraz jestem turystą«. Nie, to było całkiem religijne. I widziałem ten cud! Mufti wszystko bardzo dobrze mi wytłumaczył, z taką łagodnością i używając Koranu, który mówi o Marii i o Janie Chrzcicielu. Wszystko to mi wyjaśnił... W tym momencie odczułem potrzebę pomodlenia się. Zapytałem go: »Pomodlimy się trochę?«, na co odpowiedział: »Tak, tak«. Modliłem się za Turcję, za pokój, za muftiego, za każdego i za siebie, według potrzeb... Modliłem się szczerze... Najbardziej modliłem się o pokój i powiedziałem: »Panie, spraw, aby zakończyły się te wojny!«. Tak więc to była chwila szczerej modlitwy".

Pięknie to oczywiście brzmi i nie mam wątpliwości, że tak też – z życzliwością, uśmiechami zrozumienia i uznania – słowa te zostały przyjęte przez podróżujących z papieżem dziennikarzy. Czyż nie tego oczekuje się dziś powszechnie od papieża? Że będzie miły i sympatyczny? Że będzie umiał dostrzec wartość poza Kościołem, że doceni dobro innych religii? Że będzie budowniczym mostów i pośrednikiem między różnymi kulturami? A jednak nie daje mi spokoju pytanie, jak papież mógł w tym miejscu czcić Boga. Tak, zepsuję tę atmosferę wzajemnego zrozumienia i powiem, że nie potrafię ani zrozumieć, ani zaakceptować takiego zachowania. Kompletnie nie przekonuje mnie twierdzenie, że skoro papież przybył do Turcji w celach religijnych, to musiał się modlić w meczecie. Czy nie słyszał wcześniej o zbrodniach na chrześcijanach popełnianych w imię Allaha? Czy nie pomyślał o tych wszystkich, którzy życiem zapłacili i płacą za to, że nie chcą zwrócić się w stronę Mekki, ale oddają cześć Jezusowi Chrystusowi? Czy nie pamiętał o Meriam Ibrahim Iszag, nawróconej na chrześcijaństwo kobiecie w ciąży, straconej za „apostazję" w Sudanie? Faktycznie, jako jeden z nielicznych przywódców światowych, Franciszek nawet nie próbował w jej sprawie interweniować! Podobnie jak przez miesiące milczał w sprawie innej chrześcijanki, Asii Bibi, tym razem skazanej w Pakistanie za „bluźnierstwo", i to mimo że wcześniej próbował jej pomóc Benedykt XVI. Ba, nawet prawosławny patriarcha Moskwy zdobył się na działanie i wezwał prezydenta Pakistanu do skorzystania z prawa łaski, pisząc, że „nasza wielomilionowa trzoda wiernych przyłącza swój głos do wielkiej liczby ludzi na całym świecie, którzy dopraszają się ocalenia życia tej chrześcijanki".

Wszystko to, o czym piszę, nie ma wiele wspólnego z teologią. Nawet nie pytam – jeszcze nie pytam – jak chrześcijanin może zwracać się do Boga, który nikogo nie zrodził i którego Syn ani nie zmarł na krzyżu, ani nie powstał z martwych. Jak chrześcijanin może czcić Boga, który przekazał swoje objawienie Mahometowi? Tak, nie rozumiem tego, ale to kwestie wiary. To natomiast, że papież publicznie, na oczach całego świata oddał chwałę Allahowi, będącemu natchnieniem dla setek, a może tysięcy fanatycznych wyznawców, którzy dzień w dzień i noc w noc zabijają, prześladują, biją, wypędzają, palą i torturują ludzi, to jest już raczej, przyznają państwo, kwestia nie tylko teologiczna. Chyba moralna?

No bo zróbmy mały eksperyment myślowy, naprawdę nie trzeba tu wielkiej wyobraźni. Postawmy się w sytuacji tych wszystkich chrześcijan, którzy są prześladowani ze względu na imię Chrystusa. Zastanówmy się, co czują. Pomyślmy, co musieliby czuć, gdyby do ich małych wiosek i miasteczek dotarła ta informacja – a przecież żyjemy w globalnym, internetowo powiązanym świecie i zdjęcia, które opisywałem, siedząc w Warszawie, są tak samo dostępne w Egipcie czy Pakistanie – że ten, którego Opatrzność uczyniła ich duchowym zwierzchnikiem, oddał cześć Bogu w stambulskim meczecie. Jak zareagowaliby na jego słowa, że mufti mu wszystko wyjaśnił i że w Koranie mówi się o Maryi i Janie Chrzcicielu. I że po tych słowach odczuł spontaniczną potrzebę modlitwy. Może uznaliby, że tak było trzeba? Że w ten sposób papież zabiegał o pokój i porozumienie? Nie wiem. Sądzę jednak, że równie prawdopodobna byłaby inna interpretacja, mianowicie taka, zgodnie z którą poczuli, że zostali zdradzeni, porzuceni, wydani na pastwę prześladowców. Dlaczego mają ginąć, obstając uparcie przy tym, by właśnie nie modlić się i nie czcić Allaha w meczetach, skoro Ojciec Święty pokazał, że to naturalne i zwykłe? Wystarczyło, że wszystko mu wyjaśnił mufti.

Autentyczny islam

Najdziwniejsze jest to, że jeśli dobrze pojmuję, papież chybaby ich pretensji i żalu nie zrozumiał. Okazuje się, że w jego oczach islam nie ma nic wspólnego z zabijaniem chrześcijan. Tak, właśnie tak. Nie wiem, jak to możliwe, ale wygląda na to, że tak jest. Muzułmanin, który idzie się wysadzić w powietrze i zabija dziesiątki niewinnych chrześcijan, który wierzy, że od razu po śmierci pójdzie do raju, który na poparcie swej wiary recytuje święte wersy Koranu i w chwili gdy odpala ładunek, wykrzykuje „Allah akbar", nie ma według papieża nic wspólnego z islamem! Muzułmanin, który całe życie poświęcił nauce Koranu, odbył pielgrzymkę do Mekki, modli się pięć razy dziennie, żyje ściśle według nakazów szariatu, w przeświadczeniu, że wojna z niewiernymi i ich zabijanie jest nakazem religijnym, nie zna rzekomo islamu! Mimo że do takich działań nakłania go nie tylko własne sumienie, ale całe otoczenie i cała muzułmańska społeczność, to, zdaniem papieża Franciszka, nic to nie zmienia. Jak napisał w swojej adhortacji apostolskiej „Evangelii gaudium", „autentyczny islam i właściwe odczytanie Koranu sprzeciwiają się wszelkiej formie przemocy". Tak, przeczytajmy to zdanie jeszcze raz i jeszcze raz. Ojciec Święty cytował je zresztą wielokrotnie, zwracając się do muzułmanów, również w Turcji. To ono stanowić ma klucz do zrozumienia postawy papieża i powód, dla którego nie sposób odnaleźć słów papieskiego potępienia wobec muzułmanów za gwałty na chrześcijanach. Jak papież może potępiać muzułmanów, skoro to nie ich religia odpowiada za stosowanie przemocy? Ba, można by było wręcz twierdzić, że to muzułmanie (mówiąc językiem Watykanu: autentyczni muzułmanie) są głównymi ofiarami terroru, bo przecież niesłusznie przypisuje im się winę za to, czego nigdy nie głosili.

Tyle że to logika co najmniej dziwaczna. Wynika z niej, że papież zna islam lepiej niż jego wyznawcy. Pomijam już to, że upieranie się przy swojej interpretacji Koranu w dokumencie wiążącym katolików jest absurdalne – kto, na Boga, uczynił Ojca Świętego kompetentnym w ocenie tego, na czym polega prawdziwy islam, i jak może się on domagać od katolików, żeby w tej sprawie uznali jego autorytet? Czy papieże wiedzą obecnie lepiej niż wyznawcy poszczególnych religii, jaka jest ich autentyczna treść? Jeszcze trochę i okaże się, że jeśli muzułmanie będą chcieli dowiedzieć się, na czym polega ich religia, to zamiast na uczelnię Al-Azhar lub do świętego miasta Kom udadzą się do Watykanu. Naprawdę nie umiem w tym rozumowaniu dostrzec sensu. Obawiam się, że tego typu deklaracje przyjmowane są przez muzułmanów z zadowoleniem, bo służą po prostu celom ich propagandy. Kiedy czytam takie zapewnienia, przypominają mi się, przykro to powiedzieć, pisma wszystkich tych intelektualistów z bożej łaski, którzy przez lata dowodzili na Zachodzie, że komunizm jest ustrojem pokoju i demokracji. Autentyczny komunizm, prawdziwy socjalizm jest dobry i służy człowiekowi, a jeśli ktoś wskazywał, że w owym komunistycznym raju wsadza się do więzień przeciwników politycznych, ludzie głodują, brak podstawowych dóbr i panuje totalne zniewolenie, słyszał, że albo to zachodnia propaganda, albo – kiedy łgarstw nie dawało się dłużej bronić – że to komunizm wypaczony.

Dwie religie, jeden fundamentalizm

Na tym jednak nie koniec. Ojciec Święty nie tylko że głosi lukrowany obraz religii Mahometa, ale jeszcze – byle tylko za żadną cenę nie dopuścić do podejrzenia, że między islamem a terrorem istnieje jakiś związek – opowiada, że w istocie, jeśli chodzi o używanie przemocy, to... chrześcijaństwo nie różni się od islamu. Proszę, oto właściwy cytat: „Nie można twierdzić czegoś takiego [że islam wspiera przemoc wobec niewiernych], tak jak nie można powiedzieć, że wszyscy chrześcijanie są fundamentalistami. My mamy swoich fundamentalistów. We wszystkich religiach są takie małe grupy". Bezkresny utopizm i naiwna wiara w dialog międzyreligijny doprowadziły papieża do uznania, że po pierwsze nie istnieje związek między islamem a używaniem przemocy wobec niewiernych, a po drugie – że chrześcijaństwo ma taki sam problem ze swoimi fundamentalistami jak islam ze swoimi. To pierwsze twierdzenie pozostaje w sprzeczności zarówno z nakazami Koranu do prowadzenia świętej wojny, jak i z całą historią rozwoju religii Mahometa. Ba, przeczą mu setki, tysiące przykładów prześladowań dokonywanych przez muzułmanów. Nie mniej istotna jest jednak i druga część tego zdania.

Przypomina mi się tu okładka „Newsweeka" z Antonim Macierewiczem w turbanie, z nieco obłąkanym wzrokiem, opatrzona tytułem „Amok" i z wybitym obok pytaniem „Czy język nienawiści wywoła prawdziwą wojnę?". W ten sposób Macierewicz miał stać się polską wersją taliba, można by już nim straszyć dzieci. Sam dawno temu toczyłem na łamach „Rzeczpospolitej" batalię z komentatorami, którzy starali się wykazać, że polski fundamentalizm ma twarz ojca Rydzyka. Wiadomo, dlaczego tak się robi. Wśród polskich katolików nie ma żadnych grup, które głosiłyby potrzebę użycia przemocy wobec niewierzących, jednak żeby ich zohydzić i odebrać im wiarygodność, trzeba im doczepić łatkę. Tak właśnie postępowali różni lewaccy hejterzy. Wiedzieli, że słowo „fundamentalista" jest wieloznaczne oraz że wywołuje emocjonalnie negatywną reakcję opinii publicznej. Jedni używają go do opisu muzułmańskich zabójców, inni nazywają tak po prostu ludzi przeświadczonych o tym, że są posłuszni prawdzie albo że należy się słuchać Boga. Znaczenie słowa jest niejasne, może ono zatem dobrze posłużyć jako narzędzie rozprawy z przeciwnikami ideowymi. Nikt przecież nie będzie sobie zawracał głowy tym, że pierwotnie mianem fundamentalistów określano amerykańskich protestantów, którzy na początku XX wieku bronili literalnego rozumienia Biblii. Skoro jednym pojęciem można opisywać całkiem różne zachowania – zamachowców samobójców i obrońców życia, tych, którzy śmierć zadają, i tych, którzy przed nią bronią – to idealnie wręcz nadaje się ono do batalii ideowych. Nadaje się dla tych, którzy dysponują medialną przewagą i są w stanie przez częste powtarzanie i wywoływanie odpowiednich skojarzeń wbić publiczności taki obraz do głowy. Wystarczy, że do kogoś przyczepi się łatka fundamentalisty, i sprawa załatwiona. Nie chodzi o racjonalne przekonanie, ale o wytworzenie odruchów bezwarunkowych. Widzisz twarz prawicowca i masz myśleć, że zaraz będzie zabijał niewinnych. Opinia publiczna ma reagować jak pies Pawłowa.

Tylko w jakim celu takie opinie wygłasza papież? Jak może przechodzić do porządku dziennego nad radykalnie innym stosunkiem do przemocy w obu tradycjach religijnych? Jak może twierdzić, że w każdej religii istnieje przemoc, że „my mamy swoich fundamentalistów. We wszystkich religiach są takie małe grupy"? Skoro już to robi, to niech wskaże katolików, którzy wysadzaliby się w powietrze, zabijając przy okazji innych. Niech da przykład chrześcijan, którzy wołając „Jezus jest Panem", mordują bliźnich. Gdzie ich znajdzie? Gdzie są, u licha, „nasi fundamentaliści", którzy obwieszają się ładunkami trotylu i zabijają wraz z dziesiątkami niewinnych? Gdzie zdjęcia „naszych fundamentalistów" podrzynających gardła niewiernym?

Papież osobliwie łączy tu stanowczość w wyznawaniu wiary ze skłonnością do używania przemocy wobec drugich. Nie zauważa, że chrześcijański „fundamentalista" nie może zabijać ani siebie, ani innych i na tym jego „fundamentalizm" polega; islamski przeciwnie, może i powinien. Kiedy w pierwszych wiekach ery chrześcijańskiej wyznawcy Chrystusa podlegali masowym prześladowaniom ze strony władz rzymskich, przyjmowali cierpienie i śmierć bez walki. Tak, dyskutowali również o samobójstwie, czego świadectwem są choćby poświęcone tej kwestii rozdziały „Państwa Bożego" świętego Augustyna, ale nie po to, by usprawiedliwiać samobójcze ataki na innych. Nie. Rozważali pytanie, czy kobieta ma prawo popełnić samobójstwo, wiedząc, że w przeciwnym razie zostanie zgwałcona! I nawet w takim przypadku ci wcześni „fundamentaliści" sądzili, że człowiek nie ma prawa sam odebrać sobie życia! A co dopiero zadawać śmierć innym po to, żeby coś pokazać: jak nienawidzi Zachodu albo jak bardzo cierpi.

Stwierdzenie, że tak chrześcijanie, jak muzułmanie mają swoich fundamentalistów, z którymi muszą sobie radzić, może wynikać tylko z jednego: z totalnego abstrahowania od rzeczywistości. Nie liczy się to, co faktycznie w każdej z tradycji powiedział Bóg – czy zakazał zabijać niewiernych, czy też przeciwnie, pozwolił na to. Zamiast tego pojawia się dziwne i osobliwe pojęcie religii, zgodnie z którym Bóg jest jakąś abstrakcyjną istotą, swoistym nad-Bogiem, który obejmuje w sobie różne, często sprzeczne ujęcia, jakie przekazały o Nim poszczególne tradycje religijne. Nieważne zatem jest, że w chrześcijańskiej Biblii „[...] rzekł Bóg: »Uczyńmy ludzi na Nasz obraz, podobnych do Nas. Niech panują nad rybami morskimi, nad ptactwem powietrznym, nad bydłem, nad całą ziemią i nad wszelkimi zwierzętami pełzającymi po ziemi«. I stworzył Bóg ludzi na swój obraz: na obraz Boży ich stworzył. Stworzył ich jako mężczyznę i kobietę" (Rdz 1,26-27), a w muzułmańskim Koranie: „Głoś! w imię twego Pana, który stworzył! Stworzył człowieka z grudki krwi zakrzepłej!" (Koran XCVI,1-2)*.

Nieważne, że według jednej religii człowiek jest stworzony na obraz i podobieństwo Boże, według drugiej nie ma o tym mowy, a człowiek nie ma żadnej wyższej godności nad resztę bytów stworzonych. Nie, w abstrakcyjnym ujęciu takie szczegóły i drobiazgi nie mają znaczenia. Przed laty znany francuski intelektualista Alain Besançon napisał, że właśnie te dwie opowieści o początkach człowieka pokazują, iż nie wolno zestawiać obu religii, islamu i chrześcijaństwa, i traktować ich, jakby były czymś jednym. W książce „L'image interdite" („Zakazany obraz") wykazywał, że ta różnica miała potem przez wieki ogromne znaczenie dla całej zachodniej sztuki i kultury. Kiedy jednak abstrahuje się od treści przesłania religijnego, pozostaje pusta forma, niejasne i nieokreślone stwierdzenie, że istnieje jakaś siła wyższa i jacyś ludzie, którzy ją uznają.

---

* Wszystkie cytaty z Biblii pochodzą z *Pisma Świętego Starego i Nowego Testamentu. Najnowszy przekład z języków oryginalnych z komentarzem*, Edycja Świętego Pawła, Częstochowa 2011, natomiast cytaty koraniczne z *Koranu* w przekładzie Józefa Bielawskiego, Państwowy Instytut Wydawniczy, Warszawa 1986 (przyp. red.).

Jakie jest praktyczne znaczenie wypowiedzi papieskich na temat islamu? Ci, którzy ich bronią, twierdzą, że mają one ułagodzić muzułmanów. Do diabła, zdecydujmy się na coś. Albo „islam to religia pokoju" i wtedy nikogo nie trzeba sztucznie uspokajać, albo trzeba kogoś uspokajać, więc islam religią pokoju nie jest. Albo traktuje się drugiego jak partnera dialogu w prawdzie i mówi mu się to, co dyktuje sumienie, nawet jeśli może to być niemiłe i kontrowersyjne, albo o żadnym dialogu nie ma mowy, są tylko mniej lub bardziej udane negocjacje z szantażystą! Ode mnie wymaga się jednak, żebym łykał obie te opowieści razem! Co tu jest środkiem, a co celem, pytam? Czy dialog i opowieści o pokojowym islamie mają być zasłoną dymną, próbą zjednania sobie niebezpiecznych przeciwników, czy też odwrotnie, mają być autentycznym i szczerym wyrazem przekonań Ojca Świętego? Najgorsze, że nie chodzi tu tylko o słowa, ale o ludzki los, który od tych słów zależy.

Cytat z cesarza Bizancjum

Rzadkie są chwile, kiedy właśnie polityczna poprawność znika i przez moment na scenę pada ostry snop światła. Tak było we wrześniu 2006 roku. Wtedy to Benedykt XVI wygłosił słynny wykład na uniwersytecie w Ratyzbonie, gdzie niegdyś pracował jako profesor teologii. Wystąpienie było zatytułowane „Wiara, rozum i uniwersytet – wspomnienia i refleksje" i miało być poświęcone stosunkowi Kościoła do świata współczesnego, w tym również do islamu.

„Mówi o dżihadzie. Spójrz na to – rzekł Jeff, wskazując na podkreśloną linijkę. – W islamie »znajdziesz tylko rzeczy złe i nieludzkie«. To religia »szerzona mieczem wiary«. Te słowa wkurzą wiele osób" – ten komentarz korespondenta „Time'a", przytoczony w ciekawej książce „Dziennik watykański" Johna Thavisa, pokazuje, że dziennikarze doskonale wiedzą, co wykracza poza granice politycznej poprawności. Wiadomo przecież, czego papieżowi robić nie wolno: krytykować innych religii, zarzucać im błędów i fałszerstw. Nie wolno mu też negatywnie oceniać założycieli innych światowych religii i w ogóle formułować sądów, które przez niechrześcijan mogłyby zostać uznane za krzywdzące. Nic dziwnego, że reporterzy, którzy zapoznali się z tekstem wystąpienia Benedykta, byli nieźle zszokowani. „Dajcie spokój, on nawet wymienia imię Mahometa!" – miała wykrzykiwać pewna dziennikarka. Powiedzieć, że Benedykt XVI popełnił faux pas, to jakby nic nie powiedzieć. Tak, ledwo do rąk korespondentów światowych mediów trafił tekst papieskiego przemówienia, prysła senność i monotonia. Coś musiało się stać – o tym byli wszyscy przekonani.

Benedykt XVI, wydaje się, niczego nie podejrzewał. Na chwilę zapomniał, że zadaniem papieża w dzisiejszym świecie ma być budowanie mostów i usuwanie źródeł potencjalnych konfliktów. Papież chciał pokazać zasadniczą różnicę między chrześcijańskim a islamskim rozumieniem Boga i dlatego odwołał się do słów bizantyjskiego cesarza Manuela II Paleologa, pochodzących z napisanego w 1391 roku dialogu z wykształconym, niewymienionym z imienia Persem. Cesarz, co papież cytował z aprobatą, wskazywał, że „ten, kto nie działa rozumnie, sprzeciwia się naturze Boga"; chrześcijańskie rozumienie Boga zakłada, że jest On bytem rozumnym i racjonalnym. Tymczasem według muzułmanów Bóg przewyższa wszelkie pojęcia, nawet takie, jak rozum czy mądrość, Jego wola bowiem nie może być czymkolwiek związana, sama się ustanawia, niczym niespętana, swobodna, arbitralna, kapryśna, czasem w sobie sprzeczna. To wola ustanawia to, co rozumne. Może czynić byłe niebyłym, okrągłe – kwadratowym, dobre – złym, oddzielać skutki i przyczyny. Racjonalność nie tkwi w istocie Boskiej, przepaść oddzielająca człowieka od Boga jest tak nieskończona, że nie jest możliwe żadne racjonalne poznanie najwyższej przyczyny. Przeciwnie pojmuje Boga katolicyzm. Benedykt przypomniał tradycyjną naukę o tym, że Bóg jest bytem rozumnym, że badając skutki – świat stworzony – można rozumem dotrzeć do ich przyczyny – istoty najwyższej. W tym kontekście papież, wyraźnie zaznaczając, że jest to cytat, odwołał się do szczególnego przykładu tego, co cesarz Manuel uznawał za irracjonalne, a mianowicie do przypadków nawracania przez muzułmanów niewiernych pod przymusem. To wtedy zostały przypomniane słowa cesarza do Persa, które, jak później się miało okazać, rozpaliły świat: „Pokaż mi, co Mahomet przyniósł takiego, co było nowe, a zobaczysz, że są to tylko złe rzeczy i nieludzkie, takie jak jego nakaz, by wiarę, którą głosił, szerzyć za pomocą miecza".

Piorun musiał uderzyć. „O ósmej, gdy autokar wiozący uczestników volo papale dotarł do Ratyzbony, w tamtejszym centrum prasowym panował rejwach. Reporterzy zdążyli telefonicznie zawiadomić swoich przełożonych o planowanym przemówieniu popołudniowym". Thavis i jego koledzy doskonale zdawali sobie sprawę, że tekst Benedykta to istna beczka prochu. Przecież od niemal pięćdziesięciu lat, od kiedy to Sobór Watykański II zmienił język i sposób patrzenia na inne religie, w tym na islam, papieże, a za nimi wszyscy inni wyżsi rangą przedstawiciele Watykanu dwoili się i troili, żeby wykazywać jedność i tożsamość wiary Proroka i Chrystusa. Z islamem wolno było jedynie dialogować, w muzułmanach należało widzieć wyłącznie braci. W opisach innych religii nie powinno się mówić o prawdzie i fałszu (a kysz! a kysz!), lecz o wzajemnym zrozumieniu. Krytyka była dopuszczalna, ale na tak abstrakcyjnym poziomie, żeby żaden wyznawca konkretnej religii nie mógł jej odnieść do siebie. Wolno było dostrzegać różnice, w końcu tych nie potrafili zatuszować nawet najbardziej wymyślni watykańscy dialektycy, ale nie wolno ich było osądzać. A tu Benedykt jakby nigdy nic związał, wprawdzie przez cytat, islam z przemocą. I zamiast po prostu wychwalać Mahometa, zasugerował, że Prorok przyniósł światu nie same tylko dobrodziejstwa. Takich rzeczy robić nie wolno. Widząc nadciągającą burzę, sytuację usiłował ratować rzecznik Watykanu ojciec Federico Lombardi, który deklarował, że papież nie chciał zarzucać islamowi „siania przemocy". Było jednak za późno. „To oczywiście nie mogło zmienić wymowy powstających już artykułów, które później jednym kliknięciem zostały wysłane do centrali, po tym jak czujący się swobodnie w murach uczelni Benedykt XVI, nie przestając się uśmiechać, zakończył swoje wystąpienie przed gronem niemieckich intelektualistów" – pisał Thavis o początkach tsunami.

Efektem wykładu były masowe antykatolickie demonstracje w wielu krajach islamu. Palono portrety papieża, niszczono dobytek chrześcijan, wielu grożono śmiercią i pobiciem. Jak świat islamu długi i szeroki niosła się fala oburzenia i protestu. „Tak naprawdę mało kto przeczytał treść przemówienia, większość ludzi widziała za to nagłówki. Muzułmańskie bojówki podpalały kościoły na Zachodnim Brzegu. Irańscy oficjele twierdzili, że papież jest częścią »zachodniego spisku« wymierzonego w islam. W ramach protestu na ulicach Pakistanu, Turcji, Indonezji i Indii palono podobizny Benedykta XVI do wtóru okrzyków demonstrantów: »Na krzyż z papieżem!«. Maroko odwołało swego ambasadora przy Stolicy Apostolskiej, inne kraje domagały się papieskich przeprosin. W Iraku zwolennicy Al-Kaidy ponoć poprzysięgli wojnę »wyznawcom krzyża«. Przed upływem tygodnia w Somalii zginęła włoska zakonnica zastrzelona z broni palnej". Ten zwięzły opis reakcji muzułmańskich braci w wierze dostarczony przez Thavisa mówi sam za siebie. Benedykt XVI najpierw próbował sprawę bagatelizować. Liczył widać, że czas przyniesie uspokojenie nastrojów. Podkreślił, że słowa, które wywołały zamieszki, pochodziły nie od niego, że był to tylko cytat, że on sam nie uważa Mahometa za człowieka, który przyniósł światu złe rzeczy – wszystkiego było za mało. Nacisk muzułmanów nie ustawał. Wreszcie, widząc, że może dojść do eskalacji przemocy wobec chrześcijan, Benedykt XVI udał się do Canossy. „W celu zażegnania burzy papież publicznie wyraził żal, że swoimi słowami obraził muzułmanów, i podkreślił, że nie podziela oceny islamu, którą zacytował w swoim przemówieniu. Następnie zaprosił przywódców islamskich do Rzymu i zapewnił ich, że w żadnym razie nie wycofuje się z dialogu międzywyznaniowego" – pisze Thavis. A teraz to, co w tym opisie najciekawsze – ocena. „Należały mu [Benedyktowi] się za to brawa, zwłaszcza że odebrał lekcję pokory, przekonując się, że niefortunne słowa z ust papieża mogą decydować o życiu i śmierci ludzi żyjących poza murami Watykanu" – oto, jak znany watykanista, wieloletni szef biura Catholic News Service, największej katolickiej agencji prasowej, podsumowuje to wydarzenie. Do diabła, krew mnie zalewa, jak czytam takie rzeczy. Czy można sobie wyobrazić bardziej jednoznaczną i dobitną pochwałę szantażu? Doszło do tego, że papież, nominalnie i formalnie następca Chrystusa na ziemi, nie ma prawa skrytykować muzułmanów. Wystarczyło jedno niebaczne zdanie krytyki, a nagle wyznawcy autentycznej religii pokoju zaczęli palić, bić i niszczyć. Nagle okazało się, że chrześcijanie mieszkający w krajach islamu są – tak, trzeba użyć tego słowa – swoistymi zakładnikami. Wniosek? Opowieści o rzeczowym dialogu można włożyć między bajki. Muzułmanie potrafili narzucić swój punkt widzenia i nauczyli papieży szacunku. Niech no tylko któryś na chwilę zapomni o tym, jakie są wobec niego wymagania, a natychmiast musi się spodziewać właściwej reakcji. Benedykt XVI został przywołany do porządku. Na chwilę wyszedł z roli, jaka od lat 60. przypadła papieżom, kiedy to uznano, że mają być promotorami pokoju religijnego i budowania jedności za wszelką cenę. Przez nieuwagę pozwolił sobie postawić publicznie pytanie o różnice między chrześcijaństwem a islamem i rozstrzygnął je na rzecz tego pierwszego. Tego nie można mu było wybaczyć.

Przełom w podejściu Kościoła do islamu nastąpił wraz z pontyfikatem Pawła VI. To on pierwszy zaczął podkreślać, że Kościół uznaje bogactwo wiary islamu – „wiary, która wiąże nas z jednym Bogiem". To Paweł VI też mówił o tym, że muzułmanie czczą tego samego Boga co chrześcijanie, nazywał ich braćmi w wierze w jednego Boga, wspominał nawet, że obok męczenników katolickich są też muzułmańscy. Na dowód całkowitego i radykalnego zerwania z wcześniejszą postawą Kościoła Paweł VI przekazał też muzułmanom wielki sztandar wojsk tureckich spod Lepanto, zdobyty w czasie bitwy w 1571 roku. To tak jakby przekazać im znajdujące się na Jasnej Górze łupy wojenne z wyprawy króla Jana III Sobieskiego na Wiedeń w 1683 roku. Swoją drogą, ciekaw jestem, czy któryś kolejny przeor paulinów nie pójdzie za wskazówkami najwyższego pasterza i na znak pokoju nie przekaże pięknego namiotu Kara Mustafy. Nie wątpię, że spotkałoby się to z niezwykle życzliwym przyjęciem światowych mediów.

Muzułmanie musieli też pamiętać bardzo podobne słowa Jana Pawła II, który opowiadał o pokojowym charakterze religii Proroka i nie wahał się nawet na znak szacunku dla niej pocałować Koranu – tak, tej samej księgi, która neguje najważniejsze punkty wiary katolickiej!

Nic dziwnego, że przywyknąwszy do takich objawów szacunku i uległości, muzułmanie musieli być słowami Benedykta prawdziwie zszokowani. Przecież cały czas słyszeli, że wierzą w tego samego Boga co chrześcijanie, a tutaj taki pasztet! Przecież Paweł oddał im sztandar spod Lepanto, Jan Paweł całował Koran, a tu Benedykt cytuje jakiegoś bizantyjskiego cesarza, i to nie po to, żeby go potępić i napiętnować jako przykład zaściankowej, ciasnej i minionej epoki, tylko wysłuchać. Po prostu niebywałe. To się w głowie nie mieści. Trzeba było zareagować stanowczo. Trzeba było pokazać, że tolerancji dla odchyleń od dialogu nie będzie. Skarcony Benedykt zrozumiał aż za dobrze morał tej historii. Nie miał dość woli i sił, żeby naprawdę zerwać z fatalną i utopijną wizją islamu propagowaną przez swoich poprzedników, i – jak to było w innych kwestiach – wycofał się. W ramach zadośćuczynienia za swoje słowa nie tylko że próbował zwołać kolejne spotkanie przedstawicieli różnych religii do Asyżu – chyba nikt nie ma wątpliwości, że wśród zaproszonych byli miłujący pokój muzułmanie, innych zresztą nie ma – ale też sam, odwiedzając później Turcję, dał prawdziwą lekcję dialogu. „Przełomowy moment pielgrzymki nastąpił trzeciego dnia, gdy Benedykt XVI złożył »niezapowiedzianą« wizytę w Błękitnym Meczecie w Stambule – które to wydarzenie tak naprawdę było planowane od jakiegoś czasu. [...] Kiedy podeszli do mihrabu (papież i mufti Stambułu Mustafa Çağrici), rzeźbionej marmurowej niszy wskazującej kierunek, w którym znajduje się Mekka, mufti rzekł do papieża: »Tutaj każdy przystaje na półminutową modlitwę, żeby zyskać spokój«. Następnie mufti zaczął się modlić, a Benedykt – trzymając dłonie na krzyżu na piersi – stał w bezruchu, poruszając tylko ustami". Thavis opisuje następnie dyskusję między dziennikarzami, którzy starali się ustalić, czy papież faktycznie się modlił. Spór został rozstrzygnięty, gdy jedna z reporterek usłyszała, co Benedykt XVI powiedział do muftiego, odchodząc od mihrabu: „Dziękuję za tę chwilę modlitwy".

Nieobecni sprawcy

Papież Franciszek doskonale odrobił lekcję Benedykta i wrócił na drogę wytyczoną przez Pawła VI i Jana Pawła II. Nie tylko nie zapuszcza się w niebezpieczne rewiry debaty religijnej i jak ognia unika polemiki z islamem, wszelkiego porównywania i oceniania, ale od początku postanowił pokazać, że zamierza całkowicie dostosować się do wymagań pokojowego współżycia. Papież ma unikać wszystkiego, co mogłoby powodować niepokój i niezadowolenie muzułmanów. Islam to religia pokoju, a kto tego nie uznaje, jest islamofobem i fundamentalistą – te słowa zdają się najlepiej wyrażać podejście Franciszka do religii Proroka. Doskonale pokazała to pierwsza wielka ceremonia religijna, jakiej przewodniczył nowy Ojciec Święty. Ledwo kilka miesięcy po swoim wyborze Piotr naszych czasów wyniósł na ołtarze ośmiuset męczenników, którzy zginęli przed wiekami w Otranto we Włoszech. W sierpniu 1480 roku dotarły tam wojska sułtana Mehmeda. Początkowo Turcy zamierzali zdobyć Brindisi, po zastanowieniu się jednak uznali, że Otranto będzie łatwiejszym celem. „Miasto zostało błyskawicznie zajęte przez zaskoczenie atakiem kawalerii. Wiele osób zginęło, a sporo budynków spłonęło. Z około 22 000 mieszkańców 12 000 zginęło, często podczas straszliwych tortur stosowanych osmańskim sposobem, a większość pozostałych trafiła do niewoli. Około ośmiuset, którzy odmówili nawrócenia na islam, uśmiercono przy użyciu makabrycznych środków, a ich ciała rzucono psom" – pisze historyk Diane Moczar.

Oto, co powiedział w homilii na temat ich losu Franciszek: „Oddając cześć męczennikom z Otranto, prośmy Boga, aby wspierał tak wielu chrześcijan, którzy i teraz nadal doznają przemocy, i by obdarzył ich męstwem wierności oraz aby umieli dobrem odpowiadać na zło".

Piękne słowa, nieprawdaż? Jednak najbardziej uderzające są nie one same, ale raczej to, co się w nich nie znalazło. Otóż papież Franciszek w całej swojej wielominutowej homilii nie wspomniał, że owych ośmiuset męczenników poniosło śmierć z ręki tureckich najeźdźców dlatego, że nie chcieli przejść na islam. Wyobrażają sobie państwo? Pierwsza kanonizacja, ośmiuset męczenników, oczy całego świata zwrócone są na Watykan i... cisza. Przypomniały mi się prowadzone przez lata starania różnych niemieckich instytucji, które wiele wysiłku włożyły w to, żeby na wszelki wypadek w roli zbrodniarzy wojennych nie występowali Niemcy, ale tajemniczy naziści. W przypadku kanonizacji w Otranto operacja wykreślenia sprawców była jeszcze bardziej udana. Konia z rzędem temu, kto potrafiłby, słuchając papieża, zrozumieć, kim są ci, z powodu których „chrześcijanie doznają przemocy", i dlaczego wspomina się o tym w związku z uroczystością w Otranto. Może to Indianie? Przywódcy mafii? Bogaci? Albo wręcz kosmici? Nie, z doskonale poprawnej politycznie przemowy Ojca Świętego nie da się niczego na temat sprawców wyczytać. Tropy są niejasne i nieoczywiste, ślady zostały zatarte. Wszystko niknie w magmie i abstrakcji. Co najwyżej papież mógłby się zapewne posunąć do twierdzenia, że sprawcami zbrodni byli fundamentaliści, pod warunkiem oczywiście, że na tym się poprzestanie i nikt nie będzie szczególnie dokładnie badał ich prowenienciji. Fundamentaliści w języku watykańskim są jak naziści w dyskursie politycznym – mogą być wszystkim i wszędzie, zatem nikogo nie rażą i nikomu nie przeszkadzają.

Czasem mogę się tylko śmiać, kiedy widzę, jak te umizgi i kolejne strzeliste akty kapitulacji przyjmowane są przez najbardziej zainteresowanych, czyli właśnie muzułmanów. Choć, przyznaję, jest to śmiech przez łzy.

Kilka miesięcy temu, pragnąc jak zwykle pokazać dobrą wolę i wnieść swój wkład w umocnienie światowego pokoju, papież Franciszek zaprosił do Ogrodów Watykańskich imama, z którym razem mieli zanosić modły o pokój. I faktycznie, wszystko przebiegło zgodnie z planem. A raczej przebiegłoby, gdyby nie postawa imama, który stojąc w obliczu Ojca Świętego, miast zaprezentować się jako przedstawiciel autentycznego, pokojowego islamu, zrobił Franciszkowi psikusa i wezwał Allaha, aby „przyznał nam zwycięstwo nad niewiernymi". Doprawdy trudno o bardziej groteskowy przykład tego, do czego prowadzi obecna postawa rzymskich papieży. Zamiast ostrzegać Zachód przed niebezpieczeństwem, są pierwszymi, którzy ogłaszają kapitulację. Zamiast bronić prześladowanych poza Europą współwyznawców, na wszelki wypadek wolą nie budzić licha. Zamiast pokazywać różnice między chrześcijaństwem a islamem i bronić ludzi przed odpadnięciem od wiary, tworzą złudzenie sztucznej jedności, w której każdy, kto się zwraca do jakiegoś boga lub bogów, naprawdę zwraca się do tego samego Boga. Jakby nie było różnicy między adoracją Boga Ojca, Syna i Ducha Świętego a Boga, który nie ma towarzysza, nie zrodził i nie jest zrodzony. I mimo że niemal każdy dzień potwierdza nieskuteczność i szkodliwość tej strategii, upierają się przy niej, jakby to było samo Boskie objawienie i nakaz dany z nieba. Każdy kolejny następca świętego Piotra posuwa się przy tym w dialogu z muzułmanami krok dalej niż jego poprzednik. Ciekaw jestem tylko, czy jeśli tempo dialogowania nie osłabnie, doczekam się papieża, który podąży z pielgrzymką do Mekki. Jedyny problem, jaki się w tym przypadku pojawi, to co na taki pomysł powiedziałyby władze Arabii Saudyjskiej? Surowo przestrzegają one zasady, zgodnie z którą do świętych miejsc islamu pielgrzymować mogą tylko prawdziwi muzułmanie. Chociaż być może, w przypadku papieża ze względów propagandowych Saudowie byliby w stanie odstąpić od tej reguły?

To prawda, papieże nie są tu oryginalni. Widząc wzrost liczby muzułmanów na Zachodzie, różni politycy na swój sposób starają się znaleźć jakiś modus vivendi i z zaangażowaniem godnym lepszej sprawy próbują przekonać świat, a może też samych siebie, że islam nie ma nic wspólnego z wojującymi muzułmanami. Pamiętają państwo, jakie były pierwsze słowa prezydenta Francji François Hollande'a, po tym jak doszło do zamachu w Paryżu? Otóż ledwo zdążył on usłyszeć o morderstwie dwunastu dziennikarzy z pisma „Charlie Hebdo", od razu zawyrokował, że „nie ma to nic wspólnego z islamem". Tak samo nic wspólnego z islamem nie mieli sprawcy zamachu na World Trade Center. Ani talibowie w Afganistanie. Ani kalifowie z Syrii. To właśnie powtarzają wszyscy znawcy, specjaliści, komentatorzy i publicyści. To właśnie miało być przesłaniem marszu ponad miliona osób w Paryżu.

Jakie są efekty tej dziwacznej taktyki? Myślę, że pierwszym i najważniejszym jest rosnąca pogarda dla Zachodu. Muzułmanie trafnie odczuwają, że Zachód się ich boi. Widzą, jak bardzo trzęsą portkami zachodni politycy, byle tylko nie powiedzieć nic złego o islamie. Po drugie ucieczka przed pytaniem o prawdę, pospieszne i tchórzliwe przytakiwanie muzułmanom sprawiają, że sami chrześcijanie coraz częściej, szukając wiary i Słowa Boga, zwracają się ku islamowi. A dlaczegóż by nie? W końcu skoro Koran to księga pokoju, to czym się on różni od Nowego Testamentu? Skoro Mahomet, jak się nas uczy, nakazywał miłość bliźniego i rezygnację z przemocy? I jeśli, jak nauczają papieże, jedna jest wiara chrześcijan i muzułmanów, to dlaczego pozostać przy tej, która skłania się ku schyłkowi, przeżywa kryzys, utraciła życiodajną moc? I tak ci ludzie Zachodu, którzy szukają jeszcze w ogóle religii – chcą odnaleźć wolę Boga i być posłuszni Jego prawu – coraz częściej zwracają się do islamu. Jeszcze trochę i okaże się, że skutkiem ekumenizmu i dialogu międzyreligijnego będzie... rozrost islamu w Europie. Natura nie lubi próżni. Rozmywanie wiary, abstrahowanie od wierności własnej tradycji musi się zemścić. Czasem wręcz zastanawiam się, czy wzrost znaczenia islamu na Zachodzie nie jest karą za milczenie Kościoła?

Najszybszy wzrost w dziejach

Bo że wzrost ten następuje i nie jest on jedynie skutkiem przemocy, to rzecz bez dyskusji. Kto nie chce wierzyć, niech zerknie do danych. Otóż według raportu przygotowanego przez Dicka Slikkersa dla grupy Project Care i opublikowanego w maju 2014 roku o ile na początku XX wieku, w 1900 roku, chrześcijanie stanowili 34,5 proc. ludności świata, to w 2010 roku ich udział w całej populacji spadł do 32,9 proc. Na pierwszy rzut oka to niewiele. Jednak te liczby zaczynają być znaczące, w chwili kiedy dokonamy porównania: w tym samym czasie udział muzułmanów w światowej populacji wzrósł z 12,3 proc. do 22,5 proc. Krótko mówiąc, w ciągu ostatnich stu lat liczba chrześcijan na świecie wprawdzie wzrosła, ale tylko dlatego, że następował ogólny przyrost demograficzny; liczba muzułmanów zaś wzrosła wielokrotnie, znacznie powyżej tempa przyrostu naturalnego. Nie mniej istotne jest też to, że jedynym kontynentem, na którym chrześcijaństwo w tym czasie rozwijało się tak szybko jak islam, była Afryka – 37 proc. wzrostu. Tak samo wymowne jest jednak to, że największy spadek udziału chrześcijan w ogólnej populacji nastąpił w Europie, bo aż o 30 proc. Każde badania obciążone są marginesem błędu. Tym bardziej znaczące jest to, że podobne dane podał renomowany Pew Research. Otóż wynika z nich, że islam jest najszybciej rozwijającą się religią światową. Liczba jego wyznawców skoczy z 1,6 mld w 2010 roku do 2,76 mld w 2050 roku. Wtedy to muzułmanie będą stanowić niemal jedną trzecią populacji światowej, liczącej 9 mld ludzi. Chociaż liczba chrześcijan także wzrośnie, lecz zdecydowanie wolniej niż muzułmanów. Z 2,17 mld w 2010 roku dojdzie ona do 2,92 mld, co będzie stanowić 31 proc. całej ludzkości.

Przełomem były lata 60. XX wieku, kiedy to, jak pokazują badania, nastąpiło prawdziwe załamanie katolicyzmu. W latach 80. po raz pierwszy okazało się, że na świecie żyje więcej muzułmanów niż katolików, i od tego czasu dystans między tymi dwiema religiami coraz bardziej się zwiększa. Ważne jest też to, że według tego samego raportu tylko około 300 mln chrześcijan spośród 2,2 mld wszystkich, którzy zadeklarowali się jako wierzący, faktycznie praktykuje swoją religię. W przypadku muzułmanów proporcje są odwrotne. Tak, nie ma wątpliwości, że islam jest najszybciej i najbardziej dynamicznie rozwijającą się religią świata.

A także Zachodu. Znowu warto przyjrzeć się niektórym danym. Spójrzmy na Stany Zjednoczone, wciąż najbardziej religijny kraj Zachodu. Według Stowarzyszenia Statystyków Amerykańskich Grup Religijnych w okresie od roku 2000 do 2010 nastąpił wzrost liczby muzułmanów żyjących w USA od 1 mln do 2,6 mln! Dodając do tego rosnącą grupę agnostyków, ateistów i bezwyznaniowców, można przyznać rację Barackowi Obamie, kiedy powiedział o Amerykanach, że nie są już narodem chrześcijańskim. Uderzać musi jeszcze jedno: w tym samym okresie o 5 proc. spadła liczba amerykańskich katolików, a o 12 proc. liczba protestantów należących do tradycyjnych, starych Kościołów. Jedynie liczba tak zwanych protestantów ewangelicznych wzrosła o 1,7 proc. Wszędzie powstają nowe meczety, jeden większy od drugiego.

Podobne zjawisko występuje praktycznie we wszystkich dużych krajach Europy Zachodniej. Weźmy przykład Wielkiej Brytanii. W ostatnim dziesięcioleciu liczba urodzonych na Wyspach osób określających siebie mianem chrześcijan spadła o 15 proc., czyli o 5,3 mln. W tym samym czasie liczba rodowitych muzułmanów wzrosła o 75 proc., do czego doszło 600 tys. imigrantów. I najbardziej szokujące informacje: choć połowa brytyjskich muzułmanów ma mniej niż 25 lat, niemal 25 proc. brytyjskich protestantów i katolików liczy sobie powyżej 65 roku życia. Nie, nie chcę przytaczać ciągów liczb i kolumn cyfr. Jest to zawsze ta sama opowieść o wycofującym się, wręcz rejterującym niejako chrześcijaństwie i rosnącej szybko grupie wyznawców islamu.

W latach 50. ukazała się piękna książka „Dziennik irlandzki" Heinricha Bölla, niemieckiego pisarza, przyszłego noblisty. Był to literacki zapis podróży po Zielonej Wyspie, kraju świętego Patryka. Wszystko było tam przesycone religijnością, irlandzkość i katolickość stanowiły synonimy. Na każdym kroku Böll widział księży, siostry zakonne, zwykłych Irlandczyków, których całe życie toczyło się w rytm kościelnych świąt, a siłę i nadzieję mimo wszelkich możliwych niepowodzeń, dolegliwości i dopustów losu czerpali z przynależności do Kościoła rzymskiego. W zeszłym roku do wszystkich seminariów w Irlandii wstąpiło raptem kilku kleryków, państwo wycofało na długo swojego ambasadora z Watykanu, a zdecydowana większość Irlandczyków popiera ustawę zrównującą prawa par homoseksualnych z naturalnymi rodzinami. Jeszcze bardziej musi szokować, że w tej właśnie Irlandii najszybciej rosnącą wspólnotą religijną jest – to nie zagadka – islam. O ile liczba muzułmanów wzrosła w ostatnich piętnastu latach dziesięciokrotnie, to liczba osób deklarujących się jako katolicy spadła o 7 proc. Praktykujący katolicy to ledwo 34 proc. Czego nie zdołały zrobić wielowiekowe prześladowania Brytyjczyków, uczynił sam Kościół irlandzki, od lat 60. i 70. dokonując osobliwego aktu samozagłady. Już niedługo w Irlandii będzie więcej muzułmanów niż protestantów.

Najwięcej muzułmanów w Europie jest we Francji, około 7 mln. Już za dziesięć lat w całej Unii Europejskiej ma być prawie 10 proc. muzułmanów. Wyznawcy Proroka nie asymilują się praktycznie z resztą ludności, tworzą raczej osobne wspólnoty. Liczba muzułmanów rośnie, bo przybywa imigrantów, bo w przypadku małżeństw mieszanych to chrześcijanie częściej i łatwiej porzucają swoją wiarę i konwertują na islam niż odwrotnie, bo systematycznie rośnie liczba zwykłych nawróceń. Jednak powodem najważniejszym jest to, że w rodzinach islamskich rodzi się więcej dzieci.

Faktycznie, tempo zmian demograficznych jest oszałamiające. Patrząc dziś na ten błyskawiczny wzrost liczby dzieci przychodzących na świat w rodzinach muzułmańskich, aż trudno uwierzyć, że na początku XX wieku sprawy wyglądały całkiem inaczej. Wydawało się wtedy, że to chrześcijański Zachód raz na zawsze wygrał spór cywilizacyjny z islamem. Powodem było zaś to, że to w krajach chrześcijańskich rodziło się systematycznie więcej dzieci. Zjawisko trafnie uchwycił Paul Rycaut, zachodni dyplomata opisujący życie na dworze w XVII-wiecznym Stambule. Był on sekretarzem posła angielskiego w imperium osmańskim. W swoich pismach starał się pokazać wpływ obyczajów tureckich na życie rodzinne. Najpierw Rycaut zauważa, że w małżeństwach chrześcijańskich rodzi się więcej dzieci: „Prócz tego trzeba wiedzieć, że Turcy, lubo u nich jest pozwolona poligamia, to jest pojęcie kilku żon, nie tak siła dzieci miewają jako u nas z jedną w stanie małżeńskim poczciwie mieszkający ludzie". To budzi zdziwienie. Dlaczego efektem poligamii był spadek, a nie wzrost dzietności? Angielski dyplomata wskazuje na dwa powody. Pierwszym była plaga „obrzydliwości grzechu sodomskiego", a więc mówiąc naszym językiem: powszechność homoseksualizmu. Mimo że formalnie zakazany, musiał być tolerowany. Pisze Rycaut: „[...] bardzo się mało między nimi [w Turcji] familii płodnych znajduje, a osobliwie w wielkich domach, gdzie więcej sposobności mają parać się tym plugastwem, na które są bez miary wyuzdani". Drugą przyczyną niskiej dzietności było jednak samo wielożeństwo. Walka i wrogość wzajemna żon utrudniały rodzenie dzieci. „Moim zdaniem największą jest przyczyną przeszkadzającą rozmnożenie dzieci u Turków piekielna zazdrość i gorliwość między żonami, ponieważ albowiem czary i gusła w tamtym kraju panują, najczęściej ich żony na zepsowanie płodu jedna drugiej zażywają. Rzadko która, brzemienną zostawszy, donosi dziecięcia, a jeśli nie poroni, tedy po staremu dzieci schną i więdną, i tak giną ni trawa, i rzecz jest doświadczona, że ci, co więcej żon chowają, mniej miewają dzieci aniżeli ci, co z jedną tylko spokojnie i przystojnie żyją. Takowe nienawiści i swary ustawiczne między żonami bywają przyczyną, że siła ludzi, lubo się w rozkoszach cielesnych kochający, nie chcą sobie tym kłopotem głowy obciążać. Znałem ja sam niektórych, co woleli żyć z jedną żoną, nie mając dzieci, aniżeli ich więcej pojmować, i przekładali swój pokój nad spodziewaną domu swojego pociechę". Wniosek jest oczywisty: chrześcijańska monogamia, jako zasada, znacznie lepiej służyła rozwojowi społeczeństwa niż muzułmańska poligamia. Dlatego to imperium osmańskie stale cierpiało na niedobór poddanych. Jedynym sposobem łatania strat było masowe porywanie chrześcijańskich chłopców, których następnie turczono. To i tak nie było w stanie powstrzymać kryzysu. Jak pisał historyk Radosław Sikora, pod koniec XVII wieku imperium osmańskie zamieszkiwało około 25-30 mln ludzi, dzięki czemu stanowiło ono wciąż realne i poważne zagrożenie dla reszty państw regionu – Rzeczpospolita miała wówczas 7 mln mieszkańców, państwo carów – 15 mln. Jednak opisane w zalążku przez Rycauta procesy robiły swoje i liczba ludności muzułmańskiej systematycznie spadała. W 1923 roku, kiedy to powstała niepodległa Turcja, zamieszkiwało ją około 13 mln ludzi, wielokrotnie mniej niż Rosję, a nawet Polskę. Oczywiście trzeba pamiętać, że zarówno Rosja sowiecka, jak i II Rzeczpospolita nie były krajami jednolitymi pod względem narodowościowym, jednak nie chodzi teraz o podawanie dokładnych liczb, lecz o uchwycenie tendencji. Na początku XX wieku islam przegrywał konkurencję z chrześcijaństwem również pod względem demograficznym. Przełom nastąpił dopiero wraz z rewolucją seksualną i rozpadem chrześcijańskiej rodziny. Cezurę stanowią lata 50. i 60. Znowu niech przykładem będzie Polska. Jeszcze w 1966 roku miała ona 32 mln mieszkańców – tyle co Turcja. Dziś Polskę zamieszkuje 37 mln obywateli, Turcję – niemal 80 mln. Tak samo wygląda sytuacja innych krajów Europy. Najwięcej dzieci rodzi się tam w rodzinach muzułmańskich imigrantów. Gdyby nie to, ludność większości państw Europy systematycznie by się kurczyła. To swoisty paradoks: choć nominalnie dopuszczalna, poligamia praktycznie wśród muzułmanów nie występuje. Rewolucja seksualna i gigantyczna fala hedonizmu skutecznie rozbiły kulturę chrześcijańską. Nastąpiła swoista zamiana ról. W XVII-wiecznej Europie chrześcijańskiej dominowały zasada monogamii i całkowite potępienie homoseksualizmu, w imperium osmańskim wielożeństwo i praktyczna tolerancja dla „sodomii"; dziś Europa coraz bardziej ogranicza przywileje dla tradycyjnych rodzin i promuje związki homoseksualne, państwa islamskie zaś chronią rodziny i odrzucają homoseksualizm. Żeby zobaczyć efekty takiej polityki, wystarczy pobieżny nawet rzut oka w statystyki.

Wszędzie tam, gdzie chrześcijaństwo wycofuje się pod naporem sekularyzacji, gdzie rozpada się i traci siłę, w jego miejsce wkracza islam. Jeszcze w latach 60. po zakończeniu Soboru Watykańskiego II większość komentatorów wieszczyła nadejście nowej epoki odrodzenia religijnego. Ba, w Polsce w czasie pontyfikatu Jana Pawła II sam często słyszałem o tym, że właśnie nadeszła wiosna Kościoła. Liczby mówią co innego. Od kilkudziesięciu, a na pewno od kilkunastu lat mamy do czynienia nie z wiosną Kościoła, ale z wiosną islamu. Ojcom soborowym wydawało się, że dokonując dostosowania Kościoła do współczesności, znaleźli klucz do serc współczesnych ludzi, tymczasem wydaje się, że jest on w rękach muzułmanów. I potrafią oni otwierać nim kolejne drzwi.

Wielu katolickich duchownych sądzi, że objawem miłości bliźniego będzie oddanie muzułmanom chrześcijańskich kościołów. Czyż nie jest to zresztą logiczne? Skoro nic zasadniczo nie różni chrześcijaństwa i islamu, bo są to religie pokoju, i jeśli modlić się do Allaha oznacza modlić się do Boga, to dlaczego nie pozwolić muzułmanom korzystać z chrześcijańskich świątyń? I tak wyznawcy Proroka w samym tylko 2012 roku przejęli w jednym niemieckim Duisburgu sześć kościołów, w tym największy obecnie dom modlitwy w Niemczech, meczet Merkez. Jego zarządca, Muhammed Al, powiedział: „Niezależnie, czy jest to kościół, czy meczet, jest to dom Boga". Rzeczywiście, są to słowa niemal żywcem przejęte z różnych katolickich oficjalnych dokumentów. Aby nie być gołosłownym, podam jeden tylko przykład. Papieskie posłanie z okazji Światowego Dnia Pokoju 1 stycznia 1992 roku, zatytułowane „Wierzący zjednoczeni w budowaniu pokoju", zostało poprzedzone słowem wstępnym ówczesnego biskupa Moguncji Karla Lehmanna, późniejszego przewodniczącego episkopatu Niemiec, i przekazane do wszystkich parafii rzymskokatolickich w Niemczech. Oto, co napisał Lehmann: „Także i w naszym społeczeństwie żyje rosnąca liczba wiernych nienależących do religii chrześcijańskich, którzy mieszkają wśród nas jako robotnicy sezonowi, azylanci lub studenci albo też odwiedzają nas w podróży. Każdy ponosi odpowiedzialność za to, by na swój sposób wspierać współżycie ludzi różnych wiar, szczególnie w odniesieniu do muzułmanów". Nie ma wątpliwości, że niemieccy katolicy uważają przekazywanie muzułmanom kościołów właśnie za dobry sposób wspierania współżycia muzułmanów i chrześcijan. Dlatego nie dziwi to, że od roku 2000 do roku 2012 zamknięto w Niemczech 400 kościołów rzymskokatolickich i 100 protestanckich, a w ciągu najbliższych kilku lat ma tam zniknąć co najmniej siedemset kolejnych świątyń rzymskokatolickich. W tym samym czasie wiele z nich zostało przejętych na meczety, w tym na 40 tak zwanych megameczetów, zdolnych pomieścić ponad tysiąc wiernych. Nie inaczej jest we Francji, gdzie już działa ponad 2 tys. meczetów. Jak podała francuska gazeta „La Croix", w ostatnim dziesięcioleciu we Francji powstało 20 nowych kościołów, 60 zaś zamknięto, w większości przekształcając je w meczety. Do rangi symbolu urosła też sprawa katedry w hiszpańskiej Kordobie, która od XI wieku jest chrześcijańskim miejscem kultu. Od kilku lat miejscowa mniejszość muzułmańska próbuje doprowadzić do tego, żeby oddano jej część świątyni na modły. Muzułmanie kilkakrotnie już próbowali przekonać do swego pomysłu władze kościelne w Hiszpanii oraz sam Watykan. Na razie spotykali się z odpowiedzią odmowną.

Kiedy pod koniec IV wieku naszej ery pewien młody, nieprzeciętnie inteligentny i wykształcony retor pochodzący z północnej Afryki szukał swojej duchowej drogi, badając różne religie i ich nauki, ostatecznie przekonał się do Kościoła katolickiego ze względu na jego powszechny autorytet i świętość. Ten Kościół wszędzie rósł i się rozwijał, wszędzie był taki sam i tak samo przeciwstawiał się światu. Zastanawiam się, co dziś zrobiłby święty Augustyn, bo to o nim mowa. Musiałby przecież dostrzec, że Kościół słabnie z roku na rok. Musiałby dostrzec jego rozbicie, zamieszanie i chaos. I musiałby również widzieć, że jego miejsce coraz śmielej zajmują muzułmanie. Być może, przed przyjęciem religii Proroka powstrzymałoby go tylko jedno: świadomość, że o Bogu islamu, kapryśnym i absolutnie transcendentnym, nie można napisać tego wszystkiego, co odkrył na Jego temat i co zawarł w swoich „Wyznaniach". Że jest dobrem, mądrością i ładem, że jest w samej swojej istocie rozumny.

Wolność i bluźnierstwo

Nie same liczby pokazują dynamikę danej religii. Nie mniej wymowne są inne zmiany kulturowe. Wzrost dobrobytu, hedonizm i konsumpcja niszczą chrześcijaństwo znacznie szybciej niż islam. Dodatkowym elementem przyspieszającym upadek Kościoła jest nowa doktryna wolności religijnej i rezygnacja z realnego wpływu na państwo. O ile państwa niegdyś chrześcijańskie, szczególnie katolickie, radykalnie wyzbywają się swego dziedzictwa i ostentacyjnie przekreślają wcześniejsze zasady, państwa zamieszkane przez muzułmanów coraz bardziej dostosowują się do zasad islamu. Niegdyś całkiem katolicka Austria właśnie uznała, że pary homoseksualne mają prawo do wychowywania dzieci bez żadnych ograniczeń; niegdyś całkiem świecka Turcja ma teraz islamskiego premiera i prezydenta i coraz silniej podkreśla swoją tożsamość religijną. W tym samym czasie, kiedy kolejne państwa zamieszkane czy to tylko przez muzułmanów, czy to przez ich znaczne wspólnoty dostosowują swoje prawa do reguł szariatu, Kościół katolicki naucza, że państwo nie może wspierać żadnej religii, bo obowiązuje wolność sprawowania kultu. Kościół sam wycofał się z przestrzeni politycznej, sam ogłosił, że państwo nie ma żadnych kompetencji w dziedzinie religii, stracił zatem wszelkie środki nacisku na islamskie reżimy. Papieże, kardynałowie i arcybiskupi mogą wygłaszać podniosłe przemówienia w ONZ lub na innych zacnych forach, mogą powtarzać do znudzenia, że wolność religijna jest najwyższą wartością, ba, niekiedy nawet mogą być za to oklaskiwani, tyle że na tym koniec. Nikt nie kiwnie palcem, żeby tej rzekomo najwyższej wartości bronić. Nie istnieje już żadne państwo na świecie, które oficjalnie uznawałoby religię katolicką za prawdziwą i chciałoby szanować jej szczególny status, a tym samym które uważałoby za swój obowiązek wywieranie nacisków politycznych na rządy tępiące chrześcijan. Nie istnieje żaden rząd na świecie, który chciałby wykorzystać swoją siłę, by wymóc na muzułmanach przestrzeganie praw mniejszości chrześcijańskich. Po prostu nie ma do tego chętnych. Owszem, do gadulstwa i wygłaszania patetycznych banałów garną się wszyscy, kiedy jednak trzeba naprawdę zaryzykować, zagrozić użyciem siły, wywrzeć prawdziwy nacisk, Kościół nie może liczyć, jak to było przed laty, na nikogo. Ogłaszając deklarację o wolności religijnej i zdejmując z państwa obowiązek moralny troski o chrześcijaństwo, Kościół utorował drogę islamowi. Zgodnie z przyjętą przez sobór i tak wychwalaną przez całą niemal prasę nauką katolicy nie mają przecież żadnego prawa, by sprzeciwiać się powstawaniu i rozwojowi nowych wspólnot muzułmańskich. Nie mogą protestować ani przeciw budowie nowych meczetów, ani przeciw coraz wyższym minaretom, ani wreszcie przeciw śpiewom muezzinów. Publiczna forma sprawowania kultu, niezależnie od tego, o jaką religię by chodziło, wypływa przecież z godności osoby ludzkiej i jako taka nie może być ograniczona.

Być może, myślę sobie, taka islamizacja państwa miałaby jednak dla katolików przynajmniej jedną rzecz pozytywną, mianowicie ktoś wreszcie chroniłby ich przed znoszeniem bluźnierstw. Teraz w wielu krajach praktycznie muszą całkiem bezradnie przyglądać się temu, jak wyszydza się wszystko, co dla nich najdroższe. A nawet sami w tym uczestniczą. Przykładem historia francuskich jezuitów, którzy solidaryzując się z ofiarami muzułmańskiego ataku na „Charlie Hebdo", opublikowali w magazynie „Etudes" kilka wyjątkowo obraźliwych antychrześcijańskich karykatur. Nie do uwierzenia, ale tak było. I tak na jednej z nich Jezus Chrystus przybity do krzyża prosi katolickich duchownych, by wyrwali mu gwoździe, aby mógł sam wziąć udział w konklawe. Na innej papież Benedykt XVI występuje w homoseksualnym uścisku z żołnierzem Gwardii Szwajcarskiej i mówi: „Nareszcie wolny" – rysunek komentował ustąpienie Ojca Świętego. Dwa inne pokazują w wyuzdanych pozach papieża Franciszka. Jednak nawet francuscy jezuici nie poszli na całość i oszczędzili swoim czytelnikom oglądania rysunku radośnie kopulującej ze sobą Trójcy Świętej.

Powtarzam, to nie jednostkowy wybryk. Nie chodzi o to, że jeden czy drugi jezuita oszalał lub że pismo „Etudes", skądinąd prestiżowe, chciało wywołać skandal. Ci zakonnicy, tak jak wielu świeckich, od tak dawna poddawani są medialnej obróbce, że w ogóle utracili zdolność rozumienia bluźnierstwa. Sfera publiczna jest sferą absolutnej wolności, skąd wszystko, co święte, zostało wyparte. Zniknęło, utraciło znaczenie. Jakiś ślad Boga można, jeśli w ogóle, odnaleźć tylko w ludzkim wnętrzu; na zewnątrz, w świecie politycznym czy publicznym, Bóg się już nie może pojawić, nie ma tam żadnych praw, nie można Go też zatem obrazić. Można urazić, owszem, ludzkie uczucia. Jeśli jednak na jednej szali położymy wartość, jaką są uczucia, a na drugiej prawo człowieka do samorealizacji, wiadomo, jaki będzie wynik. Ludzka godność stała się najwyższą wartością i jeśli wynika z niej potrzeba szydzenia lub poniżenia takich lub innych wyobrażeń religijnych, to i tak trzeba ją uszanować. Kogo to boli, niech nie patrzy. Tak jak ludzka godność uniemożliwia ograniczenie sprawowania kultu, tak nie pozwala zakazywać komukolwiek wyrażania siebie.

Kiedy kilkanaście miesięcy temu byłem w Gruzji, poszedłem w Batumi do meczetu. Jeden z wielu, niczym szczególnym się nie wyróżniał – dziedziniec, woda do obmyć rytualnych, półki na buty. Stanąłem nieco z boku, akurat zaczynał się czas modlitw, miejscowi muzułmanie schylali się i powtarzali słowa imama, patrząc na mihrab, niewielkie wgłębienie w owalnych ścianach, wskazujące na Mekkę. Cisza, surowość, całkowite posłuszeństwo wobec tego tajemniczego Boga, którego – inaczej niż w świątyniach katolickich, nawet tych nowych – nie przybliżały wizerunki świętych, rzeźby, krzyże. Allah wobec tych ludzi był doskonale odległy, a oni byli Mu całkowicie posłuszni. Wtedy zapytałem siebie, czy głównym powodem historycznego zwycięstwa islamu nie jest aby to, że pozwala on swym wyznawcom odnajdywać w tym świecie nieskończoność i wzniosłość Boga? I czy największym, dziejowym błędem chrześcijaństwa, współczesnego katolicyzmu nie jest odwrotnie: uczłowieczenie Boga, radykalne wywyższenie człowieka? Uniemożliwienie mu prawdziwej adoracji, skoro to, co boskie, i to, co ludzkie, się miesza? Czy to, co miało być lekarstwem – docenienie wartości człowieka – nie stało się pułapką i źródłem rozkładu? Tak, znam doskonale różne powszechnie przyjęte tłumaczenia rozwoju islamu. Ale czy najgłębszym korzeniem, najważniejszym powodem takiego, a nie innego rozwoju sytuacji nie jest to, że Kościół zapomniał o tym, o czym muzułmanie nie zapomnieli: o podstawowym obowiązku człowieka, jakim jest oddawanie Bogu czci i posłuszeństwo Jego woli? Tak właśnie myślę i dlatego opis postępu islamu na Zachodzie musi być w nie mniejszym stopniu opowieścią o tym, jak doszło do rozbrojenia i samozagłady chrześcijaństwa.

CZĘŚĆ PIERWSZA
NA MANOWCACH DIALOGU

Nawrócenie Allama

W 2008 roku Święta Wielkanocne wypadły wyjątkowo wcześnie. Dwudziestego drugiego marca, w wigilię Niedzieli Zmartwychwstania Pańskiego, w rzymskiej Bazylice przed Ojcem Świętym Benedyktem XVI stało siedmioro dorosłych. Wszyscy mieli z jego rąk przyjąć sakrament chrztu, wyznać wiarę katolicką, wyrzec się szatana i tym samym zostać członkami jednego, rzymskiego i apostolskiego Kościoła. Uwaga dziennikarzy i komentatorów skierowana była jednak tylko na jednego z katechumenów. Pięćdziesięciopięcioletni mężczyzna o smagłej cerze, ciemnych, gorejących oczach, twarzy szczupłej, wyrazistej, z zakolami na czole, w dużych brązowych okularach powtarzał słowa przysięgi chrzcielnej jeszcze bardziej stanowczo niż pozostali. Był to Magdi

Allam, znany dziennikarz, publicysta, człowiek cieszący się we Włoszech sporą popularnością. Jednak tym, co nadawało temu wydarzeniu szczególny charakter, był fakt, że Allam, nim nawrócił się na wiarę katolicką, był muzułmaninem.

Nic dziwnego, że wielu uznało, iż ten dokonany przez papieża akt chrztu jest czymś symbolicznym. To nie była tylko jedna z wielu konwersji na chrześcijaństwo. I tak choćby Aref Ali Nayed, rzecznik 138 muzułmańskich uczonych, którzy podjęli wcześniej dialog religijny z Watykanem, stwierdził, że choć nawrócenie to sprawa prywatna, w tym wypadku sama uroczystość wskazuje na to, że chodziło tu o działania „świadome i prowokujące". Świadome – z pewnością, ale prowokujące? Niewątpliwie przedstawiciel muzułmanów uważał, że jeśli już w ogóle wolno muzułmanom przechodzić na chrześcijaństwo, to winno się to dokonywać bez publiczności, najlepiej w ciszy i ukryciu. To i tak, trzeba przyznać, wyraz otwartego i liberalnego podejścia Nayeda. Gdyby podobny akt miał miejsce w Pakistanie, Egipcie czy innym państwie, w którym rządzi miłujący pokój, autentyczny islam, konwertytę czekałaby niechybnie śmierć.

Niemniej jednak nawet we Włoszech, w Rzymie, ceremonia chrztu była czymś kontrowersyjnym. I to do tego stopnia, że już trzy dni po jej dokonaniu intencje papieskie musiał tłumaczyć na pierwszej stronie tekst redakcyjny oficjalnego watykańskiego dziennika „L'Osservatore Romano". Jego autor, Giovanni Maria Vian, pospieszył z wyjaśnieniem, że ceremonia w Bazylice nie zawierała w sobie „żadnej wrogiej intencji w obliczu wielkiej religii, jaką jest islam". Dowodził on również, że chrzest Allama nie wyróżniał się niczym spośród pozostałych sześciu, a poza tym stwierdzał, że choć w dialogu chrześcijaństwa i islamu pojawiają się liczne problemy, to „w żaden sposób nie mogą one zaciemnić tego, co nas [katolików i muzułmanów] łączy". Nie ma wątpliwości, że celem artykułu miało być uspokojenie muzułmanów i podkreślenie, że chrzest jednego z nich nie oznacza zmiany stosunku Kościoła do bratniej religii Proroka. Kiedy czyta się te słowa oficjalnego watykańskiego komentarza, nie sposób pozbyć się wrażenia, że chodzi o coś wstydliwego, kontrowersyjnego i ambarasującego, coś, z czego katolicy muszą się wytłumaczyć.

Sam konwertyta patrzył na sprawy inaczej. W wywiadzie dla włoskiej gazety „Il Giornale" Allam trzeźwo zauważył, że tysiące włoskich chrześcijan nawróciło się na islam i nie wywołało to żadnych reperkusji. „Z drugiej strony, jeśli nawróci się muzułmanin, jest to niemal koniec świata i skazuje się go na śmierć za apostazję. We Włoszech tysiące nawróconych żyją w swojej wierze w tajemnicy ze strachu, że nikt ich nie ochroni" – powiedział. I nie były to, sądzę, słowa na wyrost, skoro od razu niemal po chrzcie Allamowi przyznano ochronę policyjną, musiał zmienić miejsce zamieszkania, a państwo włoskie zmuszone było otoczyć go opieką podobną do takiej, jaka przysługuje świadkom koronnym. „Moje nawrócenie miało publiczny charakter, aby powiedzieć ludziom: »Wyjdźcie z katakumb, żyjcie swoją wiarą otwarcie. Nie bójcie się«" – podsumował Allam. Doprawdy, czytając te wypowiedzi, wielu polskich czytelników musi zapewne patrzeć na tekst z niedowierzaniem i zastanawiać się, czy czasem ktoś nie usiłuje ich nabrać i robić sobie z nich żartów. Okazuje się, że w samej stolicy chrześcijaństwa, w centrum wiary, oficjalny watykański dziennik musi na pierwszej stronie tłumaczyć papieża, który ochrzcił muzułmanina, ba, że tenże konwertyta uznaje swój chrzest za wyraz sprzeciwu wobec terroru i zastraszenia, jakim podlegają inni byli muzułmanie. Wszystko to dzieje się w Unii Europejskiej ledwo kilka lat temu, w państwie, którego społeczeństwo wciąż w niemal 90 procentach przyznaje się do katolicyzmu. Nie trzeba być specjalnie przenikliwym, żeby dostrzec, że coś się tu nie zgadza. Wydawało się, że chrzczenie i nawracanie jest podstawowym obowiązkiem Kościoła, tymczasem, sądząc po słowach watykańskiego komentatora, rzecz jest – w samym Rzymie, i to dokonana przez papieża – wyjątkowo dwuznaczna. Tak samo nie wiadomo, jak pogodzić ciągłe watykańskie deklaracje mówiące o islamie jako o religii pokoju, a o muzułmanach jako o braciach w wierze z prostym faktem, że nowo nawróceni konwertyci ze strachu przed śmiercią ukrywają swoją wiarę.

Najkrócej mówiąc, zwolennicy dialogu ukrywają proste fakty: dla muzułmanina przejście na chrześcijaństwo jest niezależnie od kraju pochodzenia rzeczą w najwyższym stopniu niebezpieczną. Oto, co piszą na ten temat najwięksi zapewne znawcy przedmiotu, brytyjscy historycy i religioznawcy Bernard Lewis i Buntzie Ellis Churchill. Zauważają oni, że choć w islamie możliwa jest tolerancja wobec różnych doktryn w obrębie religii Proroka, to ma ona swoje wyraźne i nieprzekraczalne granice. Nie obejmuje kogoś, kto przestał być muzułmaninem i stał się niewierny, przechodząc na przykład na chrześcijaństwo. Takiego człowieka określa się mianem „kafir". Uważa się go, piszą Lewis i Churchill, za apostatę. „Zgodnie z przeważającą interpretacją świętego prawa jest to przestępstwo zasługujące na najwyższą karę i przestępca taki musi zostać stracony niezależnie od wszystkich innych okoliczności. Przy takiej wykładni, nawet jeśli później odpokutuje i odstąpi od apostazji, nadal należy go zabić. Być może, Bóg mu przebaczy, jednak nie może tego zrobić żadna ludzka władza. Karę taką stosuje się nawet wobec nowych konwertytów na islam, niezależnie od tego, jak krótko byliby wiernymi, jeśli wracają do swej wcześniejszej wiary. Kara śmierci zwykle dotyczy nie tylko konwertyty, lecz także każdego odpowiedzialnego za jego nawrócenie. W tym kontekście niezwykłą popularność zdobyło pojęcie »takfir«, co oznacza »wydać tego, kto twierdzi, że jest muzułmaninem, lecz jest faktycznie niewiernym«. Chodzi tu o ludzi, których skazuje się, jeśli odchodzą oni od islamu poza to, co uznaje się za dopuszczalne granice. Oskarżenie o takfir jest w istocie oskarżeniem o apostazję, przestępstwo karane śmiercią w większości systemów prawa islamskiego. W tradycyjnym państwie muzułmańskim i tradycyjnym społeczeństwie takfir oznaczało wyrok lub rozporządzenie wydane przez islamski sąd lub przywódcę, wykonywane przez policję lub inną władzę publiczną. W niektórych, choć z pewnością nie we wszystkich nowoczesnych państwach islamskich nie akceptuje się już egzekucji za zmianę opinii. Praktycznie, co trzeba przyznać ze smutkiem, oznacza to tylko tyle, że klasyczna procedura obejmująca proces i wydanie wyroku została zastąpiona przez lincz i morderstwa. Takie same problemy i podobne rozwiązania występują w ostrzejszej formie w społecznościach muzułmańskich żyjących w krajach niemuzułmańskich, które nie są poddane prawu islamskiemu".

O tym wszystkim watykańscy hierarchowie nie wspominają. Nie zauważają, że ich rozumienie wolności religii jest całkowicie odrzucane przez muzułmanów. Nie chcą dostrzec prostego faktu, że przechodząc na chrześcijaństwo, Allam nie tylko wyznał nową wiarę, ale też ściągnął na siebie groźbę. Elementarna uczciwość nakazywałaby w tej chwili udzielić nowemu wyznawcy pomocy i pokazać, że może liczyć na obronę. Cóż bardziej oczywistego? I jaki ważniejszy obowiązek spoczywa na tych wszystkich czcigodnych, starodawnych instytucjach, jak nie troska o duszę człowieka, który dzięki chrztowi dostąpił nowego, nadprzyrodzonego życia? Jak mają się dialog i budowanie dobrych ziemskich relacji z przedstawicielami islamu do wartości tej jednej ochrzczonej duszy? Wydaje się, że mało kto takim rozumowaniem się przejął. Watykański komentarz z „L'Osservatore Romano" zdaje się świadczyć o tym, że w oczach samych przedstawicieli Kościoła udzielanie muzułmanom chrztu jest rzeczą co najmniej dyskusyjną. Skoro tak, trzeba przyjąć, i tak było w istocie, że Benedykt XVI zrobił coś nowego i zaskakującego. Faktycznie, można się pytać, czy nie była to pierwsza taka uroczystość od kilkudziesięciu lat? A to znowu musi prowadzić do kolejnego pytania: co takiego stało się kilkadziesiąt lat wcześniej, co sprawiło, iż rzecz tak, wydawałoby się, oczywista i naturalna jak to, że papież przyjmuje do Kościoła nawróconych innowierców, że udziela im chrztu i ratuje ich dusze przed wiecznym zatraceniem, przestała być oczywista i naturalna, a stała się wątpliwa i zaczęła budzić niepokój? Jak to możliwe, że papież musi się tłumaczyć z tego, co wydawało się przez wieki jego podstawowym zadaniem? Czyżby przestały obowiązywać słowa Chrystusa skierowane do uczniów i ich następców – a tym jest przede wszystkim papież – „Idźcie więc i pozyskujcie uczniów we wszystkich narodach! Udzielajcie im chrztu w imię Ojca i Syna, i Ducha Świętego! Nauczajcie ich, aby zachowywali wszystko, co wam nakazałem" (Mt 28,19-20). Dlaczego Benedykt XVI potrzebuje wyjaśnień, jakich nie musieliby nigdy szukać Grzegorz VII, Urban II, Pius II, Pius V czy Innocenty XI, kiedy to organizowali obronę zachodniego świata przed najazdem muzułmanów? Skąd ta dziwna atmosfera jakby zażenowania, jakby wstydu, te próby zdystansowania się i odcięcia od nowego wyznawcy?

Zdaniem wszystkich obserwatorów, Benedykt XVI, udzielając publicznie chrztu Allamowi, nawet podczas uroczystości, której włoski publicysta był tylko jednym z uczestników, zrobił coś zaskakującego i niezwykłego. Oddam znowu głos Allamowi: „Tak, dzięki temu dzisiejszemu świadectwu Benedykt XVI mówi nam, że powinniśmy pokonać strach i nie bać się potwierdzać prawdy o Jezusie nawet wobec muzułmanów". Do licha ciężkiego, ciśnie się pytanie, co takiego stało się na świecie, że najzwyklejszy i najbardziej podstawowy obowiązek papieża okazuje się świadectwem, które ma dawać otuchę innym? Do diabła, co zatem robili poprzedni papieże, że tak podstawowa rzecz jak chrzest muzułmanina wywołała takie zaskoczenie całej światowej opinii? Znowu Allam: „[...] z powodu strachu katolicy wstrzymują się przed nawracaniem innych w krajach, w których muzułmanie są w większości, i milczą o nawróceniach w krajach chrześcijańskich – strachu, że nie dadzą rady ochronić konwertytów w związku z ich skazaniem na śmierć za apostazję, i strachu przed represjami wobec chrześcijan żyjących w krajach islamskich" – te słowa pochodzą już z innej włoskiej gazety, „Corriere della Sera". Czy wszyscy słyszą wyraźnie to, co i ja? Strach, strach, strach.

Islam oznacza strach. Żeby nie było wątpliwości, znowu powołam się na wyjaśnienia Allama, według którego wyobrażenie sobie, że może istnieć umiarkowany islam, jest mrzonką, ponieważ ekstremiści zawsze znajdują dla przemocy pożywkę w niejasnych tekstach Koranu i przykładach z życia Mahometa.

Sam Allam powiedział, że choć wiarę w islam stracił kilka lat wcześniej, to do nawrócenia na chrześcijaństwo skłoniły go słowa papieża Benedykta XVI. Ojciec Święty nauczał, że podstawą uznania religii za prawdziwą jest to, czy akceptuje ona fundamentalne prawa osoby, świętość życia, wolność, równość kobiety i mężczyzny. Wspaniały to przykład nawrócenia pod wpływem prawdy. Wspaniały przykład odkrycia, w czym chrześcijaństwo przewyższa islam, dlaczego to chrześcijańska tradycja przekazuje prawdę o osobie Boga i człowieka. Tym bardziej znowu musi uderzać reakcja przedstawiciela świata muzułmańskiego, owego wspomnianego już Nayeda, który ledwo skończyła się uroczystość w Bazylice, zażądał od papieża i Watykanu, żeby zdystansowali się od poglądów Allama na islam. Dość to kuriozalne. Muzułmanin wzywa publicznie papieża, żeby ten odciął się od wyznawcy swojego Kościoła, bo ten ma krytyczne podejście do islamu, i owo odcięcie się, cokolwiek miałoby ono w praktyce oznaczać, czyni warunkiem dialogu.

Znowu coś jest nie tak. Powstaje prawdziwa zagadka. Dlaczego to, że papież ochrzcił muzułmanina, jest rzeczą aż tak nadzwyczajną i dlaczego nawróceni na chrześcijaństwo żyją w strachu przed śmiercią, skoro jak twierdzi Kościół i liczni inni, także świeccy znawcy, islam jest religią pokoju i tolerancji? Na czym polega dialog, skoro zdaniem muzułmanów, i to nie tych z daleka, nie jakichś brodatych talibów, co to biegają z nożem przy pasie, szukając, jak by tu poderżnąć gardła chrześcijanom, nie tych, co to z pasem szahida wkraczają do zatłoczonych autobusów i wysadzają się w powietrze, ale tych wykształconych i europejskich – warunkiem dialogu musi być potępienie tych, którzy na temat islamu mają zdanie krytyczne? Ktoś tu nie mówi prawdy. Ktoś tu musi coś ukrywać. O co w tym chodzi?

Jeszcze jeden kamyczek do układanki. Ledwo czcigodny muzułmański uczony tupnął nogą, ledwo wspomniał o kościelnym i europejskim triumfalizmie, ledwo swoją dezaprobatę wyraził, a już posypały się kolejne tłumaczenia i wyjaśnienia, tłumaczenia tłumaczeń i wyjaśnienia wyjaśnień. Kto nie wierzy, niech sprawdzi. Zamiast prostych słów pokrzepienia dla Allama kolejni watykańscy urzędnicy starali się całą rzecz zbagatelizować, unieważnić. Tak jakby ich nowy brat w wierze powiedział coś wulgarnego, niegodnego, haniebnego nawet. Przypominam, że chodzi tu o człowieka, który natychmiast po przyjęciu chrztu musiał zostać otoczony opieką policyjną i zejść niemal do podziemia. Który mógł się spodziewać śmierci. I co usłyszał? Otóż od księdza Federica Lombardiego dowiedział się, że „przyjęcie do Kościoła nowego wiernego nie oznacza, że akceptuje się jego idee i stanowisko". Prawda? Najprawdziwsza z wszystkich prawd, jednak wypowiedziana w tym momencie i w tym kontekście ma, przykro to powiedzieć, posmak całkowitego łgarstwa. Albo może lepiej: jest to niemal publiczna deklaracja kapitulacji. Zamiast stanąć w obronie Allama, zamiast powiedzieć czcigodnemu przedstawicielowi uczonych muzułmańskich, żeby wykazał się większą tolerancją i żeby uczynił praktyczny użytek ze swojego islamskiego, pokojowego nastawienia i publicznie zadeklarował, że Allamowi nie ma prawa spaść włos z głowy, ojciec Lombardi wije się jak na mękach i dyskretnie odcina od Allama. Zamiast przypomnieć, że religie mogą być prawdziwe i fałszywe i że obowiązkiem człowieka jest odpowiedzieć na głos prawdy, ksiądz Lombardi na wszelki wypadek od Allama się zdystansował. Żeby tylko nikt nie powątpiewał w to, że Watykan i Ojciec Święty będą robić wszystko, byle rozwijał się dialog. Z Allamem lub bez. Allam miał wprawdzie prawo wyrazić osobiste zapatrywania, ale, podkreślał rzecznik Watykanu, w żadnej mierze nie były one „wyrazem oficjalnego stanowiska papieża i Stolicy Świętej". Pewnie. Stolica Święta nie zamierza się wikłać w tak ryzykowną rzecz jak stwierdzenie, że chrześcijaństwo jest prawdziwą religią, i nie da się wpuścić w krytykę bratniego islamu.

A że przy okazji nie okazuje elementarnej solidarności swojemu nowemu wyznawcy, to cóż, takie są koszty uprawiania dialogu. Zresztą, skoro wszyscy ludzie są braćmi, to nie widać powodu, dla którego chrześcijański konwertyta miałby oczekiwać wyróżnienia i przywilejów. W podobnym duchu jak ksiądz Lombardi wypowiadali się też inni hierarchowie. I tak kardynał Jean-Louis Tauran, przewodniczący Papieskiej Rady do spraw Dialogu Międzyreligijnego, na wszelki wypadek wyznał, że nie wie, jak doszło do tego, że Allam znalazł się wśród siódemki ochrzczonych przez papieża w wigilię Wielkanocy, ani też kto za tym stał. Faktycznie, dobre pytanie: kto za tym stał? Na pewno nie Duch Święty, bo przecież zgodnie z nową teologią wyznawaną przez wielu specjalistów od dialogu stoi On tyleż za nawróceniami na chrześcijaństwo, co za stanowczym odrzuceniem chrześcijaństwa. Któż zatem? Ani chybi musiała w tym być czyjaś intryga. Jakiś niezbyt rozgarnięty i nie całkiem kompetentny watykański urzędnik podsunął Allama papieżowi niczym zgniłe jajo, a ten w swojej nieświadomości byłego muzułmanina ochrzcił.

Jak to zatem jest? Głosi Kościół obowiązek nawrócenia czy nie? Jest islam religią dialogu czy nie? Te pytania stają się tym bardziej uporczywe, kiedy zna się przyszłość. Chrzest Allama miał miejsce w marcu 2008 roku. Pięć lat później, też w marcu, tyle że 2013 roku, świat obiegła sensacyjna wieść: Allam ogłosił na swojej stronie internetowej, że opuszcza Kościół katolicki, gdyż pokazuje on zbytnią uległość wobec islamu. Dodał, że sprzeciwia się też euforii związanej z dojściem do władzy papieża Franciszka i sposobowi, w jaki odszedł Benedykt XVI. Tłumaczył także głębsze motywy swojej decyzji i pisał, że tym, co w największym stopniu doprowadziło do jego odejścia od katolicyzmu, był „religijny relatywizm, a w szczególności legitymizacja islamu jako prawdziwej religii, Allaha jako prawdziwego Boga, Mahometa jako prawdziwego proroka, Koranu jako tekstu świętego, a meczetów jako miejsc właściwego oddawania chwały". Allam, który był wówczas europosłem, dodał, że modły papieża Benedykta XVI w meczecie w Stambule były „prawdziwą głupotą", podobnie jak to, że w jednej z pierwszych swoich homilii papież Franciszek ogłosił, że muzułmanie „czczą jednego, żywego i miłosiernego Boga". Były już konwertyta wspomniał o „samobójczym szaleństwie", jakim było według niego to, że Jan Paweł II publicznie czcił Koran. Ostrzegał, że Europa ulegnie islamowi, jeśli nie zdobędzie się na odwagę, by pokazać, że przeciwstawia się on naszej kulturze i podstawowym prawom osoby. Podobnie domagał się potępienia Koranu za to, że usprawiedliwia on nienawiść, oraz szariatu, który jest „przestępstwem wobec ludzkości". Napisał, że te pięć lat, które minęły od chrztu, były dla niego okresem udręki. Choć decyzja o wystąpieniu z Kościoła przyniosła mu cierpienie, podjął ją „ze względu na moralny obowiązek, jakim było konsekwentne opowiedzenie się za prymatem prawdy i wolności". Allam dodawał, że dalej wierzy w Jezusa i jest dumny z chrześcijaństwa jako kultury, która bardziej niż inne prowadzi ludzi do Boga.

Jaki morał można wyciągnąć z całej historii? Czy chodzi tu o przykład nadpobudliwego, niezbyt zrównoważonego neofity? Może jest to przypadek nieuleczalnej islamofobii? Nie znam Allama. Jednak nic z tego, co mówił, nie zdaje się świadczyć ani o ekstremizmie, ani o nienawiści, ani o braku równowagi psychicznej. Urodził się w Kairze, włoskie obywatelstwo otrzymał w 1986 roku, przez wiele lat, nim nawrócił się na katolicyzm, był jednym z najbardziej znanych publicystów zajmujących się islamem. Niewątpliwie wiedział, o czym mówi. Nie nawoływał do nienawiści wobec muzułmanów, trudno też uznać, które właściwie z jego opinii są błędne. Wszystkie wydarzenia, o których wspominał, miały miejsce. Jan Paweł II rzeczywiście całował Koran na znak czci, Benedykt XVI faktycznie odwiedził meczet w Stambule i modlił się tam, papież Franciszek – o czym w 2013 roku Allam wiedzieć jeszcze nie mógł – zrobił to samo, tylko z większą ostentacją. Podobnie bez liku jest tekstów papieskich, które w przedziwny sposób wychwalają islam.

Myślę, że Allam padł ofiarą swoistej kościelnej schizofrenii, w której język dyplomatyczny i poprawnościowy raz po raz zderza się z językiem wiary i Objawienia. Można nie akceptować jego wyboru – wystąpienie z Kościoła nie najlepiej zdaje się świadczyć o głębokości jego wiary – ale nie jest łatwo go potępić. Przeciwnie. Trudno nie patrzeć z sympatią na człowieka, który chciał pozostać wierny sobie i swojemu sumieniu. Więcej. Nie sposób nie dostrzec swoistego dramatu tego człowieka. Chciał bronić chrześcijaństwa i Zachodu w czasie, kiedy ci, którym Opatrzność powierzyła to zadanie, woleli mówić o pokoju i dialogu.

Religia wojowników

Jeszcze kilka wieków temu to papieże byli najgorliwszymi zwolennikami krucjat, to oni mobilizowali królów i książąt do działania. To oni wysyłali legatów i nuncjuszy, dostarczali pieniędzy, starali się doprowadzić do porozumienia chrześcijańskich władców, montowali koalicje, nastawali w porę i nie w porę, wzywając Zachód do obrony. Można by wręcz powiedzieć, że konflikt z chrześcijaństwem był od samego początku przeznaczeniem nowej religii proroka Mahometa, i to nawet wtedy, gdy jeszcze, jak to czynił święty Jan z Damaszku w VIII wieku naszej ery, uważano ją za jedną z chrześcijańskich herezji. Słusznie pisze Diane Moczar, amerykańska profesor historii, że „konflikt pomiędzy islamem a Zachodem, rozwijający się przez ostatnie tysiąc sto lat i wciąż trwający, może być postrzegany jako dramat – tragedia – w pięciu aktach; każdy akt zawiera kilka scen odgrywanych przez wielu aktorów. Według tej perspektywy żyjemy obecnie w akcie V”. W swojej świetnej książce pod wielce znaczącym tytułem „Jak Kościół katolicki ocalił zachodnią cywilizację" skupia się ona na akcie IV, czyli na okresie między XIV a XVII wiekiem, kiedy to świat chrześcijański pod przewodnictwem wielkich papieży oparł się inwazji Turków osmańskich. Nigdy wcześniej Europa nie była równie zagrożona. Po krótkim czasie, kiedy wydawało się, że islam raz na zawsze został pokonany, koniec XX wieku zdaje się świadczyć o czymś przeciwnym. Dlatego warto się przyjrzeć, podążając tropem Moczar, jakie było źródło owego chrześcijańskiego oporu, który nazywa ona „antydżihadem". Łatwiej będzie wtedy zrozumieć, dlaczego nie jest on dziś możliwy, zobaczyć, gdzie tkwią korzenie słabości. Jak to się stało, że przez setki lat dzięki niezmordowanemu wysiłkowi papieży Zachód był w stanie opierać się najazdom muzułmańskim, teraz zaś mimo całej przewagi cywilizacyjnej, technologicznej i kulturowej nie wykazuje sił witalnych i nie potrafi stawić czoła zagrożeniu? Niewątpliwie pierwszym znakiem choroby jest dziwne poczucie niższości wobec islamu. Zamiast dumy z wielkich dokonań chrześcijańskiej cywilizacji dominuje poczucie winy. Zamiast pamięci o bohaterach, o tych, którzy ocalili wolność i wiarę, wciąż słyszę, że mam się bić w piersi i przepraszać za czyny przodków. Tak jakby to chrześcijaństwo głosiło, że przemoc jest właściwym sposobem nawracania, jakby to Kościół rozwijał się dzięki sile militarnej.

Muzułmanie od samego początku łączyli podboje i propagowanie nowej religii. Zwycięstwu militarnemu towarzyszyła próba narzucenia islamskiego prawa i wiary w Allaha. Niewierni poganie musieli albo się nawrócić, albo zginąć lub oddać się w niewolę. Lepszy nieco był los chrześcijan i Żydów – mogli liczyć na pewną formę tolerancji. Jak pisał wspomniany już brytyjski historyk Bernard Lewis, islam to „religia wojownicza, z fanatycznymi żołnierzami, zajętymi nawracaniem na swoją wiarę i prawo za pomocą siły". Oczywiście taki obraz musi budzić opór apologetów islamu, którzy starają się wykazać, że jest on nieprawdziwy, zawiera stereotypy i uproszczenia. I tak choćby muzułmański autor Reza Aslan w wydanej niedawno po polsku książce „Nie ma Boga oprócz Allaha" dowodzi, że wizja wojowniczego islamu „wywodzi się z papieskiej propagandy z czasów wypraw krzyżowych [...], kiedy to muzułmanie byli przedstawiani jako żołnierze Antychrysta, bluźniercy okupujący Ziemię Świętą". Aslan próbuje dowieść, że islamskie podboje nie były niczym nadzwyczajnym i stanowiły przyjęty w tamtych czasach sposób ekspansji terytorialnej. Najbardziej zabawne, że z jego wywodów, które warto tu przytoczyć, bo są typowe dla wielu uniwersyteckich autorów na Zachodzie, winnymi muzułmańskiego ekstremizmu i terroryzmu są... Europejczycy. Tak, to nie dowcip, ale jak najbardziej poważnie przedstawiana teza: „I wreszcie nadszedł czas europejskich kolonialistów osiemnastego i dziewiętnastego wieku, systematycznie plądrujących naturalne zasoby Bliskiego Wschodu i Afryki Północnej. Przy okazji zapoczątkowali oni zaciekły polityczny i religijny ruch odwetowy, który przekształcił się w to, co dziś powszechnie nazywa się »islamskim fundamentalizmem«. Wówczas obraz przerażającego muzułmańskiego wojownika, »ubranego w długą szatę i wymachującego bułatem, gotowego zarżnąć każdego niewiernego, który wejdzie mu w drogę«, stał się popularną kliszą literacką". Doprawdy trzeba mieć tupet, żeby snuć takie opowieści. Czyli kiedy muzułmanie w VII i VIII wieku rozpoczęli swoje wielkie podboje, skolonizowali i zaczęli wykorzystywać tereny Bliskiego Wschodu i Afryki Północnej, to postępowali tak jak wszyscy, zgodnie z powszechnie przyjętym obyczajem, prawem narodów, regułami natury itd., itp. Kiedy jednak europejskie potęgi zajęły ziemie muzułmanów w wieku XVIII, to byli to kolonialiści plądrujący zasoby Bliskiego Wschodu i Afryki Północnej. Trudno o lepszy przykład mentalności Kalego. Muzułmanie podbijają, plądrują, wyzyskują i zabijają – to normalne; Europejczycy zajmują tereny muzułmańskie – a toż to ci przebrzydli kolonizatorzy. Ta osobliwa ślepota uderza tym bardziej, że wbrew temu, co starał się sugerować między wierszami Aslan, europejska kolonizacja rzadko bywała krwawa i nie pociągała za sobą prześladowań religijnych czy nawracania muzułmanów siłą.

Jeszcze bardziej hucpiarska jest druga teza amerykańskiego autora, zgodnie z którą to kolonizatorzy odpowiadają za „islamski fundamentalizm". Byłoby to nawet śmieszne, gdyby nie fakt, że ofiary owych fundamentalistów są jak najbardziej realne. Właśnie ten język i opis doskonale pokazują, jak głęboko w mentalności muzułmańskiej zakorzenione jest przeświadczenie, że cały świat dzieli się na dwie części: jedna to Dar al-Islam, czyli miejsce islamu, pokoju i prawa muzułmańskiego, a druga to reszta świata: Dar al-Harb, miejsce wojny; to mieszkańcy tej drugiej części sami winni są cierpień i klęsk, sami sprowadzają na siebie dżihad, bo... odmawiają przyjęcia islamu, który tylko się broni. Takie przeświadczenie, choć niby jest przez Aslana krytykowane, podświadomie tkwi w jego umyśle. Dlatego kiedy opisuje on ekspansję muzułmanów na świat zewnętrzny, to okazuje się ona zawsze uzasadniona, właściwa i usprawiedliwiona; kiedy jednak to nieislamskie państwo przejmuje kontrolę nad terytorium Dar al-Islam, jak na przykład Francja w północnej Afryce, czy też Wielka Brytania w muzułmańskiej części Indii, to od razu musi się ono okazywać uzurpatorem i wyzyskiwaczem.

Ta pasja wybielania islamu jest tak samo wyraźna przy opisie znaczenia dżihadu. Zamiast przyznać, że jest to termin oznaczający wojnę z niewiernymi, której celem jest także militarne podporządkowanie danego terytorium pod prawa Allaha, Aslan dowodzi czegoś wręcz przeciwnego: „W istocie termin »święta wojna« wprowadził nie islam, ale chrześcijańscy krzyżowcy, którzy pierwsi używali go do teologicznego usprawiedliwiania czegoś, co w rzeczywistości było bitwą o ziemię i szlaki handlowe". Paradne. W ścisłym tego słowa znaczeniu święta wojna wywodzi się z Biblii; była to wojna, którą prowadził Izrael, kiedy zdobywał przyrzeczoną mu przez Boga Ziemię Świętą. Miała ona ściśle określone znaczenie i Żydzi uznawali ją za prawdziwą wojnę, którą toczy sam Jahwe. Dżihad jest po prostu kontynuacją takiego rozumienia; tak jak Izraelici dokonywali podboju, zajmując ziemię niejako w imieniu Jahwe, tak samo muzułmanie zdobywają ziemię w zastępstwie i z upoważnienia Allaha. To, co odróżniało od początku naukę Jezusa, to właśnie sprzeciw wobec tak rozumianej wojny. Kiedy jednak czyta się Aslana – powtarzam, należy te jego opinie traktować jako charakterystyczne dla całej szkoły badaczy – to można dojść do osobliwego wniosku, że tak jak kolonizatorzy stworzyli islamski fundamentalizm, tak krzyżowcy wywołali antyislamską świętą wojnę, przed którą dżihad był jedynie reakcją obronną. Ta opowieść przypomina mi tezy radzieckiej historiografii, której wspaniali i oświeceni propagatorzy z miedzianym czołem głosili, że Związzek Sowiecki nie zna wojen zaborczych i niesprawiedliwych, a jedynie obronne i pokojowe. Sowieci również na nikogo nie napadali, co najwyżej zjawiali się tam, gdzie ich o to poproszono, a i wówczas w każdej chwili gotowi byli odejść. Widać, że tego rodzaju brednie można wygłaszać w najlepsze i dziś, tyle że zamiast miłującego pokój i bezpieczeństwo Kraju Rad w roli skrzywdzonych ofiar udzielających bratniej pomocy na życzenie występować mają muzułmanie. Koń by się uśmiał. Bo też ilekolwiek wybiegów i sztuczek erystycznych by stosować, komentator wciąż zderza się z prostym faktem, że muzułmanie pojawili się i zaczęli panować nad ziemiami, na których ich wcześniej nie było. Jednak w tym nowym ujęciu to nie muzułmanie dokonują podbojów, ale przeciwnie, krzyżowcy są tymi, którzy walczą o ziemię i szlaki handlowe.

„Podstawowe znaczenie religijne (niekiedy nazywane »większym dżihadem«) to zmaganie duszy, żeby pokonać grzeszne przeszkody, które oddalają wiernego od Boga" – tłumaczy Aslan. I dodaje, żeby rozwiać wszelkie wątpliwości: „Ponieważ jednak islam uznaje tę wewnętrzną walkę o świętość i podporządkowanie za nierozerwalnie powiązaną z zewnętrzną walką o los ludzkości, dżihad częściej kojarzy się z jego drugorzędnym znaczeniem (»mniejszym dżihadem«): dowolnym działaniem – wojskowym bądź nie – przeciwko opresji i tyranii". Rzeczywiście, sztuka ideologicznej manipulacji najwyższej próby. Najpierw wmawia nam się, że dżihad przede wszystkim oznacza walkę z samym sobą. Potem, gdyby jeszcze ktoś miał wątpliwości, czy aby na pewno dobrze usłyszał, dowiadujemy się, że dżihad to każde działanie przeciw opresji i tyranii. No to w takim znaczeniu wszyscy dobrzy ludzie są dżihadystami, czyż nie?

Wszyscy ludzie dobrej woli są przeciw opresji i tyranii. Niczym króliki z cylindra wyskakują te nowe znaczenia, aż na końcu okazuje się, że „w istocie dżihad najlepiej jest rozumieć jako uproszczoną »teorię sprawiedliwej wojny«". Wspaniale, ręce same składają się do klaskania. Więc o to tyle było szumu? O DŻIHAD, który – jak teraz widać – jest tym samym, o czym można było przeczytać u Arystotelesa, świętego Tomasza z Akwinu i u tylu innych teoretyków wojny sprawiedliwej? Nie ma o co kruszyć kopii. Tak, straszne muszą być te stereotypy, ale na szczęście pojawiają się ludzie roztropni i zręczni, którzy wszystko potrafią naukowo, rzeczowo i zgodnie z faktami wyjaśnić. Pod ich ręką w prawdziwie magiczny sposób budzący taką grozę dżihad najpierw staje się działaniem przeciw opresji, a potem teorią wojny sprawiedliwej.

W stanie upokorzenia

Zwalczajcie tych, którzy nie wierzą w Boga i w Dzień Ostatni, którzy nie zakazują tego, co zakazał Bóg i Jego Posłaniec, i nie poddają się religii prawdy – spośród tych, którym została dana Księga – dopóki oni nie zapłacą daniny własną ręką i nie zostaną upokorzeni" (Koran IX,29). Diane Moczar trafnie podsumowuje przesłanie tego kluczowego tekstu. Wnioski są proste: „a) niewierzących należy zwalczać, aż się poddadzą, i b) rezultatem tej przemocy będzie państwo muzułmańskie wprowadzające w życie swoje ideały". Na tym właśnie polega dżihad. Nie jest to żadna wojna sprawiedliwa, której pojęcie zakłada właśnie zawsze reakcję i obronę, a nie napaść i agresję militarną. Kto nie podda się religii prawdy, czyli każdy niemuzułmanin, ma być zwalczany, aż zapłaci daninę i zostanie upokorzony.

Inaczej niż w przypadku pogan, których Koran nakazuje po prostu zabijać, chrześcijanie (i Żydzi) mogli przeżyć pod władzą islamską pod warunkiem, że zostali upokorzeni. Co to oznaczało? Moczar wyjaśnia: chodziło o to, by każdy, kto ich ujrzy, wiedział, że są niewierzącymi. Status „dhimmi", jak określano chrześcijan i Żydów, zmieniał się w czasie, ale ogólnie „był w pewien sposób niższy niż mas niewolników służących w każdym społeczeństwie muzułmańskim". O ile niewolnik, jeśli był muzułmaninem, mógł odzyskać wolność i zajmować wysokie stanowisko, dhimmi miał pozostawać w stanie upokorzenia do chwili nawrócenia lub śmierci. Tak wyglądał los milionów chrześcijan znajdujących się pod rzekomo dobrotliwym panowaniem muzułmańskich władców.

Moczar pokazuje też inne typowe cechy rządów religii pokoju. Regułą było niszczenie kościołów i synagog, a także częste przykłady nawróceń pod groźbą śmierci. „Istnieją dokumenty mówiące o chrześcijanach w Armenii i Syrii VIII wieku wpędzanych do kościołów i skazywanych na śmierć w płomieniach, ponieważ odmówili apostazji". To samo działo się w wielu innych miejscach podległych władzy kalifów. Tak samo powszechne było branie chrześcijan na podbitych bądź łupionych terenach do niewoli. Nieustanna presja podatkowa, społeczna i polityczna, groźby i raz po raz wybuchające prześladowania sprawiały, że pogrążeni w rozpaczy, pozbawieni nadziei chrześcijanie w końcu ulegali i przyjmowali islam. Znowu warto oddać głos Moczar: „Przykładowe warunki narzucone *dhimmi* obejmowały ubieranie się według ścisłych reguł określających barwę, typ pasa, turbanu itp. Chrześcijanie mieli się zachowywać pokornie o każdej porze, nie wolno było im bić w dzwony lub odbudowywać zniszczonych kościołów czy klasztorów i mieli zapewniać żywność i zakwaterowanie na trzy dni w kościele każdemu muzułmaninowi; musieli także ustępować na bok na ulicy z widoczną pokorą, by pozwolić przejść wyznawcy Allacha. Aż do współczesnych nam czasów pod rządami Osmanów chrześcijanom nie wolno było jeździć konno lub używać siodeł. [...] Domy *dhimmi* musiały być mniejsze niż domy muzułmanów, odwiedzanie pewnych miejsc było dla nich zakazane i aż do XX wieku w niektórych częściach Bliskiego Wschodu wymagano od nich pracy przymusowej".

To właśnie reakcją na takie traktowanie były krucjaty. Dziś to często powód do wstydu. Widzi się w nich albo przejaw ciągot ekspansjonistycznych, albo efekt złowrogich machinacji. Obawiam się, że ci, którzy gorszą się krucjatami, stracili poczucie więzi z pokoleniami dawnych chrześcijan. Nie rozumieją też, jak wielkimi wartościami były swoboda chrześcijańskiego kultu i piękno cywilizacji, zagrożonej przez islam. Potępienie krucjat możliwe jest tylko w świecie, w którym nie rozumie się prymatu wiary i w którym dogmatem jest równość religii. Pod wpływem lewackiej ideologii widzi się w nich przejaw imperialistycznych dążeń Zachodu.

Kolejne klęski wojsk bizantyjskich, z których najbardziej dotkliwą była fatalna przegrana pod Manzikertem w 1071 roku, sprawiły, że cesarstwo bizantyjskie znalazło się w stanie rozkładu. Dlatego dumni imperatorzy, widząc własną niemoc i rosnącą przewagę Turków seldżuckich, coraz usilniej zaczęli prosić o odsiecz katolików z Zachodu. Pierwszym papieżem, który chciał odpowiedzieć na te błagania i który zamierzał zorganizować pomoc Zachodu, był Grzegorz VII. Pisał on do książąt, monarchów i władców Europy o potwornościach i udrękach, jakie muszą znosić chrześcijanie, „zabijani jak bydło". Choć sam pragnął poprowadzić ekspedycję, pisze Moczar, zainteresowania pozostałych nie było. Dwadzieścia lat później, w 1095 roku, to, co nie udało się Grzegorzowi, powiodło się Urbanowi II, który zdołał namówić w Clermont chrześcijańskie rycerstwo, żeby pospieszyło na pomoc udręczonym współbraciom w wierze i odbiło z ich rąk Bazylikę Grobu Świętego (wtedy jeszcze nie znano języka dialogicznego i braćmi w wierze byli tylko chrześcijanie, a nie po prostu wierzący w cokolwiek, łącznie z muzułmanami). Współcześni propagandyści, którzy obsiedli tyle uniwersyteckich katedr, widzą w krzyżowcach rzekomych okupantów i agresorów z Zachodu. To całkowite odwrócenie ról i śmieszna próba zatarcia prawdy. Zorganizowane przez papieży wyprawy były odpowiedzią na niszczenie miejsc świętych, na rozpaczliwe prośby słane przez chrześcijan z Bizancjum i prześladowania, jakie dotykały pielgrzymów.

Oto, jak wyglądała sytuacja w Jerozolimie: W 1009 roku, pisze brytyjski historyk Martin Biddle, fatymidzki kalif Egiptu Al-Hakim bi-Amr Allah (985-1021) nakazał Jarukowi, gubernatorowi z Ramalli, „zniszczyć kościół Zmartwychwstania i całkowicie usunąć z niego [chrześcijańskie] symbole, a wszelkie ślady, jak i pamięć o nich zetrzeć z powierzchni ziemi". Syn Jaruka wraz z dwoma towarzyszami zarekwirowali wszystkie sprzęty kościelne, które się tam znajdowały, i „zburzyli kościół aż po fundamenty, tak że pozostało z niego jedynie to, czego nie dało się już zniszczyć, czego nie dało się wykopać i zabrać". Al-Husajn ibn Zahir al-Wazzan „ciężko pracował nad zniszczeniem grobu, aby zatrzeć wszelki po nim ślad, i faktycznie uderzał i rozbił największą część grobu". Ta informacja szybko dotarła na Zachód. Już w 1010 roku o przerażających zniszczeniach najświętszego miejsca chrześcijaństwa, przez wiele wieków celu pielgrzymek, opowiadał biskup Périgueux Raoul de Couhé. Muzułmanie ciężkimi żelaznymi młotami roztrzaskali skałę grobową, później podłożyli pod Bazylikę ogień. Za wszelką cenę starali się usunąć wszelkie ślady miejsca, w którym spoczęły zwłoki Jezusa i gdzie nastąpiło Jego wskrzeszenie. Dopiero po jedenastu latach zgodę na odprawianie nabożeństw w ruinach uzyskał patriarcha Nicefor. Kościół, odbudowany częściowo przez Bizantyjczyków, naprawdę został wzniesiony na nowo przez krzyżowców.

Muzułmanie nie tylko jednak niszczyli najświętsze chrześcijańskie miejsca. Jak pisze Moczar, z nieuzbrojonej grupy siedmiu tysięcy niemieckich pątników, którzy w 1064 roku udali się do Jerozolimy, wróciły tylko dwa tysiące. Reszta została wymordowana przez muzułmanów: „Była to tak pokojowa grupa, że nawet w czasie napaści wielu z nich odmówiło chwycenia za broń w samoobronie, uważając to za naruszenie ich statusu pielgrzyma". Masakry, prześladowania, niszczenie kościołów, wreszcie śmiertelne niebezpieczeństwo, w jakim znalazł się Konstantynopol – oto przyczyny krucjaty.

Nie zamierzam tu teraz śledzić dalszych losów poszczególnych ekspedycji. Ważne jest co innego: od samego początku, wbrew tylu współczesnym mędrkom i propagandystom, to Arabowie czy też później Turcy seldżuccy występowali jako agresorzy i prześladowcy. To, że dziś tak trudno to napisać, że papieże Grzegorz VII czy

Urban II pokazywani są jako średniowieczni protoplaści późniejszych kolonizatorów, jako wcześni i niedojrzali jeszcze imperialiści, jest smutnym świadectwem upadku ducha Zachodu. Zorganizowanie wypraw krzyżowych powinno być powodem do dumy i chwały, nawet jeśli niektóre z nich kończyły się nie po myśli organizatorów, a do pierwotnej czystej idei coraz mocniej wkradało się to, co arcyludzkie: chciwość, egoizm, okrucieństwo czy małostkowość.

Rzym broni Zachodu

O ile krucjaty były próbą odzyskania tego, co chrześcijaństwo straciło na Bliskim Wschodzie, to w późniejszych wiekach starcie z islamem oznaczało prawdziwą walkę o przeżycie. Nie chodziło już o odzyskanie dawnej potęgi, ale o przetrwanie. Upadek Królestwa Jerozolimskiego, wyparcie zakonów rycerskich z Palestyny, wreszcie klęska ostatnich wypraw nie niosły bezpośredniego zagrożenia dla centrum cywilizacji chrześcijańskiej. To pojawiło się dopiero później, wraz z upadkiem Konstantynopola, kiedy to kolejni władcy osmańscy coraz śmielej i łapczywiej spoglądali na wielkie miasta Zachodu. W XV wieku mogło się wydawać, że cała Europa podzieli los dawnych ziem chrześcijańskich w Afryce Północnej, Syrii czy Grecji. Wewnętrzne podziały, kryzys Kościoła, reformacja, narastanie egoizmów narodowych – mogło się zdawać, że marsz islamu na Zachód jest niepowstrzymany. Dlaczego Włochy miałyby nie podzielić losu Bizancjum? Czy jeśli muzułmańscy żołnierze zdobyli chrześcijańskie Węgry, to nie mogli opanować Polski, państwa

Habsburgów, a potem reszty ziem europejskich? Takie obawy żywiło wielu. Konieczny był jednolity i stanowczy opór. Z przeświadczenia, że zwycięstwo islamu niesie za sobą niewolę ludów i śmiertelne zagrożenie dla dusz, brała się wola walki kolejnych papieży. Od Grzegorza VII (wiek XI) aż po Innocentego XI (wiek XVII), który był duchowym przywódcą odsieczy wiedeńskiej – faktycznym zwycięzcą był nasz król Jan III Sobieski – postawa Rzymu była niezmienna. Przez te kilkaset lat, kiedy to kulturze chrześcijańskiej groził upadek, zawsze znajdowali się papieże, którzy potrafili apelować do władców, mobilizować ich, przekonywać, jednoczyć. Można przypuszczać, że gdyby nie ta niezłomna wola Rzymu, Zachód spotkałoby to samo, co wcześniej Bizancjum. Czy tak trudno sobie wyobrazić, że historia potoczyłaby się inaczej? Skoro meczetem mogła stać się Hagia Sophia w Konstantynopolu, to czemu nie Bazylika Świętego Piotra w Rzymie? Papieże doskonale rozumieli śmiertelne niebezpieczeństwo. Jedyną sensowną odpowiedzią na przemoc musiała być walka z agresorem. Dlatego, jakkolwiek dziwnie brzmi to dziś w naszych uszach, nawet oni sami nie wahali się stanąć na czele wojsk chrześcijańskich i wspierać walczących. Na pewno robili to ich wysłannicy, jak choćby służący od 1359 roku jako legat papieski na Wschodzie karmelita Piotr Tomasz, który stał na czele pomyślnego ataku na turecką bazę po anatolijskiej stronie Dardaneli.

Widzieli, że agresywna polityka sułtanów, zaczynając od Murada w XIV wieku, może doprowadzić do upadku Kościoła. Dostrzegli, że muszą stawić czoło bezwzględnemu przeciwnikowi, który miał prawdziwie imperialne ambicje. Murad chciał stać się panem Zachodu; w pewien sposób byłaby to dziejowa odpłata za to, że przed wiekami Rzym podbił Wschód. Następcy Piotra wiedzieli, że są odpowiedzialni nie tylko za siebie, ale za całość christianitas. Trafnie rozpoznali, z jakim przeciwnikiem przyszło im się zmierzyć. Prowadzili wojnę sprawiedliwą. Uznawali, że w sytuacji zagrożenia życia i wolności mają prawo, jako odpowiedzialni przywódcy, ludzie, których pieczy Bóg powierzył los chrześcijańskich narodów, używać siły. Wierzyli, że są dobrymi uczniami Jezusa. Tak, mówili, Jezus potępił przemoc, ale nie zaaprobował prawa silniejszego. Przywódca państwa miał obowiązek służby dobru wspólnemu, a jakież inne dobro było większe od trwania i wolności Kościoła? Papieże byli także panami i władcami, od ich decyzji zależał los milionów chrześcijan. Rozumieli, że w starciu z bezwzględnym, chciwym i okrutnym przeciwnikiem muszą używać armii. Nie sądzili, że w ten sposób zdradzają Ewangelię i rezygnują z chrześcijańskich ideałów. Przeciwnie. Poddać się wrogowi, nie wyruszyć do walki oznaczało wydać mu na żer te setki tysięcy niewinnych dusz. Mieli w sobie tę odwagę, której brakuje ich współczesnym następcom. Kiedy nie ma innego sposobu, żeby powstrzymać agresora, odwołanie się do siły zbrojnej jest czymś słusznym. Widząc nadciągającą burzę, organizowali opór. Występowali w imieniu ładu, dobra i prawdy przeciw mocom ciemności i zniewolenia.

Trudno to dziś dostrzec. W oczach współczesnych ludzi Zachodu równość religii jest czymś tak oczywistym, że cała historia wojen religijnych jawi się jako okres szaleństwa, niedojrzałości, zacofania i głupoty. Dzisiejsi katolicy z zaambarasowaniem spoglądają na swoich braci w wierze sprzed wieków. Wielu żałuje, że ówcześni papieże w ogóle angażowali się w wojnę z muzułmanami. Dlaczego tak jak współcześni papieże, którzy za nich teraz przepraszają, nie wyrzekli się walki? – pytają. Nie pojmują kontekstu historycznego, nie umieją właściwie ocenić sytuacji. Zw[illegible]a współczesnych jest żałośnie [illegible]ligijna ma krew na rękach. Nie [illegible]dziej i mniej moralnych. Z tej [illegible]j różnicy między papieżem [illegible]ii a wezyrem. Jedni i dru[illegible]muzułmanie, zabijali w imię [illegible]i masakr zdobytych miast, [illegible]stępować okrutnie, podle, [illegible]ni, inni kindżałami. Jed[illegible] dla Allaha. Cóż to ma [illegible]ugim brakowało zrozu[illegible]ści i dialogu.

[illegible]k nie o bezstronności [illegible]łczesny mieszkaniec [illegible]za swym przodkom. [illegible]amość. Trochę jest k[illegible]ochę wierzy, a troch[illegible]iego tak oczywiste [illegible]zucie godności – mo[illegible]hrześcijańskiej. I że [illegible]bronili Zachód, być n[illegible], powszechnej podle[illegible]osoby. Aby odnieść [illegible]koalicję europejskic[illegible]yło osiągnąć tylko za pomocą [illegible]wszystkimi tego konsekwencjami. Jednych wystarczyło przekonać, innych zastraszyć, jeszcze innych przekupić. Tak tylko udało się okiełznać rozbieżne interesy i stworzyć przymierze, które ostatecznie pokonało wroga. Dziś papieże zarządzają Muzeami Watykańskimi, Bazyliką Świętego Piotra i kilkoma gmachami użyteczności publicznej. Kolorowe stroje gwardzistów szwajcarskich pięknie prezentują się na zdjęciach i stanowią wspaniałą dekorację podniosłych celebracji. Papieże wygłaszają wzniosłe mowy i ogólnie słuszne wezwania do pokoju. Całkiem jednak utracili wpływ na politykę i ustawodawstwo. Coraz częściej nie są w stanie zapewnić nawet podstawowych praw chrześcijan na Zachodzie.

Źródłem poczucia wyższości, które cechuje współczesnego chrześcijanina, kiedy patrzy on na swych przodków, jest przekonanie, że obecny brak wojen to skutek dojrzałości moralnej. Jednak konflikty przeszłości nie świadczą o tym, że nasi przodkowie byli bardziej okrutni i łatwiej szafowali ludzkim życiem; podobnie dzisiejszy pokój nie jest dowodem na większą dojrzałość i moralność człowieka. Nie zabijamy się nawzajem nie dlatego, że zwyciężył altruizm i humanitaryzm, ale dlatego, że nie jest to konieczne do przeżycia. Dzięki rozwojowi cywilizacji lawinowo rośnie ilość dóbr do podziału, nie czyni nas to jednak wcale moralnie lepszymi. Zewnętrzne zabezpieczenia ładu społecznego są prawie niewidoczne, co nie zmienia faktu, że natura człowieka nie uległa zmianie. To, że nie trzeba dziś własnoręcznie zabijać wrogów, by ocalić siebie, nie oznacza, że współczesny człowiek stał się moralnie doskonalszy niż przodkowie. Korzystamy z wieków rozwoju nauki i bogactwa, dzięki temu przemoc, mord i zło znajdują się pod lepszą kontrolą. Tylko tyle. W ostateczności tym, co chroni dzisiejszy świat przed szaleństwem i wojną na wielką skalę, nie jest, jak by tego chciało tylu nieopierzonych utopistów, dojrzalsze człowieczeństwo czy pełniejsze rozumienie godności ludzkiej, ale tak jak przed wiekami – strach. Wzajemne szachowanie się bronią masowej zagłady jest podstawą stabilności i światowego pokoju. Większa kontrola społeczna ogranicza skłonność do gwałtu. Powszechna możliwość legalnego wzbogacenia się zniechęca do rabunku. Pożądanie, chciwość, żądza władzy i okrucieństwo nie zniknęły, przejawiają się tylko w nowych postaciach. Kto tego nie zauważa, widzi w chrześcijanach przeszłości ograniczonych fanatyków, którzy zamiast zawrzeć z muzułmanami porozumienie pokojowe, woleli walczyć. Tak jakby przyczyną dzisiejszego braku wojen był dialog międzyreligijny. Doprawdy dość to zabawne. Dialog jest przecież możliwy nie dlatego, że ludzie są lepsi lub dojrzalsi, ale dlatego, że wzajemne szachowanie się bronią utrudnia konflikt, a przekonania religijne stały się letnie. Zamiast zapału i gorliwości pragmatyzm, zamiast dążenia do raju komfort – oto, co tak naprawdę jest podstawą dialogu.

Wojna Rzymu z imperium osmańskim przypominała nieco konflikt Zachodu z komunizmem. Tak w wiekach od XI do XVII, jak i w XX stały przeciw sobie różne pod względem wartości moralnej cywilizacje. Nie znaczy to oczywiście, że wszyscy antykomuniści byli dobrzy i moralni, tak samo jak nie wszyscy chrześcijanie stosowali się do nauk Ewangelii. Ludzie mogą być mordercami, chciwymi okrutnikami i łotrami niezależnie od wyznawanej wiary i głoszonych wartości. Jeśli jednak chce się ocenić te ostatnie, należy patrzeć na zasady. Chrześcijaństwo wydaje ludzkiemu okrucieństwu i przemocy wojnę, islam zaś z zasady akceptuje gwałt wobec niewiernych. Chrześcijaństwo chce pokonać nieprzyjaciół miłością, islam każe ich zabić lub zniewolić.

Kościół głosi wyraźnie, że bez udziału ludzkiej woli zbawienie jest niemożliwe; muzułmanin wie, że wszelki wysiłek jest daremny, bo o wszystkim przesądziła niezbadana i arbitralna wola Allaha. W tej pierwszej cywilizacji nawracanie przy użyciu przemocy, choć się zdarzało, było zaprzeczeniem zasady wolności i pogwałceniem sumienia osoby; w tej drugiej – nakazaną przez Koran formą krzewienia wiary. Tak tylko można zrozumieć powszechną akceptację świata muzułmańskiego dla barbarzyństwa *devşirme*, czyli daniny w postaci chłopców zbieranej przez Turków od podbitych narodów. Przez wieki żaden islamski nauczyciel jej nie potępił. Oddaję głos Moczar: „W trakcie swojego rozwoju przybierała ona różne formy, ale wszędzie, gdzie ją stosowano, polegała na tym, że rodziców zmuszano do przekazywania Turkom niektórych potomków płci męskiej. [...] osmańscy zwycięzcy brali ogromne ilości niewolników – mężczyzn, kobiet i dzieci – jednak to w szczególności rekwizycję chłopców zamieniono w regularny system poddany szczegółowym regulacjom. Szacuje się, że około piątą część dzieci z Europy Wschodniej i Środkowej Turcy zabrali jako daninę". Piątą część dzieci z całego tego rejonu kontynentu! Zabrano, a następnie przeszkolono i wytrenowano w duchu nienawiści do wszystkiego, czym żyli i co było istotne dla ich rodziców. I działo się tak nie raz czy dwa, nie był to sporadyczny akt tego lub innego grabieżcy, ale precyzyjnie opracowany system. To tak jakby wyobrazić sobie hitlerowski program odbierania dzieci na Zamojszczyźnie, tylko w wielokroć większej skali!

Cały proces trwał przez co najmniej kilka wieków i, powtarzam, nie sposób znaleźć żadnych głosów jego potępienia wśród ówczesnych muzułmanów. W ich oczach takie postępowanie było bowiem właściwą formą walki z niewiernymi, nakazaną przez Koran. Tak, chrześcijanie, kiedy przybyli do Ameryki Południowej, również dopuszczali się gwałtów, także odrywali dzieci od rodziców, brali kobiety na nałożnice, gwałcili i mordowali innych. Tylko że od samego początku takie postępowanie budziło protesty, głosy sprzeciwu, zdecydowane potępienie ze strony przybyłych do Nowego Świata zakonników, dominikanów i jezuitów, oraz papieży. *Devşirme* zaś było akceptowaną praktyką. To jedno z największych okropieństw dziejów uważane było za właściwy i aprobowany przez Allaha sposób postępowania z chrześcijanami, za kolejną formę ich nakazanego przez islam upokarzania.

„*Devşirme* zazwyczaj wiązało się z pojmaniem chłopców w wieku od czternastu do dwudziestu lat i szkoleniem ich, by pełnili swoje role w dyplomacji i w wojsku w rozrastającym się imperium osmańskim". Wybierano najsprawniejszych i przewożono ich na dwór sułtana. Tam musieli się poddać obrzezaniu, co miało być już na zawsze piętnem nie do zmycia. Spośród nich rekrutowano następnie janczarów, czyli doborową piechotę sułtana, a także urzędników całej osmańskiej administracji. Nie mieli prawa do małżeństwa ani do własności. Odmianą tego systemu była instytucja *inçoglan*, która w podobny sposób przejmowała małych chłopców, w wieku od sześciu do dziesięciu lat. Trudno nie widzieć podobieństw tych instytucji i późniejszych bolszewickich pionierów oraz nazistowskich Hitlerjugend. Różnica była tylko taka, że tak bolszewicy, jak i naziści tworzyli rzesze ślepo oddanych młodych fanatyków z własnych poddanych, Turcy wybierali do tego ludność chrześcijańską w podbitych, okupowanych lub po prostu zwasalizowanych państwach.

Współcześni historycy, jak zwykle, starają się złagodzić ten obraz i próbują dowodzić, że w gruncie rzeczy los porwanych dzieci był nawet lepszy niż ich rówieśników, którzy pozostali w domu rodzinnym. Niestety, przykład to tak często już wspominanej przeze mnie niewrażliwości, braku perspektywy i zrozumienia. To tak jakby powiedzieć rodzicom ze wsi na Zamojszczyźnie, że niepotrzebnie opierali się przed wydaniem swoich dzieci Niemcom, bo przecież ich los w niemieckich rodzinach byłby lepszy niż na zabitej dechami polskiej wsi. Pewnie, żaden problem. Lepiej było zostać wychowanym na dobrego nazistę, który mógłby potem radośnie katować i mordować Słowian, niż tkwić w jakiejś zapyziałej prowincjonalnej wiosce na wschodzie Polski. Czyż nie? Na szczęście zwolenników takich poglądów na razie nie widać. Kiedy jednak rzecz dotyczy nie współczesności i nie okupacji hitlerowskiej, proszę bardzo. Okazuje się, że lepiej było być janczarem niż chłopem, a sprzeciw rodziców wynikał z tego, że nie potrafili rozpoznać, co jest lepsze dla ich dzieci. Oczywiście, jeśli przez „lepsze" rozumieć wyłącznie lepsze warunki życia, odżywiania i bycia, jeśli abstrahować w ogóle od wiary i wartości, to dlaczego nie? Naprawdę, żeby głosić takie rzeczy, trzeba być głupcem.

Rodzice cierpieli nie tylko dlatego, że tracili dziecko, ale też dlatego, że ich dziecko stawało się muzułmaninem i gubiło, a przynajmniej mogło stracić szansę na życie wieczne. Tylko współcześni, bezduszni, pozbawieni empatii komentatorzy mogą nie zauważać ogromu cierpień rodziców setek tysięcy porwanych dzieci. Co musieli odczuwać, doskonale pokazuje pewien dokument przytoczony przez Moczar, prośba wysłana przez greckich chrześcijan z Azji Mniejszej, skierowana do Rycerskiego Zakonu Szpitalników w 1456 roku. Oto, co pisali do wielkiego mistrza: „Informujemy Waszą Lordowską Mość, że doświadczamy ciężkiej udręki z rąk Turków i że zabierają nasze dzieci, by uczynić z nich muzułmanów. [...] Z tego powodu usilnie błagamy Waszą Lordowską Mość, by zasięgnął rady, by może Ojciec Święty wysłał swoje okręty i zabrał nas, nasze żony i dzieci stąd, gdyż doświadczamy ogromnego cierpienia ze strony Turków. [Uczyń to], żebyśmy nie utracili naszych pociech, i pozwól nam przybyć do swoich włości, byśmy mogli tam żyć i umrzeć jako Twoi poddani. Lecz jeśli nas tutaj pozostawisz, stracimy nasze dzieci, a Ty odpowiesz za to przed Bogiem". Wzruszające błaganie, świadectwo cierpienia i udręki ojców i matek, którzy w rozpaczy szukają oparcia w dalekim papieżu. Do nich nigdy okręty nie przybiły. Któregoś dnia zamiast wysłanników wielkiego mistrza pojawili się muzułmańscy żołnierze i zażądali wydania małych chłopców, których następnie wywieźli do Stambułu, obrzezali i wychowali na zaciekłych i zaprzysięgłych wrogów tego wszystkiego, co ukochali ich rodzice. Jak pisze Moczar, „szacuje się, że od pół miliona do miliona chrześcijańskich chłopców, w większości z Bałkanów, to ofiary tego brutalnego systemu od chwili jego powstania do abolicji w 1848 roku". Jeśli pamięta się, że są to wyłącznie liczby obejmujące jeden region imperium i że ówczesne zaludnienie było wielokrotnie niższe od obecnego, to widać, jak potworne rozmiary przybrały te prześladowania. Za każdym z tego miliona chłopców stała przecież jego rodzina, nieutulony ból ojców i matek, którzy musieli pogodzić się nie tylko z utratą syna, ale też z tym, że od tej pory stał się dla nich wrogiem i prześladowcą. Ba, utracili też jedyną pociechę, jaką zawsze mieli pozostający w żałobie bliscy, a mianowicie, że kiedyś zobaczą go w raju.

Krok po kroku muzułmanie podbijali kolejne regiony Europy. Kluczowe było oczywiście zdobycie Konstantynopola. Miasto od dawna chyliło się ku upadkowi. Otoczone coraz ściślejszym kordonem muzułmańskim, w końcu musiało runąć w przepaść. Nie udały się dramatyczne wysiłki podejmowane przez ostatnich cesarzy, którzy za wszelką cenę starali się zapewnić pomoc z Zachodu. Powody niepowodzeń były różne. Minął już entuzjazm towarzyszący pierwszym krucjatom i mimo poparcia Rzymu trudno było w podzielonej już i wzajemnie ze sobą walczącej Europie doprowadzić do wspólnego przedsięwzięcia na wielką skalę. Genua zwalczała Wenecję, Francja konkurowała z cesarstwem, same Włochy stanowiły konglomerat zwalczających się miast-państw. W takiej sytuacji, żeby doprowadzić do jedności i zorganizować wspólną, potężną armię, która mogłaby się mierzyć z Osmanami, trzeba byłoby jednej, stalowej wręcz woli, człowieka o niezwykłej charyzmie i zdolności przekonywania. Poza tym porozumienie utrudniały różnice kulturowe i religijne. Głęboka nienawiść do Zachodu była wśród Greków czasem jeszcze silniejsza niż obawa przed Turkami. Jak zatem można było wymagać od zachodnich rycerzy większego zaangażowania, skoro witały ich często niechętne, wrogie i pogardliwe spojrzenia prawosławnych Greków? Po zdobyciu Konstantynopola, zamianie większości jego kościołów, w tym największej bazyliki ówczesnego chrześcijaństwa, Hagii Sophii, na meczety, przyszła kolej na Bałkany, część Polski i Węgry. Podboje uznawane były przez muzułmanów za widomy znak boskiej łaskawości. Były dowodem, że Allah dotrzymywał słowa.

„Dzięki szlachetnym dążeniom mahometańskiego sułtana złowrogi dźwięk brzęczących dzwonów bezwstydnych niewiernych zastąpiło muzułmańskie wezwanie do modlitwy [...], a uszy ludu dżihadu napełniły się melodią. [...] Kościoły znajdujące się w obrębie miasta opróżniono z nikczemnych bałwanów oraz oczyszczono z brudu i bałwochwalczych nieczystości, a gdy zniszczono znajdujące się w nich wizerunki oraz postawiono islamskie mihraby i ambony, wiele klasztorów i kaplic mogłoby wzbudzać zazdrość rajskich ogrodów. Świątynie niewierzących zamieniono na meczety pobożnych, a promienie światła islamu rozproszyły zastępy ciemności w miejscu tak długo będącym mieszkaniem nikczemnych niewiernych, zaś smugi świtu wiary przepędziły precz chorobliwe mroki ucisku, gdyż słowo – nieodparte jak przeznaczenie – fortunnego sułtana zapanowało nad tym nowym zwierzchnictwem". Te słowa XVI-wiecznego tureckiego kronikarza, zanotowane przez Moczar, doskonale opisują uczucia, jakie towarzyszyły muzułmanom. Zdobywając ziemie chrześcijańskie, zamieniając kościoły na meczety, wprowadzali ład i oddawali Allahowi należną mu cześć. Uderza, że z niewielkimi modyfikacjami słowa te doskonale mogłyby opisywać postęp współczesnego islamu w Nigerii, Sudanie lub w innych częściach świata. Wystarczyłoby pozbyć się odniesień do sułtana.

Kiedy inni nieustannie starali się zaspokoić swoje interesy, biskupi Rzymu mieli odwagę i energię konieczną, by zgromadzić siłę zdolną powstrzymać wojska sułtana. Jednym z najważniejszych obrońców Zachodu stał się wielki uczony i humanista Eneasz Sylwiusz Piccolomini, późniejszy papież Pius II. W 1458 roku zwołał on kongres książąt i monarchów do Mantui, przedsięwzięcie to jednak okazało się szybko fiaskiem. Nie pojawił się nikt ważny, przybyli natomiast wysłannicy z krajów bezpośrednio zagrożonych agresją. Jak to zwykle bywa, zostali wysłuchani, jednak chętnych do ich obrony nie było.

Moczar przywołuje dramatyczne wystąpienie Piusa II do niezbyt chętnych przywódców chrześcijaństwa: „Mahomet nigdy nie odstawi broni aż do chwili, gdy albo odniesie pełne zwycięstwo, albo całkowicie przepadnie. Każdy sukces będzie tylko kolejnym stopniem wiodącym do następnego, aż zapanuje on nad wszystkimi monarchami Zachodu, obali chrześcijańską wiarę i narzuci prawo swojego fałszywego proroka całemu światu". Papież powoływał się też na wielkich bohaterów rycerskiej, chrześcijańskiej przeszłości, na zdobywców Jerozolimy, Gotfryda i Baldwina, na wodzów krucjat, Boemunda i Tankreda, dając ich za wzór swoim współczesnym. Jednak apele okazały się daremne. Podobnie wielkich rezultatów nie przyniosło rozesłanie do wszystkich krajów mnichów i kaznodziejów, których zadaniem miało być pobudzenie żarliwości i entuzjazmu. Obrońcy wiary zaczęli się powoli gromadzić, jednak nie było wśród nich najważniejszych monarchów.

Mimo to Pius II ogłosił bullę, która była jednym wielkim wołaniem do sumień chrześcijan, by nie opuszczali w potrzebie swych braci ze Wschodu. „Ruina cesarzy Bizancjum i Trapezuntu, królów Bośni i Raszki i innych książąt, których pokonano jednego po drugim, dowodzą, jak katastrofalne w skutkach jest stanie w miejscu i nicnierobienie. Gdy tylko Mahomet podporządkuje sobie Wschód, szybko opanuje i Zachód". Te słowa z wydanej w 1463 roku bulli Piusa II świadczą o przenikliwości i rozsądku. O ileż celniej opisywały one naturę islamu niż dzisiejsze nieustanne papieskie zaklinanie rzeczywistości. Pius II doskonale zrozumiał naturę islamskiej inwazji: chodziło nie o podporządkowanie sobie tego lub innego księcia, nie o wzrost potęgi, ale o poddanie pod stopy islamu całego świata. Dlatego opór przeciw napaści był moralnie nie tylko usprawiedliwiony, ale wręcz nakazany. Brak reakcji musiał prowadzić do rozzuchwalenia przeciwnika i do kolejnych zdobyczy. Widząc ciągłe wahanie, niepewność i ociąganie się innych książąt Europy, Pius sam zdecydował się stanąć na czele krucjaty. Jednak w Ankonie, do której przybył, zrozumiał, że jest sam. Jego nieszczęśliwa śmierć przypieczętowała niepowodzenie, turecki sułtan Mehmed mógł kontynuować podboje. Pasywność i tchórzliwość miały się zemścić. Turcy nie tylko opanowali znaczną część Morza Śródziemnego, ale pod koniec XV wieku zagrozili Włochom, szykując się do natarcia na Rzym. To dodatkowo mobilizowało do działania kolejnych papieży.

Podobnie jak poprzednicy, tak i panujący na początku XVI wieku Leon X uznał za główny cel swojego pontyfikatu zorganizowanie wyprawy krzyżowej dla obrony chrześcijaństwa. Tak według Moczar pisał do królów: „Jeśli to prawda, że sułtan pokonał swoich starych wrogów, Egipcjan, to czas, byśmy się zbudzili ze snu, abyśmy nie zostali niespodzianie wycięci w pień". Papież rozumiał, na czym polega obowiązek sułtana. Wiedział, że jako przywódca religijny wierny Allahowi musi on spełniać wymogi dżihadu i dążyć do podboju całego świata, także Europy. Tę świadomość nieuchronności i uniwersalności konfliktu miał nie tylko papież. „Dzisiaj nasza wiara stoi w obliczu zagrożenia – czy Ewangelia będzie musiała ulec Koranowi? Bóg prosi o ofiarę z życia, które Mu przyrzekliśmy na ślubowaniu. Szczęśliwi ci, którzy mogą poświęcić swoje życie" – to z kolei przytaczane przez Moczar słowa wielkiego mistrza zakonu joannitów z Malty Jeana de La Valette'a na chwilę przed ostatecznym szturmem, jaki na pozycje chrześcijan miały przypuścić wojska tureckie. Był czerwiec 1564 roku. Siedem lat później inny wielki papież, Pius V, doprowadzi do przełomowego zwycięstwa nad muzułmanami pod Lepanto. Dzięki powstaniu w 1571 roku Świętej Ligi, zrzeszającej Państwo Kościelne, Hiszpanię i Wenecję, katolicy wreszcie byli w stanie wystawić flotę równą, a nawet większą niż Turcy. Siódmego października wojska katolickie zadały muzułmanom druzgocącą klęskę, pierwszą od niepamiętnych czasów. Tego dnia Pius V w wizji ponoć ujrzał triumf wojsk walczących z Osmanami. Nie tylko zniszczono wszystkie niemal tureckie okręty, ale jeszcze nadludzkim wysiłkiem zdobyto otaczany czcią sztandar Turków, pochodzący z Mekki i ozdobiony imieniem Allaha, które było na nim wyhaftowane 28 900 razy.

Ten to sztandar Paweł VI, jak wspomniałem, oddał muzułmanom. Niezależnie od tego, jakie kierowały nim motywy i na ile tak prowadzona polityka historyczna mogła być skuteczna, w takiej łatwości przekreślania wiekowego wysiłku pokoleń katolików tkwi coś przerażającego. Sztandar zdobyty pod Lepanto był chlubą nie tylko żołnierzy, którzy ryzykując dla Kościoła życie, walczyli do upadłego, ale stanowił też otuchę dla setek tysięcy chrześcijańskich niewolników, dla tych, którzy ginęli, byli paleni żywcem, przechodzili prawdziwe męczarnie. Jak ważnym wydarzeniem w życiu Kościoła było to zwycięstwo, pokazuje również to, że Pius V ogłosił dzień

7 października Świętem Matki Bożej Zwycięskiej, później Matki Bożej Różańcowej. Ostatnim akordem tych śmiertelnych zmagań z Turkami było zwycięstwo pod Wiedniem, odniesione dzięki geniuszowi militarnemu naszego Jana III, pod patronatem Innocentego XI, do którego sam polski król wysłał wiadomość, parafrazując słynne słowa Cezara: „Przybyłem, zobaczyłem, Bóg zwyciężył".

Hm, trzeba przyznać, że niezbyt dialogiczny był to język. Doskonale za to wyrażał zasadnicze przeciwieństwo Koranu i Ewangelii, Jezusa i Mahometa, świata chrześcijańskiego i muzułmańskiego. Słowa te były też hołdem polskiego króla wobec wiecznego Rzymu. Jan III Sobieski widział w sobie następcę chrześcijańskich rycerzy, którzy własną piersią zasłaniali prześladowanych, zabijanych i uprowadzanych w jasyr. Pod Wiedniem Rzym ostatecznie wygrał z Półksiężycem.

Wyznanie przeciw wyznaniu

Wspomniałem już o tym, że patrząc na losy Allama, stajemy przed osobliwą zagadką. Co jest źródłem nowego podejścia do islamu? Na ile jest ono usprawiedliwione? Jak to się stało, że papieże porzucili swoją wcześniejszą rolę obrońców Zachodu? Czy może światło dzienne ujrzały nowe dokumenty, które kazałyby przedefiniować dotychczasowe rozumienie wiary? Może współcześni teologowie, komentatorzy i wreszcie papieże odkryli w Koranie i islamie coś, co było zakryte przed ich poprzednikami? Tradycyjne podejście sprowadzało się do uznania, że należy się modlić za ludzi błąkających się w ciemnościach islamizmu. Mahomet uważany był za fałszywego proroka, a Koran za księgę, która zniekształciła i zafałszowała Objawienie chrześcijańskie. Ci, którzy to zniekształcone posłanie przyjęli, znajdowali się jak w więzieniu. Obrona przed islamem miała sens tak polityczny, jak religijny.

Teraz uznaje się, że islam ciemnością nie jest, a muzułmanie, podobnie jak chrześcijanie, też kroczą w świetle. Dlatego właśnie chrzest muzułmańskiego publicysty przez Benedykta XVI wywołał takie poruszenie. Od co najmniej pięćdziesięciu lat żaden papież nie powiedział, że obowiązkiem muzułmanów jest nawrócenie się na chrześcijaństwo, żaden nie mówił o islamie jako o zagrożeniu dla cywilizacji chrześcijańskiej, żaden też nie wskazywał na związek łączący tolerancję dla przemocy z Koranem. Przeciwnie. Ostatnie kilkadziesiąt lat, kiedy to Kościołem rządzili kolejno Paweł VI, Jan Paweł II, Benedykt XVI oraz obecnie Franciszek, to okres, kiedy z niezwykłą wręcz stanowczością najwyżsi nauczyciele Kościoła twierdzili, z jednym może nieśmiałym i niepewnym wyjątkiem Josepha Ratzingera, że chrześcijanie i muzułmanie czczą jednego Boga, a islam jest religią pokoju. O ile charakterystyczną cechą papieży z wcześniejszego okresu było przestrzeganie przed niebezpieczeństwem, jakie niosła ze sobą religia i kultura islamu, o tyle współcześni stanowczo takiemu podejściu się przeciwstawiali. Musi to uderzać każdego, kto czyta zarówno oficjalne dokumenty napisane przez papieży, jak i ich bardziej okazjonalne wystąpienia. Ton, treść i ocena religii Proroka uległy radykalnej zmianie.

Aby się o tym przekonać, wystarczy zerknąć choćby do trzech poświęconych islamowi paragrafów „Evangelii gaudium", adhortacji apostolskiej napisanej przez Franciszka. Zdaniem Ojca Świętego, dialog międzyreligijny jest „koniecznym warunkiem światowego pokoju". Nie mówienie prawdy czy nakaz nawrócenia, ale dialog międzyreligijny. Nigdy nie pojawia się proste skądinąd pytanie o konflikt takich wartości, jak pokój i prawda. Bo przecież można sobie chyba wyobrazić, że nazywanie rzeczy po imieniu nie zawsze przyczynia się do światowego pokoju? Że mówienie prawdy musi pociągać za sobą wskazanie kłamstwa? Wiadomo zaś, że nikt nie chce się pogodzić z tym, że tkwi w błędzie. I co wtedy? Niestety, ani nie padają takie pytania, ani nie pojawiają się na nie odpowiedzi. Dalej papież stwierdza, że „muzułmanie wraz z nami [chrześcijanami] adorują jednego, miłosiernego Boga". To nawet jeszcze mocniejsze podkreślenie jedności wspólnoty z muzułmanami niż wcześniejsze stwierdzenia papieży, mniej jasne, że wierzymy w tego samego Boga co muzułmanie. Akt adoracji, oddawania chwały miał zawsze w tradycji chrześcijańskiej precyzyjnie określony przedmiot – był nim Bóg w Trójcy Jedyny. Jeszcze i teraz we wszystkich przecież katolickich kościołach wierni śpiewają „Gloria" i wołają:

Chwalimy Cię.
Błogosławimy Cię.
Wielbimy Cię.
Wysławiamy Cię.
Dzięki Ci składamy,
bo wielka jest chwała Twoja.
Panie Boże, Królu nieba,
Boże Ojcze wszechmogący.
Panie, Synu Jednorodzony,
Jezu Chryste.

Tymczasem według Franciszka owo „wysławianie i chwalenie Ojca wszechmogącego, Pana, Syna Jednorodzonego" tożsame jest z muzułmańską adoracją Allaha, która swój najpełniejszy wyraz znalazła w CXII surze Koranu, nie na darmo noszącej nazwę „Szczerość wiary". W niej głosi się chwałę Allaha, do którego istoty należy to, że nie wolno Go nazywać Ojcem ani Synem. Przecież chrześcijańska wiara w Trójcę nie jest jakąś ekstrawagancją, mniej lub bardziej oryginalnym przywiązaniem do trójki, ale odpowiedzią na to, jak w historii objawił się sam Bóg! O to tu chodzi! Chrześcijańska wiara w Trójcę jest posłuszną odpowiedzią na sposób, w jaki Bóg dał się poznać przez swego Syna apostołom aż do śmierci ostatniego z nich. To, że Bóg nie jest tylko Królem albo srogim Sędzią, albo odległym Panem Zastępów, ale Ojcem, który troszczy się o swe dzieci, pochyla nad nimi, nie zapomina o nich i tak je kocha, że najpierw wysłał swego Syna na śmierć, następnie zaś wraz z Nim posłał Ducha – to nie mogło zostać w żaden sposób wydedukowane i wymyślone przez człowieka, ale mogło zostać mu przekazane tylko z niebios. Na tym polegała tajemnica ukryta od założenia świata.

Wiara w Trójcę, mimo że dotyczy wewnętrznej tożsamości życia Boga, odpowiada też wydarzeniom historycznym. Mówi o tym, kim naprawdę jest Bóg – Ojcem, Synem i Duchem. Nie jest to tylko symbol, znak, abstrakcyjne ujęcie, ale ścisłe nazwanie tego, jak wygląda boska rzeczywistość, kiedy to Bóg postanowił się objawić. Zrobił to jako Ojciec, przez Syna, zsyłając do swych wiernych Ducha. I chociaż człowiek nie może przeniknąć rozumem, co to do końca znaczy, że są trzy Osoby Boskie, to jednak mówiąc o Trójcy, nazywa coś prawdziwego i rzeczywistego. Dzięki temu chrześcijanin może zwracać się do Boga jak do Ojca, może błagać Go o litość, wierzyć, że zostanie przyjęty, a nie odepchnięty. Jak zatem można zrównywać ową prawdę o Bogu w Trójcy Jedynym (wiara chrześcijan) z twierdzeniem, że jest On sam w sobie niepodzielny, że nie może być Ojcem i nie mógł posłać swego Syna na świat (wiara muzułmanów)? Do licha ciężkiego, jak to jest możliwe? Ile sztuczek trzeba wymyślić i jakiej dialektyki użyć?

Nie chodzi tu o drobiazgi, nie o jakąś niejasną, trudną do pojęcia dla zwykłego człowieka, tajemniczą doktrynę, lecz o pierwszą i najważniejszą podstawę wiary chrześcijańskiej. Jeśli coś wyróżniało chrześcijan od samego początku, jeśli coś sprawiało, że nie byli tylko mesjanistycznymi Żydami, to to, że zwracali się do Boga Ojca i Pana Jezusa Chrystusa. Że o ile dla Żydów był tylko jeden Bóg, to dla chrześcijan wyznawać i adorować Boga można było tylko przez Chrystusa. Ta wiara nie wynikała z maniakalnego uporu, nie pochodziła też z abstrakcyjnej teorii: była odpowiedzią na nakaz Boży. Pytam znowu: jak zatem można twierdzić, że właściwie adoruje się Boga, mimo że pomija się Chrystusa? Święty Paweł Apostoł dwadzieścia kilka lat po śmierci Chrystusa pisał do Rzymian wyraźnie: „Bo jeśli wyznasz ustami, że Jezus jest Panem, i uwierzysz w sercu, że Bóg wskrzesił Go z martwych, będziesz zbawiony" (Rz 10,9). A w innym miejscu ten sam apostoł tak definiuje chrześcijańską wiarę: „[...] dla nas jest tylko jeden Bóg Ojciec, od którego wszystko pochodzi, a my jesteśmy dla Niego. I jeden jest Pan, Jezus Chrystus, przez którego jest wszystko i my jesteśmy przez Niego" (1 Kor 8,6). To całe chrześcijaństwo w pigułce. To cała wiara wyrażona przez Pawła dwadzieścia kilka lat po śmierci Jezusa, kiedy żyli jeszcze wszyscy najważniejsi świadkowie! I nie tylko przez Pawła. „Antychrystem jest ten, kto nie uznaje Ojca i Syna. Każdy, kto nie uznaje Syna, nie ma też łączności z Ojcem, a kto wyznaje Syna, ma także łączność z Ojcem" (1 J 2,22-23) – pisał z kolei święty Jan. Od samego początku chrześcijanin, kiedy adoruje Boga, zawsze robi to, wiedząc, że jest On Ojcem, i wyznając jednocześnie, dzięki Duchowi, że Jezus jest Panem.

„Nie ma Boga oprócz Allaha, Mahomet jest Jego Prorokiem" – to z kolei najprostsze, a zarazem najgłębsze sformułowanie wiary muzułmańskiej, tak zwana szahada. Zawiera się w nim podstawowa muzułmańska doktryna zwana tauhidem. Z wielu różnych możliwych tłumaczeń, na czym ona polega, wybrałem wyjaśnienia przekazane przez Aslana. Niech on będzie tu przewodnikiem. Samo słowo oznacza „czynić jednym". Jednak to coś więcej niż monoteizm. „To prawda, że jest tylko jeden Bóg, ale to dopiero początek. Tauhid znaczy, że Bóg jest jednością: całkowicie niepodzielny, całkowicie unikatowy i zupełnie niemożliwy do zdefiniowania". Oczywiście również chrześcijanie wiedzą, że Bóg przekracza wszystko, co stworzone, jednak w chrześcijańskim ujęciu po pierwsze można Boga opisać, posługując się analogią i wychodząc od poznawania stworzeń, po drugie chrześcijanie wiedzą, że Bóg objawił im się przez Syna jako Ojciec. Inaczej jest w islamie. „Bóg jest, jak Koran wielokrotnie przypomina wiernym, »Wyniosły«, Bóg jest »Przemożny«. Krzycząc »Allahu akbar!« (dosłownie: »Bóg jest potężniejszy!«), muzułmanie nie chcą powiedzieć, że Bóg jest potężniejszy od czegoś, tylko że Bóg jest potężniejszy w ogóle". O ile chrześcijanie mogą docierać do Boga jako do Stwórcy, tauhid zakłada, że Bóg wykracza poza jakikolwiek opis, poza wszelkie ludzkie pojęcie, jest zupełnie obcy. Właśnie – nie Ojciec, ale zupełnie obcy. Nie Syn, który przyszedł ocalić to, co zostało zgubione, ale całkowicie odległy.

Nie ma do Niego żadnej drogi, ani takiej, jak zaproponował święty Tomasz z Akwinu, który wyszedł od obserwacji ruchu i zmienności rzeczy naturalnych, ani takiej, jak wcześniej przedstawił święty Augustyn, kiedy to natrafił na istnienie obiektywnych i koniecznych prawd moralnych. Ani pierwszy Poruszyciel, ani Dobro samo w sobie, jak by mówili chrześcijańscy filozofowie; ani Ojciec, ani Syn, jak modliliby się wyznawcy. Bóg islamu jest ponad wszystkim i poza wszystkim, niedocieczony i nieuchwytny. Jak stwierdza wielki mistyk muzułmański Al-Ghazali: jest on Al-Awwal, „Pierwszym, przed którym nie ma nic", i Al-Akhir, „Ostatnim, po którym nie ma nic". Taki Bóg nie mógł stworzyć niczego na swój obraz i podobieństwo, przeczy temu Jego absolutnie radykalna transcendencja. Nie mógł On tym bardziej umrzeć za grzechy ludzi. „Jeżeli tauhid jest fundamentem islamu, to jego przeciwieństwo, szirk, jest największym grzechem w islamie, za który, zdaniem niektórych muzułmanów, nie może być wybaczenia" (por. Koran II,116). Najprostsza definicja szirk to kojarzenie czegokolwiek z Bogiem. „Politeizm to oczywiście szirk, ale tak samo jest nim maskowanie w jakikolwiek sposób jedności Boga. Dla muzułmanów Trójca Święta to szirk, gdyż Bóg jest tylko i wyłącznie jednością". Czyniąc to pojęcie jeszcze bardziej zrozumiałym: dla muzułmanów Trójca Święta to przekleństwo i bluźnierstwo, kto ją wyznaje i czci, popełnia coś na wzór chrześcijańskiego grzechu przeciw

Duchowi Świętemu, który nie może być odkupiony ani w tym, ani w przyszłym świecie.

Kto wprowadza w Boga podział, kto nazywa Go Ojcem lub Synem, kto śmie twierdzić, że Bóg ten wiąże się z człowiekiem przez miłość, popełnia, znowu użyję języka chrześcijańskiego, grzech śmiertelny. W tym sensie jedność islamskiego Boga jest radykalną negacją jedności, o której mówią chrześcijanie. Pytam ponownie: jak, u licha, można twierdzić, że chrześcijanie i muzułmanie oddają cześć temu samemu Bogu? Koran mówi wyraźnie, zawsze z tą samą emfazą i z tą samą mocą: „Wierzcie więc w Boga i Jego posłańców i nie mówcie »Trzy!«" (Koran IV,171). Dalej, w surze dziewiętnastej, jest napisane: „To jest Jezus, syn Marii, słowo Prawdy, w którą powątpiewają. Nie jest odpowiednie dla Boga, aby przybrał Sobie syna" (Koran XIX,34-35). Tak, Bogu według Koranu nie przystoi mieć syna. Taka myśl bowiem uszczuplałaby i ograniczała boskość. W słowach Koranu przydawanie Bogu syna w istocie przypomina zachowanie politeistów. I zasługuje na najwyższą karę. Sura piąta: „Nie uwierzyli ci, którzy powiedzieli: »Zaprawdę, Bóg – to Mesjasz, syn Marii!«. A Mesjasz powiedział: »Synowie Izraela! Czcijcie Boga, mojego Pana i waszego Pana!«. Oto, zaprawdę, kto daje Bogu współtowarzyszy, temu Bóg zabronił wejścia do Ogrodu! Jego miejscem schronienia będzie ogień" (Koran V,72). Zabawne, ale w tych słowach wprost przecież znajdujemy – w samym tekście Koranu! – odrzucenie przeświadczenia o wspólnocie adoracji, i to wypowiedziane przez Jezusa: „Synowie Izraela! Czcijcie Boga, mojego Pana i waszego Pana!". Nie wolno wam oddawać czci mnie, jakbym był kimś więcej niż człowiek i prorok. Nie wolno wam czcić Boga, jakby był moim ojcem. Nie.

Bóg jest moim Panem i takiemu tylko należy oddawać cześć – mówi koraniczny Jezus. A kto nie jest mu posłuszny, kto, jak chrześcijanie, dodał Bogu towarzyszy, znajdzie się w ogniu piekielnym. To stała i wyraźna nauka: „On – Bóg Jeden, Bóg Wiekuisty! Nie zrodził i nie został zrodzony!" (Koran CXII,1-3). Kiedy czyta się te wersy, aż przebija z nich krzyk gniewu i oburzenia. Tak jakby z samego serca pustyni, po której wędrował Mahomet, niosło się wołanie i sprzeciw wobec chrześcijańskiego wyznania wiary. Jakby w chrześcijańskim wyznaniu wiary Koran dopatrywał się właśnie przekleństwa, bo ogranicza ono i nazywa to, co winno być zawsze nienazwane. Jakby tkwił w tym zarzut, że chrześcijanie wprowadzili w Boga zrodzenie, ojcostwo i synostwo, zarzut, że skazili i zbrukali absolutną Boską nieprzystępność. On jest jeden i wiekuisty, a wyście chcieli, żeby był złożony i żeby rodził?

Sura sto dwunasta jest wręcz, można by powiedzieć, antytrynitarnym wyznaniem wiary, muzułmańską anatemą nałożoną na tych, którzy ośmielili się wprowadzać w Boga zrodzenie i wielość. Tak jak w Nicei biskupi chrześcijańscy wyrazili prawdę wiary, mówiąc, że Jezus jest współistotny Ojcu, tak muzułmanie trzysta lat później wykrzyczeli swój sprzeciw. I daremne są próby ukrywania tego. Najwięksi dialektycy nie są w stanie bez gwałtu na tekstach przejść nad tym do porządku dziennego. To, co najświętsze dla chrześcijan – Jezus jest Panem, jest bluźnierstwem dla muzułmanów.

Próby wykazania, że jest inaczej i że można bronić formuły mówiącej o tym, że chrześcijanie i muzułmanie adorują tego samego Boga, wydają się chybione i oparte na ekwiwokacji. Peter Kreeft, znany amerykański pisarz katolicki, wskazuje na przykład, że również wśród chrześcijan istnieją różnice w rozumieniu Trójcy, a mimo to nie sposób odmówić różnym odłamom chrześcijaństwa, że adorują tego samego Boga. I podaje przykład prawosławnych, którzy twierdzą, inaczej niż katolicy, że Duch Święty pochodzi tylko od Boga, a nie, jak chcą ci drudzy, od Ojca i Syna (Filioque). Argument słaby. Czym innym jest bowiem różnica pojmowania konkretnej doktryny teologicznej w obrębie chrześcijaństwa, a czym innym w ogóle odrzucenie Trójcy. Czym innym spór o to, od kogo pochodzi Duch, a czym innym potępienie Synostwa Bożego Jezusa i bóstwa Ducha.

Kilkanaście lat temu byłem przez kilka dni na górze Athos. W jednym z klasztorów poszedłem do małej biblioteczki, w której znalazłem książki pełne wrogości i niechęci do katolicyzmu. Ich autorzy, wielebni mnisi z różnych wspólnot klasztornych, dowodzili, że kwestia Filioque oznacza zasadniczą zdradę Objawienia, podobnie jak fakt używania przez katolików niekwaszonego chleba oraz uznanie prymatu papieskiego. A jednak nawet tam, na górze Athos, mogłem przysłuchiwać się liturgii w klasztorze, do którego przylegała biblioteka; w innym, mimo że nie ukrywałem swojego wyznania, mnisi zaprosili mnie do udziału w nabożeństwie. Katolicy wierzą w tego samego Boga co prawosławni, muzułmanie zaś nie. Dlatego analogia Kreefta jest niewłaściwa.

Muzułmański kompromis

Jeśli ktoś naprawdę chce się dowiedzieć, jak mógłby wyglądać prawdziwy kompromis między chrześcijanami i muzułmanami oraz na czym miałaby polegać wspólna adoracja Boga, to warto sięgnąć do książki Aslana. Tak właściwie, jeśli wszystko rozważyć z różnych punktów widzenia, dowodzi muzułmański autor, to uda się znaleźć porozumienie. A ściślej mówiąc, nawet zostało ono, jego zdaniem, znalezione już dawno temu.

To Mahomet zaproponował ten kompromis, który pogodziłby Żydów, chrześcijan i muzułmanów: „Dochodźcie do słowa jednakowego dla was i dla nas: abyśmy nie czcili nikogo innego, jak tylko Boga, abyśmy nie dodawali Jemu niczego za współtowarzyszy i aby jedni z nas nie brali sobie innych jako panów, poza Bogiem" (Koran III,64). Komentarz Aslana: „Tragedią jest, że przez tysiąc czterysta lat nie udało się za pomocą tego prostego kompromisu przezwyciężyć niekiedy małostkowych, często jednak wiążących różnic ideologicznych między trzema wiarami Abrahama". Aż łza się w oku kręci. Piękny byłby to kompromis. Wystarczyłoby, żeby chrześcijanie nie dodawali Bogu towarzyszy i nie brali sobie Jezusa jako Pana, a stary podział udałoby się przezwyciężyć. Przekleństwo podziałów i źródło konfliktu raz na zawsze zniknęłoby z historii. Niewiele trzeba: odrzucić Trójcę i zapomnieć o Jezusie jako Panu. Kompromis zakłada, że każdy w czymś ustępuje. Mahomet ustępuje, bo nie odrzuca w czambuł ani Biblii, ani Nowego Testamentu. Nie odrzuca nawet całkiem Jezusa. Na pociechę Jezus zostanie, wprawdzie już poza wyznaniem wiary i nie jako Pan, lecz prorok, taka jest jednak cena porozumienia. Właściwie o co tu kruszyć kopie? Po co wchodzić w spór, skoro można by tyle dobrego zrobić dla światowego pokoju i współżycia?

Aslan wie, co mówi. Jak mało kto zna on sytuację chrześcijaństwa, nie jest też na pewno tępym i ograniczonym fanatykiem lub, co na jedno wychodzi, fundamentalistą. Nie. W 2013 roku wydał nawet pierwszą napisaną przez muzułmanina naukową, opartą na dokonaniach krytycznej biblistyki biografię Jezusa o wdzięcznym tytule „Zelota". Publikacja ta wywołała skandal, co sprawiło, że przez kilka tygodni utrzymywała się na pierwszym miejscu na liście bestsellerów „New York Timesa". Tak samo wysoko była w Amazonie. Może zresztą awanturę wywołała nie sama treść książki, niewiele jest tam nowego w stosunku do ustaleń wcześniejszych podobnie myślących krytyków, ile jedna głośna rozmowa w konserwatywnej telewizji Fox News, kiedy to jej dziennikarka wzięła Aslana na spytki i zaczęła drążyć temat jego wyznania. Ameryka to Ameryka, więc niedyskretne dociekanie wyznania i wyraźna sugestia, co brzmiało faktycznie niezbyt zręcznie, że jako muzułmanin Aslan nie ma prawa pisać o Jezusie, wywołały oburzenie i falę sympatii dla młodego autora z Uniwersytetu Kalifornijskiego. Zamierzona czy nie, prowokacja się udała, książka się przebiła, została przetłumaczona na inne języki, w tym na polski.

Uwadze komentatorów umknął jeden bardzo ciekawy fakt. Otóż Aslan przez kilka lat był chrześcijaninem. Sam o tym opowiadał wielokrotnie. Wraz z rodzicami uciekł z Iranu w 1979 roku. Wybuchła rewolucja ajatollaha Chomeiniego, rodzice Aslana, należący do liberalnej warstwy irańskiej inteligencji, łatwo mogli stać się ofiarami prześladowań. W USA ich syn interesował się religią, nawrócił na chrześcijaństwo, stał się zaangażowanym wyznawcą wspólnoty ewangelikalnej. Ba, sam brał gorliwie udział w akcjach ewangelizacyjnych. Aż do chwili, kiedy trafił na uniwersytet prowadzony przez jezuitów i dowiedział się od nich, że wszystko to, co do tej pory uważał za prawdę – opowieści przekazane przez ewangelistów w Nowym Testamencie – jest plątaniną sprzeczności, zbiorem różnych, często wątpliwej jakości przekazów, nie zapisem sprawozdań naocznych świadków, ale efektem twórczej inwencji późniejszych wspólnot. Każdy może sobie tworzyć, brzmiał wniosek, taki obraz Jezusa, jaki mu się podoba. Wiara prysła jak bańka mydlana. Aslan wrócił do religii przodków, choć oczywiście – w końcu jest człowiekiem oświeconym – w liberalnej i umiarkowanej wersji. I z tej perspektywy patrzy już teraz na Jezusa i na chrześcijaństwo. Jezus okazuje się prorokiem wojny, tragicznym przywódcą powstania antyrzymskiego, wzywającym swoich do ataku na okupanta. Dziwna doprawdy zbieżność z naukami Koranu. Jezus to poprzednik islamskich męczenników. Tak jak oni zmagali się z Zachodem, tak On z bronią w ręku i Bogiem na ustach chciał obalić panowanie pogańskiego imperium. A chrześcijaństwo? To zapis fałszerstwa, którego dokonał przede wszystkim Paweł Apostoł. Całkowicie zmienił on przesłanie Jezusa, zaczął patrzeć na Niego jak na istotę boską, doprowadził do powstania nowej religii, która jest zdradą nauk Jezusa. Ten bowiem, dokładnie jak naucza Koran, jedynie potwierdzał Torę i chciał walczyć z wrogiem.

Kult krwi i litery

Adoracja ma, trzeba pamiętać, ściśle określone znaczenie i odnosi się też do sprawowanego przez Kościół kultu. Adorować to oddawać cześć. Cała tradycja chrześcijańska i biblijna wskazuje, że nie może tu być mowy o żadnej dowolności. Właściwa adoracja to taka, jakiej żąda sam Bóg. To właśnie do tego odnosi się większość przepisów Tory. Żydzi potrzebowali kilku wieków, żeby pozbyć się wszystkich niewłaściwych, konkurencyjnych wobec świątyni jerozolimskiej miejsc kultu. Ostatecznie udało się to w czasie jednej z wypraw wojennych Janowi Hirkanowi, władcy z dynastii hasmonejskiej, który zrównał z ziemią prastarą świątynię Samarytan w Sychem. Monoteizm pociąga za sobą jeden kult. Jeden Bóg i jeden sposób oddawania Mu chwały! Ustanowienie sakramentu Eucharystii w trakcie Ostatniej Wieczerzy oznaczało stworzenie nowego rytu dla nowej wspólnoty chrześcijańskiej. Tak jak Jahwe określił zasady właściwej adoracji dla starego Izraela, tak Jezus ustanowił nowy i właściwy kult dla nowego Izraela. Ofiara mszy świętej to właśnie, jak wierzą katolicy, właściwa i autentyczna forma adoracji Boga. I znowu czytelnik słów papieskich o wspólnej adoracji, jaka łączy chrześcijan z muzułmanami, musi poczuć niejakie oszołomienie.

O ile jednak można jeszcze od biedy w sensie abstrakcyjnym mówić o tym, że chrześcijanie i muzułmanie wierzą w jednego Boga, to w żadnej mierze nie da się tego powiedzieć o adoracji. Adoracja to więcej niż wiara, czy też uznanie istnienia: to również właściwy sposób oddawania Bogu czci. Nie ma wątpliwości, że dla katolików adoracja najpełniej wyraża się w mszy świętej. Szczytowym i najistotniejszym punktem chrześcijańskiej liturgii jest przeistoczenie, kiedy to kapłan wypija wino przemienione w krew Chrystusa. Msza to akt adoracji, dziękczynienia, ale też przebłagania za grzechy. Jak zatem można twierdzić, że chrześcijanie i muzułmanie adorują tego samego Boga, skoro chrześcijański sposób adoracji – Koran zakazuje nawet picia wina – może być uznany przez muzułmanów tylko za rodzaj bałwochwalstwa?

W Kościele kapłan składa ofiarę przebłagalną, jest drugim Chrystusem. Chleb i wino stają się realnie krwią i ciałem Chrystusa. Msza to najwyższa forma adoracji, kult we właściwym tego słowa znaczeniu. To stąd pochodzą też inne formy chrześcijańskich nabożeństw, jak choćby adoracja Najświętszego Sakramentu. W islamie wszakże taka adoracja – chleba przemienionego cudownie w ciało Chrystusa – jest czymś absurdalnym i pogańskim, zakazanym i potępionym. Meczety to, inaczej niż kościoły katolickie, po prostu miejsca modlitwy. Nie może być mowy o realnej obecności Boga ani podczas przeistoczenia, ani później, w tabernakulum. Muzułmanin adoruje Allaha, wymawiając słowa modlitwy i oddając pokłony w stronę Mekki. To jedyny i właściwy sposób oddawania Bogu czci, taki, jakiego On sam domagał się w Koranie.

To, że Chrystus był Bogiem i człowiekiem, pozwoliło chrześcijanom od początku tworzyć Jego wyobrażenia. Inaczej niż Bóg Starego Testamentu, Chrystus dał się widzieć. W ten sposób został uchylony zakaz przedstawiania Boga: miał On przecież twarz Chrystusa. Kto widział Syna, widział Ojca. To przekonanie stało się źródłem całej chrześcijańskiej sztuki figuratywnej, która za pośrednictwem obrazów adorowała Boga. Chrześcijanin nie czci i nie adoruje doskonale obcego, nieznanego Boga, ale w każdym kościele składa cześć przed wizerunkami i obrazami przedstawiającymi Jezusa jako Boga. Muzułmanin sądzi, że każda próba przedstawienia i pokazania Boga jest pogańskim bezeceństwem. Ikony Jezusa,

Maryi i świętych mogą być z tego punktu widzenia jedynie bluźnierstwem. Ten sposób adoracji za pośrednictwem obrazów lub postaci eucharystycznych – właściwy dla pobożności katolickiej i prawosławnej – jest w oczach muzułmanina tym samym, czym w oczach Mojżesza schodzącego z góry Horeb był widok Izraelitów czczących złotego cielca. Zasługuje na potępienie i odrzucenie, bo jest zamachem na samą Boską transcendencję. Katolickie i prawosławne kościoły, pełne wizerunków świętych, Matki Bożej i samego Chrystusa, zdają się muzułmanom świątyniami bałwochwalstwa, pełnymi bożków i bożyszczy. To, co Boskie, jest dla muzułmanina w ścisłym tego słowa znaczeniu absolutnie niewyobrażalne i nieprzedstawialne; dla chrześcijanina przeciwnie, Bóg objawił się w ciele, stał się zmysłowo, naocznie wręcz obecny i bliski. Jedyna sztuka, jaką zna i toleruje islam, to kaligrafia. Abstrakcyjne, geometryczne piękno liter, wyrazów, zdań jest przeciwieństwem wspaniałości ikon, obrazów i rzeźb przedstawiających ciało człowieka, Chrystusa lub świętych. Doprawdy, gdzież tu jest jakakolwiek wspólnota w adoracji?

Wrogowie Boga

Ojciec Święty Franciszek domaga się życzliwego i otwartego przyjmowania muzułmańskich imigrantów oraz stwierdza, jak już to wspomniałem wcześniej, że „w obliczu niosących niepokój okresów gwałtownego fundamentalizmu nasz szacunek wobec prawdziwych wyznawców islamu powinien doprowadzić nas do tego, by unikać złowieszczych uogólnień, gdyż autentyczny islam i właściwe odczytanie Koranu sprzeciwiają się wszelkiej formie przemocy". Doprawdy nie wiadomo, jak rozumieć te słowa. Jedno jest pewne: że nie mają one nic wspólnego z faktami i albo świadczą o dramatycznej utracie kontaktu z rzeczywistością, albo są wyrazem jakiegoś nieprawdopodobnego wręcz chciejstwa i utopizmu.

Bardzo trafnie mówił o tym w wywiadzie udzielonym Radiu Watykańskiemu ksiądz profesor Samir Khalil Samir, jezuita z Papieskiego Instytutu Wschodniego. Ksiądz Khalil komentował przeprowadzony w styczniu 2015 roku zamach terrorystyczny w Paryżu i zauważył, że twierdzenie, jakoby islam nie miał nic wspólnego z zamachem, jest niedopuszczalną grą słów. Odrzucił też opinię, że islamowi obce jest stosowanie przemocy. „Wszyscy terroryści dokonują swych zamachów w imię Boga, i to nie jakiegokolwiek Boga, lecz Boga islamu" – mówił w Radiu Watykańskim. I dodawał: „Co więcej, każde z tych ugrupowań przed dokonaniem ataku musi udać się do imama, aby ten zezwolił na atak, uznał go za słuszny. Musi to być imam, mufti, uczony, ktoś, kto ma prawo wydawać fatwy, czyli sądowe orzeczenia, że ten akt jest słuszny, halal. Wydając takie orzeczenie, zezwala na zabicie w obronie honoru Boga i religii islamskiej. A zatem mówienie, że wszystko to nie ma z islamem nic wspólnego, jest nieprawdą. Natomiast jest prawdą, że ci zamachowcy są ekstremistami". I jeszcze jedno zdanie z ust egipskiego islamologa: „Mówi się, że przemoc nie należy do islamu, a ci terroryści, którzy stosują przemoc, nie są prawdziwymi muzułmanami. Niestety, nie jest to prawdą. Często cytuje się słowa Koranu: »w sprawach religii żadnego przymusu«, aby pokazać, że islam jest religią pokoju. Jeśli odczytamy jednak całe zdanie, zobaczymy, że jego znaczenie jest inne. A ponadto jest wiele innych wersetów, które mówią: »zabijajcie ich, gdziekolwiek ich znajdziecie«. Odnoszą się one do niewiernych, czyli do tych, którzy nie zgodzili się zostać muzułmanami". Powtarzam, są to słowa katolickiego księdza, profesora Papieskiego Instytutu Wschodniego, wygłoszone w Radiu Watykańskim. Ma on całkowicie rację. Słowa „w religii nie ma przymusu" są niejasne i wcale nie oznaczają zakazu nawracania przy użyciu przemocy. Większość muzułmanów, jak pokazuje tradycja, uważała, że odnoszą się one do samego islamu, w obrębie którego nie należało używać przymusu, a nie do religii nieislamskich, wobec których przymus był dopuszczalny, niekiedy wręcz nakazany.

Według papieża Franciszka w adhortacji „Evangelii gaudium" właściwe odczytanie Koranu sprzeciwia się wszelkiej formie przemocy, według księdza profesora Khalila, znawcy religii Proroka, nie jest to prawdą. Nie chodzi tu oczywiście o zdanie jednego profesora. Przytaczam je tylko po to, by pokazać rozmiary chaosu. Wielu księży i profesorów katolickich, mówiąc o islamie, odrzuca to, co jest stałą częścią kilkudziesięcioletniego nauczania papieży! Zapewne gdyby ksiądz Khalil został skonfrontowany wprost z tezami papieża, znalazłby jakieś dyplomatyczne wyjście z sytuacji. Wskazywałby zapewne na takie określenia, jak „właściwe" lub „autentyczne", pod które to przymiotniki można podłożyć, co komu w duszy gra, i uratować sens papieskich wypowiedzi. Na przykład autentyczny islam to taki, który wyklucza przemoc. A że w zewnętrznym świecie nikt o takim islamie nie słyszał i nie czytał, to już nie ma znaczenia. Na szczęście ja nie muszę dokonywać tego rodzaju dialektycznych sztuczek i mogę po prostu zauważyć, że papieska ocena Koranu może wynikać albo z niewiedzy, albo gorzej – z upartego zamykania oczu na fakty.

Dobrze, niech będzie, że opinia księdza Khalila wynika z uprzedzeń. Sięgnę zatem do innego autorytetu. Anjem Choudary jest radykalnym brytyjskim imamem pochodzenia pakistańskiego. Od lat objęty jest obserwacją przez brytyjskie służby specjalne. We wrześniu 2014 roku Choudary został na krótko aresztowany pod zarzutem działalności w zdelegalizowanej organizacji islamistycznej Al-Muhajiroun, którą współtworzył. Brytyjskie władze odebrały mu wówczas paszport, obawiając się, że może wyjechać do Państwa Islamskiego. Choudary jest jednym z najbardziej znanych brytyjskich islamistów; wielokrotnie wypowiadał się w zachodnich mediach, broniąc dżihadu i wychwalając Osamę bin Ladena oraz Państwo Islamskie. Doczekał się nawet publicznego napiętnowania przez samego premiera Davida Camerona, który w 2013 roku powiedział o Choudarym: „Postawmy sprawę jasno, jeżeli chodzi o Anjema Choudary'ego, jego poglądy są odrażające i przerażające. To absolutnie klasyczny przykład tej jadowitej narracji ekstremizmu i przemocy, której musimy stawić czoła i którą musimy pokonać". Jak każdy inny zachodni polityk, Cameron musiał jednak złożyć hołd cielcowi politycznej poprawności i ogłosić, że poglądy brytyjskiego imama nie odzwierciedlają poglądów większości brytyjskich muzułmanów. Zabawne. Jak papież Franciszek, premier Cameron umie zaklinać rzeczywistość.

Wbrew bowiem takim opiniom to Choudary jest głosem islamu. Komentując zamach na „Charlie Hebdo", mówił, że tak jak wszyscy muzułmanie był szczęśliwy, że ci ludzie, czyli zamordowani satyrycy, nie będą już obrażali proroka Mahometa. W wywiadzie, którego udzielił tygodnikowi „Do Rzeczy", mówił: „Słowo »islam« oznacza »poddanie się«. Dlatego utożsamianie islamu z pokojem to błąd. Muzułmanin to człowiek, który w każdej sytuacji poddaje się woli swojego Pana. Jeżeli chodziłoby tu o pokój, to jak w takim razie rozumieć wszystkie wersy i objawienia Proroka, które dotyczą dżihadu czy kodeksu karnego: obcinanie rąk złodziejom czy kamienowanie cudzołożników? Islam z całą pewnością nie oznacza pokoju". Czyli brytyjski imam stwierdza dokładnie to samo, co katolicki ksiądz profesor. Islam to nie religia pokoju, ale bezwzględnego posłuszeństwa Bogu. Podobnie absurdalne jest przypisywanie muzułmanom, co nieustannie czynią hierarchowie katoliccy i zachodni politycy, rezygnacji z przemocy. „Allah bardzo jasno powiedział w Koranie (v,51): »Nie bierzcie sobie za przyjaciół żydów i chrześcijan; oni są przyjaciółmi jedni dla drugich. A kto z was bierze ich sobie za przyjaciół, to sam jest spośród nich«. Nawet jeżeli poda się tylko kubek wody wrogowi, który walczy z muzułmanami, to taki człowiek automatycznie staje się apostatą" – stwierdza Choudary. I jeszcze jego opinia o chrześcijanach: „Uważam ich za wrogów Boga, ponieważ nie przyjęli Jego proroka. To oczywiste, że ci, którzy są wrogami Boga, będą też wrogami muzułmanów. Jak mogę kochać równocześnie Boga i tych, którzy za Nim nie idą?". Logiczne? Jak najbardziej. I w żadnej mierze nie jest to tylko głos ekstremisty. Przeciwstawianie go opiniom przedstawicieli państw muzułmańskich takich, jak Arabia Saudyjska czy Egipt, to nieporozumienie. Rację ma raczej profesor Khalil, który zauważył, że zbrojne i agresywne działania przeciw chrześcijanom wskazują na to, że ich sprawcy cieszą się uznaniem i poparciem społeczności, z których wyrastają. Nie znaczy to oczywiście, że wszyscy muzułmanie myślą jak Choudary. Jednak jego radykalny sposób myślenia znajduje pełne oparcie tak w Koranie, jak i w tradycji muzułmańskiej.

Islamscy bracia i siostry

Przykro to powiedzieć, ale pisząc o wspólnocie wiary z muzułmanami i ogłaszając, że islam to religia pokoju, Franciszek podąża konsekwentnie drogą wytyczoną przez papieża Polaka.

Jest 6 maja 2001 roku. Tym razem oczy całego świata zwrócone są na Syrię, ściślej: na Damaszek. Nic dziwnego. Pierwszy raz w dziejach Ojciec Święty Jan Paweł II przekroczy progi muzułmańskiej świątyni, starożytnego meczetu Umajjadów w centrum Damaszku. Papieżowi, jak zwykle, kiedy wykonywał niezwykłe i nadzwyczajne gesty, towarzyszyły tłumy reporterów, fotografów, dziennikarzy i obserwatorów. Jednym z nich był John Thavis, który – jak sam pisał – „miał być naocznym świadkiem tego kroku milowego w stosunkach między obiema religiami". Prawdę powiedziawszy, jego relacja pozostawia spory niedosyt, nie sposób się z niej bowiem dowiedzieć niczego o treści papieskiego wystąpienia. Czytam jedynie, że „Jan Paweł II, garbiąc się i kuśtykając, wchodzi do muzułmańskiej świątyni, zdjąwszy buty i wzuwszy parę białych pantofli. Z szuraniem pokonuje salę modlitewną meczetu wzniesionego w VIII wieku, przysłuchując się słowom miejscowego przewodnika". W zasadzie to tyle. „Wizyta w meczecie Umajjadów trwała dwadzieścia minut, po którym to czasie wróciliśmy spacerkiem na plac" – relacjonował dziennikarz. Przyznam, że dość to zaskakujące: z jednej strony wszędzie można było przeczytać o milowym kroku i niezwykłym geście, z drugiej każdy chyba zauważy, że nawet profesjonalny i kompetentny obserwator ograniczył się przy opisie do tego, kto i gdzie oraz w jakim obuwiu chodził po meczecie. Tak jakby, co jeszcze bardziej uderzające, nikt z setek dziennikarzy i reporterów nie próbował zanalizować treści słów papieża, nie poddał ich krytyce. A wątpliwości można było mieć bardzo dużo.

W swoim wystąpieniu Jan Paweł II wskazał, że w Syrii pod rządami Umajjadów dokonywał się rozwój chrześcijaństwa, które żyło w pokoju i harmonii z muzułmanami. Ten, nie da się ukryć, przesłodzony obrazek niezbyt jednak odpowiada rzeczywistości. Czyżby papież nigdy nie słyszał o chrześcijanach prześladowanych za swoją wiarę właśnie pod rządami Umajjadów? Jan Paweł II stwierdził dalej, że „lepsze wzajemne zrozumienie z pewnością doprowadzi do nowego sposobu prezentowania naszych dwóch religii tak, aby nie pokazywać ich opozycji, jak to było do tej pory często w przeszłości, lecz jako partnerów służących dobru rodziny ludzkiej". Niestety, wielki papież nie pokazał, w jaki sposób można nie przedstawiać w opozycji twierdzeń, które w opozycji pozostają; chyba żeby uznać, że wszędzie tam, gdzie dotychczas używano słowa „przeciwieństwo" i „sprzeczność", pojawi się słowo „różnica"; tam zaś, gdzie mieliśmy do czynienia z osądzeniem błędu, będziemy mówili o innej interpretacji. Taka operacja na języku nie zmieni jednak rzeczywistości, jedynym jej skutkiem musi być nie żadne porozumienie, ale powierzchowność, chaos i relatywizm. W normalnym języku, jeśli prawdą jest twierdzenie, że Jezus jest Synem Boga, to twierdzenie, że Jezus nie jest Synem Boga, prawdą być nie może. Skoro spośród dwóch sprzecznych twierdzeń jedno jest prawdziwe, to drugie jest fałszywe. Jak można uniknąć tego wniosku? Wyłącznie pozbawiając twierdzenie wszelkiego obiektywnego sensu. My, chrześcijanie, wierzymy, że dostępujemy zbawienia przez Jezusa, a muzułmanie przez posłuszeństwo Koranowi. Taka neutralizacja prawdy już w zarodku dusi możliwość autentycznego nawrócenia. „Najbardziej istotną różnicą jest oczywiście sposób, w jaki patrzymy na osobę i dzieło Jezusa z Nazaretu. Wiecie, że my, chrześcijanie, wierzymy, że Jezus wprowadza nas w wewnętrzne poznanie tajemnicy Boga i w synowską wspólnotę Jego darów, tak że uznajemy Go i głosimy Panem i Zbawcą" – mówił Jan Paweł II do młodych muzułmanów w Casablance. Czyli my tak patrzymy, wy tak nie wierzycie. Ważne, że wierzymy w jednego Boga, to, czy dociera się do Niego przez Jezusa, staje się czymś drugorzędnym, niepotrzebnie nas dzielącym. Może kiedyś Bóg wyjaśni, jak to możliwe, że chrześcijanie mieli w Niego wierzyć za pośrednictwem Jezusa, a muzułmanie nie. Nigdzie nie ma tu mowy o obowiązku wiary, o obiektywnej prawdzie wiążącej wszystkie sumienia. W ogóle pomysł, żeby nie przedstawiać opozycji islamu i chrześcijaństwa, lecz widzieć w nich partnerów, zdaje się zabiegiem cokolwiek orwellowskim. To nie „w przeszłości pokazywano opozycję obu religii", jak utrzymywał papież. One po prostu są, były i będą w opozycji.

Aż ciśnie się na usta pytanie, dlaczego Ojciec Święty tak po prostu i bez zastrzeżeń chwalił tradycję Umajjadów. Być może, to gest dyplomatyczny: skoro papież jest w meczecie w Damaszku, to przecież nie po to, żeby muzułmanów krytykować. Jednak po jakie licho tam był? Co chciał przez to osiągnąć? Co przyniósł ten „historyczny, przełomowy, dziejowy, wspaniały" gest? Od tego czasu minęło kilkanaście lat. Większość syryjskich chrześcijan musiała uciekać z kraju. Wielu z nich zostało zamordowanych przez islamskich radykałów. Pytam zatem: jakie były wymierne efekty tego gestu? Jedyne, co umiem dostrzec, to zalew pochwał i pochlebstw większości światowych mediów.

Rządy Umajjadów oznaczały czas największych islamskich podbojów; wtedy to właśnie w VIII wieku została zdobyta Hiszpania, wtedy też pierwszy raz zagrożony został Konstantynopol. Również wtedy wprowadzono zasadę, że chrześcijanie muszą być upokorzeni, że aby przetrwać pod panowaniem muzułmańskich władców, powinni płacić osobny podatek i pokazywać swoje poddaństwo. Na ten temat jednak w wystąpieniu papieskim nie padło nawet słowo; ktoś, kto nie zna historii, mógłby uznać, słuchając papieża, że chrześcijanie żyli w Syrii przez wieki niemal w błogostanie. Wprawdzie zdarzały się niesnaski, ale, jak podkreślał Ojciec Święty, były one zawsze obustronne. Myśl, że muzułmanie podbili Syrię i inne kraje chrześcijańskie, że chrześcijanie znajdowali się pod obcym i często okrutnym panowaniem, w ogóle zdaje się wykraczać poza horyzont papieskich rozważań. Zamiast tego słyszymy, że należy zapomnieć o konfliktach i wzajemnie sobie wybaczyć. Gdzie indziej papież podkreślał, że nie są potrzebne wzajemne polemiki. Dziwaczne to bardzo, bo za tymi słowami kryje się wizja dziejów, w której historyczne winy chrześcijaństwa i islamu zostają zrównane, nikt tu nie jest zdobywcą i nikt napadniętym, a mądrość wyraża się w wezwaniu, by wspólnie budować przyszłość. Ostatecznie jedni i drudzy, muzułmanie i chrześcijanie, okazują się po prostu „wierzącymi". Czy z tego wynika, że walcząc z islamem, chrześcijanie popełnili błąd?

W wystąpieniu w Syrii polski papież mówił o roli świętego Jana Chrzciciela. Zauważył, że meczet znajduje się blisko grobu Jana i że występuje on w tradycji islamskiej jako Yahya. Dodał, że chrześcijanie widzą w nim tego, który zapowiedział Chrystusa i wezwał do modlitwy, by „jego [Jana] świadectwo oświeciło wszystkich, którzy czczą tu jego pamięć, tak aby oni – i także my – mogli zrozumieć, że najważniejszą rzeczą w życiu jest szukanie prawdy i sprawiedliwości Boga". Faktycznie, Koran widzi w Janie proroka, w pewnym hadisie zaś Mahomet stwierdza, że był on w ogóle pierwszym z proroków. Szkoda, że słowa papieża na temat Jana Chrzciciela nie wzbudziły większego zainteresowania. Zapowiedział Jan Jezusa, jak chcą chrześcijanie, czy go nie zapowiedział, jak wierzą muzułmanie? Czy jego misja polegała na przygotowaniu drogi dla Jezusa, czy po prostu na wezwaniu do szukania Boga? W takie niuanse nikt się nie wdawał. Zastanawiam się, czy tu jednak nie tkwi klucz pozwalający zrozumieć, na czym ma polegać przedstawienie islamu i chrześcijaństwa w taki sposób, aby nie ujawniać ich opozycji. Żeby pokazać, jak to możliwe, Jan Paweł II wybrał właśnie postać Jana Chrzciciela. Podkreślił, że jego pamięć czczą chrześcijanie i muzułmanie. Co jednak osobliwe, uznał, że jego świadectwo miało polegać na tym, że „najważniejszą rzeczą w życiu jest szukanie prawdy i sprawiedliwości Boga". Czyżby do tego dało się sprowadzić świadectwo Jana Chrzciciela? Wyraźnie widać, że ofiarą dialogu musi być konkretność. Dialog kwitnie tam, gdzie możliwa jest abstrakcja. Papieżowi udało się przejść do porządku dziennego nad opozycją chrześcijaństwa i islamu, niemniej cena jest wysoka.

Tym jednak, co wywołało wcześniej prawdziwy szok, była modlitwa Jana Pawła II wygłoszona publicznie w Jordanii 21 marca 2000 roku. Ojciec Święty powiedział wówczas: „Niech święty Jan Chrzciciel chroni islam i lud Jordanii, i wszystkich, którzy wzięli udział w tej uroczystości, godnej pamięci uroczystości". Nie trzeba być teologiem, by słysząc te słowa, zdumiewać się. Jak papież może wzywać Jana Chrzciciela, by ten chronił islam? Jak święty, który przepowiedział Chrystusa i był pierwszym świadkiem spełnienia obietnicy Boga, ma chronić islam, religię, która zasadza się na odrzuceniu wiary w bóstwo Chrystusa? Ten Jan Chrzciciel, który był świadkiem zstąpienia na Jezusa Ducha i który słyszał o Jezusie, że jest umiłowanym Synem Boga – tak według Ewangelii – ma teraz chronić islam, według którego to, że Jezus jest Synem Bożym, stanowi chrześcijańskie fałszerstwo? Chronić to zapewniać trwanie, wzrost i obronę. To jedna z najbardziej niezwykłych modlitw, jakie sobie można wyobrazić. Czyżby wynikało z tego, że do świętych uznawanych przez islam można się modlić zgodnie z wyobrażeniami islamskimi, do katolickich zaś zgodnie z wiarą katolicką?

Nowe podejście do islamu Jan Paweł II pokazał już na początku pontyfikatu w swoim słynnym wystąpieniu do ludności muzułmańskiej zgromadzonej w Kadunie w Nigerii w lutym 1982 roku. Kiedy czyta się te słowa, nie sposób odmówić racji Peterowi Kreeftowi, który nazwał Ojca Świętego wielkim wielbicielem islamu. Jan Paweł II mówił: „My wszyscy, chrześcijanie i muzułmanie, żyjemy pod słońcem jedynego, miłosiernego Boga. Wspólnie wierzymy w jedynego Boga, Stworzyciela człowieka. Uznajemy Boże panowanie i bronimy godności człowieka jako sługi Bożego. [...] Tak więc prawdziwie możemy nazwać się wzajemnie braćmi i siostrami przez wiarę w jedynego Boga. [...] Bądźcie pewni, iż jestem rad, że przy tej sposobności mogę wyrazić wam moje uczucia braterskiego szacunku i uznania". Tak samo jak w przypadku słów Franciszka, nasuwać się tu musi mnóstwo pytań. Co to znaczy, że „wspólnie wierzymy w jedynego Boga"? Czy to znaczy, że chrześcijanie i muzułmanie wierzą, że istnieje jeden Bóg? W takim rozumieniu to zdanie jest prawdziwe. Tylko że to chyba trochę co innego, niż mówił papież. Sugerował on, jakby sama treść wiary chrześcijańskiej i muzułmańskiej: „wspólnie wierzymy w jedynego Boga" była tożsama. Jakby, mówiąc prościej, chrześcijanie i muzułmanie nie tylko wierzyli, że jest jeden Bóg, ale że jest to ten sam Bóg. Tu jednak pojawia się podstawowa wątpliwość, ta sama, o której już wspomniałem, analizując słowa obecnego Ojca Świętego: jak może to być ten sam Bóg, skoro obie tradycje religijne pozostają – tak, użyję tego strasznego słowa – w opozycji? Albo jeszcze mocniej: jak może to być ten sam Bóg, skoro mówił On na swój temat całkiem przeciwne rzeczy w Nowym Testamencie i w Koranie?

Papież stwierdzał, że „wspólnie wierzymy w Stworzyciela człowieka i [...] bronimy godności człowieka jako sługi Bożego". Znowu nie wiadomo, jak to rozumieć. Akurat tym, co najbardziej odróżnia chrześcijańskie i islamskie rozumienie stworzenia człowieka, jest właśnie pytanie o jego godność. Czy został on stworzony na obraz i podobieństwo Boże (jak twierdzą chrześcijanie), czy nie (jak utrzymują muzułmanie). Ci pierwsi na tym opierają właśnie godność ludzkiej osoby, ci drudzy takiego oparcia dla niej w swoim świętym tekście nie mają. Jak przeto można twierdzić, że „my", to jest chrześcijanie i muzułmanie, pospołu „bronimy godności człowieka jako sługi Bożego", skoro owa godność jest w tradycji muzułmańskiej w najwyższym stopniu problematyczna?

Nie mniej zaskakujące musiało być użycie formuły „bracia i siostry" w stosunku do muzułmanów, formuły, która zawsze odnosiła się po prostu do uczniów Chrystusa. Tym, co czyniło chrześcijan braćmi i siostrami, była wiara w Jezusa; teraz nagle okazuje się, że podstawą tej bratersko-siostrzanej wspólnoty ma być wiara w jednego Boga, którym przecież według muzułmanów nie może być Chrystus. Istnieje zatem braterska wspólnota chrześcijan i muzułmanów, którzy razem wierzą w jednego Boga i razem mają świadczyć wobec świata o jedności tego Boga. Skąd jednak ta jedność się bierze, skoro nie da się jej odkryć w historycznie przekazanej tradycji?

Ludzkie doświadczenie boskości

Dla muzułmanów Jezus jest poprzednikiem Mahometa, prorokiem, który go zapowiedział; tradycja chrześcijańska nic o takim zapowiedzeniu Mahometa przez Jezusa nie wie. Dla muzułmanów Allah jest tym, który przede wszystkim przekazał nauki Mahometowi, ta najważniejsza cecha islamskiego rozumienia Boga nie jest znana chrześcijanom. Jak zatem doprowadzić do owej sugerowanej w wypowiedziach papieskich jedności? Jak osiągnąć przezwyciężenie sprzeczności? Jak zrozumieć to, że ten sam Jan Chrzciciel, który był świadkiem zstąpienia Ducha na Jezusa, ma się modlić o pomyślność islamu, który w Jezusie Syna nie uznaje?

Nie można przyjąć, że Ojciec Święty nie dostrzegał tych sprzeczności. Zbyt są jaskrawe, zbyt oczywiste. Odpowiedź jest chyba inna. Żeby przejść nad nimi do porządku dziennego, żeby prosić Jana Chrzciciela o przychylność dla islamu, żeby uznawać muzułmanów za przyjaciół, braci i siostry wierzących w tego samego Boga, należy przeformułować samo znaczenie wiary. Liczyć się musi nie historycznie dane słowo Objawienia – wiara w to, co powiedział Bóg – ale ludzkie doświadczenie boskości. Według chrześcijan Bóg powiedział, że ma Syna i że jest Trójcą; w Koranie Bóg temu zaprzecza. Jak wyjść poza te sprzeczności? Tylko uznając, że to, co nazywa się słowem Boga do człowieka, w istocie było... słowem człowieka do samego siebie. Chrześcijaństwo i islam byłyby tylko różnymi formami odkrywania prawdy człowieka o nim samym, o jego własnej nieskończoności. Wtedy i tylko wtedy znikają sprzeczności.

To subiektywne, wewnętrzne doświadczenie człowieka pozwala mówić o wspólnej wierze muzułmanów i chrześcijan – nie dlatego, żeby wierzyli w to samo, ale że wierzą tak samo. Tym, co wspólne, jest zatem akt wiary. To, że chrześcijanin i muzułmanin wierzą w co innego, ma mniejsze znaczenie niż to, że obaj „wierzą". Zwrot ku nieskończoności, przekroczenie w wierze siebie, jest tym, co wspólne. To właśnie ma być podstawą jedności „wierzących"; nie wiara pochodząca z zewnątrz, ze słyszenia, od historycznie danego posłańca, który zawsze występuje w imieniu konkretnego Boga i zawsze domaga się posłuszeństwa temu, co przyniósł, ale wewnętrzny akt wierzenia w coś, co człowieka przerasta. „Należy zawsze mieć na uwadze, że każde pragnienie ludzkiego ducha szukającego prawdy i dobra, i co za tym idzie, ostatecznie Boga jest inspirowane przez Ducha Świętego" – nauczał Jan Paweł II. Podstawą wspólnoty jest „pragnienie ludzkiego ducha szukającego prawdy i dobra". Niektórym owa prawda przejawia się jako wezwanie Boga, by czcić Chrystusa, innym – by Jego kult odrzucać. W obu przypadkach tym, który inspiruje owe pozornie sprzeczne pragnienia, jest ten sam Duch. W obu przypadkach chodzi o „wierzących".

Zgodnie z dawną nauką Duch Święty prowadził ludzi do Chrystusa, do Jego widzialnego ciała – Kościoła. Nowa teologia utrzymuje, że nie treść wiary, ale sama wiara jest dziełem Ducha. „Wszelkie poszukiwania prawdy i dobra, a ostatecznie Boga, podejmowane przez ludzkiego ducha wzbudzane są przez Ducha Świętego. Właśnie z tego pierwotnego otwarcia się człowieka na Boga rodzą się różne religie. Nierzadko ich założycielami byli ludzie, którzy z pomocą Ducha Bożego zdobyli głębsze doświadczenie religijne. Doświadczenie to, przekazane innym, przyjęło postać doktryn, obrzędów i przykazań w różnych religiach" (Jan Paweł II, wrzesień 1998). Tym samym jedność wiary chrześcijan i muzułmanów zasadza się na jedności duchowego pragnienia prawdy i dobra, które ma naturalnie każdy człowiek, na „głębszym doświadczeniu religijnym". Ciekawe, że nigdzie nie pojawia się pytanie o to, czy niektóre z tych doświadczeń nie pochodzą od demonów. Tak jakby w papieskich rozważaniach ten problem – metafizycznej walki demonów z Bogiem – w ogóle się nie pojawiał. Nie. Kryterium autentyczności dążenia religijnego nie jest też zgodność z nauką Chrystusa lub z wiarą Kościoła. Ostatecznie liczy się „otwartość na Boga". Zgodnie z taką wizją historyczne różnice między religiami mają znaczenie drugorzędne; człowiek dociera do Boga niezależnie od różnic doktryn, rytów i przykazań. Ojciec Święty nie przeczy, że istnieją różnice, sądzi jednak, że nie przeszkadza to wspólnemu oddawaniu Bogu czci. Zdaniem papieża, skoro człowiek z natury otwarty jest na transcendencję, to każda autentyczna modlitwa – każda modlitwa wynikająca z doświadczenia religijnego – jest dziełem Ducha Świętego, który, jak mówił papież, „tajemniczo obecny jest w sercu każdej osoby". Każdej, a więc zarówno chrześcijanina, jak i niechrześcijanina.

Tak chrześcijanie zatem, jak i muzułmanie mimo wszelkich różnic historycznych tradycji religijnych, do których należą, wspólnie modlą się do tego samego Boga. Dzieje się tak za sprawą tego samego Ducha Świętego, nawet jeśli w sensie historycznym ich modlitwy zdawać się mogą sprzeczne. Niezależnie od tego, że chrześcijanie zanoszą modlitwy do Jezusa, a muzułmanie taką pobożność odrzucają, w istocie modlą się oni do tego samego Boga. Duch Święty nie prowadzi ludzi do jednego, widzialnego Kościoła; działa On, zgodnie z nową teologią, poza granicami widzialnego Kościoła.

Kościół widzialny jest w takim ujęciu znakiem uniwersalnego Kościoła wszystkich ludzi, którzy uczestniczą w doświadczeniu nieskończoności, znakiem przekraczania siebie, doświadczania transcendencji. Jest jakby samym wierzchołkiem góry lodowej albo, równie dobra metafora, awangardą maszerującej ku przyszłości ludzkości. Podobne rozumienie można znaleźć w słynnych rekolekcjach wygłoszonych przez kardynała Karola Wojtyłę dla Pawła VI w 1976 roku, zebranych w książce „Znak sprzeciwu". Również i tam przyszły Ojciec Święty wskazuje, że człowiek odkrywa Boga w subiektywnym doświadczeniu nieskończoności, przekraczania siebie, odczucia czegoś całkiem innego. Do tego Boga, nazwanego przez przyszłego papieża Bogiem nieskończonego majestatu, tak samo zwraca się chrześcijanin, jak i muzułmanin. Ta zdolność przekraczania swojego „ja", czy to podczas modlitwy do Jezusa, czy kiedy wzywa się Allaha, jest już wyrazem ludzkiej godności i tym samym uczestniczeniem w Duchu Świętym. Ta jedność ludzkiego doświadczenia nieskończoności mimo wszystkich różnic historycznych rytów, doktryn i wiar jest podstawą istnienia jednego Kościoła, Kościoła Boga nieskończonego majestatu, łączącego wszystkich ludzi, którzy w taki lub inny sposób mają udział w cudownej transcendencji ducha ludzkiego.

Znowu aż trudno zrozumieć, dlaczego tym rozważaniom nie towarzyszą konieczne, zdawałoby się, pytania i zastrzeżenia. Chyba nie wszystko, co ludziom wydaje się modlitwą i zwróceniem się do nieskończoności, jest takie, za jakie uchodzi? Co tu jest miarą czego: czy miarą jest Słowo Boga przekazane w historycznie danym Objawieniu, czy ludzkie subiektywne odczucie i przeżycie? Albo inaczej: czy Mahomet mógł być prawdziwym prorokiem, chociaż zaprzeczał, że Jezus jest Synem Bożym, a Bóg Ojcem? Jeśli został posłany przez tego samego Boga co Jezus, to jak mógł w imieniu Boga domagać się potępienia prawdy o Synostwie Bożym Jezusa?

Papieskich wypowiedzi do muzułmanów nie da się sprowadzić do klasycznego stanowiska, zgodnie z którym Jezus był prawdziwym posłańcem Nieba, dlatego muzułmanie powinni porzucić swoją wiarę i poddać się Chrystusowi. Mahomet, który nie chciał słyszeć o Bożym Synostwie Jezusa, albo został zwiedziony przez siły demoniczne, albo uległ psychicznej iluzji. To, co przekazał, byłoby jego wymysłem, w żadnym razie nie dziełem Ducha Świętego. W takiej sytuacji należałoby jego błąd nazwać i odrzucić, tak żeby nie stał się udziałem innych. Nic nie wskazuje na to, żeby papieskie posłania do muzułmanów miały taki sens.

Podobnie nic nie wskazuje na możliwość drugą. Muzułmanie mają rację, to Mahomet otrzymał za pośrednictwem archanioła Gabriela prawdziwe Słowo Boga; Jezus zaś był kimś całkiem innym, niżby tego chcieli chrześcijanie. Być może, zniekształcili oni i zafałszowali jego posłanie, które ograniczyło się do potwierdzenia jedyności Boga, wezwania do pokuty i zapowiedzi nadejścia Mahometa. Wówczas jednak należałoby się domagać od chrześcijan, żeby porzucili swoje fałszywe doktryny i poddali się islamowi. Na pewno nie o tym myślał Jan Paweł II.

Zdawał się on raczej, idąc za tekstami soboru, łączyć jakoś dwie prawdy tak, żeby ominąć sprzeczności. Jakby wierzył, że dzięki dobrej woli uda się odkryć za pozornie różnymi doktrynami teologicznymi jedno wspólne jądro. Tylko czy nie prowadzi to, jeśli wyciągnąć z takiego podejścia ostateczne wnioski, do jakiegoś abstrakcyjnego Boga, który raczej jest dziełem ludzkiej imaginacji, a nie Bogiem żywym, o którym mówiły Pisma? Raz mówi o sobie, że ma Syna, drugi raz temu zaprzecza.

Raz domaga się od ludzi, by oddawali temu Synowi cześć i chwałę, innym razem każe takich wyznawców prześladować i zabijać. Zarówno Jezus chrześcijański, jak i Mahomet mogą być wiarygodnymi świadkami takiego Boga, jednak czy można o Nim powiedzieć jakąkolwiek prawdę, skoro w stosunku do Niego nie obowiązuje zasada sprzeczności? Byłby to Bóg jeszcze bardziej transcendentny niż Ten, który zawarł przymierze z Abrahamem i Mojżeszem. Nic o Nim pewnego nie można powiedzieć. Taki Bóg zdaje się czystą, nieskończoną nieokreślonością. Czy może być dobry, skoro ma tak sprzeczne wymagania? Czy może faktycznie działać w historii? Zwracać się do ludzi ich językiem? Zawiera On w sobie to, co w Niego włoży ludzkie doświadczenie, kiedy stara się opisać i nazwać zetknięcie z nieskończonością. Mocno to wszystko niejasne i trudne do uchwycenia.

Religia bez przemocy

Pewne jest, że zwracając się wielokrotnie do muzułmanów, Jan Paweł II potrafił przejść do porządku dziennego nad różnicami w podejściu do przemocy w obu tradycjach religijnych. I tak z wielką mocą stwierdzał wielokrotnie, że żadna religia nie może się odwoływać do przemocy. Oto jeden z przykładów: „Każdy akt przemocy czyni czymś bardziej naglącym dla muzułmanów i chrześcijan to, aby wszędzie uznawali to, co ich łączy, aby byli świadkami, że wszyscy jesteśmy stworzeniami jednego miłosiernego Boga, i żeby raz na zawsze uznali, że odwoływanie się do przemocy w imię religii jest całkowicie nie do zaaprobowania" (wrzesień 2000). Pytanie oczywiście, o jaką tu religię chodzi? Jest to, wydaje się, znowu religia ludzkiego ducha szukającego Boga. Problem polega jednak na tym, że nic nie wskazuje, by w ten sposób pojmowali swoją religię muzułmanie, a przynajmniej ich znakomita większość. Jaki zatem sens ma wzywanie muzułmanów, by ogłosili, że religia (w domyśle: religia ludzkiego ducha) nie może się odwoływać do przemocy, mimo że ich religia (ta, którą wyznają, czyli historycznie uchwytny islam) jak najbardziej im na to pozwala? Co wynika z tej przedziwnej dialektyki?

Jan Paweł II nie tylko jednak wielokrotnie twierdził, że islam nie odwołuje się do przemocy, ale w podobnie utopijny sposób postrzegał relację chrześcijaństwa i islamu. Dziwnym sposobem przyjmował, że współczesna epoka całkowicie zmieniła wzajemne stosunki. Mówił choćby, że chrześcijanie i muzułmanie nigdy więcej nie mogą patrzeć na siebie jak na społeczności pozostające w konflikcie. Dlaczego? Co się zmieniło? Czyżby było to nawiązanie do soborowej nauki o tym, że współczesna ludzkość uzyskała ponoć nowy poziom dojrzałości i zrozumienia godności? Ojciec Święty nauczał: „Przemoc niszczy obraz Stwórcy w stworzeniach i nigdy nie wolno jej uważać za owoc przekonań religijnych. [...] Religia nigdy nie może być używana jako powód do konfliktu". Powiedzieć, że nie rozumiem tych słów, to mało. O jakiej, u licha, religii znowu tu mowa? Jak można twierdzić, że do religii nie wolno się odwoływać jako do uzasadnienia dla użycia przemocy, jeśli takie właśnie odwoływanie się do niej jest objawione w Koranie? Nie tylko że jest objawione w Koranie, ale też towarzyszyło samemu Mahometowi w jego walkach, a później przez wieki było głównym uzasadnieniem militarnej agresji imperium osmańskiego? Papież uzasadnia swoją konkluzję i powołuje się na to, że „przemoc niszczy obraz Stwórcy w stworzeniach". Ale według jakiej religii? Tylko w Biblii! Koran nie wspomina o tym, że człowiek nosi w sobie obraz Stwórcy. Jak zatem papież może zwracać się do muzułmanów, mówiąc im, że ich religia zabrania odwoływać się do przemocy i przy okazji powoływać na chrześcijańską (i żydowską) Biblię, którą oni odrzucają, bo sądzą, że została zafałszowana? Znowu jedynym sposobem byłoby odwołanie się do tej religii, która istnieje niejako w ludzkim wnętrzu niezależnie od treści Objawienia. Tylko dlaczego mają ją uznawać muzułmanie, dalibóg nie wiem. Skąd bierze się jej autorytet? Na czym zasadza się jej moc? Kto ma ją reprezentować? W oparciu o jakie objawienie? Na żadne z tych pytań nie sposób znaleźć odpowiedzi.

Wsłuchując się w papieskie wystąpienia do muzułmanów, trudno się dziwić, że ludzie tacy jak Allam nie potrafili się odnaleźć w Kościele. Jak można uwierzyć, że islam, autentyczny islam, nie odwołuje się do przemocy, skoro cała nasza wiedza wskazuje, że tak właśnie często robi? Jeśli muzułmanie i chrześcijanie wierzą w tego samego Boga, jeśli modlą się do Niego i mają takie samo prawo oczekiwać, że spełni On ich prośby i błagania, to na czym polega wyższość chrześcijan? Czym różni się, i czy w ogóle, właściwy i autentyczny kult, taki, jaki nakazał Bóg, od ludzkiego, błędnego, niedoskonałego? Skąd ma się brać zapał i gorliwość chrześcijan? Nie tylko nie ma powodu, żeby nawracali innych na swoją wiarę – po co, skoro tajemniczy Duch Święty i tak jest źródłem każdej autentycznej modlitwy – ale też nie wiadomo, dlaczego mieliby się specjalnie opierać, kiedy to muzułmanie narzucają im swoją wiarę. Jeszcze jedno. Jeśli nieustannie powtarza się, że nie ma konfliktu między chrześcijanami i muzułmanami i nie może go być, to w oczywisty sposób rozbraja się społeczność chrześcijańską. Po jakie licho nadstawiać karku w konflikcie, którego nie ma? Po co ginąć w walce, która należy do przeszłości? Czyż nie lepiej spokojnie czekać, dostosować się i poddać konieczności? Jedyne, co nie ulega wątpliwości, to to, że krew, którą się przelewa, jest prawdziwa. Konfliktu nie ma, ale jego ofiary cierpią.

Być może, takie podejście do islamu tłumaczy przekonanie papieża, że głównym zagrożeniem dla świata stał się materializm, relatywizm, brak szacunku dla życia. Stąd wniosek, że tylko wspólne świadectwo ludzi należących do różnych tradycji religijnych, w tym do chrześcijaństwa i do islamu, będzie mogło stanowić zaporę dla postępów cywilizacji śmierci. Wspólne wystąpienie wszystkich wierzących, niezależnie od tego, do jakiej tradycji by należeli, miało doprowadzić do powstania frontu obrony człowieka. W imię zachowania godności i świętości życia można było pominąć różnice religijne. Źródłem nowego podejścia było zapewne tragiczne doświadczenie II wojny światowej. Nie da się zaprzeczyć, że masowe morderstwo milionów ofiar miało swoją przyczynę w zbrodniczych, antyludzkich ideologiach nazizmu i komunizmu. Jedni i drudzy, niemieccy naziści i Sowieci, pospołu odrzucali nienaruszalną wartość życia. Obawa przed powtórzeniem historii, przed ponownym wybuchem konfliktu na planetarną skalę, sprawiała (i sprawia), że chrześcijanie zaczęli szukać porozumienia ze wszystkimi potencjalnymi sojusznikami. Wśród nich mieli być także muzułmanie. Stąd, sądzę, pokusa nowego sformułowania zasad wiary w taki sposób, żeby dało się przejść do porządku dziennego nad kontrowersjami religijnymi. To, co łączy – wiara – miało być ważniejsze niż to, co dzieli – tradycja teologiczna i historia. Najważniejszy był wspólny cel – obrona życia ludzkiego.

Jednak patrząc z perspektywy czasu, trudno uznać, żeby taka strategia była skuteczna. Różne tradycje religijne oznaczają także różne, sprzeczne ze sobą tradycje etyczne. Nie jest prawdą, że wszystkie tradycje religijne uznają wspólnie wartość życia ludzkiego za najwyższe dobro. Są religie, w których wręcz nakazuje się składanie ofiar z ludzi; są takie, w których prowadzenie wojny w imieniu Boga i zabijanie wrogów może być traktowane jak najwyższy nakaz moralny. Tak samo powstaje pytanie, czy można sprowadzić chrześcijańskie Objawienie po prostu do obrony godności życia? Czy nie chodzi o coś więcej, nie o życie naturalne, ziemskie? Życie naturalne ma swoją niezbywalną godność, czymże jednak jest ona w porównaniu z godnością życia nadprzyrodzonego, które człowiek zdobywa tylko dzięki łasce? Do osiągnięcia tego zaś konieczna jest wiara. Sojusz chrześcijańsko-muzułmański na rzecz obrony godności życia – choć można zrozumieć intencje jego zwolenników – okazuje się, niestety, utopią.

Wielkie otwarcie

Aż trudno uwierzyć, że to nowe podejście do islamu narodziło się raptem kilkadziesiąt lat temu. Ściśle rzecz ujmując, miało to miejsce w latach 60. XX wieku i dokonało się na Soborze Watykańskim II. W swoich naukach o islamie kolejni papieże zdają się jedynie czerpać z tego, co w zalążku już zostało zapisane w najważniejszych tekstach soboru, a szczególnie w deklaracji „Nostra aetate", w „Gaudium et spes" czy także w „Dignitatis humanae". Paweł VI, Jan Paweł II, do pewnego stopnia Benedykt XVI i Franciszek rozwijają jedynie zasady przyjęte przez ponad dwa tysiące ojców soborowych. Chociaż pierwotnie celem „Nostra aetate" miało być nowe podejście do Żydów i judaizmu, w efekcie powstała deklaracja odnosząca się do wszystkich religii niechrześcijańskich. Jak trafnie napisał w swojej książce „Sobór Watykański II. Historia dotąd nieopowiedziana" Roberto de Mattei, włoski historyk Kościoła, na dokumencie tym „najbardziej skorzystał nie judaizm, lecz islam, który po raz pierwszy stał się przedmiotem rozważań łączących go z chrześcijaństwem". To prawda. Wcześniej Kościół nauczał, że muzułmanie znajdują się w mrokach niewiary, a swoje główne zadanie upatrywał w doprowadzeniu ich do światła Chrystusa. Teraz zmieniło się to radykalnie. Czy to jednak prawda, że rozważania o islamie zostały włączone do katolickich dokumentów dość przypadkowo?

De Mattei zrekonstruował przebieg wydarzeń. W październiku 1965 roku kardynał Franz König jako pierwszy rozpoczął wystąpienie, zachęcając zebranych w Rzymie biskupów do koniecznego „dialogu" z innymi religiami. Dowodził on, że w religiach niechrześcijańskich, takich jak islam, hinduizm i buddyzm, znajdują się autentyczne wartości, które przybliżają te religie do Chrystusa i Kościoła. Najważniejszym punktem spornym była kwestia stosunku Kościoła do Żydów. W istocie autorom tekstów soborowych chodziło o wycofanie i potępienie oskarżenia narodu żydowskiego o bogobójstwo. Według progresistów oskarżenie to miało być powodem antysemityzmu i pośrednio przyczynić się do Holocaustu. Uwaga poświęcana Żydom na soborze musiała wywołać naturalnie podejrzliwość przedstawicieli licznych państw arabskich. Oddaję znowu głos de Matteiemu: „Państwa arabskie nadal były przekonane, że pod tym tekstem [deklaracji »Nostra aetate«] krył się polityczny projekt filosyjonistyczny, i wywierały presję na Stolicę Apostolską, aby z niego zrezygnowała". Jednak dokument ostatecznie został zatwierdzony, i to w formie, którą muzułmanie przyjęli z życzliwością. Nic dziwnego. Było w nim dokładnie to, czego sobie życzyli.

Nie tylko że nie wzywa się w nim do nawrócenia muzułmanów, ale też w ogóle nie porusza się kwestii możliwego fałszu islamu. Zamiast tego, tak jak w wielu innych tekstach soborowych, wskazuje się, że głównym celem Kościoła ma być zaangażowanie na rzecz pokoju i dobra ludzkości. Trudno nie zgodzić się z tymi krytykami, którzy w tekście deklaracji, podobnie jak w innych dokumentach, doszukiwali się śladów kultu współczesnego człowieka i współczesnej ludzkości. I tak ojcowie od razu na wstępie stwierdzają, że „w naszej epoce [...] ludzkość coraz bardziej się jednoczy i wzrasta wzajemna zależność między różnymi narodami", z czego wyciąga się wniosek, że Kościół ma „popierać jedność i miłość wśród ludzi, a nawet wśród narodów". Warto przypomnieć, że słowa te padają w latach 60., kiedy to niemal połowa ludzkości nie tylko że się nie jednoczy, ale jeszcze pozostaje pod komunistycznym panowaniem. W Chinach rządzi krwawy Mao, w Sowietach Chruszczow. Setki tysięcy ludzi przebywają w gułagach i więzieniach, religia bywa tępiona i prześladowana. Mimo to ojcowie soborowi nie tracili optymizmu. W „Dignitatis humanae" uznali, że „w naszej epoce ludzie coraz więcej uświadamiają sobie godność osoby ludzkiej". Doprawdy, kiedy czyta się te słowa, można mieć wrażenie, że biskupi popadli w jakiś dziwny, euforyczny i nierzeczywisty stan odrealnienia. A jednak to właśnie przekonanie, że współczesny człowiek uświadomił sobie własną godność i że trzeba popierać jedność rodzaju ludzkiego, jest podstawowym źródłem nowego rozumienia Kościoła i wynikającego z niego stosunku do islamu. I tak w „Nostra aetate" padają słowa, które aż do dziś ściśle określają nową naukę kolejnych papieży: „Kościół spogląda z szacunkiem również na muzułmanów, czcicieli jedynego Boga, żyjącego i samoistnego, miłosiernego i wszechmocnego, Stworzyciela nieba i ziemi, który przemówił do ludzi". Następnie dokument chwali muzułmanów, że próbują się oni podporządkować temu Bogu tak, jak to uczynił wcześniej Abraham, oraz wskazuje, że choć nie uznają oni Jezusa za Boga, to oddają mu cześć jako prorokowi. Dodatkowo można się dowiedzieć z tego tekstu, że muzułmanie „cenią życie moralne".

Tak samo pozytywnie o muzułmanach wypowiada się najważniejszy zapewne tekst całego soboru – konstytucja dogmatyczna Kościoła „Lumen gentium". Stwierdza się w niej, że obejmuje ich plan zbawienia, wyznają oni i zachowują wiarę Abrahama i „czczą wraz z nami Boga jedynego i miłosiernego". Do licha ciężkiego, trudno czytać te wszystkie pochwały i nie zapytać, dlaczego zabrakło trzeźwego i roztropnego osądzenia błędów islamu? Dlaczego nie padły pytania o prawdziwość tego „przemówienia Boga do ludzi"? Jak w przypadku wielu innych tekstów kościelnych opisujących inne religie, tak i te zawierają tylko to, co z góry odpowiada przyjętemu założeniu. Skoro chce się wykazać pokrewieństwo i bliskość chrześcijaństwa i islamu, mówi się o tym, że muzułmanie oddają Jezusowi cześć jako prorokowi. Nieznający się na rzeczy czytelnik mógłby pomyśleć: wspaniale. O to właśnie chodzi. Na tym polegają stopnie przyporządkowania, kręgi bliskości. Chrześcijanie wierzą, że Jezus był Bogiem, a tuż za nimi są muzułmanie, którzy oddają Mu cześć jako prorokowi. Tak jakby te dwie religie w kwestiach dotyczących Jezusa były sobie bliskie i różniły się tylko stopniem ujęcia prawdy. Tak to wygląda, kiedy czyta się tekst soborowy.

Tyle że niecała prawda w kwestiach dogmatycznych oznacza całkowity błąd. Jak to, czy muzułmanie nie czczą Jezusa jako proroka? Ależ czczą. Tylko jako swojego proroka, a nie chrześcijańskiego. Jeszcze ściślej: jako proroka, który przepowiedział Mahometa i który potępił chrześcijan. Czczenie go przez mahometan zatem nie jest w żadnym wypadku pierwszym stopniem w drodze do chrześcijaństwa, ale właśnie zaporą przed nim. Muzułmanin oddaje cześć Jezusowi nie w takim sensie, jakby był to pierwszy promyk i przedsmak chrześcijaństwa, ale oddaje mu cześć, bo muzułmański Jezus chrześcijaństwo odrzuca i potępia! Znowu za pomocą dziwnej dialektycznej sztuczki zdanie jest pozornie prawdziwe, a jednak całość wypowiedzi jest chybiona. Powtarzam: oddawanie czci Jezusowi jako prorokowi w islamie nie jest, jak wynika to z kontekstu w dokumencie soborowym, jakąś mniej doskonałą i niewyraźną formą wiary chrześcijańskiej, ale jej zasadniczym i radykalnym odrzuceniem. Muzułmanin, czcząc Jezusa, nie jest niepełnym chrześcijaninem, ale antychrześcijaninem; muzułmański Jezus nie jest prawie Jezusem Chrystusem, ale anty-Chrystusem. Ten muzułmański Jezus nie miał nic wspólnego z tym, o którym opowiadają Ewangelie Nowego Testamentu. Nie odkupił ludzkości, nie zginął na krzyżu, nie powstał z martwych trzeciego dnia; nie założył Kościoła, nie nazywał Boga Ojcem, nie przyniósł dobrej nowiny zbawienia wszystkim ludziom. Nic z tych rzeczy.

Tak samo rzecz ma się z Abrahamem. W tekście soborowym uznaje się niemal prawowitość muzułmańskich twierdzeń, zgodnie z którymi powołują się oni na dziedzictwo Abrahama. I znowu na pierwszy rzut oka czytelnik może uznać, że odwołanie się do Abrahama w oczywisty sposób łączy chrześcijan i muzułmanów. Ta rzekoma jedność dwóch Abrahamowych religii jest fikcją. Abraham był w muzułmańskim rozumieniu pierwszym wierzącym, zapowiedzią Mahometa. W tekście soborowym wspomnienie o Abrahamie i Jezusie ma wskazywać na pokrewieństwo, bliskość, niemal tożsamość obu tradycji religijnych. Jeśli jedni i drudzy uznają Abrahama, jedni i drudzy wyznają i czczą Jezusa (może chrześcijanie nieco pełniej), jedni i drudzy adorują tego samego Boga, to właściwie różnice, choć prawdziwe, stają się drugorzędne i nieistotne. Z punktu widzenia potrzeb współczesnego człowieka obie religie powinny wnieść znaczący wkład w budowę jednej ludzkości, opartej na ideale pokoju i nadziei. Ochrona godności życia jest przecież ważniejsza niż anachroniczne spory o tożsamość Abrahama czy Jezusa.

Takie podejście musi oznaczać, że podstawowy problem religijny, jaki wydawał się zaprzątać chrześcijaństwo przez wieki – jak zbawić poszczególnych ludzi, jak nawrócić ich z błędów, w których tkwią, i wpoić prawdziwą wiarę – został rozwiązany. Tak, to, nad czym przez wieki głowili się doktorzy i ojcowie, nagle znalazło rozwiązanie. Nigdzie w dokumentach, które odnoszą się do relacji Kościoła z innymi religiami, nie pojawia się pytanie o to, jak skuteczniej i lepiej dotrzeć do muzułmanów, żeby ich nawrócić. Jak doprowadzić ich do tego, żeby odkryli nie Jezusa proroka, ale Jezusa Pana i Boga. Nigdzie nie pojawia się refleksja nad nauką sformułowaną przed wiekami przez sobór florencki: ludzie, a więc także muzułmanie, rodzą się w stanie grzechu pierworodnego i bez zmycia go przez chrzest nie mogą dostąpić zbawienia. Ojcowie soborowi zaś, opisując inne religie, zachowują się tak, jakby zbawienie już się dokonało. Nie ma śladu obawy o to, że pozostawanie muzułmaninem może oznaczać potępienie wieczne! Teksty dotyczące innych religii sformułowane są w taki sposób, że można odnieść wrażenie, jakby zdaniem ojców soboru Chrystus już wszystkich zbawił. Jakby automatycznie niejako każdy pojedynczy człowiek został wykupiony z grzechu pierworodnego i żył już, choćby o tym nie wiedział, w stanie zbawienia. Nie trzeba już walczyć o ocalenie dusz i wyrwanie ich spod wpływu fałszywych religii; dusze już zbawił Chrystus przez samo to, że się urodził. Teraz Kościół powinien walczyć o lepsze i bardziej godne życie na ziemi, a do tego potrzebna jest konstruktywna współpraca z innymi religiami. Także z islamem. Dlatego pora zawiesić niepotrzebne spory, przezwyciężyć podziały i zbędne polemiki. Owszem, możemy się różnić, ale tak, by nie prowadziło to do niepotrzebnych napięć. Owszem, trzeba mówić całą prawdę, ale tak, by nikogo nie urazić. Owszem, nie wolno wyrzekać się Chrystusa, gdzieżby tam, ale tak, żeby nie prowokowało to niepotrzebnego zamieszania.

Temu procesowi dostosowania do oczekiwań współczesnego człowieka, który stanowi rzekomo ośrodek i szczyt wszystkich rzeczy na ziemi, musi też podlegać redefinicja i zmiana sensu historii. Skoro Chrystus zbawił każdego pojedynczego człowieka w jego religii, to nie wolno już ulegać duchowi partykularnego triumfalizmu. Nie wolno utożsamiać się z chrześcijanami przeszłości, którzy toczyli zwycięskie wojny z islamem. Jedni i drudzy czcili tego samego Boga, jednych i drugich odkupił Chrystus. Nie ma mowy, by chwalić i czcić poległych przeszłości, widzieć w nich bohaterów godnych naśladowania, wielkie postacie, którym budować się będzie pomniki i wznosić pod ich patronatem świątynie. Nie. Dawna historia chwalebna, kiedy to papieże dążyli do obrony przed islamem, musi zostać przekształcona i zredefiniowana. Zawiera ona przecież ciasne, wąskie, ograniczone rozumienie tego, czym był Kościół i czym było chrześcijaństwo; przypomina o tym, że jeszcze niedawno Kościół domagał się od ludzi będących na zewnątrz niego nawrócenia. Tymczasem to już niepotrzebne. Okazało się, że oddajemy cześć i chwałę temu samemu Bogu, a człowiek, czy o tym wie, czy nie, został już zbawiony.

„Jeżeli więc w ciągu wieków wiele powstawało sporów i wrogości między chrześcijanami i mahometanami, święty Sobór wzywa wszystkich, aby wymazując z pamięci przeszłość, szczerze pracowali nad zrozumieniem wzajemnym i w interesie całej ludzkości wspólnie strzegli i rozwijali sprawiedliwość społeczną, dobra moralne oraz pokój i wolność" – stwierdzili ojcowie soborowi. Tak oto chwalebna przeszłość wyznaczana krucjatami średniowiecznymi, zwycięstwem pod Lepanto czy pod Wiedniem ma zostać – jako element sporów i wrogości – wymazana z przeszłości. Mają ją zastąpić wzajemne zrozumienie i zaangażowanie w to, co służy interesowi całej ludzkości. Są one początkiem nowej drogi. Skoro Kościół ma być teraz sakramentem jedności, znakiem i symbolem, za którego pośrednictwem cały rodzaj ludzki osiąga jedność i pokój, to należy odrzucić i potępić niewczesne i przestarzałe symbole, z których chrześcijanie czerpali przez wieki siłę i otuchę, podejmując walkę z islamem. I, jak wzywał do tego papież Jan Paweł II, należy przeprosić za zmarłych chrześcijan, za to, że „używali przemocy w służbie prawdy, oraz za nieufne i wrogie nastawienie, jakie niekiedy okazywali wyznawcom innych religii".

Ten fragment papieskiej modlitwy wygłoszonej 12 marca 2000 roku, kiedy to cały świat przypatrywał się przeprosinom Kościoła za przeszłość, był skierowany szczególnie do muzułmanów. Oto papież, następca tych, którzy przez wieki bronili świata Zachodu przed inwazją islamską, publicznie, wszem wobec, ogłaszał, że – jak można było wywnioskować – jego poprzednicy popełnili błąd. Aż mi ciarki przechodziły po plecach, kiedy na to patrzyłem i tego słuchałem. I kiedy widziałem rosnące zadowolenie różnych muzułmańskich komentatorów. Papieskie wystąpienie idealnie bowiem wpisywało się w ich przekaz, zgodnie z którym muzułmanie byli zawsze prześladowani i tępieni przez Zachód. Dzięki tym słowom modlitwy i ich wcześniejszym objaśnieniom przez Watykan dostali oficjalne potwierdzenie tez swojej propagandy. Tyle że to, co papież nazywał „użyciem przemocy w służbie prawdy", było właśnie rycerskim, odważnym, pełnym chwały oddaniem w walce o uchronienie Kościoła przed zniewoleniem! Szkoda, że właśnie takiego „użycia przemocy w służbie prawdy" zabrakło w czasie jego pontyfikatu i obecnie, kiedy to tysiące niewinnych chrześcijan ginie, bo nie ma chętnych, żeby użyć siły i w ten sposób uratować im życie.

Wzór Stasia Tarkowskiego

Ileż to razy słyszałem ten protekcjonalny ton wyższości, kiedy mowa była o pisarstwie Henryka Sienkiewicza. A to czegoś nie wiedział, a to coś uprościł, a to podkolorował i upiększył. Dziwny żywot wiedzie on w polskiej tradycji. Z jednej strony doceniany i szanowany, z drugiej coraz częściej wyśmiewany. Pamiętam swoje chłopięce zauroczenie Sienkiewiczem, radosne godziny uniesienia, kiedy schowany przed wszystkimi rzucałem się na kolejne książki i łapczywie je pochłaniałem. Świat otwierał się w nich inny, wzniosły, bohaterowie godni naśladowania, szlachetni, którzy przechodząc próbę, dzielnie musieli stawiać czoło losowi. Teraz jeszcze wyraźniej widzę, jak wielkie znaczenie dla tego powieściowego świata miał głęboki katolicyzm pisarza, jego naturalne, mocne i niewzruszone zakorzenienie w wierze rzymskiej.

Każdy ma swoje ulubione fragmenty ulubionych pisarzy. Teksty, które w skondensowany wręcz sposób zawierają istotę wielkości artystycznej, w których wartości i rzeczywistość objawiają się mocniej, bardziej krystalicznie niż gdzie indziej. Jedną z takich scen jest dla mnie opis przesłuchania Stasia Tarkowskiego przed Mahdim.

Jeszcze teraz, po tylu latach od chwili, kiedy pierwszy raz przeczytałem tę opowieść, ogarnia mnie wzruszenie. Bo czyż może być coś piękniejszego niż konfrontacja siły charakteru i wiary chłopca z tyranią i przemocą prześladowcy? Każdy szczegół w tym opisie ma znaczenie, każdy podnosi jeszcze napięcie i uwzniośla obraz.

„Gdy weszli do izby, Mahdi leżał na miękkim tapczanie, otoczony przez żony, z których dwie wachlowały go wielkimi strusimi piórami, inne dwie drapały mu lekko podeszwy u nóg".

Oto obraz niebywałego przepychu, luksusu i niemal rozwiązłości. Wódz, w którego rękach spoczywają losy poddanych, rozkoszuje się i okazuje swoje zadowolenie i potęgę.

„Na widok wchodzących prorok odsunął żony i siadł na tapczanie".

Drzwi do ogrodu rozkoszy zostały chwilowo zamknięte. Teraz nadeszła godzina hołdu.

„Idrys, Gebhr i dwaj Beduini padli na twarze, a potem uklękli ze skrzyżowanymi na piersiach rękoma".

To obraz człowieka Wschodu, który chyli się i kuli przed groźnym władcą, pada mu do stóp i przeprasza, że żyje. Symbol mużyków, niewolników, służalców, którzy płaszczą się u stóp swoich panów i chciwie czekają na łaskę. To im zostaje przeciwstawiony człowiek Zachodu.

„Grek skinął na Stasia, by uczynił to samo, ale chłopiec, udając, że tego nie widzi, skłonił się tylko i pozostał wyprostowany. Twarz mu zbladła, ale oczy świeciły mocno i z całej jego postawy i podniesionej hardo do góry głowy, z zaciśniętych ust, łatwo było poznać, że coś przeważyło się w nim, że niepewność i obawa przeszły, że powziął jakieś nieugięte postanowienie, od którego za nic nie odstąpi".

Już wiadomo zatem, że dojdzie do konfrontacji. Że zderzą się te światy, te moce, te siły, które każdego z nich, Mahdiego, proroka islamu, i Stasia, chłopca, polskiego katolika, uformowały. I że będzie to zderzenie na poważnie, naprawdę, na serio, bo Staś „powziął jakieś nieugięte postanowienie, od którego za nic nie odstąpi".

„Mahdi przymknął powieki, potem je otworzył, uśmiechnął się dobrotliwie i skinął na Stasia.

– Zbliż się tu, chłopcze.

Staś postąpił kilka kroków energicznym, jakby żołnierskim chodem, skłonił się po raz drugi, potem wyprężył się jak struna i patrząc wprost w oczy Mahdiego czekał".

Czytając te zdania, niemal słyszy się kroki Stasia, widzi się, jak powietrze tężeje, jak na tym jasnym niebie – Mahdi rozpieszczany przez cztery żony, pławiący się w swej potędze, dobrotliwie uśmiechnięty – pojawia się gęsta, ciemna chmura. Wola zderzyć się musi z wolą, słowo wziąć za bary ze słowem. Ludzie są tu teraz już tylko przedstawicielami, świadkami, nosicielami tego, co za nimi stoi, co ich uformowało, co przez nich przemawia. Islam i chrześcijaństwo stają przeciw sobie. Ale, jak doskonale wie to każdy mistrz, napięcie należy dozować, starcie, aby wybrzmiało, musi dokonać się naturalnie, samo z siebie. Czytelnik zyskuje jeszcze moment, jeszcze minutę spowolnienia.

„– Czy radzi jesteście, że przyjechaliście do mnie? – zapytał Mahdi.

– Nie, proroku. Zostaliśmy porwani mimo naszej woli od naszych ojców.

Prosta ta odpowiedź uczyniła pewne wrażenie – i na przywykłym do pochlebstw władcy, i na obecnych. Kalif Abdullahi zmarszczył brwi. Grek przygryzł wąsy i począł wyłamywać sobie palce, Mahdi jednakże nie przestał się uśmiechać".

Uśmiech Mahdiego tylko wzmaga grozę sytuacji. Jak przez skórę czuje się, że zaraz przemieni się w gniew i wściekłość. Przecież już wiadomo, że cokolwiek się wydarzy, a mogło się zdarzyć tylko jedno, Staś będzie nieugięty. Ma 14 lat, tyle, ile setki tysięcy chrześcijańskich chłopców, których przez wieki Turcy odbierali rodzicom, a następnie brutalnie zmuszali do wyrzeczenia się wiary, obrzezania, przyjęcia islamu.

„– Ale – rzekł – jesteście za to u źródła prawdy. Czy chcesz napić się z tego źródła?

Nastała chwila milczenia, więc Mahdi, sądząc, że chłopiec nie zrozumiał pytania, powtórzył je wyraźniej:

– Czy chcesz przyjąć moją naukę?

Na to Staś ręką, którą trzymał przy piersiach, zrobił nieznacznie znak krzyża świętego, jakby z tonącego okrętu miał skoczyć w odmęt wodny.

– Proroku – rzekł – twojej nauki nie znam, więc gdybym ją przyjął, uczyniłbym to tylko ze strachu jak tchórz i człowiek podły. A czyż zależy ci na tym, by wiarę twoją wyznawali tchórze i ludzie podli?"

Oto mamy definicję świadectwa. W zderzeniu z groźbą śmierci, z naciskiem, presją Staś wybiera powiedzenie prawdy, żeby nie być „jak tchórz i człowiek podły". To jest źródło siły, to jest moc przekraczająca śmierć. Bo choćby okrutny władca zniszczył ciało i pamięć chłopca, nigdy nie uda mu się doprowadzić do tego, żeby ten został tchórzem i człowiekiem podłym, który przyjmuje religię ze strachu.

„I tak mówiąc, patrzył wciąż wprost w oczy Mahdiego. Uczyniła się taka cisza, że słychać było brzęczenie much".

Napięcie doprowadzone do zenitu. Już wiadomo, że nie będzie tu żadnego dialogu, rozmywania, oszukiwania siebie. Że nie pojawią się żadne sztuczki i nowoczesna dialektyka. Staś nie powie: „Daj mi więcej czasu". Nie będzie udawał, że potrzebuje dodatkowych informacji. Ani nie uzna, że w takiej sytuacji, kiedy musi ratować życie swoje i Nel, upieranie się i nieugiętość to brak odpowiedzialności. Nie stwierdzi, że przyjmie wiarę proroka pozornie. Nie powie, że właściwie jaka to różnica, czy człowiek wyznaje taką, czy inną naukę, skoro wszystkie i tak pochodzą od Ducha. Ba, cóż to jest wypowiedzieć kilka słów, o których, być może, nikt się nie dowie, a które ratują życie. Cała ludzkość uznałaby takie rozumowanie za zasadne. Każdy zgodziłby się z tym, że przysięgi wypowiedziane pod przymusem są nieważne. Zresztą, na dobrą sprawę, przecież dałoby się znaleźć zawsze jakieś wyjście. Można wyznać, że oprócz Allaha nie ma Boga, bo w gruncie rzeczy to samo mówi chrześcijaństwo – jest jeden Bóg. Czy nazywa się Go Allahem, czy nie – toż to rzecz bez większego znaczenia. I jeśli wszystko dobrze zważyć i popatrzyć na rzeczy z różnych stron, to i można znaleźć miejsce dla Mahometa – skoro twierdzi, że był Jego prorokiem, to może i był. Czym są słowa, zewnętrzne dźwięki, wobec perspektywy utraty życia, i to jeszcze wówczas, kiedy od nich zależy też los małej, ośmioletniej dziewczynki?

Kto tak rozumuje, nie widzi, że Staś stał tam nie przed Mahdim i jego sługami, nawet nie przed własnym sumieniem, ale ostatecznie wprost wobec Boga. Tak, to wyznanie lub zaprzaństwo dokonywało się – mimo że miejscem akcji był namiot proroka, że znajdowali się w Chartumie, w pustynnej okolicy w Sudanie pod koniec XIX wieku – w obliczu wiecznego Boga i przesądzało, Staś nie miał wątpliwości, jego losy na wieczność. Staś wierzył, że to, co powie, to, co wyzna, będzie decydować o całym jego ja. Że od tego ostatecznie zależy, jak osądzi go Bóg. Z jednej strony słowa człowieka wypowiedziane w krótkiej chwili, z drugiej osąd na wieczność.

„Lecz stała się zarazem rzecz nadzwyczajna. Oto Mahdi zmieszał się i na razie nie umiał znaleźć odpowiedzi. Uśmiech zniknął mu z twarzy, na której odbiło się zakłopotanie i niechęć. Wyciągnąwszy rękę wziął tykwę napełnioną wodą z miodem i począł pić, ale widocznie dlatego tylko, by zyskać na czasie i pokryć zmieszanie.

A dzielny chłopak, nieodrodny potomek obrońców chrześcijaństwa, prawa krew zwycięzców spod Chocimia i Wiednia, stał z podniesioną głową czekając wyroku. Na wychudłych, opalonych przez pustynny wicher policzkach wykwitły mu jasne rumieńce, oczy rozbłysły, a ciałem wstrząsnął dreszcz zapału. »Oto – mówił sobie – wszyscy inni przyjęli jego naukę, a jam nie zaparł się wiary ni duszy«. I lęk przed tym, co mogło i miało nastąpić, przytaił mu się w tej chwili w sercu, a natomiast zalała je radość i duma.

A tymczasem Mahdi postawił tykwę i zapytał:

– Więc odrzucasz moją naukę?

– Jestem chrześcijaninem jak mój ojciec...”

To wszystko. Dokonało się. Człowiek jest tu aktorem w boskim przedstawieniu. Ma wypowiedzieć właściwą kwestię i tyle. Ze świadomością, że jej wypowiedzenie będzie oznaczało najpewniej opuszczenie sceny na zawsze. Dokładnie tyle się od niego wymaga. Żeby miał odwagę i złożył dobre wyznanie. Żeby nie paktował, nie negocjował, nie wykrzywiał i nie wykoślawiał na własną modłę tego, co mu przekazano, ale niezależnie od konsekwencji powtórzył raz jeszcze.

Znowu z dzisiejszej perspektywy wszystko usprawiedliwiałoby apostazję Stasia. Porwany wbrew swojej woli, wydarty przemocą i podstępem, mógł po prostu ratować skórę. Więcej. Zważywszy na to, że współcześnie kolonizatorzy jawią się jako krwawi agresorzy, którzy rzekomo niszczyli oryginalną, rodzimą cywilizację muzułmańską, właściwie akt apostazji byłby nie tylko usprawiedliwiony, ale wręcz zalecany. Co, u diabła, robił tam ten Polak z tą Angielką? Kim byli ich ojcowie? Czyż nie służyli siłom wyzysku i przemocy, nie byli na usługach złowrogiego systemu opresji? To Mahdi jawiłby się dziś jako szlachetny przedstawiciel religii uciemiężonych, Staś okazałby się pełen buty i pychy. Jakże mógł nie przyjąć religii pokoju i trwać dalej w uporze? Na szczęście Sienkiewicz nie został jeszcze poddany reedukacji i nie przetoczył się po nim walec rewolucji kulturalnej. Stworzył tę scenę taką, jak przypomniałem. Zostawił nas z przekonaniem, że ostatecznie liczy się trwanie przy tym, co wydaje się bardzo proste, a co może pociągać za sobą utratę wszystkiego.

Staś nie był intelektualistą, nie dzielił włosa na czworo, nie rezonował i nie znajdywał wszystkich możliwych usprawiedliwień dla tchórzostwa. Nie zastanawiał się, czy jeśli ulegnie Mahdiemu i przyjmie naukę islamu, to czy tym samym – a dlaczegóż by nie – nie doświadczy transcendencji ludzkiego ducha, nie zmierzy się z tragicznością losu, nie stanie oko w oko z nicością. Nie pomyślał, chwała Bogu, że zdradzając Boga, może to nazwać odkryciem granic własnego człowieczeństwa albo objawieniem się sobie w akcie przekroczenia siebie. Był zbyt prosty i stanowczy na takie gierki. Wiedział, że tym, czego się od niego wymaga, jest właśnie potwierdzenie tych kilku słów, proste wyznanie: „Jestem chrześcijaninem". Tak, tego chciał Bóg, tego się od niego domagał i tylko to się liczyło. Wielkość Stasia nie polegała na tym, że powiedział cokolwiek oryginalnego, znalazł nową ideę lub ubrał w nowe słowa myśl; nie, jak nieużyteczny sługa wypowiedział we właściwym momencie jedną kwestię i to wystarczyło.

W jednej ze swoich wielu, zawsze pisanych z werwą i sercem książek, „Between Allah and Jesus. What Christians Can Learn from Muslims", Peter Kreeft zapytał, czego chrześcijanie mogą się nauczyć od muzułmanów. I odpowiedział: „Być może mógłbym nazwać to »siłą woli« lub »tężyzną ducha«. Opisuje to blisko chińskie pojęcie *te*. Jest to duchowa moc moralnego przeświadczenia w duszy osoby. Sądzę, że jest to godna pochwały, a nawet kluczowa cecha charakteru. [...] I jestem przekonany, że potrzebujemy odzyskać tę cechę charakteru, jeśli zamierzamy zdobywać dusze i wypełnić nakaz dany przez Jezusa: »Idźcie, chrzcijcie« (Mt 28,19)". Wszystko dobrze, tylko dlaczego mamy się tego uczyć od muzułmanów? Czy katolicy nie wiedzą już, na czym ta twardość i stanowczość polega? Właśnie Sienkiewicz to pokazuje. Wystarczy słuchać głosu Boga. Nie zamieniać go w swój, nie szukać dla niego wyjaśnień i nie wydobywać go z siebie, ale po prostu słuchać. Postawa Stasia – a jest on tutaj jedynie przykładem, znakiem i symbolem – pokazuje, na czym owa siła woli się zasadzała.

Sienkiewicz jest jednym z wielu pisarzy, którzy przez wieki ukazywali stanowczość i moc chrześcijańskiego ducha. Dla wszystkich było oczywiste, że jedynym i najwyższym celem chrześcijan nie jest żadne szerzenie jedności i zaangażowanie na rzecz światowego pokoju – czysto nowożytne wymysły, które opanowały współczesne dokumenty watykańskie – ale oddawanie chwały Bogu takiemu, jaki objawił się w Piśmie i Tradycji Kościoła. Oddawanie chwały tak, jak to zostało nam nakazane. Chrześcijanin – „jestem chrześcijaninem jak mój ojciec", mówił Staś – przede wszystkim miał być lojalny i posłuszny temu, co mu przekazano. Za to odpowiadał przed samym Bogiem. Ten przekaz, ścisłe i wierne przyleganie do niego, oto, co dawało jego duchowi siłę i moc. To właśnie część polskiej i europejskiej pamięci, która teraz w imię pojednania ludzkości ma zostać odrzucona.

Kim zatem byli bohaterowie chrześcijańskiej wyobraźni? Co teraz zrobić z Rolandem, ginącym samotnie w wąwozie Roncesvalles w walce z Saracenami, ze świętym Ludwikiem, wzorcowym rycerzem, którego śmierć faktycznie skończyła marzenia o odzyskaniu Grobu Świętego, z Cydem, patronem hiszpańskiej walki o wyzwolenie spod panowania muzułmanów, z Gotfrydem, zdobywcą Jerozolimy? Gdzie w swojej pamięci mam umieścić Władysława Warneńczyka, który z chrześcijańskim wojskiem podjął jedną z ostatnich krucjat? A jaki los przypaść ma Zawiszy Czarnemu, który samotnie rzucił się przeciw muzułmańskim zastępom? Gdzie miejsce dla Jana III Sobieskiego? Oni to przecież, oni, bohaterowie i symbole, co z nimi? Nie pasują do dzisiejszej nowomowy pacyfistycznej. Tak samo jak dzieła, które ich czyny opiewały, „Pieśń o Rolandzie", „Jerozolima wyzwolona" Torquata Tassa, w naszym pięknym przekładzie Piotra Kochanowskiego, „Cyd" Pierre'a Corneille'a, a i sam Sienkiewicz ze swoją „Trylogią". Wszystko to należy wyrzucić na śmietnik?

„Jeżeli więc w ciągu wieków wiele powstawało sporów i wrogości między chrześcijanami i mahometanami, święty Sobór wzywa wszystkich, aby wymazując z pamięci przeszłość..." – straszne słowa. Wiem, zaraz usłyszę, że nie dało się inaczej, że to przejaw dyplomacji, że przecież stał za tym Duch Święty, że chodziło o otwarcie. Nie przekonuje mnie to. Jak może być święty sobór, który „wzywa do wymazywania z pamięci przeszłości"? Jak może być święty sobór, który nie przypomniał, nie uczcił, nie opromienił blaskiem chwały obrońców chrześcijaństwa przed mahometanami? Tylko „wezwał do wymazania z pamięci przeszłości". Straszne słowa, powtarzam. Bo gdyby się do nich zastosować, gdyby zrobić na poważnie to, czego się tu od nas ów święty sobór domaga, to trzeba by było zniszczyć znaczną część naszej pamięci. Polska jako przedmurze chrześcijaństwa – toż to byłoby śmieszne. Okazałoby się, że występując w imieniu Zachodu, wyszlibyśmy na frajerów, łatwowiernych głupców, którzy niepotrzebnie nadstawiali karku dla innych.

Trzeba było inaczej, mądrzej, lepiej. Są publicyści, jak Rafał Ziemkiewicz, którzy wyprawę na Wiedeń wprost nazywają głupotą i twierdzą, że niszcząc potęgę Turcji, otworzyliśmy – my, Polacy – drogę dla podbojów Rosji. Samiśmy sobie nałożyli sznur na szyję. Sprawa nie jest jednak, mniemam, prosta. Po pierwsze można sądzić, że Turcy, gdyby faktycznie Wiedeń zdobyli, skierowaliby się ku osamotnionej i osłabionej Rzeczpospolitej. Po drugie nikt w 1683 roku nie mógł przewidzieć takiego rozwoju wypadków – faktycznego upadku znaczenia Turcji, wzrostu potęgi Rosji. Można przecież było sobie wyobrazić, że to w Stambule pojawi się nowy sułtan, który obali rządy skorumpowanych i zepsutych wezyrów i odbuduje militarną siłę imperium muzułmańskiego. A i w Moskwie do władzy nie musiał dochodzić Piotr Wielki; jak już wiele razy bywało, kraj mógł się pogrążyć we wzajemnych walkach, popaść w smutę. W oskarżaniu Jana III o krótkowzroczność sensu większego nie widzę. Chocim i Wiedeń to nasz powód do chwały i chluby. Tym większy, że w obu przypadkach nie tylko reprezentowaliśmy całe chrześcijaństwo, ale też broniliśmy korzyści Rzeczpospolitej. Chyba że rację mają zwolennicy wymazywania przeszłości. O, wtedy to co innego. Wtedy to faktycznie okazaliśmy się mięsem armatnim dla innych. Stokroć mądrzejsi byliby zatem choćby Francuzi, którzy miast z sułtanem walczyć, zrozumieli przed czasem, że jedna jest nasza wiara i należy budować wspólną przyszłość.

Wtedy rację mają ci, co wołają, że Sienkiewicz, który pisał o Stasiu: „dzielny chłopak, nieodrodny potomek obrońców chrześcijaństwa, prawa krew zwycięzców spod Chocimia i Wiednia", nadaje się do lamusa! Jak można w ten sposób chwalić Chocim i Wiedeń? Teraz jest czas przepraszania i bicia się w piersi. Teraz jest czas takiego patrzenia na islam, żeby obu religii nie przedstawiać w opozycji do siebie!

W poemacie „Jerozolima wyzwolona" do świętego miasta przybywa Klorynda, kobieta rycerz, dzielna i nieustraszona obrończyni przed krzyżowcami. Poemat

Tassa, trzeba wiedzieć, ukształtował świadomość kilku pokoleń polskiej szlachty w XVII wieku, tych wszystkich krewkich, dzielnych i odważnych rycerzy, którzy osłaniali Polskę przed turecką nawałą i islamskim zniewoleniem. Otóż czytelnicy Tassa, w niezrównanym, kongenialnym, wielokrotnie wówczas wydawanym tłumaczeniu Piotra Kochanowskiego, wiedzieli, że Klorynda miała rodziców chrześcijan. Tym, co budziło największe zainteresowanie, było pytanie, czy tak piękna bohaterka odnajdzie prawdziwą wiarę. Muzułmanka w nocy wyprawia się wraz z innymi z oblężonego miasta i idzie potajemnie podpalić chrześcijańską wieżę oblężniczą. Wycieczka kończy się sukcesem, muzułmanie niszczą wieżę i uciekają. Kloryndę dopada jednak Tankred, dzielny krzyżowiec. Walczą, Tankred zadaje śmiertelne pchnięcie, w tym momencie Klorynda nawraca się:

Ona – konając – rzekła temi słowy,
Zwykłej na twarzy nie tracąc śmiałości,
Którą znać, że w niej duch sprawował nowy,
Duch skruchy, wiary i świętej dufności –
Że choć poganką za żywota była,
Umierając się ato nawróciła.

Żeby wszystko odbyło się, jak należy, i żeby czytelnicy Tassa nie mieli wątpliwości, jaki los przypadnie Kloryndzie w udziale, muzułmanka prosi Tankreda o chrzest, ten przynosi wodę w hełmie i w sytuacji ostatecznej udziela jej świętego sakramentu. W ten sposób czytelnicy Tassa cieszą się w duchu, że sprawiedliwość i Opatrzność Boża zatriumfowały. Klorynda umiera ochrzczona, bezpieczna przed piekłem, niedostępna szatanowi.

Kilkanaście lat temu opisałem dokładniej cały ten świat chrześcijańskiej wyobraźni bohaterów „Jerozolimy wyzwolonej". Najważniejsze, że niczym nie różnił się on od świata Sienkiewicza. Tylko wiara zapewnia życie wieczne; to jest największą i najważniejszą zdobyczą; chrześcijański rycerz broni prawdy przed wrogiem i, przede wszystkim, ocala wyznanie. Bohaterem jest ten, kto składa dobre wyznanie, kto nie ulega muzułmanom. Tak samo rozumuje Miguel Cervantes w swoim „Don Kichocie", kiedy to bohater jednej z nowel, przypadkiem pochwycony przez Turków, ucieka z niewoli dzięki miłości pięknej muzułmanki. Jak u Tassa, miłość ludzka jest mniej ważna niż miłość chrześcijańska, muzułmanka pomaga Hiszpanowi nie dla jego uroku, ale dlatego, że w skrytości ducha jest chrześcijanką. Czytelnicy powieści wiedzą, że racja jest po stronie Zoraidy (tak się nazywa muzułmanka); mimo że aby odnaleźć wiarę i przyjąć chrzest, musi ona uciec od ojca i zdradzić rodzinę, są po jej stronie. „Ałłach wie dobrze, że nie mogę postąpić inaczej, jak postąpiłam, i że ci chrześcijanie nie zmuszali mię do niczego; choćbym nawet chciała nie jechać z nimi, lecz w domu pozostać, nie w mojej to mocy, bo dusza mię nagli, aby dopełnić tego, co ja za tak wielkie dobro poczytuję, a co tobie, ojcze ukochany, złem się wydaje". Tym wielkim dobrem jest chrzest: przystąpienie do Kościoła, oddanie czci Chrystusowi, wyznanie prawdziwej wiary. To daje wszystkim bohaterom literatury chrześcijańskiej radość, siłę i niezłomność.

Ta sama siła, która porusza ich serca i wyobraźnię pisarzy, przejawia się też w zdolności do nazywania rzeczy po imieniu. Kreeft przytacza słuszne uwagi innych myślicieli. I tak Clive Staples Lewis przenikliwie pisze, że brak gniewu, a szczególnie nieobecność tego rodzaju gniewu, który nazywamy oburzeniem, może być niezwykle alarmującym sygnałem, że z naszą religią dzieje się coś złego. Jeśli Żydzi nakładali klątwy z większą mocą niż poganie, to przynajmniej częściowo wynikało to z tego, że traktowali dobro i zło bardziej poważnie. Tak jest! Gotowość do potępiania błędów i odrzucania tych, którzy je głoszą, jest, czy tego chcemy, czy nie, jedynym prawdziwym dowodem powagi, z jaką traktuje się Słowo Boga. Tylko ktoś, kto gotów jest w imieniu Boga potępić błędy człowieka, okazuje siłę woli i stanowczość charakteru. Tylko ktoś taki jest naprawdę gorliwy. Tylko ktoś, kto boi się Boga bardziej niż człowieka, kto wie, że inaczej nie może, kto idzie na wojnę choćby ze wszystkimi, bo tak mu kazał Pan, i nie waha się zderzyć ze złem i ludzkim uroszczeniem, jest odważnym i gorliwym wyznawcą. Ktoś taki nie ulegnie presji, strachowi i chęci dostosowania się, nie będzie też unikał starcia i poszukiwał porozumienia za wszelką cenę. Ktoś taki rozumie też doskonale, że choć czym innym jest błąd i osoba, która go głosi, to nie da się wyplenić błędu, nie osądzając osoby. Błędy islamu domagały się osądzenia, jego brak nie był wyrazem miłości, ale bądź tchórzostwa, bądź niezrozumienia.

Religia Człowieka-boga

Myślę, że wielu czytelników tej książki musi być oszołomionych. Jak to? – pytają siebie. Tyle razy słyszeli, że żyją w epoce wiosny Kościoła, że chrześcijaństwo święci sukcesy, a tu przekonuje się ich, że rzeczy mają się dokładnie odwrotnie. Że to islam stał się religią przyszłości, Kościół zaś znajduje się w stanie dramatycznej zapaści. Cóż, nic na to nie poradzę, takie są fakty. Tak samo jak nic nie poradzę na to, że w tekstach najważniejszych dwudziestowiecznych teologów, którzy sobór przygotowali, a następnie go tłumaczyli i interpretowali, dostrzegam formę nowej humanitarnej, oświeceniowej religii. To ona paraliżuje skutecznie dawną tradycję dogmatyczną Kościoła, odbiera mu siły żywotne i skazuje coraz widoczniej na przegraną w starciu z islamem.

Być może, najważniejszym ze wszystkich ojców soborowych był Karl Rahner, słynny niemiecki jezuita. Czytając prace historyków, można dojść do wniosku, że był to w ogóle najważniejszy teolog tamtych czasów, który niemal sam decydował o stanowisku zachodnioeuropejskich episkopatów. Na pewno jego tezy powszechnie uznawali za swoje biskupi niemieccy. Dzięki temu oraz wsparciu Pawła VI miał on ogromny wpływ na treść projektów dokumentów. A przy tak wielkim i licznym zgromadzeniu – ponad dwa tysiące samych biskupów – o ostatecznym kształcie pism decydują w największym stopniu ci, którzy przygotowują ich pierwszy szkic. Rahner napisał więcej książek i artykułów, niż niejeden czytelnik tej książki kiedykolwiek przeczyta. To oczywiście utrudnia interpretację. Jeśli dodać do tego typowo niemiecki sposób formułowania myśli, nieustanną potrzebę tworzenia nowych, karkołomnych neologizmów, brak przejrzystości i klarowności, zadanie zrozumienia staje się wyjątkowo trudne. A jednak zaryzykuję.

Rahner zdaje się twierdzić, że Objawienie nie jest Słowem Boga, któremu człowiek winien bezwzględne posłuszeństwo, ale, jakkolwiek dziwnie by to brzmiało, słowem ludzkiej samoświadomości. To sama ludzka świadomość w historii stopniowo ujawnia swoją boskość i przemawia do siebie za pomocą symboli, mitów i przekazów religijnych. To nie Bóg, wszechmocny, wieczny Stwórca, przemawia do człowieka – zmiennego, słabego stworzenia, nie Pan do niewolnika, nie Ten, który jest wszystkim, do tego, który prawie jest niczym, ale przeciwnie, to sam człowiek na przestrzeni dziejów odkrywa swoje boskie powołanie i ustanawia siebie jako Pana. Pisał Rahner w „Podstawowym wykładzie wiary": „Właśnie to głosi nauka chrześcijańska, według której w łasce, to znaczy w udzielaniu się Ducha Świętego, owo wydarzenie bezpośredniego kontaktu z Bogiem w spełnieniu człowieka zostało przygotowane w ten sposób, że już teraz trzeba powiedzieć, iż człowiek uczestniczy w istocie Bożej, że otrzymał boską Pneumę, która wnika w głębię boskości, że już teraz jest synem Boga i że musi tylko objawić to, czym jest". Za tymi dość ezopowymi formułami kryje się prawdziwie rewolucyjna treść. Każdy człowiek od poczęcia okazuje się synem Boga. Jedyne, co mu pozostaje, to swoją boskość odkryć i poznać. W żadnym razie nie jest do tego potrzebna religia i wyznanie wiary. To „pierwotne doświadczenie Boga", które w myśli Rahnera tożsame jest z doświadczeniem nieskończoności człowieczeństwa, „aktualizuje się wszędzie tam – w sposób anonimowy lub realny – gdzie przeżywamy naszą egzystencję". Jesteśmy Bogami, nie wiedząc o tym. Co o tym świadczy? Cokolwiek. Każdy wybór etyczny, każda głębsza refleksja, każda konfrontacja z miłością, stratą, śmiercią.

To nie Bóg-człowiek zstępuje z niebios i przybiera postać sługi, niewolnika, ale to człowiek wstępuje do nieba i przybiera postać Syna. To nie Bóg objawia się człowiekowi, ale Człowiek człowiekowi. „Samotranscendencja człowieka mająca zarazem charakter objawienia i umożliwiona przez ontyczne samoudzielenie się Boga samego w sobie sprawia, że historia objawienia realizuje się wszędzie tam, gdzie owo doświadczenie transcendentalne ma swoją historię, a więc w historii człowieka w ogóle". Historia ludzkości to dzieje ludzkiego Ducha, który objawia sam siebie. A chrześcijaństwo? To po prostu punkt szczytowy powszechnej ewolucji wszechświata ku Człowiekowi-bogu, „najwyższy przypadek spełnienia istoty rzeczywistości ludzkiej". W Chrystusie człowiek dochodzi do samego siebie, do tego, kim w ukryty sposób zawsze jest. „Wcielenie ukazuje się jako konieczny, trwały początek przebóstwienia świata jako całości". Co to ma wspólnego z wiarą, dalibóg nie wiem. Religia Chrystusa przemienia się w swoisty typ gnozy. To, co najważniejsze – zbawienie człowieka – już się dokonało. Każdy człowiek, czy o tym wie, czy nie, na zawsze już jest przez wieki był z Chrystusem, na zawsze już żyje życiem wiecznym, jest z natury i konieczności synem Boga.

Chrześcijaństwo staje się jeszcze bardziej uniwersalne i powszechne niż w swojej tradycyjnej postaci – każdy człowiek jest poniekąd chrześcijaninem, każdy jest zjednoczony z Chrystusem i w każdym ukryta jest boskość. Ludzie są, używając języka Rahnera, „anonimowymi chrześcijanami". Wyraźny akt wiary nie jest do zbawienia potrzebny. Tak samo nie są potrzebne do niego sakramenty. Objawienie to długi proces dziejowy, w którym człowiek powoli ustanawia siebie i odkrywa swoje przeznaczenie. Dla tak rozumianej religii dogmaty mogą być jedynie martwą literą. Nawet powszechnie akceptowany symbol wiary, czyli Credo, „w zbyt małym stopniu nawiązuje bezpośrednio do duchowej sytuacji współczesnego świata" i nie można się domagać jego przyjęcia. Być może, pozostanie ono w muzeum dziejów ludzkości jako ciekawy eksponat niedojrzałej i ciasnej mentalności. „[...] Nie jest już możliwa jedna i podstawowa formuła wiary chrześcijańskiej, autorytatywna i obowiązująca dla całego Kościoła". To dość oczywisty wniosek. Przecież Kościół to ogół ludzkości, której tylko część ma świadomość własnej boskości. To nie przeszłość nadaje sens temu, co współczesne, byłby to przejaw służalczej i tchórzliwej podległości temu, co minione. Przeciwnie. To przyszłość, to człowieczeństwo, które dopiero nadchodzi, to ludzkość, jaka będzie i jaka powstaje wskutek nieustannego postępu, ustanawia to, co obecne. To nie Bóg objawia człowiekowi, kim jest – Bóg radykalnie inny i wieczny – ale to objawienie Boga staje się instrumentem i narzędziem, za pomocą którego człowiek zmierza do odkrycia siebie samego, swojej absolutnej wartości i godności. Czytając teksty współczesnych teologów, można sądzić, że w pełni niemal zrealizowali oni ideę, którą niegdyś jasno wyraził Kiriłłow w „Biesach" Fiodora Dostojewskiego – ideę zastąpienia Boga-człowieka Człowiekiem-bogiem. Najbardziej zdumiewające jest to, że taka mieszanka heglizmu i ateistycznego egzystencjalizmu à la Martin Heidegger nie przeszkodziła Rahnerowi w zdobyciu pozycji katolickiego autorytetu.

Nie tylko jemu zresztą. Syn Boży, mówiąc językiem innego wielkiego nauczyciela współczesnego, Henri de Lubaca, wyniesionego nawet do godności kardynalskiej przez Jana Pawła II, objawił człowiekowi, kim jest on sam. Podobnie jak teksty Rahnera, rozważania de Lubaca można uznać niemal za fundament nowej teologii. Różnica jest przede wszystkim w stylu. O ile język Rahnera wyrasta z tradycji Hegla i Heideggera, nasycony jest niejasnymi terminami, to francuski jezuita nawiązuje do pism pierwszych ojców. Tam zaś, gdzie wprost dokonuje rewolucji i przewrotu, jakby nigdy nic... odwołuje się do lektury Listów Świętego Pawła. Pisał, że „Paweł wypowiada jedno z najbardziej nowych i najbardziej pełnych znaczenia słów, jakie wyszły z ust człowieka. Zmuszony do przedstawienia własnej swej apologii, by ukochanych Galatów zawrócić na właściwą drogę, podyktował te słowa: »Gdy się spodobało temu, który wybrał mię już w łonie matki mojej i wezwał przez łaskę swoją, aby objawił Syna swego we mnie...«. [...] Chrystus, objawiając Ojca i będąc przez Niego objawionym, dopełnia objawienia człowieka samemu człowiekowi. Biorąc go w posiadanie, przenikając go do głębi, zmusza go przez to do wejścia w siebie i do odkrycia tam niespodzianie dziedzin, których istnienia człowiek dotąd się nie domyślał. Przez Chrystusa osoba »dorasta«, człowiek ostatecznie wynurza się z zatopienia w świecie i zyskuje pełną świadomość samego siebie". Od tej pory każdy człowiek, niezależnie od tego, czy jest, czy nie jest chrześcijaninem, może wysławiać własną godność. „Każdy człowiek, mówiąc »ja«, wypowiada coś absolutnego i bezwzględnego". Chrystus, przyjmując ciało, odkupił naturę w każdym pojedynczym człowieku; człowiek poczyna się bez śladów grzechu pierworodnego, zjednoczony z Chrystusem. To jest najgłębszy korzeń ludzkiej godności. Słusznie zauważył już przed laty krytyk de Lubaca, kardynał Giuseppe Siri, że w takich słowach łatwo można dopatrzyć się przeświadczenia o naturalnej boskości człowieka. Bóg i Chrystus są niejako narzędziami, za pomocą których człowiek odkrywa siebie, tego, kim był od zawsze. Dokonuje się to całkiem niezależnie od jego woli: „[Chrystus] zmusza go [człowieka] do wejścia w siebie i do odkrycia tam niespodzianie dziedzin, których istnienia człowiek dotąd się nie domyślał". Narodziny Chrystusa automatycznie wynoszą w każdym z nas naturę ze stanu upadłości do łaski.

Znowu aż do 1936 roku, kiedy to czcigodny jezuita sformułował swoje refleksje, nikt w podobny sposób tego rzekomo rewolucyjnego fragmentu Listu Pawła nie rozumiał. Podobnie jak i współcześnie nie znam żadnego poważnego egzegety, który w słowach Listu do Galatów dostrzegałby ową przełomowość. Święty Paweł chce powiedzieć, że Bóg wybrał go do zwiastowania poganom prawdy o swym Synu, a nie, że Paweł odkrył w sobie, że jest Bogiem lub że odsłoniła mu się godność jego człowieczeństwa! Byłoby to całkiem niedorzeczne. Zgodnie z tą nową teologią chrześcijaństwo jest religią prawdziwą w tym sensie, że najpełniej w języku religijnym wyraziło prawdę o człowieku, który odkrywając swą nieskończoność, odsłania swoją boskość. Inne religie, choć też prowadzą w podobną stronę, zostały niejako w tyle. Choć w ogóle kategoria prawdy i fałszu nie ma tu specjalnego zastosowania. Nie chodzi o zgodność sądu z rzeczywistością, ale o autentyczne przeżycie siebie, o odsłonięcie w sobie egzystencji. Chrześcijaństwo Człowieka-boga musi zrezygnować z dogmatycznej nietolerancji; nie może już potępiać i odrzucać; nie wolno mu też wdawać się w wojnę i akceptować jakiejkolwiek formy przemocy.

To właśnie ta nowa teologia, mniemam, jest prawdziwą podstawą dialogu międzyreligijnego, także z muzułmanami. Wszyscy ludzie należą do Kościoła, choćby o tym nie wiedzieli i tego nie chcieli. Obejmuje on całą ludzkość, nawet jeśli różne są kręgi wtajemniczenia i bliskości. Chrześcijanami są nie tyle ci, którzy słuchają zewnętrznego Słowa Boga, ale wszyscy ludzie doświadczający swojej godności. Uświadomienie sobie przez wszystkich, że uczestniczą w życiu Boga, pozwoli przezwyciężyć konflikty i powstać jednej ludzkiej rodzinie. Chrześcijanin ma teraz – oczywiście chrześcijanin gnostyk – szersze horyzonty niż jego przodkowie. Kościół przez wieki głosił, że wszyscy przeznaczeni są do zbawienia, jednak równocześnie potwierdzał, że aby go ostatecznie dostąpić, trzeba współdziałania z łaską wiary i chrztu. Nowa teologia to wymaganie znosi. Ludzkość nie dzieli się – jak przez wieki głosili dawni doktorzy – na tych, którzy żyją łaską nadprzyrodzoną i idą do raju, oraz na tych, którzy ją odrzucili i znajdą się w piekle. „Od tej chwili [wcielenia Chrystusa] poczęła się jedność ludzka. Obraz Boży, obraz Słowa, który odnowiło Słowo Wcielone i któremu przywraca cały jego blask, to ja i to także inny człowiek, każdy inny człowiek. To jest we mnie, ten punkt zbieżności z każdym innym człowiekiem, to znamię naszego wspólnego pochodzenia i wezwanie do wspólnego przeznaczenia. To właśnie nasza jedność, w Bogu" – pisał dalej de Lubac. Słowo wcielone tkwi w każdym innym człowieku jak śliwka w kompocie. Obraz został odnowiony, podobieństwo przywrócone. Dzięki tej jedności, dzięki temu, że każdy człowiek, niezależnie od swojej wiary, nosi w sobie nieskalany obraz Boży, można już nazywać muzułmańskich wojowników męczennikami za wiarę, a muzułmanów naszymi braćmi, siostrami i przyjaciółmi.

Różnice już nie dzielą. To nie Bóg-człowiek ma być centrum, nie wspólne wyznanie wiary w Niego, ale

Człowiek-bóg, który wierząc, przekracza siebie ku sobie. Chrześcijanie już to wiedzą, więc fakt, że muzułmanie odrzucają chrześcijańską wizję Boga, w niczym nie przeszkadza. Są w głębi serca, sami o tym nie wiedząc, zjednoczeni z Chrystusem. Nawet sprzeciwiając się Chrystusowi w historii, uczestniczą w życiu nadprzyrodzonym i boskim. Duch Prawdy daje im moc trzymania się swoich przekonań. W dialogu chodzi nie o to, by zapoznawać drugą stronę z prawdą i odpierać jej zarzuty, ale tak formułować swoją prawdę, aby zacierać jej odrębność i kontrowersyjność. W drodze ku przyszłej jedności rodziny ludzkiej należy już teraz maksymalnie rozładowywać tkwiący w różnicach religijnych potencjał agresji i napięcia. Z punktu widzenia nowej teologii, która jest po prostu formą antropocentryzmu, Mahomet może zostać zaakceptowany i uznany. Oczywiście nie zgodnie z tym, czego sam nauczał i czego domagają się muzułmanie. Co to, to nie. Wola Boska w świecie już nie objawia się inaczej niż jak wola człowieka, jakakolwiek próba domagania się od Człowieka-boga, żeby poddał się wyższej, Boskiej instancji, musi być zanegowana.

Mahomet może być jednym z przedstawicieli autentycznego objawienia człowieczeństwa. Może być na przykład prorokiem Boga wysłanym do Arabów i innych ludów nieznających chrześcijaństwa. Nie da się wprawdzie zanegować różnic czy to w rozumieniu Boga, czy obowiązków moralnych człowieka, ale nie są one niczym bezwzględnym i absolutnym. Skoro i tak wszyscy ludzie są anonimowymi chrześcijanami, to wszelkie różnice dogmatyczne tracą realne znaczenie; ot, ważą tyle, co różnice języków czy strojów. Jedne są bardziej popularne, inne mniej, jedne trafniej wyrażają pojęcia ścisłe, inne mają z tym kłopoty, jedne łatwiej się uniwersalizują, inne nie potrafią zrzucić bagażu przeszłości. Są to tylko różnice stopnia samoświadomości.

Ten swoisty przewrót kopernikański – to nie człowiek krąży wokół Boga, nie człowiek jest nędznym sługą, rozpaczliwie szukającym Pana i posłusznie słuchającym Jego rozkazów, ale to Bóg, poruszony wielkością i wspaniałością człowieka, krąży wokół Niego, to Bóg odsłania, kim naprawdę człowiek jest – stanowi prawdziwą podstawę spotkań przedstawicieli różnych tradycji religijnych. Ludzkość powoli, lecz niepowstrzymanie zmierza do jedności i wszechświatowego pokoju; historia to czas, w którym ludzka samoświadomość powoli, w ciągłym procesie prób i błędów odkrywa, że tym, co ostateczne, jest sam Człowiek. To on nadaje sens dobru i złu, prawdzie i błędowi. On ustanawia wartości i wydobywa je z nicości. Nie poszczególna ludzka jednostka, ale rodzaj ludzki jako taki, ludzki duch w swym ciągłym zachwycie i podziwianiu siebie samego.

Głosić teraz Chrystusa innym, muzułmanom, buddystom czy ateistom nawet, nie oznacza już wzywać ich do nawrócenia. Nie jest też potępieniem konkretnych przekonań i ich treści. Przeciwnie. Głosić Chrystusa oznacza mówić im, że te religie, które wyznają, też prowadzą do Boga, że tkwi w nich w zarodku wyznanie godności człowieka, który już został przez Chrystusa w wieczności odkupiony i zbawiony. Wtedy konkretne doktryny religijne i samo trwanie przy nich – to, że Allah nie ma Syna i nie ma towarzysza, że Jezus zapowiedział Mahometa, że należy uznawać Koran za objawienie Boga – też okazuje się pochodzić od Ducha Prawdy. To, co łączy – wspólna godność odkupionego przez Chrystusa człowieczeństwa –

jest stokroć ważniejsza niż to, co dzieli – konkretne rytuały i wyznania. Nawracanie na chrześcijaństwo jako osobną religię nie ma już sensu; raczej trzeba utwierdzać wszystkich w ich dotychczasowych wiarach i przypominać o ludzkiej godności, którą należy odkrywać w sobie zgodnie z wyznawaną religią. Bądźcie, kim jesteście, a odnajdziecie u podnóża tego swą nieskończoność – tak zdaje się brzmieć nowe wyznanie. Co osiągnie chrześcijanin, odciągając muzułmanów od ich wierzeń? Przecież nawet o tym nie wiedząc, każdy muzułmanin jest już zbawiony. Każdy jest z Chrystusem, każdy, dążąc do Allaha, odkrywa własną nieskończoną godność. Ludzkie przeznaczenie już się dokonało, to, co najważniejsze, miało miejsce.

W połowie lat 60. zachodnie chrześcijaństwo, które zamiast troszczyć się o godność Boga, ogłosiło, że człowiek jest jedynym bytem stworzonym dla siebie samego, odrzuciło grzech pierworodny i zapomniało o piekle, stanęło wobec islamu duchowo rozbrojone. Co mogło zaoferować człowiekowi, który szuka w religii bezwzględnego głosu wszechmocnego Boga? Opowieści o ludzkiej godności? Wiarę w powszechne zbawienie? Przekonanie, że objawienie Boga jest objawieniem człowieka? Że odkrywając Boga, odnajdujemy siebie? Wychodziłoby na to, że człowiek nigdy z siebie całkiem nie wychodzi, nigdy naprawdę siebie nie przekracza. Że nigdy nie dociera do niego prawdziwy głos z zewnątrz, spoza tego, co ludzkie, czasowe i ziemskie. Że to, co boskie, ma być po prostu projekcją ludzkich oczekiwań, pragnień i pożądań. Ale przecież nie tego szukał człowiek! Do licha ciężkiego, nie chciał chrześcijaństwa, które polega na zachwytach nad człowiekiem. Nie tego pragnęła jego dusza!

Tęsknił za chrześcijaństwem, które mówi o Bogu i które uczy wobec Niego posłuszeństwa! Które przypomina o bojaźni i drżeniu, jakie wzbudza Święty. Które mówi o tym, że ten Wieczny i Wszechmocny objawił się w historii i słowa, które wypowiedział, zapamiętane i strzeżone pilnie przez uczniów, są jedyną miarą! Raz na zawsze takie same. Dla wszystkich, przez wieki i wszędzie. I żadna nowa samoświadomość tego nie zmieni, żadne nowe rozumienie tego nie przekreśli. Pod tym względem człowiek współczesny niczym nie różni się od ludzi minionych i, wierzę, przyszłych pokoleń. Nie chce, żeby chrześcijaństwo było antropocentryczne, żeby mu schlebiało i go głaskało, ale żeby odsłaniało mu drogę do niestworzonego, w sobie wiecznego, tajemniczego Boga. Chce wyjść poza siebie naprawdę, a nie na niby, chce adorować Boga żywego, a nie Boga, który jest jego własnym obrazem. Straszne jest to, że kto szuka dziś takiej religii, prędzej znajdzie ją w islamie niż w zhumanizowanym, dialogicznym, rozchwianym i dostosowanym do świata zachodnim chrześcijaństwie.

W zderzeniu z narastającą falą islamu Kościół okazał się bezradny. Bo szybko stało się jasne, że to jego na nowo sformułowane posłanie nie potrafiło przekonać ani pierwszego i najważniejszego adresata – współczesnego człowieka Zachodu, ani drugiego, czyli przedstawicieli innych religii. Ten pierwszy uznał, że nowe podejście oznacza po prostu akceptację dla grzechu, pożądania i pychy. Kult ludzkiej godności uznał za akceptację dla wszystkiego, czym człowiek jest, a więc także dla wszelkich wynaturzeń, szaleństw i perwersji. Jeśli człowiek nie ma po prostu moralnego obowiązku posłuszeństwa wobec Boga, jeśli złamanie prawa nie wiąże się z groźbą gniewu, kary, cierpienia wiecznego i zatracenia, cały porządek musi zostać wzruszony. Rozpada się. Tak samo w stosunku do tego drugiego. Chrześcijańskie nawrócenie na dialog z islamem nie przyniosło rezultatów. Gorzej. Wprowadziło katolików w stan zamieszania i niepewności, a muzułmanom dało poczucie, że wkrótce religia Chrystusa całkiem, być może, zniknie w otchłani czasów. Dla wielu z nich wszystkie opisane tu zjawiska – modlitwy papieskie w meczetach, wystąpienia przekonujące o wspólnocie wiary, ogłaszanie, że islam to religia pokoju – są odbierane jako jednostronna kapitulacja. Stanowią zachętę do tym bardziej bezpardonowej walki z chrześcijanami.

Muzułmanie nie odpowiedzieli na te chrześcijańskie propozycje tak, jak spodziewali się rzecznicy dialogu. Nie ogłosili, że skoro Allah i tak jest jeden i jest jedynym prawdziwym Bogiem, to każda modlitwa człowieka, czy to wznoszona do Chrystusa, czy do Buddy, czy do Wisznu, jest modlitwą do Allaha. Nie uznali, że mają za co przepraszać w przeszłości. Nie biją się w piersi ani za podboje Bizancjum, ani za pustoszenie Hiszpanii, ani za prześladowania w Europie Środkowej. Nie budzą ich w nocy wyrzuty sumienia z powodu milionów afrykańskich niewolników, których porywali i sprzedawali. Skądże znowu. Żyją z przeświadczeniem, że byli wiecznymi ofiarami Zachodu. Zachowują poczucie dumy i wierzą, że przyszłość należy do nich.

Nie chcą uznać, że historyczna treść religii jest czymś drugorzędnym, bo całą ludzkość jednoczy poznanie godności człowieka. Nie. Nic z tych rzeczy. I choć kolejni papieże przez kolejne lata unikali jak ognia wezwań do nawrócenia muzułmanów, ci drudzy nie zrezygnowali z karania ewentualnych apostatów śmiercią lub prześladowaniami. I nie zrezygnowali z nawracania niewiernych. Tak jak w Rzymie wyrastają kolejne meczety, tak w Mekce każdy niewierny, jeśliby tylko śmiał się tam pojawić, musiałby zginąć. Krótko mówiąc: muzułmanie pozostali wierni temu, co – jak wierzą – usłyszał od Boga Mahomet; chrześcijanie dostosowali to, co przyniósł im Jezus, do tego, czego domagał się od nich świat. Ci pierwsi wciąż walczą o panowanie Allaha, ci drudzy uznali, że widoczne, publiczne panowanie Chrystusa to już przeżytek i niepotrzebne źródło konfliktu. Ci pierwsi dzień po dniu starają się podbijać świat dla Allaha, ci drudzy uznali, że skoro Bóg pragnie, aby każdy człowiek został zbawiony (1Tm 1), to praktycznie tak się stało. Muzułmanie wciąż chcą, aby cały świat podporządkował się Allahowi; chrześcijanie uznali, że walka skończona.

Wiem, że to obraz całkiem inny niż ten, który przekazuje większość publicystów i komentatorów. Bardzo bym chciał się mylić. Bardzo bym chciał, żeby to wszystko, co napisałem, przepadło niczym zły sen, mara nocna i koszmar. Gdyby te dziwaczne opinie nigdy się nie pojawiły albo gdyby szczęśliwym trafem okazało się, że błędnie je odczytałem. Że są szyfrem, za którym kryje się tajemnicza strategia. Mówiąc o religii Człowieka-boga, chciałem pokazać logiczne konsekwencje zasad wielu współczesnych teologów. Nie zawsze oni sami je wyciągają. Szczególnie dotyczy to tych, którzy zajmują lub zajmowali wysokie miejsce w kościelnej hierarchii. W ich przypadku widoczny wpływ nowej, antropocentrycznej gnozy miesza się ze starymi przekazami i odziedziczoną tradycją. Owocem jest swoista hybryda, teksty pełne sprzeczności, niespójne, niejasne. Na szczęście nie wszyscy poszli drogą obraną choćby przez Hansa Künga czy Edwarda Schillebeeckxa, dwóch ważnych teologów soboru, którzy szybko odrzucili wszelką myśl o prawdzie chrześcijaństwa. Większość stara się zachować dawną naukę i połączyć ją z nowym nastawieniem dialogicznym.

Wzorcowym przykładem takiej postawy był Benedykt XVI. Był pierwszym i przez ostatnie kilkadziesiąt lat jedynym papieżem, który pozwolił sobie na otwartą krytykę islamu i Mahometa. Publicznie ochrzcił byłego muzułmanina. Wcześniej zaś, jeszcze jako kardynał i prefekt Kongregacji Nauki Wiary, przygotował pierwszy od tylu lat krytyczny wobec innych religii dokument „Dominus Iesus". Warto przeczytać jego niektóre fragmenty, zobaczyć, jak jego autorzy, na czele z kardynałem Ratzingerem, starają się pokonać nadużycia związane z dialogiem. Tak choćby uderza zdecydowane przeciwstawienie wiary chrześcijańskiej i wierzeń innych religii. Tylko ta pierwsza pozwala, według dokumentu, przyjąć prawdę objawioną, te drugie to „ogół doświadczeń i przemyśleń, stanowiących skarbnicę ludzkiej mądrości i religijności, które człowiek poszukujący prawdy wypracował i zastosował, aby wyrazić swoje odniesienie do rzeczywistości boskiej i do Absolutu". Dokument podkreśla, że w obecnej debacie o takim rozróżnieniu się zapomina i fałszywie utożsamia się wiarę chrześcijańską, „przyjęcie prawdy objawionej przez Boga Trójjedynego", z wierzeniami innych religii, które „dopiero poszukują absolutnej prawdy". Jak to się jednak ma, pytam, do powtarzanego w tekstach soborowych i w licznych wystąpieniach papieskich stwierdzeń, że chrześcijanie i muzułmanie to bracia wierzący i adorujący jednego Boga? Jak rozumieć te słowa, skoro według Jana Pawła II „zdecydowane przekonania w wierze wyznawców religii pozachrześcijańskich" – a takim przekonaniem z pewnością jest wiara muzułmanów, że Jezus nie był Synem Bożym – są „również owocem Ducha Prawdy"? Czy Duch Prawdy przeczy sam sobie? W jaki sposób inne religie są tylko wierzeniami, skoro charakterystyczne dla ich wyznawców przekonania pochodzą nie od człowieka, ale od Ducha Prawdy? Jak można twierdzić, że nie wolno mylić prawdy objawionej przez Boga Trójjedynego i wierzeń innych religii, a zatem z pewnością islamu, skoro wszyscy papieże, od Pawła VI zaczynając, a na Franciszku kończąc, uznawali, że muzułmanie i chrześcijanie wierzą w jednego, tego samego Boga i do jednego, tego samego Boga zwracają się w swych modlitwach?

Dokument „Dominus Iesus" był próbą znalezienia recepty na chorobę, która toczy Kościół. Benedykt wierzył, że uda się pogodzić wiekową tradycję mówiącą o jedynej prawdzie chrześcijaństwa, której wolne przyjęcie było konieczne dla zbawienia, z nową nauką, głoszącą, że inne religie są kanałami łaski, przez które działa Duch Święty, prowadząc ludzi wierzących wszystkich religii do zbawienia. To swoiste godzenie ognia z wodą nie mogło, niestety, przynieść rezultatów.

Proroctwo angielskiego pisarza

W 1936 roku Hilaire Belloc, zauważyła Moczar, w eseju „The Great and Enduring Heresy of Mohammed" („Wielka i uporczywa herezja Mahometa") pisał: „Mogłoby się wydawać [...], że jakoby wielki pojedynek został teraz rozstrzygnięty. Ale czy możemy być pewni, że faktycznie został? Mocno w to wątpię. Zawsze wydawało mi się możliwe, a nawet prawdopodobne, że nastąpi zmartwychwstanie islamu i że nasi synowie lub wnukowie ujrzą odnowę tej potężnej walki pomiędzy kulturą chrześcijańską a tym, co od ponad tysiąca lat było jej największym przeciwnikiem. [...] Nie mogę przestać myśleć o tym, że główną, a nieoczekiwaną sprawą przyszłości jest powrót islamu". Doprawdy prorocze słowa. W latach 30. XX wieku islam robił wrażenie niemal martwego. Kraje muzułmańskie znajdowały się na marginesie rozwoju cywilizowanego świata. Biedne, podupadłe, pod kontrolą w większości zachodnich rządów, zdawały się skazane na wegetację. Tak pisali o tym okresie Lewis i Churchill: „Pod koniec XVIII wieku muzułmanie we wszystkich krajach islamu coraz boleśniej zdawali sobie sprawę, że znaleźli się w stanie zagrożenia – gorzej, że przegrywają trwającą ponad tysiąc lat konfrontację z od dawna znanym i uprzednio pogardzanym Zachodem. W XVIII i XIX wieku dominacja mocarstw chrześcijańskiej Europy wzrastała, podobnie jak ich supremacja nad światem muzułmańskim. Carowie, rozszerzając imperium rosyjskie na południe i wschód, włączyli do niego muzułmańskie kraje Kaukazu i dużą część północnej i centralnej Azji. Zachodnioeuropejskie potęgi morskie dominowały w większej części południowej i południowo-wschodniej Azji. Na początku XX wieku niemal cały świat islamski był albo pod bezpośrednimi rządami imperiów europejskich, albo znajdował się pod ich kontrolą. Tylko trzy państwa zachowały swą niezależność i pewien pozór znaczenia: Afganistan, Persja i, znajdujące się na granicy chrześcijaństwa, imperium osmańskie. Przed 1918 rokiem Persja została zmarginalizowana i utraciła znaczenie. Imperium osmańskie, ostatnie z wielkich imperiów sunnickich, zostało pokonane i cierpiało los nieporównywalnie gorszy niż jego sprzymierzeńcy, Niemcy i Austria. Jego stolica znalazła się pod okupacją, władca złożony z tronu, a terytoria zostały podzielone między zwycięskich aliantów. Właściwej Turcji udało się zachować niepodległość za sprawą ruchu świeckiego i nacjonalistycznego, lecz reszta Bliskiego Wschodu została stracona i nawet w ojczyźnie islamu obalono kalifat, a ostatni kalif musiał się ratować ucieczką. Dla muzułmanów był to najgorszy moment w ich długiej i wcześniej chwalebnej historii". Chciałbym zobaczyć minę Belloca dzisiaj, kiedy nikt chyba nie ma wątpliwości, że islam odzyskał siły żywotne. Muzułmańskie interesy reprezentuje na świecie kilkadziesiąt niepodległych państw. Pakistan dysponuje bronią atomową, Iran, być może, wkrótce też będzie ją miał. Kolejne kraje Afryki dostają się pod kontrolę rządów islamskich, a z Bliskiego Wschodu całkowicie niemal zniknęły ślady po chrześcijanach. Więcej. Najbogatsze państwa Zatoki Perskiej, na czele z Arabią Saudyjską, inwestują ogromne pieniądze, wspierając muzułmańską religię i kulturę we wszystkich krajach Zachodu. Pytanie tylko, w jakim kraju zachodnioeuropejskim jako pierwszym muzułmanie przejmą władzę i co z nią zrobią.

Pod koniec stycznia 2015 roku niemal we wszystkich krajach Europy i Ameryki pojawiła się na wystawach księgarń ta sama książka. Rzadko się zdarza, żeby wydawcy w ciemno ryzykowali zamówienie tłumaczeń na języki narodowe tak, że pojawiają się one jednocześnie z oryginałem. W tym przypadku jednak nikt nie wątpił w komercyjny sukces. Nowa powieść Michela Houellebecqa, rodzaj political fiction, „Soumission"

(„Poddanie"), musiała okazać się hitem. Autor wyobrażał sobie, że w 2022 roku do władzy we Francji dochodzi islamski kandydat na prezydenta o imieniu Mohammed Ben Abbes. Pokonuje on w wyborach kandydata skrajnie prawicowego Frontu Narodowego. Muzułmanin jest reprezentantem francuskiej partii Muzułmańskie Braterstwo, dostaje jednak także poparcie lewicy oraz partii centrowych, w tym Nicolasa Sarkozy'ego. Tytuł książki – „Poddanie" – odnosi się do słowa „islam", które oznacza poddanie się Allahowi. We Francji książka ukazała się 7 stycznia 2015 roku. Już przedtem było o niej głośno. Do tego stopnia, że jej lekturę publicznie zadeklarowała minister kultury Fleur Pellerin; dodała, że Houellebecq jest prowokacyjnym pisarzem z dziwacznym poczuciem humoru. Jednak nikt nie mógł przewidzieć skali gigantycznego sukcesu wydawniczego, niedającego się porównać z żadną wcześniejszą książką pisarza. Tak się bowiem złożyło, że kampania reklamowa promująca ukazanie się dzieła zbiegła się z zamachem na satyryczne pismo „Charlie Hebdo", w czasie którego muzułmańscy terroryści zamordowali kilkunastu dziennikarzy i satyryków.

Houellebecq już wcześniej pokazał, że potrafi wywoływać skandale. W 2001 roku w wywiadzie dla pisma „Lire" nazwał islam „najgłupszą z religii". Mówił: „W pewnym momencie doszedłem do wniosku, że w jednego Boga może wierzyć tylko kretyn. A najbardziej kretyńską religią jest islam. Kiedy się czyta Koran, włosy stają dęba". Został wtedy oskarżony o wzniecanie nienawiści rasowej i postawiony przed sądem. Szybko go jednak uniewinniono. To tylko go zachęciło do dalszych prowokacji. I tak w „Platformie", innej swojej powieści, napisał, że „islam nie mógł powstać nigdzie indziej, tylko na jakiejś durnej pustyni, wśród śmierdzących Beduinów, którzy nie mieli nic innego do roboty, jak tylko – proszę mi wybaczyć – dymać swoje wielbłądy".

Warto wiedzieć, że słowa takie mają we Francji, gdzie żyje wielomilionowa rzesza muzułmanów, całkiem inną siłę rażenia niż w Polsce. Pokazuje to fakt, że Houellebecq nie był jedynym znanym artystą francuskim, który z powodu swoich krytycznych opinii na temat religii Proroka musiał stanąć przed sądem. Taki sam los spotkał słynną niegdyś aktorkę Brigitte Bardot. W roku 2000 została skazana za to, że w swojej książce „Le Carré de Pluton" napisała, iż „Francja, mój kraj, moja ojczyzna, moja ziemia, znowu stała się celem masowego najazdu obcych, szczególnie muzułmanów". Cztery lata później uznano ją za winną, bo w innej książce, „Krzyk w ciszy", doszukała się związków między islamem a atakami terrorystycznymi z 11 września 2001 roku oraz znowu twierdziła, że imigracja prowadzi do „islamizacji Francji". Znowu w 2008 roku kolejny raz uznano ją za winną, bo w napisanym do Nicolasa Sarkozy'ego (wówczas ministra spraw wewnętrznych, znanego ze swojej twardej postawy wobec imigrantów) liście, którego fragmenty wyciekły do prasy, nazwała mieszkających we Francji muzułmanów „tą ludnością, która wodzi nas za nos i niszczy nas i nasz kraj". Naprawdę, to się nazywa terror politycznej poprawności.

Najnowsza książka francuskiego pisarza budziła emocje już kilka tygodni przed oficjalną publikacją. Cały Paryż, a przynajmniej cały Paryż intelektualny, spierał się, dyskutował i omawiał prowokację Houellebecqa. Bo tego, że to miała być prowokacja, nikt nie podważał. Jednolity chór krzyczał na zmianę „faszysta" i „islamofob". Nagły zamach na „Charlie Hebdo" radykalnie zmienił wszystko. Przedtem opinie Houellebecqa były przejawem szaleństwa, uprzedzeń i stereotypów. Intelektualista nie miał prawa tak myśleć. Po tym akcie terroru wszystko się zmieniło. Opinie, za które należało pisarza odsądzić od czci i wiary, stały się przejawem wolności słowa. Wydawnictwo Flammarion wydrukowało w pierwszym rzucie 150 tys. egzemplarzy, całość sprzedała się na pniu – powieść przedostała się na pierwsze miejsce bestsellerów na francuskim Amazonie na tygodnie przed swoim debiutem. Okazało się, że czytelnicy masowo zamawiali ją w przedsprzedaży. Rzeczywiście, z punktu widzenia egoistycznych interesów autora i wydawnictwa atak na pismo nie mógł przyjść w lepszym momencie: w redakcji „Charlie Hebdo" został zabity przyjaciel Houellebecqa Bernard Maris, a tego samego dnia, kiedy doszło do tragedii, do kiosków trafiło też świeżutkie wydanie tygodnika „Le Nouvel Observateur", z którego okładki spoglądał Houellebecq. Czytając tytuł rozmowy, można było sądzić, że całość – zamach i publikację – wyreżyserował ktoś o upiornym zmyśle grozy. Wielki napis można było uznać za proroczy komentarz do bieżących wydarzeń: „Przeżyłem wszystkie zamachy na mnie".

Pisarz podkreślał, że jego celem jest przerażenie czytelników. Zapewne mu się to udaje. Sam tytuł, „Poddanie", zrobił swoje. Nie tylko chodzi tu o nawiązanie do podstawowego obowiązku, nakazu religijnego nałożonego na muzułmanów – islam to przecież po arabsku właśnie „poddanie się". Książka ma się też kojarzyć z filmem holenderskiego reżysera Thea van Gogha. „Submission" (tytuł filmu) i „Soumission" (tytuł książki) znaczą to samo. Holender przedstawił los kobiet, z których muzułmanie robią niewolnice. Karę wymierzyli mu szybko.

Został zamordowany w 2004 roku. Nie muszę dodawać, że zabójcą był islamski fundamentalista.

Jak wspomniałem, „Soumission" to political fiction. Rzecz rozgrywa się w 2022 roku. Czas zdecydowanie niezbyt odległy. To perspektywa znacznie bliższa niż ta, którą swoim czytelnikom w XX wieku zaproponował choćby George Orwell – jego wizja zawarta w „Roku 1984" miała się spełnić dopiero trzydzieści lat po napisaniu książki. Houellebecq tyle czekać nie chce, perspektywa islamizacji Francji wydaje mu się znacznie bliższa. Więcej. Całość jest tak głęboko i ściśle osadzona w realiach, że określenie „fiction" zdaje się cokolwiek na wyrost. W roku 2022 kończy się kolejna kadencja prezydenta Hollande'a. Ciekawe, że w czasie kiedy pisał „Soumission", Houellebecq nie mógł jeszcze wiedzieć, że osobliwym skutkiem zamachu terrorystycznego będzie skok poparcia dla prezydenta Francji. O ile przed styczniem 2015 roku Hollande zdawał się skazany na klęskę, to po zabójstwie dziennikarzy, po sprawnie przeprowadzonej akcji policji, która od razu niemal trafiła na ślad zamachowców, wytrwale ich goniła, by po dwóch dniach dopaść i zabić, po zorganizowanym w stolicy Francji milionowym marszu sprzeciwu wobec islamskiej przemocy notowania Hollande'a poszybowały w górę. O tym wszystkim Houellebecq wiedzieć nie mógł, dlatego żeby uprawdopodobnić historię, napisał, że ponowny wybór Hollande'a był możliwy tylko dlatego, że w drugiej turze znalazł się razem z Marine Le Pen.

We Francji to nazwisko działa jak płachta na byka. Elity znad Sekwany, słysząc je, powtarzają jak stado papug zawsze jedno i to samo: szowinizm, ksenofobia, rasizm, skrajna prawica. Poza wszystkim innym zarzucają jej islamofobię: Front Narodowy od dawna twierdzi, że napływ muzułmańskich imigrantów jest groźny dla państwa, domaga się powstrzymania kolejnych fal uchodźców i stanowczej polityki w walce z islamskimi ideologami. Takie hasła przyjmowane były i są przez rządzącą francuskimi umysłami lewicę z wściekłością. Stąd broni się ona przed Jeanem-Marie Le Penem (niezależnie od tego, że córka próbuje przesunąć swoje ugrupowanie bardziej ku centrum i zawiesiła nawet ojca w prawach członka partii) oraz Frontem Narodowym wszystkimi czterema kończynami. Trzeba przyznać, że w tej walce dzielnie sekunduje jej zresztą centrowa prawica – oba wielkie ugrupowania łączy wspólna nienawiść do Le Penów. Dość powiedzieć, że mając poparcie co czwartego Francuza, Front Narodowy ma w parlamencie ledwo dwóch przedstawicieli.

Po zamachu na „Charlie Hebdo" najbardziej popularną formą okazywania solidarności z redakcją był slogan „Je suis Charlie", po polsku „Jestem Charlie". Znaczki z takim napisem stały się wręcz powszechnym symbolem potępienia zamachowców, a zdanie to zaczęło spełniać niemal rolę wyznania. Problem polegał na tym, że potępiając morderców, kupowało się niejako w pakiecie poparcie dla ideologii pisma – dla jego skrajnego nihilizmu, wyszydzania wszelkiej religii, niszczenia chrześcijaństwa, papiestwa, Kościoła. Otóż jedynym francuskim politykiem, który sprzeciwił się tej fali sympatii dla nihilizmu i skrajnego anarchizmu, jedynym, który publicznie potrafił powiedzieć, że „nie jest Charlie", był Jean-Marie Le Pen, ojciec Marine, były szef Frontu Narodowego. Powiedział, że choć sprzeciwia się mordowaniu dziennikarzy, to nie może popierać wyszydzania Kościoła i obrzucania błotem wszystkiego, co święte i ważne. Może nad

Wisłą nie jest to opinia szczególnie kontrowersyjna, ale nad Sekwaną wywołała gwałtowne potępienie.

Konstruując opowieść, Houellebecq uznał, że w kampanii prezydenckiej Hollande'a zadziała znowu wypróbowany już wcześniej mechanizm: jeśli do drugiej tury przejdzie kandydat Frontu Narodowego i ktokolwiek inny, to wszystkie siły polityczne zagłosują na tego innego. Socjalista, centrysta, liberał, niech sobie będzie, kim tylko chce, każdy lepszy niż Le Pen. Tak było już w 2002 roku, kiedy to Jacques Chirac, postać z pewnością traktowana przez lewicę z niechęcią, dystansem i podejrzliwością, dostał jednak jej poparcie i w drugiej turze rozłożył Jeana-Marie Le Pena na łopatki.

Historia nie może jednak powtarzać się w nieskończoność. W powieści – tu akurat trudno mówić o szczególnym wysiłku pisarskiej wyobraźni – Hollande okazuje się człowiekiem bez polotu, nieudolnym, słabym. Jego rządy to pasmo katastrof i klęsk, dlatego w 2022 roku kandydat lewicy żadnych szans na zwycięstwo nie ma. I tu wreszcie głos ma fantazja literacka: Houellebecq opisuje, że do decydującej batalii stają przeciw sobie Marine Le Pen, która ma za sobą Front Narodowy, najsilniejszą partię Francji, i Mohammed Ben Abbes, przywódca nowej, szybko zyskującej popularność partii o wdzięcznej nazwie Muzułmańskie Braterstwo. Ugrupowanie powstało po poprzednich wyborach prezydenckich, jego nazwa jest, łatwo zauważyć, zapożyczona od Bractwa Muzułmańskiego, głównego islamistycznego ugrupowania z Egiptu, które obaliło najpierw rządy Husniego Mubaraka, potem przejęło tam pokojowo władzę wskutek wyborów, a następnie utraciło ją za sprawą wojskowego zamachu stanu. Warto oddać na chwilę głos samemu pisarzowi: „Pierwsza próba stworzenia politycznego ruchu islamskiego – Partii Francuskich Muzułmanów – nie powiodła się, przede wszystkim z powodu zawstydzającego antysemityzmu jego lidera, który zresztą sprawił, że formacja ta zbliżyła się do skrajnej prawicy. Wyciągając lekcję z porażki, Muzułmańskie Braterstwo postawiło na umiar. Partia wspierała sprawę palestyńską, ale wstrzemięźliwie, w dodatku utrzymywała serdeczne stosunki z religijnymi przywódcami społeczności żydowskiej. Na wzór partii islamskich w krajach arabskich (model ten stosowali zresztą w przeszłości również francuscy komuniści) Muzułmańskie Braterstwo stworzyło sieć instytucji zajmujących się młodzieżą, placówek kulturalnych, organizacji charytatywnych". Powieść to czy nie powieść? Raczej precyzyjna analiza możliwego scenariusza wydarzeń politycznych.

Jeśli ktoś myśli, dowodzi Houellebecq, że mając do wyboru oskarżaną o ksenofobię i rasizm Marine Le Pen i przywódcę partii islamskiej Abbesa, Francuzi wskazaliby mimo wszystko tę pierwszą, głęboko się myli. Nienawiść do prawicy jest znacznie silniejsza niż strach przed islamem. Nie wynika to przy tym z obserwacji faktów i trzeźwej oceny rzeczywistości. Ot, taki to współczesny intelektualny dogmat. Nie szkodzi zatem, że francuski Front Narodowy nie organizuje samobójczych zamachów i nie zamierza zniszczyć demokracji; w oczach lewicowych publicystów nie czyni go to wcale bardziej sympatycznym. Lewica nienawidzi konserwatywnej prawicy, bo jest ona dla niej wyrzutem sumienia, wyrasta z tego samego korzenia, aspiruje do tych samych wartości. Śmie twierdzić, że jest lepszym obrońcą zachodnich wartości i nowoczesnego państwa niż lewica. To się w głowie nie mieści. A muzułmanie? Ci są po prostu obcy, inni, przychodzą z zewnątrz. W umyśle współczesnego lewicowo-liberalnego intelektualisty prawica to zaścianek, inkwizycja, wojny religijne, prześladowania, ciasnota, miernota, faszyzm itd., itp. A islam? Kto go tam wie.

Gdyby proroctwo Houellebecqa spełniło się w rzeczywistości, nie byłby to pierwszy przypadek w dziejach, kiedy to nienawiść do kogoś na pozór bliższego sprawia, że wybiera się poddanie komuś całkiem obcemu. Najlepszym znanym mi z historii przykładem takiego zachowania było to, co robili prawosławni Grecy w XIV i XV wieku tuż przed zdobyciem przez Osmanów Konstantynopola. Mimo że mieli nóż na gardle, mimo że z miesiąca na miesiąc niemal zacieśniał się wokół nich łańcuch muzułmańskich umocnień, woleli ulec Turkom, niż porozumieć się z łacinnikami. Z Turkami toczyli wojny od wieków, bronili się i zmagali z nimi, to prawda. Kiedy jednak w XV wieku okazało się, że jedyną szansą oddalenia niewoli byłoby porozumienie z papieżem i będące jego warunkiem przyjęcie unii z Rzymem, prawdziwymi zwolennikami takiego rozwiązania byli tylko bizantyjscy cesarze i patriarchowie, może jeszcze niektórzy biskupi i arystokraci. Większość ludu bojkotowała unię florencką i jak tylko mogła okazywała wrogość przybyszom z Zachodu. Prawosławni Grecy woleli poddać się muzułmanom, niż przyjąć warunki religijne Zachodu; woleli władzę całkiem obcych niż poddanie się znacznie sobie bliższemu Rzymowi. Tak właśnie dzieje się w powieści Houellebecqa. Abbes wygrywa z Le Pen, bo Francuzi wolą zwycięstwo obcego kulturowo muzułmanina niż swojego „faszysty". Rychło okazuje się, że rację mieli ci, którzy przestrzegali przed takim wyborem. Nowy szef państwa wcale nie jest umiarkowanym politykiem. W tym momencie Houellebecq puszcza wodze fantazji i otrzymujemy piękny obraz powolnego przepoczwarzania się liberalnej demokracji w coraz bardziej autorytarną muzułmańską dyktaturę. We Francji zaczyna się kulturowo-religijna rewolucja. Znikają minispódniczki i dekolty, bo przecież w oczach aktywistów Braterstwa są to przejawy wyuzdania. Kobiety rzucają pracę zawodową i wracają do domów, gdzie zajmują się kuchnią i dziećmi.

Paradoksalnie, okazuje się to pierwszym znaczącym sukcesem Abbesa. Opuszczenie rynku pracy przez kobiety sprawia przecież, że na ich miejsce wkraczają mężczyźni, szczególnie młodzi, a co za tym idzie – znacząco spada bezrobocie. Rządy muzułmanów powodują, że znika też przestępczość – to efekt coraz surowszych kar i większego zatrudnienia. Houellebecq ma wyraźną przyjemność, kiedy zmienia nazwy różnych francuskich instytucji na muzułmańskie odpowiedniki. Sorbona staje się Islamskim Uniwersytetem Sorbony, a wykładowcy mogą dalej pracować pod warunkiem, że przejdą na islam. Tak też postępuje główny bohater powieści, profesor literatury. Nagrodą są trzy żony – „jedna stara, do kuchni, dwie młode, do łóżka" – i gigantyczna podwyżka. Jak zwykle u Houellebecqa, seks jest istotnym motywem postępowania; bohater, zapewne alter ego autora, wcześniej poszukiwał zaspokojenia w ramionach studentek, więc właściwie z zadowoleniem przyjmuje nowe, otwarte na poligamię rządy. Czytelnik zastanawia się zapewne, jak autor rozwiązał problem finansowania francuskiego budżetu? Nic prostszego. Pieniądze płyną nad Sekwanę szerokim, bardzo szerokim strumieniem, bo prezydenta wspierają emiraty znad Zatoki Perskiej.

Może tym, co w całej książce najbardziej frapuje, jest jednak osobliwe milczenie na temat chrześcijaństwa. Ono praktycznie nie istnieje. Muzułmanie powoli przejmują władzę i nie napotykają oporu. Wkraczają jakby na ziemię niczyją, do krainy nihilizmu i pustki, zdobywają rządy, bo nikt z nimi duchowo nie konkuruje. Po Kościele została fasada, stare, piękne budynki z wyniosłymi wieżami – ach, piękne są francuskie katedry, nieprawdaż? – puste w środku. Majestatyczne gotyckie mury jak puste łupiny. Francuzi dostosowują się do nowego reżimu, ulegają mu bez sprzeciwu. Po co i w imię czego mieliby się opierać? Właśnie, w imię czego?

Francuski pisarz, pozornie nihilista, ateusz i prowokator, doskonale potrafił wskazać istotę choroby Zachodu. W poprzedniej powieści, „Możliwość wyspy", Daniel, też alter ego autora, wchodzi do domu, gdzie na półkach królują zebrane dzieła Pierre'a Teilharda de Chardina, guru francuskich postępowych i otwartych katolików. Pisze: „Jeżeli jest jakaś rzecz, która zawsze mnie pogrążała w smutku czy współczuciu, w każdym razie w stanie wykluczającym jakąkolwiek formę złośliwości czy ironii, jest nią istnienie Teilharda de Chardina – nie tylko zresztą jego istnienie, ale fakt, że miał lub mógł mieć czytelników, nawet w ograniczonej liczbie". Miał czytelników? Zabawne. Rozczytywali się w jego dziełach teologowie katoliccy całego postępowego katolickiego świata lata przed soborem. Nikt inny, tylko de Chardin był duchowym patronem przemian. Choć w trakcie obrad w Rzymie francuski jezuita już nie żył, to jego pisma i jego duch święciły prawdziwe triumfy. To jego książki i wypowiedzi kształtowały myśl najważniejszych teologów soborowych, na czele z Karlem Rahnerem, Henri de

Lubakiem (poświęcił obronie wielkości de Chardina specjalną książkę), Jeanem Daniélou i Hansem Ursem von Balthasarem – ten ostatni nazywał nawet de Chardina męczennikiem prawdy. Była to reakcja na to, że prace francuskiego jezuity znalazły się na indeksie Świętego Oficjum, a było to w tych zamierzchłych czasach, kiedy jeszcze taka instytucja jak Święte Oficjum działała i miała dość moralnej odwagi i charakteru, żeby orzekać o tym, jakie opinie wypaczają naukę katolicką. Dobre sobie, człowiek, którego cała myśl konsekwentnie niszczyła już nawet nie doktrynę chrześcijańską, ale wszelkie jej podstawy – męczennikiem prawdy! Była to opinia teologa, który na końcu swojej drogi duchowej dotarł do przeświadczenia, że piekło jest najpewniej puste, bo tego wymaga rzekomo Boska miłość do człowieka. A, zapomniałem dodać, że mimo tego odkrycia, a może właśnie za nie, otrzymał od Jana Pawła II kapelusz kardynalski.

Ależ ten de Chardin potrafił uwodzić nawet ścisłe umysły: to jego teoria nieustannego postępu wszechświata, hominizacji materii, Chrystusa jako punktu Omega w rozwoju ludzkości, ewolucji materii przechodzącej w ego, a potem „osiągającej punkt szczytowy w tajemniczym superego" miała wówczas wpływ nawet na pisma tak później przenikliwego krytyka współczesności jak Joseph Ratzinger. To pod wpływem francuskiego jezuity młody jeszcze Ratzinger pisał, że w Jezusie „dokonał się dalszy skok ewolucji". Tymczasem bohater „Możliwości wyspy" widzi w de Chardinie „absolutnie przygnębiającego oszołoma pierwszej klasy". Naprawdę piękne określenie. Stokroć bardziej prawdziwe niż te wszystkie pochwały niezliczonej rzeszy współczesnych specjalistów od Pana Boga. De Chardin to „oszołom pierwszej klasy", bo jest skażony „postępową myślą od czasów rewolucji, zasadzającą się na wierze, że pożądliwość jest rzeczą wybaczalną, o pomniejszym znaczeniu, niezdolną odwieść człowieka od zbawienia". Proszę, de Chardina przejrzał na wylot nie kto inny, ale właśnie współczesny agnostyk, przez lata enfant terrible postępowych kół Francji, specjalista od opisu perwersji seksualnych i znawca tego ukąszenia, które nazywa się pożądaniem. Patron soboru to w jego słowach patetyczny głupiec, mający głupkowate i naiwne pojęcie o ludzkości i przyszłości.

Autor „Poddania" nazwał rzeczy po imieniu i uchwycił cały napuszony, mętny i pseudonaukowy bełkot francuskiego jezuity. Doskonale też zrozumiał, na czym zasadzała się jego atrakcyjność. Dzięki de Chardinowi teologowie zyskiwali złudzenie, że ich wiara ma naukowe podstawy. Chrześcijaństwo przestało być tajemnicą, kaprysem historii. Stało się częścią koniecznego procesu rozwoju, końcowym etapem ewolucji prowadzącej od nieożywionej materii do istoty nadludzkiej. To, czego aspirujący do elity intelektualnej teologowie tak się wstydzili – że każe im się wierzyć posłusznie Słowu Boga, że mają mu się poddać, że mają pełnić wolę Pana – za pomocą magicznej sztuczki znalazło się w ludzkiej świadomości. Objawienie okazało się samoobjawieniem człowieka. Od tej pory znikała bariera między chrześcijaninem i ateistą, między tym, co nadprzyrodzone i naturalne, wyznawcą chrześcijaństwa i wyznawcą innych religii. Chrześcijaństwo było już tylko pewnym stopniem świadomości, wiedzą o godności i absolutnej wartości człowieczeństwa. Dość wstydu i lekceważenia. Wiara w Boga to tylko narzędzie odsłaniające potęgę człowieka. Porozumienie dziedziców rewolucji francuskiej i dziedziców religii Chrystusa okazało się możliwe. Jedna jest bowiem droga całej ludzkości, jedno miejsce przeznaczenia. Chrześcijaństwo nie opierało się już na posłuszeństwie danemu z nieba nakazowi, ale na samozrozumieniu i samorealizacji. Oczywiście nie Houellebecq pierwszy dostrzegł osobliwą pustkę tego postępowego chrystianizmu, tę koszmarną czułostkowatą naiwność, tę żałosną i bałwochwalczą służalczość wobec współczesnego człowieka, ten głupkowaty optymizm negujący grzech pierworodny i odrzucający dramat pożądania, nienasycenia, mrocznej magii erosa, ale wcześniejsza krytyka płynęła spod piór „faszystów" – kościelnych tradycjonalistów i wrogów otwarcia. Mądrzy teologowie, z których wielu potem zostało kardynałami, cmokało nad dziełami jezuickiego banalisty z zachwytu. Prawdę o tym, że król jest nagi, wykrzyczał pisarz skandalista. Teraz dopiero, sądzę, zamysł Houellebecqa staje się zrozumiały. Zwycięstwo islamu, które tak dokładnie opisuje, to jedynie odpowiedź na klęskę, na duchową katastrofę Kościoła. Chrześcijaństwo, które głosi apoteozę naturalnego człowieczeństwa, musi zejść do grobu. „»Z Chrystusem żyjesz mocniej« – tak mniej więcej brzmiał powtarzający się temat kampanii reklamowych organizowanych przez Kościół katolicki bezpośrednio przed jego zniknięciem" – podsumowuje agonię rzymskiej religii Daniel. W jej miejsce przychodzi islam.

Najnowsza książka Houellebecqa byłaby zatem pierwszą próbą naszkicowania sytuacji postchrześcijańskiej Francji. Rewolucja nihilizmu wypaliła się, Kościół, który nie potrafił się jej oprzeć, zstąpił do grobu, nadchodzi epoka islamu. Ciekawe, że tak też właściwie, moim zdaniem, zinterpretował przesłanie autora „Możliwości wyspy" Laurent Joffrin, redaktor naczelny lewicowego dziennika „Libération". Napisał: „Kiedy opadnie kurz medialnych debat, okaże się, że byliśmy świadkami historycznego wydarzenia: wprowadzenia skrajnie prawicowej ideologii do wielkiej literatury. Książka Houellebecqa to oczywiście tylko polityczna bajka, współczesna przypowieść, która w bardzo subtelny sposób gra na francuskich lękach. Niemniej to także bardzo precyzyjny, skrupulatny opis hipotetycznej, lecz niezwykle niepokojącej przyszłości, w której islam, religia prosta i atrakcyjna, dokonuje – bez użycia przemocy – podboju republikańskiego państwa". Zaskakująco inteligentny osąd rzeczy. Może tylko język Joffrina trudny jest do zniesienia, w końcu nie może się oprzeć, żeby nie napisać o „skrajnie prawicowej ideologii". Na czym ona polega? Chyba na tym, że Houellebecq dostrzegł pustkę i jałowość ideologii republikańskiej, a także rozkład posoborowego chrześcijaństwa. Pokazał, że prawdziwy podbój Zachodu nie ma charakteru militarnego, ale duchowy. Swojego sukcesu islam nie zawdzięcza jednak prostocie, lecz wyczerpaniu i zdradzie obrońców. Tak, zdradzie chrześcijaństwa, które za sprawą takich mędrców, jak de Chardin, Rahner i inni, przemieniło się z religii mówiącej o świętości i wszechmocy Boga w apoteozę człowieka.

Pod znakiem półksiężyca

Czytelnik pyta zapewne, na ile trafne mogą się okazać przewidywania Houellebecqa. Trudno powiedzieć. Z polskiego punktu widzenia wszystko wygląda dość egzotycznie. Muzułmanów jest u nas niewielu, tyle, co kot napłakał. W samej Warszawie może dwa, trzy meczety, ostatnio wybudowany, blisko centrum handlowego Blue City, przypomina raczej nowoczesny, modernistyczny szklano-plastikowy domek z klocków Lego niż centrum chwały Allaha. Większość wyznawców Proroka to do całkiem niedawna potomkowie Tatarów, którzy przed wiekami zostali osiedleni na ziemiach polskich. Nie zajmowali się nawracaniem niewiernych, z czasem stali się większymi patriotami niż niejeden katolik. Dopiero ostatnio zaczęli nad Wisłę docierać pierwsi imigranci z krajów muzułmańskich, a i to w większości traktują oni Polskę jako kraj tranzytowy, miejsce, z którego jak najszybciej należy ruszyć do bogatych państw Zachodu. Jednak nikogo nie powinno to zwieść. Polska, położona na peryferiach lub, jak kto woli, rubieżach Europy, jest za słaba, żeby sama długo opierać się potężnym prądom kulturowym. Te zaś francuski pisarz uchwycił doskonale.

Dość powiedzieć, że muzułmanie już teraz są obecni we wszystkich grupach politycznych w Parlamencie Europejskim. Mają swoich reprezentantów wśród socjaldemokratów i eurosceptyków. Ba, nie o samą obecność tu chodzi. Niektórzy odgrywają ważną, przywódczą rolę. Tak na przykład szefem grupy Europejskich Konserwatystów i Reformatorów jest brytyjski muzułmanin Syed Kamall. Powtórzę raz jeszcze: szefem ugrupowania konserwatywnego w Parlamencie Europejskim (tak, tego samego, do którego należy Prawo i Sprawiedliwość) jest muzułmanin. Poważnym kandydatem na szefa Parlamentu Europejskiego był Sajjad Karim, także brytyjski muzułmanin. Przegrał ostatecznie rywalizację z Martinem Schulzem, kandydatem europejskich socjalistów i lewicy. Wśród wielu aktywnych polityków muzułmańskich wyróżnia się Rachida Dati, jedna z dwóch muzułmanek, które były ministrami we francuskim rządzie za czasów, kiedy prezydentem był prawicowy Nicolas Sarkozy.

Francuzi, twierdzą znawcy, wprowadzili niewypowiedzianą zasadę, zgodnie z którą niezależnie od tego, czy rządzi lewica, czy prawica, obowiązują religijne parytety – dwóch ministrów w rządzie ma być wyznawcami islamu. Zabawne, że niejednokrotnie owi muzułmanie są też jedynymi wierzącymi ludźmi w rządzie; reszta to albo agnostycy, albo w najlepszym razie niepraktykujący, liberalni katolicy. Mechanizm politycznego awansu muzułmanów jest prosty i wyjaśnia go sama demografia. Chcąc wygrywać wybory, największe partie w państwach Europy Zachodniej muszą zabiegać o poparcie coraz liczniejszego muzułmańskiego elektoratu. Nic zatem dziwnego, że umieszczają muzułmanów na swoich listach i starają się także oddawać im później różne istotne stanowiska. Wyborcy muzułmańscy są bardzo zdyscyplinowani. Tak jak kilkadziesiąt lat temu politycy w państwach zachodnich musieli walczyć o życzliwość biskupów, bo to zapewniało im poparcie dobrze zorganizowanych katolickich grup wyborców, tak teraz szukają wsparcia imamów. Dobrze zorganizowana i zdyscyplinowana mniejszość ma w systemie demokratycznym nieporównywalnie większe wpływy, niżby to wynikało z samej statystyki. Liczba to nie wszystko. Nie jest przypadkiem, że muzułmaninem jest choćby burmistrz Rotterdamu i że pierwsze miejsce na liście w wyborach do Parlamentu Europejskiego w Manchesterze, jednym z najbardziej prestiżowych okręgów w Wielkiej Brytanii, tak z Partii Konserwatywnej, jak i z Partii Pracy zajęli muzułmanie. Podobnie współprzewodniczącym partii Zielonych w Niemczech jest Cem Özdemir, wyznawca religii Proroka.

Wbrew oczekiwaniom liberalnych elit społeczności muzułmańskie nie tylko że się nie sekularyzują, ale przeciwnie, w miarę upływu czasu zaczynają w nich dominować tradycjonaliści. Tak, wielu z wymienionych polityków to muzułmanie zeświecczeni, jednak wspólnoty, które za nimi stoją, wcale dekompozycji nie ulegają. Można wprawdzie zauważyć też wzrost oporu niemuzułmańskiej większości, czego najlepszym ostatnio przykładem była osławiona niemiecka partia Pegida. Na przełomie 2014 i 2015 roku udało jej się nawet osiągnąć spory sukces, w demonstracjach antyislamskich w Dreźnie wzięło udział kilkadziesiąt tysięcy Niemców. Wydawało się, że ruch będzie rósł w siłę. Komentatorzy przewidywali, że na stałe zadomowi się na niemieckiej scenie politycznej. Te rachuby jednak szybko wzięły w łeb. Bezpośrednim powodem było ujawnienie przez media zdjęć szefa Pegidy Lutza Bachmanna, który kilkanaście lat temu dał się sfotografować przebrany, a może lepiej powiedzieć: zrobiony na Hitlera. Jednak myślę, że i bez tego skandalu losy partii były przesądzone.

Tym, co spaja wspólnoty muzułmanów, jest ostatecznie religia. To ona zapewnia jednolitość i zdyscyplinowanie grupy, to ona daje wszystkim poczucie przynależności i nakłada też na wybranych polityków obowiązki. Muzułmanin wygrywa wybory i realizuje – na tyle, na ile to możliwe – politykę islamską. Dąży do ochrony pozycji swojej wspólnoty religijnej, stara się uzyskać dla niej przywileje; w polityce zagranicznej, jeśli jest europosłem, wywiera nacisk na europejskie rządy, żeby te brały pod uwagę interes Palestyny w konflikcie z Izraelem. Jest ostatecznie przedstawicielem całej muzułmańskiej społeczności i poczuwa się do lojalności wobec niej. Nie przyjdzie mu do głowy, że jego religijna tożsamość nie powinna mieć wpływu na decyzje polityczne, jakie podejmuje. Być muzułmaninem to przecież zawsze dążyć do rozszerzenia panowania islamu, do wprowadzenia praw i reguł, które tę ekspansję ułatwiają. Czasem zdarzają się od tej reguły wyjątki, jednak ogólny obraz jest właśnie taki.

Europejskie partie konserwatywne i chrześcijańskie dawno już natomiast utraciły grunt pod nogami. Zmiany w Kościele doprowadziły do dechrystianizacji i sekularyzacji zachodniej prawicy. W niektórych partiach nominalnie prawicowych pozostała jeszcze, z roku na rok słabsza, wrażliwość na konserwatywne wartości. Warto jednak przypomnieć, że wiele najbardziej szokujących, skrajnie liberalnych rozwiązań prawodawczych – eutanazja chorych dzieci, powszechna dostępność i ułatwienia aborcji, śluby homoseksualne i prawo adopcji dzieci dla par jednopłciowych – było wprowadzanych przez partie niegdyś chrześcijańskie. Przekonanie, że służyć Bogu jest tym samym, co służyć dobrobytowi ogółu i zachowaniu jedności, oraz programowe wycofanie się Kościoła z polityki sprawiły, że partie chrześcijańskie straciły rację bytu. Tak jakby ktoś jednym zręcznym posunięciem wyciągnął im spod stóp oparcie.

Ich celem nie mogła być już walka o budowanie chrześcijańskiej wspólnoty politycznej, która miałaby oddawać cześć prawdziwemu Bogu i wprowadzać ustawy chroniące prawo naturalne. Co to, to nie. Dlatego sprzeciw wobec islamu, sporadycznie nawet głośny i stanowczy, przynosi bardzo mizerne efekty. Wzrost siły muzułmanów przejawia się na wiele sposobów. Poza oddziaływaniem na politykę zyskują oni też coraz większy wpływ na debatę publiczną. Nie tylko są jej pełnoprawnymi uczestnikami, ale też decydują o tym, jakie tematy i w jaki sposób wolno poruszać. Nie znam choćby jednego ważnego polityka europejskiego, który publicznie zadałby proste pytanie, czy w tradycji islamskiej nie ma zbyt wiele tolerancji dla przemocy. Nie znam nikogo, kto chciałby wprowadzać prawa ograniczające rozwój religii Proroka. Tym bardziej nie znajdzie się żaden, który twierdziłby, że w stosunkach z różnymi religiami państwo powinno bardziej chronić Kościół i chrześcijaństwo. Niewielu śmie drażnić muzułmanów. Odwrotnie. Mnożą się głosy, które wskazują na wagę islamu dla tradycji europejskiej. Trzeciego października 2010 roku, w Dniu Jedności Niemiec, precyzyjnie wyraził to ówczesny prezydent tego kraju Christian Wulff. Powiedział: „Chrześcijaństwo jest bez wątpienia częścią Niemiec. Również judaizm stanowi bez wątpienia część Niemiec. To nasza chrześcijańsko-judaistyczna historia. Ale także islam stał się w międzyczasie częścią Niemiec". Wulff był chrześcijańskim demokratą. Tak, idę o zakład, że wkrótce nikt nie będzie widział w podobnych deklaracjach nic kontrowersyjnego. Islam jest częścią Niemiec, częścią Francji, Hiszpanii, wreszcie całej Europy. Jestem pewien, że za kilka lat, jeśli pojawi się pomysł napisania konstytucji europejskiej i przygotowania do niej preambuły, islam znajdzie w niej poczesne miejsce. Być może, jakiemuś nowemu wcieleniu Veléry'ego Giscarda d'Estaigne łatwiej będzie zgodzić się z tym, że kultura europejska wyrasta z islamu niż z chrześcijaństwa. Przesada? Idę o zakład, że tak się stanie. Europejskie elity mogą się islamu bać, jednak go szanują; chrześcijaństwem pogardzają i lekceważą je.

Widać wyraźnie, że Belloc okazał się prawdziwym prorokiem. Rzeczywiście, nastąpiło zmartwychwstanie islamu. Większość muzułmanów, umiarkowanych czy radykałów, ma tego świadomość. Wspomniany już tutaj imam Choudary przechwalał się, że ma pięcioro dzieci i że wszyscy jego znajomi mają co najmniej tyle samo, i zapowiadał, że muzułmanie rychło przewyższą liczebnością chrześcijan; w książce Petera Kreefta „Between Allah and Jesus" Isa, bohater literacki reprezentujący muzułmanów, mówi to samo, nieco tylko mniej buńczucznie. I dodaje, że wynika to z odwagi życia, z przekonania, że wielodzietność jest błogosławieństwem i nakazem Bożym. To swoista ironia losu, że w czasie kiedy muzułmanie tak chwalą wielodzietność, papież Franciszek porównał wielodzietnych katolików do królików. Nie chcę się spierać, czy Franciszek źle się wysłowił, czy też został opacznie zrozumiany. Pewne jest, że jako negatywny przykład nieodpowiedzialnego rodzicielstwa wskazał na kobietę, która ósmy raz zaszła w ciążę, mimo że poprzednie urodziny następowały wskutek cesarskiego cięcia. Zasugerował też, że odpowiedzialna rodzina ma troje dzieci. Nie mam zielonego pojęcia, o jaką kobietę chodziło i czy cokolwiek zagrażało jej zdrowiu. Może była pod dobrą opieką medyczną? Franciszek nie podał szczegółów.

Łatwo natomiast przewidzieć skutki wypowiedzi Ojca Świętego. Ci rodzice, którzy zdecydowali się na więcej niż troje dzieci, często i tak już żyjąc w środowisku nieżyczliwym, będą musieli znieść dodatkową porcję drwin i szyderstw; ci zaś, którzy być może chcieli mieć więcej niż trójkę dzieci, otrzymali czytelny sygnał, że może to być w sprzeczności z odpowiedzialnym rodzicielstwem. I to wszystko w sytuacji, w której większość rodzin chrześcijańskich ma jedno lub góra dwoje dzieci! Trudno zatem się dziwić tonowi triumfu, z jakim muzułmanie mówią o przyroście naturalnym w swoich wspólnotach. Trudno też odmówić logiki ich argumentom, że jest to dowód żywotności i siły. Nie wdają się w osobliwe rozważania na temat właściwej liczby dzieci, każde narodziny traktują jako znak Bożego błogosławieństwa.

Rezygnacja z państwa

Dla Kościoła przez wieki ziemska walka z islamem, tak jak spór z innymi wierzeniami i ideologiami, była kontynuacją zmagań o duszę człowieka; aby wyrwać dusze spod przekleństwa grzechu, trzeba było bronić cywilizacji, która zapewniała Kościołowi swobodę działania i w której obowiązywały dobre prawa. Uratować człowieka od potępienia – oto był cel, któremu miała być podporządkowana polityka. Zarówno prawo państwowe, jak i system władzy miały stwarzać warunki, w których ratowanie dusz przed zatratą było najbardziej skuteczne. Jeśli życie wieczne człowieka zależało od prawdziwego wyznania, a prawdziwe wyznanie ofiarował Kościół, to wynikał stąd oczywisty wniosek, że państwo powinno ten Kościół wspierać. Chociaż samo ono nie miało celu nadprzyrodzonego i skupiało się na zapewnieniu dobrobytu, to jego obywatele właśnie taki cel mieli. Nawet w systemie demokratycznym zatem mogli domagać się takich praw i takiego sposobu sprawowania władzy, jakie pomagałyby w zdobyciu życia wiecznego. Kościół zgodnie z takim sposobem rozumowania uznawał prawo osoby do wolności sumienia i potępiał narzucanie wiary przymusem, jednak tak samo stanowczo odrzucał twierdzenie, że wszystkie religie mają równe prawo do publicznego wyznawania i uznawania. Państwo nie mogło do wiary zmuszać, mogło jednak i powinno w jej przyjęciu i utrzymaniu pomagać. Wolność sumienia osób tak, wolność kultu publicznego nie. Tolerancja błędu religijnego tak, akceptacja prawa do błędu nie. Błąd należało tolerować, jeśliby walka z nim przyniosła większe szkody niż jego zwalczanie – dlatego nawet w państwach o katolickim charakterze mogły żyć i działać inne wspólnoty religijne. Było to podejście charakterystyczne dla wszystkich papieży epoki nowożytnej. Sprzeciwiali się oni takiemu rozumieniu wolności sumienia, z którego wynikałoby prawo człowieka do głoszenia publicznie dowolnych tez religijnych. Stanowczo zwalczali też przekonanie, że w stosunku do różnych wyznań państwo powinno zachowywać równy dystans. W XIX wieku – pisał de Mattei – nauczanie to zostało potwierdzone przez Grzegorza XVI w encyklice „Mirari vos", przez Piusa IX w encyklice „Quanta cura" i „Syllabusie", a także przez Leona XIII w encyklikach „Immortale Dei" i „Libertas prestantissimum". „Pius XII przypomniał, że »to, co nie odpowiada prawdzie i moralnemu prawu, obiektywnie nie ma żadnego prawa do istnienia ani rozpowszechniania, ani działania«". Wszyscy ci papieże odrzucali doktrynę praw człowieka, tak jak rozumieli ją ideolodzy rewolucji francuskiej. Według nich religia była kwestią prywatną; państwo nie mogło już wspierać Kościoła, nie mogło podporządkowywać się jego naukom. Człowiek miał prawo wyznawać prywatnie i publicznie dowolną religię, instytucja państwa zaś miała w stosunku do wszelkich wyznań zachowywać równy dystans. W sytuacji konfliktu wierni mieli obowiązek podporządkowywać się prawu państwowemu. Z tego punktu widzenia Kościołowi katolickiemu nie mogły przysługiwać przywileje. W oczach władz państwowych był on taką samą sektą jak choćby kwakrzy, baptyści, świadkowie Jehowy czy muzułmanie.

Podejście nowożytnych papieży, którzy musieli zmierzyć się z rewolucją liberalizmu, było, sądzę, logiczne. Pod jednym wszakże warunkiem: że Kościół prawdziwie wierzył, iż los wieczny człowieka zależy od tego, w co i jak wierzy, a miłość bliźniego nakazywała robić wszystko, by takiego człowieka ocalić przed popadnięciem w błędy. Wszystko z wyłączeniem przymusu. W żadnym wypadku, nauczali papieże i katoliccy filozofowie, nie wolno akceptować nawracania siłą. Wiara musi być przyjęta w wolności. Jednak czymś całkiem innym jest zmuszanie kogoś siłą, groźbą kar i prześladowań do nawrócenia, a czym innym akceptacja dla pełnej swobody publicznego kultu, danej każdemu bez wyjątku. To pierwsze należy potępić, to drugie oznacza sekularyzację i dechrystianizację tak społeczeństwa, jak i wspólnoty politycznej. Obojętność religijna pociąga za sobą obojętność moralną. Władze, które nie uznają Boga, nie muszą też uznawać żadnych Jego praw. Wiara w Boga potrzebuje również oparcia w zewnętrznym świecie: w rytuałach, w symbolach, w prawie, w otoczeniu szacunkiem i obronie znaków krzyża i figur świętych. W świecie musi też istnieć przestrzeń święta, wyłączona, chroniona; brak takiego miejsca, brak zakazów i obiektywnej ochrony sprawia, że Bóg najpierw zostaje wyrugowany z zewnętrznej, a potem, w konsekwencji, wewnętrznej rzeczywistości człowieka.

Kiedy jednak zbawienie staje się naturalnym przeznaczeniem każdego człowieka, kiedy jego przyszły wieczny los przestaje zależeć od treści wyznania, od przyjęcia dogmatów, cały opisany system traci rację bytu. Kościół żadnej pomocy ze strony państwa już nie potrzebuje. Człowiek zbawia się w każdej wspólnocie religijnej, do której należy. Nie ma zatem powodu, dla którego władze państwowe i prawo cywilne miałyby chronić jedną wspólnotę bardziej niż drugą. Chrystus odkupił każdego pojedynczego człowieka niezależnie od jego woli i świadomości; specjalne przywileje Kościoła tracą rację bytu. Tak samo znika obowiązek władz państwa uznawania i popierania prawdziwej religii. Po co, skoro wszyscy obywatele zmierzają do wiecznego celu niezależnie od tego, jakie są ich ziemskie przekonania i doczesna przynależność? Swoistej dechrystianizacji Kościoła odpowiada dechrystianizacja państwa.

Nic dziwnego, że pojedynek chrześcijaństwa z islamem zamienia się w coraz szybszą i bardziej dramatyczną rejteradę tego pierwszego. Ogłaszając, że wolność publicznego propagowania każdej religii jest podstawowym prawem człowieka, Kościół przyczynił się do islamizacji państw europejskich. Zamiast starej doktryny, mówiącej o tolerancji dla innych religii w obrębie państwa uznającego prawdziwość katolicyzmu, Kościół przyjął nową naukę o wolności religijnej, zgodnie z którą obowiązkiem państwa jest zapewnienie całkowitej swobody tak prywatnego wyznania, jak i kultu publicznego poszczególnym wspólnotom religijnym. Nawet wtedy, kiedy zwalczają one i podkopują chrześcijaństwo.

Od lat toczy się debata, czy owa wyrażona w „Dignitatis humanae" nauka jest nowa i stanowi zerwanie z tradycją, jak chcą tradycjonaliści, czy też da się ją z tejże przeszłości wywieść. Nie zamierzam teraz wdawać się w ten spór, chociaż ciągłości dostrzec nie potrafię. Co do jednego nie mam wątpliwości: doktryna ta, tak jak ją obecnie głosi Kościół – że wyznawanie każdej religii zarówno prywatnie, jak i publicznie jest podstawowym prawem człowieka, wyrastającym z jego godności – przyniosła chrześcijaństwu skutki katastrofalne. Przeczuwało to wielu ojców soborowych. Rękami i nogami bronili się przed uznaniem „Dignitatis humanae", słusznie przewidując, że podpis pod tym dokumentem oznacza zgodę na wyrugowanie chrześcijaństwa z przestrzeni publicznej. Roberto de Mattei zauważył, że żaden tekst przygotowywany w trakcie soboru nie zaznał tylu modyfikacji i ponownych opracowań jak ten dotyczący wolności religijnej. Jednak ostatecznie mimo zaciekłego oporu zmiany zostały wprowadzone.

Najważniejszym punktem było uznanie, że „osoba ludzka ma prawo do wolności religijnej. [...] To prawo osoby ludzkiej do wolności religijnej powinno być w taki sposób uznane w prawnym ustroju społeczeństwa, aby stanowiło prawo cywilne. [...] Wspólnoty religijne mają też prawo do tego, aby nie przeszkadzano im w publicznym nauczaniu i wyznawaniu swej wiary słowem i pismem". Mogą one czcić najwyższe bóstwo kultem publicznym, wspierać swych członków, propagować swe nauki słowem i pismem, co wynikać ma z samej godności osoby. Sobór ogłosił, że władze cywilne nie mogą przeszkadzać w tej działalności. Jedynym ograniczeniem, o jakim wspomina dokument, było to, że wspólnoty religijne powinny „przestrzegać sprawiedliwego ładu publicznego".

Wraz z przyjęciem tej deklaracji Kościół utracił prawo do ochrony przez państwo, a z władzy publicznej zdjęto obowiązek oddawania czci prawdziwemu Bogu. Wszelkie inne religie, choćby zwalczały i atakowały chrześcijaństwo, zyskiwały prawo do nieskrępowanego rozwoju. Od tej pory zgodnie z tą zasadą Kościół nie mógł się już domagać od władz cywilnych przeciwdziałania swobodnemu propagowaniu islamu. Nie mógł przeszkadzać w powstawaniu kolejnych centrów edukacyjnych ani meczetów, ani coraz wyższych minaretów. To, co dla chrześcijan w wielu krajach muzułmańskich było i jest niewyobrażalnym wręcz marzeniem – swoboda kultu, wolność sumienia – zostało na Zachodzie przyznane wszystkim muzułmanom. Twierdzenie, że istnieje prawo do praktykowania publicznie jakiegokolwiek kultu i propagowania każdego błędu, oznaczało po stronie władz cywilnych obowiązek zapewnienia, aby to prawo mogło być spełniane. Uprawnieniu jednych musi towarzyszyć obowiązek drugich. „Tradycyjne nauczanie katolickie – pisał historyk Michael Davies – jest następujące: nie może istnieć żadne rzeczywiste prawo do braku przeszkód w szerzeniu błędów. »Dignitatis humanae« naucza, że takie prawo istnieje". I wywodzi je z godności osoby ludzkiej. Jest ona tak wielka, że przysługuje człowiekowi niezależnie od treści jego przekonań i nawet czynów. Animista czy mormon, krysznaita czy muzułmanin, katolik czy świadek Jehowy – każdy ma takie samo prawo czcić Boga lub bogów po swojemu. Prawdziwy czy fałszywy, każdy kult sprawowany jest przez człowieka i wyraża ludzkie dążenie do nieskończoności. Jeśli, jak chcieli tego ojcowie soboru, państwo nie ma żadnej kompetencji w kwestiach religijnych, to też Kościół może być dla takiego państwa tylko jedną z wielu różnych sekt. Rola państwa ogranicza się do tego, żeby między reprezentantami różnych wierzeń nie dochodziło do starcia i przemocy. Władze publiczne nie miały już obowiązku czcić Boga w taki sposób, jak głosi to Kościół, chyba że tak samo będą oddawać cześć Bogu lub bogom innych tradycji. Davies słusznie zauważył, że cały impet deklaracji „skierowany jest na głoszenie neutralności państwa w kwestiach religii". Tym samym państwo utraciło faktycznie zdolność ograniczania prozelityzmu bez gwałcenia „Dignitatis humanae". „Tam, gdzie Kościół i państwo były ze sobą połączone – pisał Davies – na przykład w przedsoborowej Hiszpanii czy Kolumbii, prawo mogło nie dopuszczać do tego, aby świadkowie Jehowy uczyli »biednych i niewykształconych katolików«, że Kościół katolicki to nierządnica, »Wielki Babilon« z Apokalipsy, gdyż państwo złączone z Kościołem uznaje przewodnictwo Kościoła odnośnie do prawdy religijnej". Oczywiście po przyjęciu deklaracji państwo już nie może przeciwdziałać wzrostowi popularności tych lub innych doktryn religijnych. Z punktu widzenia państwa takiego, jak widzi je soborowa deklaracja, jest obojętne, czy jego obywatele wierzą, że Jezus jest Bogiem, czy prorokiem, czy Bóg jest Trójcą, czy Allahem, czy jest jeden, czy jest ich wielu. Każda wiara jest realizacją ludzkiej godności.

Jeśli zatem muzułmanie budują meczety i wznoszą minarety, to zgodnie z przesłaniem deklaracji nie wolno im w tym przeszkadzać. I tak nowe rozumienie zasady wolności religijnej musiało pociągnąć za sobą „relatywizm wobec innych religii, począwszy od islamu" – twierdzi de Mattei. I dalej: „Relatywizm polega na negacji przez państwo każdej formy cenzury religijnej i moralnej wobec zalewającej dechrystianizacji. Islam w imię tejże wolności religijnej próbuje budować meczety i minarety z zamiarem przewyższenia liczbowo kościołów, opuszczonych lub przemienionych na hotele czy hipermarkety". Przy tym, co ważne, muzułmanie mogą korzystać z ogromnego wsparcia ze strony bogatych krajów islamskich, choćby Arabii Saudyjskiej. Dzięki pieniądzom, które stamtąd otrzymują, mogą nie niepokojeni przez nikogo szerzyć islamską propagandę religijną, budować meczety, rozwijać wspólnoty i pozyskiwać wiernych, czyli robić w krajach nominalnie chrześcijańskich to wszystko, za co w krajach islamskich grozi kara śmierci, wygnania lub więzienia.

Drugim i oczywistym skutkiem „Dignitatis humanae" musiała być rewolucja w zachodnich systemach prawnych. Przecież neutralność państwa wobec religii musi oznaczać także jego neutralność wobec reprezentowanych przez te religie systemów moralnych i wartości. Owszem, w połowie lat 60. w większości państw Zachodu dominował chrześcijański system moralny, ale nie wynikało to z żadnej naturalnej konieczności – było skutkiem wielowiekowego wpływu Kościoła na prawodawców, na poddanych i obywateli oraz na rządy. Jeśli jednak katolicyzm stał się tylko jednym z wielu wyznań, a człowiekowi przyznano prawo do błędu w dziedzinie religijnej, to musiało to także oznaczać prawo do błędu w dziedzinie moralnej. Osobliwą rzeczą jest to, że przyjmując deklarację w jej ostatecznym kształcie, ojcowie soborowi najwyraźniej tego nie rozumieli. Jakkolwiek dziwnie by to brzmiało, ale ojcowie nie przewidzieli, że kto głosuje za prawem do błędu w dziedzinie religii, głosuje także za podważeniem moralnego porządku, który obowiązywał w większości państw zachodnich! Wprawdzie w samym tekście znajdowało się jedno zastrzeżenie, mówiące o sprawiedliwym ładzie publicznym, jednak to pojęcie ogólne, które każdy mógł rozumieć po swojemu. Sprawiedliwe okazało się to, co zostało legalnie uchwalone, a co – jak w przypadku wielu praw moralnych – pozostawało w całkowitej sprzeczności z zasadami moralnymi katolicyzmu.

Nigdzie nie pojawiło się oczywiste stwierdzenie, że z prawa do swobody kultu nie mogą korzystać ci, którzy głoszą nauki przeciwne prawu Bożemu i stałej nauce Kościoła. Tkwi w tym żelazna logika: jeśli z godności człowieka wywodzi się prawo do publicznego propagowania i sprawowania dowolnego kultu, to z godności człowieka wywodzi się takie samo prawo do propagowania i życia według przyjętych przez siebie norm moralnych. Jeśli zgodnie z tradycją muzułmańską choćby akceptuje się poligamię, to godząc się na swobodę publicznego kultu islamskiego, należy w konsekwencji przyjąć, że pewnego dnia państwo również zaakceptuje poligamię. Jeśli mówi się, że z prawa do wolności mogą korzystać także ci, „którzy nie wypełniają obowiązku szukania prawdy i trwania przy niej", to znaczy, że mogą się oni domagać uznania dla swego rozumienia moralności. Katolicy mogą propagować małżeństwa mężczyzn i kobiet, muzułmanie – małżeństwa jednego mężczyzny i czterech kobiet, aktywiści homoseksualni – mężczyzn i mężczyzn. Wygrywa ten, kto przekona większość. To proste, moralność jest pochodną systemu religijnego; jeżeli przyzna się prawo wolności propagowania tego drugiego, nawet jeśli to nihilistyczny ateizm (ludzie, którzy nie wypełniają obowiązku szukania prawdy), to również państwo i władze cywilne muszą się do tego dostosować. W ostateczności o tym, jakie jest prawo publiczne, decyduje układ sił w parlamentach, Kościół nie może się już domagać, by jego rozumienie „sprawiedliwego ładu publicznego" było uprzywilejowane. Znowu tkwi w tym nieuchronna logika. Jakim prawem Kościół miałby określać, na czym polega „sprawiedliwy ład publiczny"? Skoro z godności osoby wynika, że ma ona prawo propagować dowolną religię i publicznie sprawować dowolny kult, to tak samo ma prawo określać, czym jest i na czym polega ten ład. Przyjęcie tej zasady musiało prowadzić do faktycznego paraliżu partii politycznych reprezentujących tradycję chrześcijańską. W zderzeniu z radykalnymi ruchami lewicowymi chrześcijanie musieli się coraz bardziej wycofywać. Skoro raz przyjęli, że państwo nie ma żadnych kompetencji w dziedzinie religii, to dlaczego mieliby twierdzić, że ma ono lepsze kompetencje w dziedzinie moralności? Dlaczego uznawać, że istnieją jakiekolwiek bezwzględne i nienaruszalne normy moralne, skoro na straży tej nienaruszalności nie stoi już prawdziwy Bóg? Skoro państwo nie musi uznawać Boga, którego głosi Kościół, i być posłuszne Jego nakazom, prawo stanowione staje się igraszką różnych sił i interesów. To tylko zapis kompromisu ścierających się ze sobą sekt i grup.

Raz wprawiony w ruch proces dechrystianizacji przynosi coraz to nowe skutki: wprowadzenie i rozszerzenie prawa do aborcji, eutanazję, legalizację związków homoseksualnych i przyznanie im prawa do adopcji dzieci. Wkrótce, jestem pewien, uznanie prawne znajdą też inne formy współżycia: poliamoria, poligamia, poliandria. Można się też spodziewać uznania prawnego rodzin z wielu ojcami lub matkami jednego lub wielu dzieci. Wszystkie te decyzje prawodawców spotykają się wprawdzie z protestem Kościoła. Ba, tuż przed swoją śmiercią papież Paweł VI nawet płakał z powodu otwarcia w Rzymie kliniki aborcyjnej. Tylko co z tego wynikło? Od tego czasu liczba klinik aborcyjnych zwielokrotniła się. Płacz w niczym tu nie przeszkodził. Ci politycy, którzy przyjmowali w różnych państwach ustawy zezwalające na aborcję, nie byli po prostu zwolennikami, jak to się często mówi, „mordowania nienarodzonych". W swoim mniemaniu opowiadali się tylko za wolnością wyboru, ta zaś miała przecież wyrastać z godności człowieka.

Jak to się zatem dzieje, że owa deklaracja z głoszoną przez nią zasadą wolności religijnej uznawana jest cały czas za wydarzenie epokowe, doniosłe, wspaniałe, za coś, z czego należy być dumnym i czym się należy chwalić? „Z pewnością bowiem ograniczanie wolności religijnej osób i wspólnot nie tylko jest bolesnym doświadczeniem tychże osób i wspólnot, ale nade wszystko godzi w samą godność człowieka niezależnie od wyznawanej religii czy też światopoglądu. Godności człowieka, jego obiektywnym uprawnieniom sprzeciwia się ograniczanie wolności religijnej, jej naruszanie" – pisał w swojej programowej encyklice Jan Paweł II. Słowa te powtarzał potem wielokrotnie, przy różnych okazjach w czasie całego pontyfikatu. Tak samo zresztą robią to inni hierarchowie, w tym papież Franciszek. Jest to jednak zasada, która w ostateczności czyni Kościół praktycznie całkiem bezbronnym w starciu z agresywnym i mającym silne wsparcie finansowe islamem. Uznając, że wolność propagowania islamu (i każdej innej religii) tkwi w samej godności człowieka, nie sposób domagać się od państwa, żeby ją ograniczyło. Na jakiej mogłoby to zrobić podstawie? Godność w tym ujęciu jest przecież źródłem prawa do wolności; nie obiektywna prawda, ale godność jest tym, co najważniejsze. Wolność nie może być zatem ograniczana przez prawdę, bo przeczyłoby to rzekomo godności.

Nie mam wątpliwości, że w tej sprawie nieporównanie większą trzeźwością wykazali się przeciwnicy deklaracji. Dobitnie brzmiał głos kardynała Ernesta Ruffiniego, który podkreślił – cytuję znowu książkę de Matteiego – więź między wolnością a prawdą, mówiąc, że prawdziwa religia może być tylko jedna i tylko ona, z prawa, posiada wolność. Podobnie słusznie argumentował ówczesny sekretarz Świętego Oficjum kardynał Ottaviani, który zauważył, że w tekście deklaracji „brakowało bezpośredniego i uroczystego stwierdzenia pierwszego i autentycznego prawa wolności religijnej, które należy obiektywnie do tych, którzy są członkami prawdziwej religii objawionej". Z tego prawa wynikał obowiązek władz państwowych zapewnienia „pełnej wolności działania według doktryny katolickiej". Kardynał Ottaviani zauważył, że gdyby uznać, że władze państwowe nie mają żadnej zdolności rozpoznawania prawdy religijnej, oznaczałoby to konieczność pożegnania się z konkordatami. Faktycznie, z częścią później się pożegnano, część całkowicie zmieniono, wszędzie zniknęła uprzywilejowana pozycja religii katolickiej, jaką ustanowił choćby traktat laterański, podpisany między Stolicą Apostolską a Włochami 11 lutego 1929 roku, który stwierdzał, że „religia katolicka, apostolska, rzymska jest religią państwową i co więcej, jedyną". Naprawdę wielu ojców doskonale widziało, jakie muszą być skutki nowej doktryny. Kardynał Siri, arcybiskup Genui, dowodził, że choć człowiek może czynić zło, to Bóg mu na to nie zezwala, a jedynie to toleruje. „Jeśli broniąc wolności, pogardzimy prawem, niewątpliwie wyłoni się zło zarówno teoretyczne, jak i praktyczne [...]". A opinia kardynała Benjamína de Arriba y Castro, arcybiskupa Tarragony, rzecznika Episkopatu Hiszpanii, brzmiała wręcz jak proroctwo: „[...] tylko Kościół katolicki ma prawo i obowiązek głosić Ewangelię. Zatem prozelityzm niekatolików pośród katolików jest niegodny i na tyle, na ile pozwala na to dobro wspólne, winien być zabroniony nie tylko przez Kościół, ale również przez państwo. Niech się wystrzega Przenajświętszy Sobór Watykański II deklarowania ruiny katolickiej w nacjach, w których praktycznie ta religia jest jedyną. Albowiem po tym, jak zaczęto na ten temat rozprawiać zarówno w mowie, jak i w piśmie, wielu, szczególnie spośród niekompetentnych, twierdzi, że »wynika z tego, że wszystkie religie są sobie równe«. I mało brakuje, żeby podsumowali: »więc żadna religia nie jest ważna«". Tak właśnie się stało. Mimo tych głosów rozsądku ostatecznie dokument został przeforsowany w wersji praktycznie niezmienionej. Dzięki uporowi i stanowczości Pawła VI deklaracja wyznaczyła na nowo stosunek Kościoła do państwa. Od tej pory przestało być ono sojusznikiem, stało się co najwyżej neutralnym obserwatorem, częściej jeszcze przeciwnikiem.

Prawda obroni się sama

Katoliccy progresiści szczególnie zachwycali się jedną zasadą sformułowaną w deklaracji. „Prawda nie inaczej się narzuca, jak tylko siłą całej prawdy, która wnika w umysły jednocześnie łagodnie i silnie". W twierdzeniu tym może chodzić o to, że w przypadku spotkania umysłu i prawdy umysł przyjmuje prawdę ze względu na jej wewnętrzną wartość. Może jednak być interpretowane inaczej, jako wezwanie do rezygnacji z używania wszelkich środków zewnętrznych wobec prawdy – władzy i prawa – dla jej wspierania w społeczeństwie. O jaki rodzaj „narzucania się" tu chodzi? Co to znaczy, że prawda narzuca się siłą samej prawdy? Otóż jakkolwiek by na to patrzeć, w sensie historycznym prawda nigdy nie narzucała się sama, zawsze potrzebowała kogoś, kto ją przekaże, kogoś, kto o niej zaświadczy, kogoś, kto jej dowiedzie, obroni ją, przekona do niej. Nie jest chyba przypadkiem, że większość narodów chrześcijańskich dotarła do prawdy religijnej nie dlatego, że ta sama przyszła, ale dlatego, że znaleźli się ludzie, którzy ją tym narodom wpoili. Czym, u licha, zajmował się święty Wojciech, jak nie namawianiem Bolesława Chrobrego, żeby ten pilnował wiary swoich poddanych, żeby pozbywał się świątyń pogańskich, żeby wspierał nowo nawróconych? Skąd się brały surowe kary za przekroczenie praw Dekalogu? Czy inaczej postępował święty Stefan, król Węgier? Lub kilka wieków później Władysław Jagiełło z Litwinami? A czym zajmowali się przez wieki różni jezuici, od samego świętego Ignacego Loyoli zaczynając, jeśli nie zdobyciem wpływu na władców i na elity poszczególnych państw, aby w ten sposób nakłonić całe narody do wiary? Prawda potrzebuje siły i autorytetu, potrzebuje poświadczenia i uwiarygodnienia w świecie skażonym grzechem. Jedyne prawdy, które narzucają się człowiekowi same z siebie, to nie prawdy Objawienia, ale pierwsze, najbardziej ogólne prawdy matematyczne, metafizyczne i moralne. Jednak wszystko to, co należy do chrześcijaństwa – wiara, że Jezus czynił cuda, że umarł i zmartwychwstał, że zginął na krzyżu za nasze grzechy, że wierzyć w to jest obowiązkiem wobec Boga – nigdy samo z siebie sumieniu się ot tak, po prostu nie narzuciło. Zawsze było treścią przekazywaną przez drugiego, było ze słyszenia.

Twierdzić, że prawda sama zdobywa sumienie, to kompletnie abstrahować od obecnego stanu ludzkiej natury, od prawdziwej ludzkiej kondycji. Przede wszystkim zaś w tym konkretnym dokumencie oznaczało to rezygnować z siły i polityki. Tylko że rezygnacja z siły i odrzucenie rywalizacji nie oznaczają w żadnym razie zwycięstwa prawdy. Świat jest tak urządzony, że prawda, jeśli się jej nie chroni, wcale się sama sumieniu nie narzuca, tylko ucieka, ginie, sumienie zaś wyrodnieje. Gdyby Kościół miał dość siły politycznej i mógł wpływać na skład parlamentów, to przecież nigdy nie przeszłyby prawa pozwalające zabijać nienarodzone dzieci. Jakoś nie zauważyłem, żeby w ciągu ostatnich pięćdziesięciu lat, od kiedy uznano tę doktrynę, sumienia prawodawców zostały poruszone czy to myślą o niewinnych, zabijanych dzieciach, które wydawano na śmierć w łonie matek, czy to o niewinnych chorych, których pozwalano pozbawiać życia; tak samo nie zauważyłem, żeby sumieniu narzuciła się prawda o naturalnym charakterze związku mężczyzny i kobiety. Nic nie wskazuje na to, żeby sumieniom Europejczyków sama narzucała się akurat prawda wiary chrześcijańskiej, a nie islamskiej. Cała historia, całe ludzkie doświadczenie uczy czegoś przeciwnego. Ludzkie sumienie samo w sobie jest zbyt słabe i skażone, żeby prawda mogła mu się po prostu sama z siebie narzucić; nieustannie potrzebuje wsparcia, pomocy, podpory. Prawda, żeby została przyjęta, musi mieć za sobą moc. Musi mieć kogoś, kto ją przekaże i kto zadba o warunki, w których będzie można ją przyjąć. Gdzie bowiem łatwiej sumieniu przyjąć prawdę? W systemie prawnym, w którym dzieci od małości uczy się, że płeć jest kwestią wyboru, zapoznaje się z technikami współżycia seksualnego, trzebi wstyd i niszczy intymność, czy przeciwnie, w systemie prawnym, w którym władza publiczna sprzeciwia się tego typu naukom? Nie, prawda nie narzuca się sama. O ile nie przychodzi z mocą i nie ma kogoś, kto by ją przekazał i obronił, pozostaje bez znaczenia.

Niedawno obejrzałem trzecią część amerykańskiego serialu „Homeland". Jeden z bohaterów, były amerykański żołnierz marines, jest podejrzewany o zorganizowanie zamachu na siedzibę CIA. Musi się ukrywać i trafia do Wenezueli. Ranny w trakcie ucieczki, przechodzi skomplikowaną operację, po długim śnie wraca do życia. Otwiera oczy, odzyskuje świadomość i słyszy... wołanie muezzina zanoszone z samego centrum wielkiego południowoamerykańskiego miasta, gdzie jeszcze całkiem niedawno słychać byłoby tylko dzwony. Tak mnie to zaskoczyło, że przez chwilę sądziłem, że coś pokręciłem. Czy reżyser nie przeniósł akcji nagle do Egiptu, Tunezji, Pakistanu? A potem pomyślałem, że właściwie nie ma powodu się dziwić. Taki los czeka też Warszawę, Gdańsk czy Kraków. Może jeszcze nie tak szybko, może potrzeba więcej czasu. Jednak kiedy się to stanie i zaczną pojawiać się słuszne głosy sprzeciwu, nie będzie wśród nich biskupów i ludzi Kościoła.

Przeciwnie, powołując się na godność człowieka i wolność religijną, będą przekonywać, że muzułmanie mają prawo wznieść minaret w Warszawie. A może, tak jak we Francji czy Niemczech, sami zaproponują przekazanie im jednego z kościołów, żeby w ten sposób pokazać, że muzułmanie są naszymi braćmi, a godność człowieka jest wartością absolutną? Jeśli polscy hierarchowie byli w stanie wprowadzić Dzień Islamu w Kościele, to na pewno nie zabraknie im inwencji, kiedy tylko trzeba będzie poprzeć projekt budowy minaretu. Swoją drogą, Dzień Islamu to, zdaje się, wciąż tylko polski pomysł. Nie tak dawno czytałem wywiad z jednym księdzem – nie byle jakim, ale redaktorem ważnego katolickiego pisma – który opowiadał, jak bardzo Polacy powinni być z tego dumni, bo jako pierwsi katolicy na świecie, i jedyni do tej pory, zdobyli się na wprowadzenie takiego dnia pamięci o bratniej religii Proroka. Wciąż jest dużo do roboty, jeśli chodzi o dialog międzyreligijny – dodawał – ale dzięki Dniowi Islamu Polska jest w awangardzie. Brr, ładna mi awangarda.

Dzień Islamu brzmi trochę, nie mogę pozbyć się takich skojarzeń, jak Dzień Dziecka czy Dzień Kobiet. Czyli święto, kiedy docenia się dzieci lub kobiety. Tym pierwszym kupuje się prezenty, zabawki, cukierki, tym drugim raczej kwiaty. No, rozumiem, że muzułmanom nie daje się kwiatów i prezentów, za to się ich chwali. Na pewno się przed nimi nie przestrzega, na pewno nie przypomina się o tych chlubnych i wspaniałych chwilach, kiedy to udało się uratować przed nimi Zachód. Księża zapoznają wiernych z lukrowaną wizją islamu pokojowego i zapewniają muzułmanów, że uznając ich godność, będą walczyć o to, żeby mogli korzystać z prawa do wolności i sprawowania kultu; ci kiwają głowami i z uśmiechem przyjmują takie deklaracje. Opowiadają, że spotykają się w Polsce wciąż z niezrozumieniem i podejrzliwością, ale wszystko jest na dobrej drodze, bo oni przecież również uznają wolność wyznania. Przynajmniej na razie, dopóki jest ich tylu, ilu jest. A to, że w Arabii Saudyjskiej nie wolno nawet mieć Biblii? O, to tak daleko od Polski, przecież nie mogą za to ponosić odpowiedzialności. A to, że w Pakistanie jakąś kobietę spalono żywcem, bo przyjęła chrześcijaństwo? No, widać nie wszyscy muzułmanie przyjęli szlachetną naukę o godności człowieka, to są jednak tylko jednostkowe przypadki. I tak trwa ten dialog głuchych.

Ucieczka z Bliskiego Wschodu

W trakcie obrad soboru zwolennicy dokumentu „Nostra aetate" twierdzili, że jego przyjęcie polepszy i ułatwi życie chrześcijan tam, gdzie jest ono najtrudniejsze, wśród większości muzułmanów na Bliskim Wschodzie. Nie ma dziś wątpliwości, że takie rachuby okazały się całkiem chybione. Ostatnie lata stały się, przeciwnie, jednym z najtragiczniejszych okresów w życiu wspólnoty chrześcijańskiej na Bliskim Wschodzie. Można spokojnie stwierdzić, że wbrew nadziejom ani soborowe teksty, ani nieustanne wyrażanie przez papieży szacunku wobec islamu w żaden pozytywny sposób nie wpłynęły na nastawienie ogółu muzułmańskiej ludności do chrześcijan. Nie mogąc dosięgnąć Amerykanów, których obwiniają za prowadzenie nowej antyislamskiej krucjaty, radykalni muzułmanie wyżywają się na Bogu ducha winnych bliskowschodnich wyznawcach Chrystusa.

Jeśli jest słowo, które najczęściej pojawia się na ustach chrześcijan Bliskiego Wschodu, kiedy opisują oni swoje doświadczenia ostatnich lat, to jest to „piekło". „Po raz pierwszy od półtora tysiąca lat w Mosulu nie słychać bicia dzwonów kościelnych. Ta olbrzymia metropolia została zamieniona w piekło na ziemi" – to wypowiedź jednego z chrześcijańskich uchodźców z tego irackiego miasta, cytowana przez tygodnik „Do Rzeczy". Trudno się dziwić. W lipcu 2014 roku samozwańczy kalif Państwa Islamskiego Abu Bakr al-Baghdadi dał miejscowym chrześcijanom następujący wybór: przejście na islam, zapłacenie dżizji (specjalnego podatku dla niewiernych, dhimmi, którego uiszczenie miało gwarantować bezpieczeństwo) lub „miecz". Jak pisał reporter tygodnika Piotr Włoczyk, szybko okazało się, że opłacenie podatku ochrony nie zapewnia, i większość chrześcijan zdecydowała się na ucieczkę. Uchodźca, który z obawy o swoje życie nie zgodził się podać prawdziwego imienia i nazwiska, mówił dziennikarzowi, że po zdobyciu Mosulu przez siły islamskie jego dom, tak jak i pozostałych chrześcijan, został naznaczony arabską literą „n", oznaczającą „nazarejczyków". Można na to patrzeć jako na przejaw barbarzyństwa, a można widzieć w tym powrót do muzułmańskiej tradycji. Jeszcze dziesięć lat temu chrześcijanie stanowili znaczącą, kilkudziesięciotysięczną mniejszość w dwumilionowym Mosulu. Dziś nie został tam żaden wyznawca Chrystusa. Nad miejskimi kościołami powiewają czarne flagi islamistów, niektóre przekształcono w miejskie noclegownie. Można powiedzieć, że Mosul to przypadek ekstremalny, tak jak ekstremalnym przypadkiem jest w ogóle całe Państwo Islamskie. Ścinanie głów niewiernych i zamieszczanie relacji w Internecie, publiczne egzekucje homoseksualistów, których zrzuca się z dachów najwyższych domów w mieście, to praktyki nieznane nawet najbardziej konserwatywnym państwom islamu. Wszakże nie znaczy to, że gdziekolwiek na Bliskim Wschodzie, może z wyjątkiem Izraela, chrześcijanie mogą się czuć bezpiecznie.

Podobnie wygląda sytuacja w innych miastach Iraku. Według relacji brytyjskiej BBC Yousif Thomas Mirkis, chaldejski arcybiskup północnego miasta Kirkuk, miał powiedzieć, że całe chrześcijaństwo w Iraku dotknęła katastrofa. „Dziesiątki tysięcy przerażonych ludzi ucieka, gdzie ich nogi zaniosą" – mówił. Według naocznych świadków, na których powołuje się BBC, w północnoirackim mieście Kara Kusz bojownicy islamscy zrzucali krzyże z kościołów i palili religijne księgi chrześcijańskie. W ciągu ostatnich jedenastu lat, od czasu inwazji amerykańskiej na Irak, z liczącej półtora miliona wspólnoty chrześcijan pozostało na miejscu około 350 tysięcy. Ponad milion salwowało się ucieczką. Doniesienia z innych krajów potwierdzają, że w XXI wieku chrześcijaństwo najprawdopodobniej całkiem zniknie z terenów, gdzie się narodziło i przetrwało aż do XX wieku.

Jak tragiczny jest los chrześcijan w tym regionie świata, pokazuje inny jeszcze przykład. We wrześniu 2014 roku w Ammanie w Jordanii doszło na zaproszenie króla Abdullaha II do spotkania najważniejszych przywódców chrześcijańskich na całym Bliskim Wschodzie. Jednak nawet tam nie udało się dotrzeć dwóm arabskim hierarchom z Aleppo: Mar Gregoriosowi Yohannie Ibrahimowi, biskupowi wspólnoty syryjskiej, i metropolicie Boulosowi Yazigiemu, jego greckiemu odpowiednikowi. Obaj zostali uprowadzeni przez niezidentyfikowanych napastników w drodze między Aleppo a Antiochią jeszcze w kwietniu. Ich los jest nieznany. Syria i Irak to miejsca, gdzie przez stulecia żyły wspólnoty chrześcijańskie. Aż do całkiem niedawna. Aż do czasu, kiedy z jednej strony wkroczenie aliantów do Iraku, z drugiej ostatnio załamanie reżimu Baszara Al-Asada sprawiło, że chrześcijanie utracili ochronę państwową i zostali wydani na łup miejscowych radykałów. Teraz w obu tych państwach porwania, morderstwa i gwałty na chrześcijanach są na porządku dziennym. Jezuicki misjonarz Paolo Dall'Oglio został porwany w lipcu i zapewne stracony w północnosyryjskim mieście Ar-Rakka, będącym twierdzą Al-Kaidy. Co istotne, jezuita wyruszył do Ar-Rakki, żeby wynegocjować uwolnienie innych chrześcijańskich zakładników. Wierzył – jak widać, na próżno – w to, że jako krytykowi rządów Al-Asada, nie stanie mu się nic złego. W czerwcu został zamordowany franciszkański ksiądz François Murad. Stało się to w klasztorze w Ghassaniyeh, sprawcami byli członkowie syryjskiej grupy dżihadystycznej Front al-Nusra. Wbrew pierwszym doniesieniom franciszkaninowi nie ucięto głowy kuchennym nożem, lecz zastrzelono go.

Opowieści o tym, czego doświadczają na Bliskim Wschodzie chrześcijanie, zawsze brzmią podobnie. Wraz z osłabnięciem władzy wcześniejszych reżimów, w Iraku Saddama Husajna, w Syrii Baszara Al-Asada, w Libii Mu'ammara Al-Kaddafiego, mniejszości religijne straciły wszelką realną ochronę. Arabska wiosna w Egipcie, Jemenie, Tunezji i innych krajach muzułmańskich, tak chwalona i wspierana przez zachodnią opinię publiczną, przyniosła wzrost wrogości wobec chrześcijan. Dotyczy to praktycznie wszystkich państw regionu. W Libanie chrześcijanie (głównie maronici) byli niegdyś większością, teraz to 35 proc. populacji. W południowosyryjskim mieście Katana jeszcze niedawno cały rynek oświetlały bożonarodzeniowe światełka; dziś islamiści wygnali chrześcijan, a światełka zniszczyli. Nie chcieli już tolerować żadnych przejawów publicznej obecności chrześcijan w ich mieście. Jeszcze niedawno w Egipcie Koptowie stanowili dziesięć procent 80-milionowej populacji. Jednak po zwycięstwie Muhammada Mursiego, kandydata Bractwa Muzułmańskiego w wyborach prezydenckich, a jeszcze bardziej po jego obaleniu przez wojskowych los Koptów gwałtownie się pogorszył. Napaści na kościoły, podpalenia, skrytobójstwa to ich los powszedni. W kwietniu 2013 roku media szeroko informowały o napaści na katedrę koptyjską w Kairze podczas pogrzebu kilku chrześcijan, którzy stracili życie w zamieszkach. Na ulicach doszło do regularnej bitwy. W lutym 2015 roku oczy świata na chwilę skupiły się na filmie pokazującym śmierć 21 porwanych Koptów – wszystkim poderżnięto gardła. Nic dziwnego, że w ciągu ostatnich dwóch lat dziesiątki, może nawet setki tysięcy opuściły swoją ojczyznę. Fala uchodźców z każdym miesiącem jest większa.

Przygnębiająca jest też niemoc instytucji kościelnych. Aktywność papieży sprowadza się praktycznie do nieustannie powtarzanych wezwań do dialogu, ewentualnie do udzielania pociechy mordowanym lub prześladowanym chrześcijanom. W 2011 roku Benedykt XVI wydał specjalny dokument, „Ecclesia in Medio Oriente", którego głównym przesłaniem było wezwanie chrześcijan różnych wyznań do utworzenia jednolitego frontu i zaangażowania „w budowę demokracji". To się nazywa roztropność. Demokracja to ostatnia rzecz, jakiej potrzebują chrześcijanie na Bliskim Wschodzie. Wezwanie ich do zaangażowania w budowę demokracji to wezwanie, żeby położyli głowy pod topór. No, może nie pod topór, ale pod nóż kuchenny czy pod lufę pistoletu. Jeśli chrześcijanie czegoś potrzebują, to nie demokracji, tylko stabilnej władzy, która będzie potrafiła kontrolować islamistów. Nic dziwnego zresztą, że doskonale to zrozumiał inny duchowny, patriarcha Kościoła koptyjskiego Tawadros II, który pojawił się w telewizji wraz z generałem Abd al-Fattahem as-Sisim 3 lipca 2013 roku, kiedy to wojsko ogłosiło usunięcie ze stanowiska prezydenta Mursiego i wprowadzenie stanu wyjątkowego.

Dla bliskowschodnich chrześcijan rządy ludu oznaczają śmierć. To, że papież zachęca ich w oficjalnym piśmie do tego aktu zbiorowego samobójstwa, pokazuje jedynie, że obecna polityka Watykanu służy utopijnym prawom człowieka i wolności religijnej, a nie obronie wspólnot chrześcijańskich, lub raczej ich pozostałości, na Bliskim Wschodzie. Otóż inaczej niż papieże, którzy bronili chrześcijan przed muzułmańską agresją we wcześniejszych wiekach, ich współcześni następcy nie są w stanie dopuścić myśli, że ogół muzułmanów nie chce toczyć dialogu. Nie rozumieją, że ciągłe nawoływanie do dialogu uznawane jest za przejaw słabości i stanowi zachętę do tym bardziej zuchwałych i morderczych działań przeciw chrześcijanom. Tak samo nie rozumieją, że duże wspólnoty chrześcijańskie mogą się utrzymać w muzułmańskim otoczeniu tylko w systemie autorytarnym. Tylko władza niezależna od mas muzułmańskich może zapewnić chrześcijanom przeżycie. Jakkolwiek by to strasznie brzmiało, trzeba powiedzieć wyraźnie, że to pod rządami takich satrapów i dyktatorów, jak Husni

Mubarak, Saddam Husajn czy Baszar Al-Asad, chrześcijanie mogli być bezpieczni. W oczach fanatycznych tłumów są oni przecież reprezentantami znienawidzonego Zachodu, który podbija państwa islamskie. To tylko dhimmi, należy ich zatem upokarzać, prześladować, zniewalać i szykanować.

Od kiedy jednak papieże ogłosili, że znają Koran lepiej niż zwykli muzułmanie, i od kiedy z uporem utrzymują, że jest to księga pokoju i miłości, nie mogą już bronić wspólnot chrześcijańskich przed muzułmanami, bo... muzułmanie nie są groźni. Dziś watykańska dyplomacja jest całkiem bezradna. Może apelować do sumień światowych przywódców, ale ci mają ważniejsze rzeczy na głowie niż los chrześcijan. Nawet słuszne i sensowne przestrogi papieża, kiedy to Jan Paweł II ostrzegał prezydenta USA przed atakiem na Irak, puszczane są mimo uszu. Papież może zwracać się do samych muzułmanów, tyle że ci w ogóle nie chcą go słuchać. W dialogu z katolikami uczestniczą muzułmanie z Zachodu, którzy w ten sposób bronią interesów swych wspólnot. To swoisty paradoks, że pierwszymi ofiarami islamistów często padali ci księża i zakonnicy, którzy byli największymi krytykami reżimów i zwolennikami rozmów z muzułmanami. Nie rozumieli, że atakując dyktatorów i broniąc praw ludu, podcinają gałąź, na której siedzą, bo władza, przeciw której występowali, była gwarantem życia ich wspólnot. Kiedy tylko została nadwyrężona lub obalona, stanęli oko w oko z ludem. Najczęściej spotkanie to kończyło się dla nich tragicznie. Albo ścinano im głowy, albo podrzynano gardła, albo po prostu rozstrzeliwano. Wielu z nich, co naprawdę tragiczne, stało się ofiarami utopizmu, który konsekwentnie głosili.

Nie mogli przecież przyjąć, że z punktu widzenia dobra ich własnych wspólnot bezwzględny reżim, który gwałci prawa człowieka i nie cofa się przed przemocą, w warunkach kulturowych, w jakich przyszło im funkcjonować, jest mimo wszystko lepszy niż rzekomo demokratyczna władza ludu. Nauczeni, że źródłem wolności jest niezbywalna godność każdego człowieka, ślepo zaufali ideałom zachodnim. Wierzyli, że upadek krwawych reżimów przyniesie wyzwolenie. Musieli się srodze zawieść. Straszne musiały być te ostatnie chwile, kiedy to owi jezuici, dominikanie czy franciszkanie, przekonani, że Koran zakazuje przemocy, a godność człowieka jest niezbywalna, szli na stracenie z rąk katów, którzy w imię Koranu, depcząc godność, zadawali im okrutną śmierć.

CZĘŚĆ DRUGA

Jezus i Mahomet – historia i pamięć

Znaki proroka

Kim był Mahomet? Fałszywym prorokiem zwiedzionym przez szatana? Człowiekiem, który niebacznie dał się uwieść swoim wizjom i wziął je za głos Nieba? Czy przeciwnie, posłańcem z góry, który przyszedł, aby nauczać pełnej prawdy, wypaczonej przez chrześcijan i Żydów?

Nie ulega wątpliwości, że Koran w znaczących punktach przeciwstawia się Nowemu Testamentowi. Podstawowe zatem pytanie, jakie trzeba zadać każdemu, kto mieni się być posłańcem Niebios, brzmi: kto dał mu władzę głoszenia nowej nauki i kto może o nim zaświadczyć? Pośrednio można też sprawdzać autentyczność posłania, badając jego treść. Czy to, co przepowiada prorok, zgadza się z wewnętrznym głosem prawdy, jakim jest dla każdego człowieka sumienie? Czy odpowiada to poznaniu, jakie można zdobyć w naturalny sposób? Takie pytania stokroć łatwiej postawić, niż na nie odpowiedzieć. Wskutek grzechu, tego pierwotnego i nieusuwalnego zaciemnienia woli i rozumu, bardzo trudno jest oddzielić to, co mówi sumienie, od tego, co dodaje pożądliwość. Można zdobyć ogólne poznanie – to, że należy czynić dobro, a nie zło, i że należy słuchać się Boga – jednak trudno w oparciu o nie wyrokować w kwestii prawdziwości danej religii. Kto jednak wierzy, że Objawienie zostało dane w historii, że Bóg odezwał się do Abrahama i że przemawiał do Mojżesza i Izraela – jak przyjmują chrześcijanie, Żydzi i muzułmanie – może szukać dla nowych słów Boga wcześniejszych przepowiedni. Musi istnieć ciągłość i spójność Objawienia. Nawet jeśli zakłada się jego rozwój, jeśli można przyjąć, że ten sam Bóg daje się w historii pełniej i lepiej poznawać, to przecież nie może On sobie przeczyć. Dlatego tak ważne jest pytanie o dziedzictwo, o to, czy nowy prorok może wiarygodnie powołać się na uprzednie zapowiedzi.

Od początku Żydzi i chrześcijanie spierali się zresztą o to, czy Jezus był tym Mesjaszem, na którego oczekiwał Izrael. Obie strony sporu zgadzały się, że Pisma przepowiedziały pojawienie się Wybawiciela i że ten, gdyby się pojawił, stałby się przywódcą i głosem Boga na ziemi. Jednak, mówiła większość Żydów, Jezus, miast walczyć, uzdrawiał, miast wygnać pogan, okazywał im wyrozumiałość, miast ustanowić królestwo Dawida, dał się przybić do krzyża. Nie mógł być zatem, mniemali, tym, który miał przyjść. Mieli prawo spodziewać się, że będzie on nawiązywał do dziedzictwa królów z rodu Dawida i dokonywać czynów godnych, a zapewne przewyższających nawet dokonania samego Mojżesza. Pierwszym i niepodważalnym świadectwem, że takie było powszechne oczekiwanie Żydów w tamtej epoce, był sam wybuch wojny z Rzymianami. Jak pisał jej kronikarz i historyk Józef Flawiusz, do wybuchu konfliktu walnie przyczyniło się podanie, zgodnie z którym na Wschodzie miał się pojawić władca świata. Żydzi sądzili, że jest to zapowiedź przyjścia Mesjasza. Kiedy zatem najpierw zabili w Jerozolimie żołnierzy rzymskiego garnizonu, a następnie rozbili legiony Gajusza Cestiusza Gallusa, byli już pewni, że Zbawiciel jest wśród nich. Flawiusz, pisząc już po klęsce powstania, wiedział, że się pomylili. On sam powiązał starodawne podanie z rzymskim wodzem Wespazjanem. Wszyscy jednak, tak powstańcy żydowscy, jak i Józef Flawiusz, tak faryzeusze, jak i zeloci, tak pierwsi żydowscy chrześcijanie, jak i ich przeciwnicy, wierzyli, że Pisma nie kłamią i że władca świata pojawi się na Wschodzie. Dla chrześcijan owym władcą, Synem Bożym był Galilejczyk. Byli pewni, że to, co tak odstręczało Żydów – haniebna śmierć na krzyżu – zostało wcześniej przepowiedziane w pieśniach Izajasza o cierpiącym Słudze, w pismach Zachariasza o łagodnym królu przybywającym na oślęciu, w innych wreszcie proroctwach. Byli naocznymi świadkami wielkich czynów i niezwykłych znaków Jezusa i widzieli w nich wypełnienie obietnicy. Gdyby prorok Izajasz nie opisał losu pokornego jak baranek tajemniczego Sługi, gdyby w Psalmach nie śpiewano o tajemniczym człowieku, którego ręce i nogi zostały przebite, uczniowie, bez wyjątku Żydzi, nie uwierzyliby, że Jezus był tym, na którego wyczekiwali. Chrystus był przepowiedziany i miał świadków.

Jeśli zatem Mahomet przekazał prawdziwe, pochodzące z Niebios posłanie, to powinno to zostać wcześniej przepowiedziane w pismach, które sam uznawał za natchnione – w Starym i Nowym Testamencie. Drugim sprawdzianem wiarygodności posłania Mahometa powinna być obecność świadków, którzy widzieliby jego rozmowy z aniołem. Innym kryterium autentyczności może być sama treść Koranu, która, jak wierzył, została mu przekazana przez archanioła Gabriela. Problem polega na tym, że nic się tu nie zgadza. Żydzi oczekiwali na Mesjasza, wybawiciela Izraela. Odrzucili Jezusa, bo miast przynieść wyzwolenie polityczne i pokonać pogan, przyniósł wolność od grzechu. Chrześcijanie głosili, że Jego śmierć na krzyżu była ofiarą za lud, Żydzi wierzyli, że żadnej takiej ofiary nie potrzebują, sama przynależność do Izraela i udział w kulcie świątynnym wystarczają. Jednak pierwsi chrześcijanie, bez wyjątku Żydzi, mogli bronić swej wiary, bo Jezus był Żydem z rodu króla Dawida, a wiele starożytnych pism, uznawanych przez wszystkich, mogło wskazywać na Niego. Jednak żadne pisma Biblii nie mówiły nic o obcym proroku, wywodzącym się z ludu Izmaela, który miast uwolnić Izrael, po prostu go podbije. Wielkim znakom i cudom Jezusa przypatrywali się zarówno Jego uczniowie, jak i wrogowie. Ci pierwsi widzieli w nich dowód życzliwości Nieba, ci drudzy demonów. Jedni i drudzy byli jednak pewni, że Nazarejczyk ma moc daną z wysoka, że Jego władza nie pochodzi od człowieka. Nie negowali, że widzą nadzwyczajne czyny, spierali się o to, na co one wskazują. W przypadku Mahometa brak jakichkolwiek naocznych świadectw czy to jego rozmów z aniołem, czy innych czynów ponadludzkich. Tak Jezus, jak i współcześni mu rabini zgadzali się co do tego, że miłość Boga to pierwsze, miłość zaś bliźniego to drugie największe przykazanie. O ile jednak pisma żydowskie widziały w bliźnim przede wszystkim Izraelitę, Jezus wskazywał, że bliźnim jest każdy człowiek, niezależnie od swojej wiary i pochodzenia, nawet znienawidzony Samarytanin. W Koranie wszakże mówi się nie o miłości Boga, lecz o całkowitym posłuszeństwie, tak samo nie sposób znaleźć takiego rozumienia miłości bliźniego, jakie oferuje Stary Testament, nie wspominając już w ogóle o Nowym. Ta zmiana wymaga uzasadnienia, przepowiedzenia i potwierdzenia.

Na początku XIX wieku niejaki Joseph Smith, nim zginął, ubiegając się o stanowisko prezydenta Stanów Zjednoczonych, ogłosił, że ukazał mu się tajemniczy prorok Moroni, który objawił, że na górze Cumorach odnajdzie złote płyty z wyrytymi na nich zapisami starożytnych mieszkańców Ameryki w reformowanym języku egipskim. Płyty miały zawierać pełnię ewangelii Jezusa Chrystusa. Smith spełnił wezwanie proroka Moroniego, wyruszył na górę, odnalazł tajemniczy tekst, przetłumaczył go i opublikował w 1830 roku. Księga otrzymała nazwę „Księga Mormona" po Mormonie, starożytnym proroku, który zebrał zapisy. Tego samego roku Smith założył wraz z ludźmi, którzy mu uwierzyli, Kościół Chrystusa, nazwany później Kościołem Jezusa Chrystusa Świętych w Dniach Ostatnich. Według owej wcześniej napisanej/przetłumaczonej księgi to w Ameryce, tak samo jak w Jerozolimie, ukazał się po zmartwychwstaniu Chrystus, to w Ameryce też pojawiali się prorocy, którzy zwiastowali Słowo Boga. Również Smith czczony jest przez swoich wyznawców jako prorok, który przyjął wizytę niebiańskiego posłańca, przypominającą wizyty aniołów składane apostołom w dziejach Nowego Testamentu. Problem jednak polega na tym, że poza samym Smithem, który twierdził, że ukazał mu się Bóg Ojciec i Jezus Chrystus, a potem Ich posłaniec, nikt inny tego nie poświadczał, przynajmniej nikt, czyj sąd można by uznać za godny uwagi. Podobnie nic nadzwyczajnego nie towarzyszyło tym objawieniom, chyba żeby uznać, że tym czymś nadzwyczajnym była liczba żon proroka, sięgająca ponad trzydziestu kobiet. Najogólniej mówiąc, po śmierci apostołów chrześcijaństwo według mormonów uległo wielkiemu wypaczeniu, a jego prawdziwą postać przywrócił dopiero Smith, który najpierw sam, a później za pośrednictwem swoich żon, wdów, powiedział światu prawdę. Kiedy to pod koniec XIX wieku okazało się, że zgodnie z amerykańskim prawem mormoni nie mogą zachować wielożeństwa, któremuś kolejnemu prorokowi objawił się anioł, który przekazał mu z nieba, że Bóg nie chce już poligamii.

Mimo że brak świadków odkrycia cudownej księgi, a wyobrażenie sobie, że Chrystus po zmartwychwstaniu pojawił się równolegle w Jerozolimie i w Ameryce, wydaje się, delikatnie ujmując, dość ekstrawaganckie, wyznawców nie brakuje. Dość powiedzieć, że kontrolują oni praktycznie stan Utah, zbudowali Salt Lake City i doczekali się ostatnio kandydata na prezydenta USA. Sekta rozwija się szybko, czemu sprzyjają wielkie pieniądze inwestowane w religijną propagandę. Wyobraźmy sobie, że Mitt Romney faktycznie wygrałby wybory prezydenckie, co gdyby nie jego dość drewniany i sztywny sposób bycia, byłoby zapewne całkiem możliwe. Czy byłoby to potwierdzenie wagi i doniosłości objawienia Josepha Smitha? Czy z faktu, że na Romneya oddałoby głosy wielu chrześcijan i że stałby się on przywódcą najpotężniejszego imperium w dziejach świata, można byłoby wnosić cokolwiek na temat wartości wyznawanej przez niego religii? Albo, użyję tu słów całkiem niedelikatnych i niedialogicznych, czy fakt sukcesu i powodzenia wyznania może sprawić, że mniej widoczna będzie absurdalność doktryny? Nie sądzę. Ziemskie powodzenie i potęga nie mogą być argumentem na rzecz prawdziwości danego objawienia.

Przywołuję ten przykład, bo wyraźnie widać podobieństwa z islamem. W obu przypadkach twierdzi się, że pierwotne Objawienie dane Chrystusowi zostało zafałszowane, wypaczone; w obu przypadkach każdy z proroków powołuje się na głos anioła dany z Niebios i na księgę, która została mu zesłana w cudowny sposób. W obu przypadkach jednak podstawowym problemem jest brak wcześniejszej tradycji, która zapowiedziałaby pojawienie się proroka, oraz nieobecność świadków, którzy mogliby potwierdzić, że sami widzieli i słyszeli, jak Bóg przekazał prorokowi księgę.

Pierwszy dialog

Wątpliwości dotyczące posłannictwa Mahometa wyraźnie sformułował już pierwszy chrześcijański autor, który polemizuje z islamem. Fragment dotyczący „herezji Izmaelitów" wskazuje na to, że Jan z Damaszku, o niego tu bowiem chodzi, znał tekst Koranu. Pochodził on z szacownej melchickiej rodziny Mansurów, jego ojciec pełnił urząd zarządcy skarbu na dworze Mu'awii I (661-680), objęty potem przez Jana. W związku z późniejszą antychrześcijańską polityką Jan wycofał się do klasztoru Mar Saba w pobliżu Jerozolimy. Ciekawe, zauważa Joachim Gnilka, znany katolicki teolog i komentator, że Jan umieszcza islam w swoim zbiorze herezji na końcu. Wskazuje na powiązania Mahometa, zwanego przez siebie Mamedem, z arianizmem i ostro krytykuje moralność Proroka, a szczególnie propagowane przez niego wielożeństwo.

Jest to autentyczny i rzeczowy dialog. Jan wprawdzie nazywa Mahometa fałszywym prorokiem, mówi o śmiesznych rzeczach zawartych w Koranie i wykpiwa niektóre twierdzenia, ale, na Boga, tak właśnie musiały w jego uszach brzmieć muzułmańskie opowieści, kiedy pierwszy raz się z nimi zetknął. Dla niego islam był czymś nowym, nie miał za sobą autorytetu historii; nie patrzył na islam jako na religię, która od kilkunastu wieków zdominowała znaczną część świata, ale jak na jedną z licznych herezji, którymi naznaczona była historia chrześcijaństwa, religii istniejącej od siedmiu wieków. Patrzy on zatem na islam trzeźwo i bez obciążeń; tak właśnie, jak dziś jeszcze spogląda na mormonów większość chrześcijan. Jan Damasceński nie dostrzega jeszcze w islamie tego, co widzą w nim współcześni komentatorzy, którzy oceniając znaczenie tej religii, działają niejako pod presją dziejów – skoro można wskazać wielką islamską kulturę i wielkie dzieła muzułmańskich autorów, to należy z góry uznać autentyczność pierwotnego przekazu – ale widzi w nim po prostu nową naukę, którą poddaje osądowi.

Dokładnie przedstawia on posłanie Mameda: to, że jest jeden Bóg, który ani nie został zrodzony, ani nie zrodził, że choć Chrystus nazywany jest w Koranie słowem Boga i Jego Duchem, to jest tylko stworzeniem, sługą i prorokiem. Jan zauważa dziwną doktrynę Koranu, zgodnie z którą Żydzi chcieli ukrzyżować Jezusa, łamiąc prawo, ale złapali tylko Jego cień i pozór, który przybili do krzyża, sam Chrystus zaś nie został ukrzyżowany ani nie umarł, bo Bóg z miłości do Niego zabrał Go do nieba (Koran IV,157-158). Tak samo Jan przytacza inny fragment Koranu, który opowiada o przybyciu Jezusa do niebios, gdzie Bóg pyta Go: „O Jezusie, czy powiedziałeś: Jestem Synem Bożym i Bogiem?" (w polskim przekładzie Józefa Bielawskiego: „O Jezusie, Synu Marii! Czy ty powiedziałeś ludziom: Bierzcie mnie i moją matkę za dwa bóstwa, poza Bogiem?") (Koran V,116). A tenże Jezus, według cytowanego przez Jana Mahometa, miał odpowiedzieć, że tak nie mówił, bo jest tylko sługą, sam Bóg zaś miał potwierdzić prawdę tych słów.

Jan Damasceński stwierdza, że wiele innych równie śmiesznych rzeczy znajduje się w księdze, którą Mamed miał otrzymać od Boga. Można zatem powiedzieć, że od samego początku, ledwo kilkadziesiąt lat po śmierci Mahometa/Mameda, chrześcijanie znali jego nauki i potrafili wskazać ich podstawowe słabości. Czy można nazywać islam herezją, to osobna kwestia i zależy od tego, jak zdefiniujemy herezję; pewne jest, że Jan nie tylko dokładnie streścił najważniejsze przesłanie Proroka, ale także zadał właściwe pytania: „A czy jest ktoś, kto poświadczy, że Bóg dał mu tę księgę? I który z proroków przepowiedział, że taki prorok jak on powstanie?". Są to te same pytania, które Kościół zawsze zadawał ludziom przychodzącym w imieniu Nieba. Powołując się na doświadczenie ducha i wizje, twierdzili, że mają specjalną, uprzywilejowaną wiedzę, że otrzymali nowe objawienie, że należy im się posłuszeństwo. Żeby im zaufać, trzeba było sprawdzić, czy ktoś zapowiedział wcześniej ich przybycie – zakłada się, że Bóg towarzyszy ludzkiej historii – i czy mają świadków potwierdzających kontakt z Niebem. Dla Jana jest jasne, że w przeciwieństwie do muzułmanów chrześcijanie mogą na te pytania odpowiedzieć. Chrystus bowiem został wielokrotnie przepowiedziany przez proroków, a Jego wielkie czyny są świadectwem Jego mocy. Świadkowie słyszeli głos z nieba, który nazywał Go Synem, tak samo widzieli Go i słyszeli po zmartwychwstaniu. Jeśli Mahomet/Mamed domaga się w imieniu Boga posłuszeństwa, to musi, podobnie jak wcześniej Chrystus, pokazać, że ma do tego prawo.

Dlatego Jan dalej pyta muzułmanów o pisma i świadectwa, które poprzedziły i zapowiedziały Mahometa/Mameda, a także o to, kto był, poza samym Mahometem, świadkiem tego, że Bóg dał mu księgę. Na co zyskuje odpowiedź – pod tym względem niczym nie różni się ona od argumentów współczesnych wyznawców islamu – Bóg robi, jak Mu się podoba. „To wiemy, ale pytamy, jak księga zstąpiła do waszego proroka? Na co oni [muzułmanie] odpowiadają, że otrzymał ją we śnie. Na co żartem mówimy do nich, że tak długo jak otrzymał księgę we śnie i nie odczuł faktycznie jej przekazania, stosuje się do niego popularne przysłowie" – pisał Damasceńczyk. Zapewne chodzi o to, że we śnie można dowolnie snuć marzenia. To wyraźnie najsłabszy punkt islamu i Jan drąży go coraz mocniej: „Jak to możliwe – zwraca się z retorycznym pytaniem do muzułmanów – że gdy kazał nam w waszej księdze ani nie robić niczego, ani nie przyjmować niczego bez świadectwa, nie zapytaliście go: »Najpierw pokaż nam świadków, którzy potwierdzą, że jesteś prorokiem i że przyszedłeś od Boga, i pokaż nam, co Pisma mówią o Tobie« – to są zawstydzeni i milkną". Czy w tych słowach pokazuje się tylko chełpliwość Damasceńczyka, czy też są one zapisem prawdziwych dysput, jakie toczył z najwcześniejszymi wyznawcami Proroka? Pewne jest, że do tej pory muzułmanie na zarzuty doktora Kościoła z Damaszku nie znaleźli dobrej odpowiedzi. Mahomet bowiem w Koranie uznaje, że zarówno Stary Testament, jak i Nowy pochodzą od Boga i że zostały dane odpowiednio Mojżeszowi dla Żydów i Jezusowi dla chrześcijan; dlaczego zatem nie ma w nich zapowiedzi przyjścia Mahometa? Jedyna odpowiedź brzmi, że taka zapowiedź była, jednak została usunięta, a zesłane przez Boga pisma zostały później przez Żydów i chrześcijan zafałszowane. Jednak, i tu już nic nie da się powiedzieć, gdzie przechowały się ślady tych oryginalnych, pierwotnych pism? Wielki nauczyciel z Damaszku precyzyjnie wymierza ciosy i pokazuje, że jedyne, co muzułmanie przyjęli bez świadectw, to ich wiara i ich pisma.

Nie sposób sobie wyobrazić, żeby cieszący się uznaniem współczesny komentator chrześcijański pisał w ten sposób. Większość znawców nigdy nie sformułowałaby dziś podobnego zarzutu. Ale przecież utrzymują, używając innego, grzecznego języka, to samo. Jeden z największych znawców religii Proroka, jej admirator zresztą, Maurice Gaudefroy-Demombynes sam cytuje innego badacza, Tora Andræ, i pisze: „Księga Święta wcale nie daje wiadomości co do źródeł i początków misji Proroka; milczenie to jest dowodem skromności Mahometa, który nawet nie pomyślał o tym, by opowiadać ludziom o swoich »stanach duszy«, analizować na ich użytek chwile uniesień, których pamięć musiała budzić w nim głębokie wzruszenie". Ładnie powiedziane, choć można mieć poważne wątpliwości co do tego rozumowania. Prawdą jest, że w Koranie, inaczej niż w Nowym Testamencie, nie sposób znaleźć wiadomości na temat źródeł objawienia. W jaki sposób Mahomet usłyszał głos Boga? Co dokładnie przekonało go, że to nie majaki, wyobrażenia, odmienne stany świadomości lub halucynacje? Zamiast odpowiedzi na te pytania – tak, wydawałoby się, podstawowe – współczesny historyk stwierdza, że brak informacji na ten temat wynikał... ze skromności Mahometa. Dobre sobie. Pierwsze pytanie, które musiało nasuwać się jego słuchaczom – kto go posłał i w jaki sposób uwiarygodnił swoją misję – zostaje uznane za w gruncie rzeczy błahe i wtórne. Być może, wręcz niegrzeczne: jak można tak dociskać rozmówcę, domagać się od niego wyznań i opowieści o stosunkach z Niebem, skoro on, powodowany skromnością, woli milczeć?

To jest ta właśnie różnica perspektyw między współczesnymi badaczami a Janem z Damaszku i resztą tradycyjnych polemistów: dla większości współczesnych badaczy historii religii objawienie Mahometa co do zasady nie różni się od innych „objawień" – jest po prostu ludzką formą opisu uczucia wzniosłości, kontaktu z czymś nadzwyczajnym i nieskończonym. Zetknięcie z numinosum rodzi religie. Odczucie czegoś, co człowieka przekracza, co go pociąga i odpycha zarazem, co jest od niego większe – to doświadczenie jest podstawą różnych religii. Nie ma zatem sensu badać prawdziwości objawienia. Nie ma sensu pytać o to, czy Mahometowi faktycznie ukazał się anioł albo czy słyszał głos Boga. Jest to dla tych badaczy zadanie równie jałowe jak ustalenie, czy w czasie chrztu

Jezusa przemówił głos z nieba, nazywając Go Synem, lub czy Paweł w drodze do Damaszku ujrzał Chrystusa nie w wizji, lecz w rzeczywistości; religie są zapisem ludzkiej świadomości, a nie sprawozdaniem z relacji ze światem zewnętrznym. Co do istoty się nie różnią. Wiadomo przecież, sądzi większość współczesnych historyków religii, że opisy spotkań aniołów, przekazywanie słów wypowiedzianych przez Boga, wreszcie zetknięcie się ze Zmartwychwstałym są ubranym w język symboliczny i mityczny zapisem wewnętrznych doświadczeń człowieka. Nic na zewnątrz, w obiektywnym świecie, sądzą, im nie odpowiadało.

Pisze dalej Gaudefroy-Demombynes: „Historycy polemiści, zarówno z Bizancjum, jak i epoki Odrodzenia, oraz pisarze nowocześni, żądni wyjaśnień materialistycznych, przedstawiali przeżycia Mahometa jako skrajne oszustwo. Inni twierdzili, że to mamidła wymyślone przez szatana, aby zmusić Arabów do pozostania niewierzącymi. Mogły to też być, według niektórych, zwykłe zmyślenia narzucone przez ludzi ambitnych osłabionemu histerią Mahometowi. Inni widzieli w Mahomecie epileptyka, a tym samym kłamcę i człowieka niepoczytalnego. Epilepsja pozbawia jednak człowieka pamięci, a Koran jest księgą wielką i klarowną. Dzisiaj historycy inaczej widzą aktywność proroków Izraela oraz wtajemniczonych wszystkich ludów; starają się tylko zrozumieć, jakie wpływy zewnętrzne sprawiły, że płomienna dusza szczególnie obdarzonego człowieka stała się duszą proroka". Ten nieco może przydługi wywód wart jest przytoczenia; mimo że został napisany przed pięćdziesięciu laty, doskonale ujmuje podejście wiedzy współczesnej. Nie wolno już pytać o to, czy Bóg przemówił z zewnątrz do proroka – byłoby to prostactwo i materializm. Liczy się tylko to, co człowiek sam z siebie pod wpływem kontaktu z zewnętrznym otoczeniem wydobył. Prorokiem nie jest już ten, kto prawdziwie przemawia w imieniu Boga, ale ten, kto uważa, że prawdziwie przemawia. Ważne jest nie pytanie o autentyczność relacji prorok – Bóg, ale o autentyczność wewnętrznego przeżycia i jego wyraz. Z tego punktu widzenia objawienia są sobie równe, stanowią tylko zapis ludzkiego wznoszenia się do Boga. Oczywiście przy takim ujęciu bardzo trudno uznać, że Bóg, o którego tu chodzi, nie jest po prostu człowiekiem; oczywiście nie tym lub innym konkretnym człowiekiem, taką lub inną jednostką, ale ludzką świadomością nieskończoności lub wzniosłości.

Aramejski lekcjonarz?

Jeśli jednak odrzucić to podejście i uznać, że Bóg faktycznie mógł się objawić człowiekowi jako Bóg, a nie inna postać człowieka, pytanie o wiarygodność Mahometa staje się kluczowe. Jak zauważył Gnilka, w Nowym Testamencie imię Jezusa pojawia się dziewięćset dziewiętnaście razy, z tego około pięciuset razy w Ewangeliach, w Koranie zaś imię Mahometa zostaje wymienione cztery razy. To są dopiero proporcje! Jeszcze bardziej uderzać musi to, że w samym Koranie imię Mojżesza pojawia się 136 razy, Marii – 34 razy, a imię Jezusa – 24 razy. Teolog z Monachium stwierdza słusznie, że chrześcijanie od początku byli zainteresowani prawdą historyczną o Jezusie. Byli Żydami i wywodzili się z żydowskiej tradycji; chcieli uzasadnić, że ich wiara nie jest wybrykiem, sztuczką magiczką, dziwacznym i niespodziewanym zakłóceniem, ale że stanowi odpowiedź na oczekiwanie i tęsknotę ludu wybranego. Cztery Ewangelie to pisma, których jedynym i najważniejszym bohaterem jest Jezus; w Listach Apostolskich podobnie, jest On tym, na kim opiera się wiara.

Jak zatem wyjaśnić całkowitą niemal nieobecność imienia Mahometa w Koranie? Jak wyjaśnić to, że w księdze tej nie ma najważniejszej, z punktu widzenia pytania o wiarygodność, opowieści, a mianowicie o tym, jak Mahomet został w ogóle powołany? Jest to tym bardziej uderzające, że Koran według muzułmanów zawiera słowa Mahometa, które miały zostać skierowane do niego przez Boga. Pierwszy raz usłyszał je, według oficjalnej wersji, w czterdziestym roku życia i towarzyszyły mu aż do śmierci. Objawienia miały trwać 23 lata, od roku 610 do 632. Trudno uwierzyć, żeby przez tyle lat nikt nie próbował sprawdzić, jak wyglądały rozmowy Mahometa z archaniołem Gabrielem. W każdym razie w samej Księdze żadnych śladów po takich próbach nie ma. W Koranie brak świadectw zewnętrznych wobec rzekomych słów samego Proroka. Nie zostały dołączone do niego żadne inne pisma wczesnych wyznawców, jak choćby w Nowym Testamencie Listy Pawła, Piotra, Jakuba lub Jana. Na czym zatem opiera się wiarygodność przekazów koranicznych?

Są znawcy, którzy twierdzą, że dowodem prawdziwości objawienia koranicznego jest sam święty tekst. Utrzymują oni, że wystarczy wysłuchać piękna arabskich zwrotów, poddać się wzniosłości i mocy języka, a wszelka niepewność zniknie. Wyraźnie uważa tak autor Koranu i wzywa wątpiących w jego posłannictwo, żeby przedstawili podobne pod względem mocy i piękna utwory. Same sury są znakami, są tym, czym dla pierwszych chrześcijan cuda. Dość to, trzeba przyznać, osobliwy argument. Nie znając arabskiego i będąc skazanym na przekłady – trzeba pamiętać, że muzułmanie nie pozwalają na tłumaczenia Koranu, widzą w nich jedynie interpretacje i komentarz – po prostu takie rozumowanie odrzucam. Oczywiście można sobie wyobrazić, że Bóg, gdyby zechciał się objawić Mahometowi, zrobiłby to w zrozumiałym dla niego języku, czyli w arabskim, jednak z faktu, że Koran napisany jest piękną arabszczyzną, nie wynika jeszcze jego boskie pochodzenie; podobnie z faktu, że w całej starożytnej Grecji powszechnie szczycono się i recytowano „Iliadę" oraz „Odyseję", nie wynika, że księgi te zostały przekazane ludziom przez Zeusa. Krótko: piękno języka Koranu nie może być dowodem na jego boskie pochodzenie. Tak samo takim dowodem nie może być kształt świętej księgi, jej długość i charakter. Zdarzają się przecież niezwykli poeci i geniusze, którzy swoją twórczością wyrastają ponad całą współczesność: takim był Homer, a potem Wergiliusz; takim niezwykłym pisarzem był wieki później Dante czy Szekspir. Żadne jednak dzieło samo z siebie nie dowodzi swojego boskiego pochodzenia. Zawsze potrzebne są zewnętrzne świadectwa, ludzie, którzy widzieli i słyszeli. Podstawowym zaś mankamentem islamu, z tego punktu widzenia, jest praktyczny brak takich relacji. Więcej. Ich obecność byłaby tym bardziej potrzebna, że w kilku istotnych punktach Koran przedstawia fakty opisane przez Biblię, tak Stary, jak i Nowy Testament, zgoła odmiennie.

Zgodnie z oficjalną, aprobowaną przez większość muzułmanów wersją Mahomet raczej nie umiał pisać i czytać, a przekazane przez anioła słowa wiernie recytował. To jego zwolennicy uczyli się ich na pamięć i zapisywali, na czym popadnie. Czytamy u Bielawskiego: „Słowo: Koran – Al-Kur'an – oznaczało przede wszystkim »recytację«, i tak się najpierw nazywały poszczególne objawienia, jakie otrzymywał sukcesywnie Prorok, a dopiero później cały tekst, spisany w postaci Księgi – Al-Kitab". Słowa z nieba miały być zapisywane na liściach palmowych, na kawałkach skór, płaskich kościach lub wygładzonych kamieniach. Śmierć Mahometa oznaczała koniec objawienia. Tekst Koranu został przekazany w całości, teraz należało go jedynie zebrać i uporządkować. Tradycja muzułmańska twierdzi, że pierwszy następca Proroka, kalif Abu Bakr (632-634), idąc za radą Umara I, przyszłego drugiego kalifa, zobowiązał do zebrania wszystkich fragmentów Koranu sekretarza Mahometa, Zajda ibn Sabita. Powstało kilka wersji, z których ostatecznie za autentyczną uznano jedną, zaaprobowaną przez kalifa Usmana. Ona to miała zawierać niezmienny, niebiański tekst. Jak wierzą bowiem muzułmanie, Koran ziemski jest jedynie odwzorowaniem i odbiciem Matki Księgi, wiecznego Koranu znajdującego się w niebiosach. Tak więc ów niebiański prototyp zyskał swoją doskonałą kopię w 651 roku – wtedy to zniszczono nieoficjalne zbiory. Na placu boju została jedna księga, w takiej wersji, w jakiej przekazał ją archanioł Gabriel.

Koran zatem jest niestworzony, a Mahomet miał przekazać potomności absolutnie wierną kopię tego, co usłyszał od anioła i co w oryginale znajduje się w raju. Każde słowo jest właściwe, wieczne i święte. Chociaż nawet zwolennicy takiego pochodzenia dzieła wskazują na pewien istotny problem: „Trzeba jednak mieć na uwadze – pisze Bielawski – że nawet tekst kanoniczny Koranu, przygotowany na polecenie Usmana, był jeszcze bardzo niedoskonały, jeśli go porównać z tekstem Koranu, jaki mamy dzisiaj. Jego zapis był ograniczony do spółgłosek i brakowało w nim nie tylko znaków na oznaczenie samogłosek (w języku arabskim bowiem nie pisze się zwyczajnie samogłosek, choć się je wymawia), co powodowało odchylenia w wokalizacji przy recytacji wersetów Koranu, ale również nie wprowadzono znaków diakrytycznych przy spółgłoskach, mających omal identyczną postać graficzną, jak np. arabskie litery *sin* i *szin*, *fa* i *kaf*, które się rozróżnia tylko dzięki dodatkowym znakom nad lub pod spółgłoską". Autor polskiego przekładu dodaje, że bardziej precyzyjne oznaczenie tekstu nastąpiło w X wieku. Wszystko to razem powinno dawać do myślenia. Jakież to bowiem daje ogromne możliwości zmian, przeinaczeń i niedokładności! Muzułmanie twierdzą, że tekst Koranu jest niezmienny i zawsze ten sam, tymczasem przez ponad trzysta lat przekazywany był za pomocą pisma niedającego gwarancji wierności. Więcej. Nie istnieją żadne źródła historyczne, które potwierdzałyby, że tak właśnie powstawał Koran! Nie istnieje żaden tekst Koranu z czasów Usmana, nie mówiąc o tym, że o samym Usmanie źródła wspominają dopiero... 200 lat po jego śmierci! Pierwszy znany tekst zawierający całość Koranu datowany jest na koniec IX wieku po Chrystusie, najwcześniejszy fragment, odnaleziony w Jemenie, pochodzi z roku 720.

Sam tekst, twierdzi wielu znawców, jest pogmatwany, często wręcz całkiem niezrozumiały. Gdyby nie napisane wieki później komentarze, wielu miejsc nie dałoby się odczytać. Pojawia się w nim też wiele słów obcego pochodzenia. „W Koranie wręcz roi się od wyrazów obcych, pochodzących z języków syro-aramejskiego, perskiego, greckiego i hebrajskiego, na przykład często używane terminy *dżehenna* (piekło, perski), *taura* (Tora, prawo, hebrajski) lub *Logos* (słowo, posłanie, grecki)" – pisze niemiecki autor skrywający się prawdopodobnie pod pseudonimem Norbert G. Pressburg. Jak to możliwe, skoro, tak wierzą muzułmanie, cały tekst został przekazany przez anioła wyłącznie po arabsku?

Na wszystkie te wątpliwości próbowało odpowiedzieć kilku orientalistów. Nie jest to zadanie łatwe. I to nie tylko z powodu czysto naukowego. Badacz, który decyduje się postawić tezę sprzeczną z oficjalnym przekazem muzułmańskim, musi się liczyć z szykanami, bojkotem, czasem wręcz prześladowaniami i groźbami. Zdarzały się przypadki fizycznej przemocy wobec niezbyt prawowiernych naukowców; w wielu przypadkach wystarczy jednak strach. Trzeba też pamiętać o tym, że studia nad islamem wspierane są często z funduszy Arabii Saudyjskiej, trudno zatem od takich naukowców oczekiwać rzetelnego, bezstronnego i krytycznego podejścia. Są jednak wyjątki. Według krytycznych badaczy co najmniej 30 proc. obecnej zawartości Koranu pochodzi z wcześniejszych, przedmuzułmańskich tekstów. Inaczej mówiąc: zanim do Mahometa przemówił anioł, istniała już spora część koranicznego objawienia. Czyżby Gabriel posługiwał się innymi pismami?

Genezę tekstu koranicznego stara się od lat wyjaśnić słynny niemiecki badacz języków semickich Christoph Luxenberg. Nie jest to prawdziwe nazwisko, lecz pseudonim. Jak wielu innych, uczony obawia się o swe życie, dlatego musi ukrywać tożsamość. Swoje badania zaczął on od próby nowych przekładów tak zwanych ciemnych miejsc w Koranie, czyli fragmentów niezrozumiałych i niedorzecznych. W tym celu nie posłużył się jednak, jak to robi większość współczesnych arabistów, późniejszymi komentarzami. Uznał, że odczytywanie pierwotnego, niejasnego tekstu w oparciu o późniejsze o dwieście, trzysta lat opracowania urąga zdrowemu rozsądkowi. Tekst starożytny może być bowiem zrozumiały, o czym wie każdy mający minimalną choćby wiedzę filologiczną, w swoim kontekście językowym i kulturowym. Pojęcia zmieniają swoje znaczenia, tak samo brzmiące słowa mogą znaczyć coś całkiem innego. Żeby zrozumieć język Koranu, wczesną odmianę jednego z dialektów arabskiego z pierwszej połowy VII wieku po Chrystusie, nie można po prostu korzystać z komentarzy muzułmańskich z wieku IX czy X. Trzeba znaleźć teksty arabskie współczesne Koranowi, ewentualnie odwołać się do języka, który był podstawą i punktem odniesienia dla autora zapisów koranicznych. Dlatego Luxenberg sięgnął do języka aramejskiego, do jego syryjskiej odmiany. Był to bowiem w tym czasie, w VI, VII i VIII wieku, dominujący język w regionie Półwyspu Arabskiego. Wyobraźmy sobie wczesny tekst zapisany średniowieczną polszczyzną, z masą słów i pojęć łacińskich – kto chce go zrozumieć, będzie musiał sięgnąć do średniowiecznej łaciny. Podobnie z tekstem arabskim Koranu postąpił Luxenberg. Oto kilka przykładów skuteczności jego metody.

W jednym z fragmentów Koran opisuje los Maryi po urodzeniu Jezusa. Ta znajduje się w rozpaczy, woła: „Obym była umarła przedtem; obym była całkowicie zapomniana!". Na ten krzyk reaguje właśnie narodzone dziecię i mówi do matki: „Nie smuć się! Twój Pan umieścił u twych stóp strumyk" (Koran XIX,23-24). Hm, dlaczego akurat obecność strumyka miałaby pocieszyć kobietę, która trwoży się tym, że urodziła chłopca bez udziału mężczyzny, co może na nią ściągnąć przekleństwo i potępienie? Dość to absurdalne. A teraz tłumaczenie Luxenberga: „Wtedy będące u jej stóp dziecko zawołało do niej: Nie smuć się! Twój Pan uczynił narodziny czymś zgodnym z prawem". Teraz wszystko pasuje. Przybita i zasmucona Maria została pocieszona. Tak, o to właśnie chodziło, o uznanie prawowitości narodzin syna. Wystarczyło znaleźć dla niejasnego zwrotu arabskiego jego syro-aramejskie źródło i nagle całość nabrała sensu. To, co było dość dziwaczną pociechą – obietnica pojawienia się strumyka, nagle nabrało znaczenia – Bóg sprawił, że narodziny stały się prawowite.

Za pomocą podobnej metody Luxenberg odczytuje na nowo inne teksty Koranu. Może najbardziej spektakularne są jego tłumaczenia słynnych przekazów o hurysach, wielkookich dziewicach, które miały oczekiwać na wiernych w niebie. „Tak będzie! I połączymy ich w pary z hurysami o wielkich oczach" (Koran, XLIV,54). Polski tłumacz wskazuje, że hurysy to „dziewczęta z oczami o intensywnie czarnej źrenicy i bieli gałki ocznej". Brzmi to rzeczywiście zachęcająco i nic dziwnego, że wizja owych dziewic była niezwykle atrakcyjna. Tyle że pierwotny tekst Koranu mówił o czymś innym. Gdyby dosłownie tłumaczyć zwrot arabski *hūr īn*, to miałby on znaczenie „białe oczy". Nie ma to oczywiście żadnego sensu. Późniejsi komentatorzy doszli do wniosku, że owe „białe oczy" to „wielkookie białe", a stąd wzięły się „hurysy o wielkich oczach". Jak wspomniałem, tak daleko idące zmiany znaczenia były możliwe, bo w arabskim nie było samogłosek i znaków diakrytycznych pozwalających dokładnie rozpoznać konkretną spółgłoskę. Luxenberg jednak udowadnia, że w ówczesnym języku (języku VII wieku) „białe" bez wątpienia odnosiło się nie do kobiet, ale do... winogron. Niezrozumiałe w arabskim *īn*, tłumaczone przez późniejszych komentatorów jako oczy, to w aramejskim czysty, lśniący, wspaniały wygląd. Wniosek? *Hūr īn* to nie żadne hurysy o wielkich oczach, tylko krystalicznie czyste, wspaniałe winogrona!

Taki sam błąd występuje we wszystkich fragmentach Koranu, gdzie mówi się o hurysach. I tak w wersji oficjalnej mieszkańcy raju „będą mieli dziewczęta o skromnym spojrzeniu, jednakowego wieku" (Koran XXXVIII,52). Wersja Luxenberga: „Będą mieli nisko wiszące, soczyste owoce".

Wreszcie najbardziej uderzający tekst z sury pięćdziesiątej piątej. Wersja oficjalna mówi, że w raju na wiernych czekać będą: „dziewice o skromnym spojrzeniu, których nie dotknął przed nimi ani żaden człowiek, ani dżin" (Koran LV,56). „Nie dotknął" ma tu oczywiście konotacje erotyczne – są to kobiety, które jeszcze nie współżyły z mężczyznami, gotowe spełniać marzenia mieszkańców raju. Według Luxenberga sprawa wygląda dla mężczyzn znacznie mniej pociągająco. Zamiast gotowych oddać się rozkoszom dziewic w raju czekają: „zwieszające się z gałęzi owoce, których nikt nie dotknął".

Pressburg trafnie podsumował ustalenia Luxenberga: „Uderzające błędy w tłumaczeniu popełnione przez arabskich redaktorów doprowadziły do tego, że powstał obraz raju, który stał się nie tylko przedmiotem niewybrednych żartów niewiernych, nie tylko skłonił do pójścia na śmierć setki tysięcy pełnych nadziei, wierzących bojowników, ale też pozostaje w całkowitej sprzeczności z pierwotnym i rzeczywistym tekstem Koranu". Takich przykładów, kiedy to najprawdopodobniej błędne tłumaczenie stało się źródłem późniejszej praktyki kultowej, jest wiele. Wszystko bierze się stąd, że w czasie kiedy powstawał Koran, nie istniał jeszcze jeden, powszechnie uznany i zrozumiały dla wszystkich język arabski – taki rozwinął się dopiero wieki po napisaniu Księgi. Dlatego w języku koranicznym znajduje się tyle i tak ważnych zapożyczeń z aramejskiego, języka, który wówczas dominował. Z tego względu Luxenberg po analizie całości tekstu Koranu doszedł do przeświadczenia, że znaczna część Księgi powstała pierwotnie w języku aramejskim i że była ona chrześcijańskim lekcjonarzem, książką zawierającą liturgiczne czytania złożone z tekstów Nowego i Starego Testamentu. Dopiero później ta oryginalna, chrześcijańska treść została zmieniona. Znowu warto wskazać jeden wymowny przykład takiego postępowania.

Sura XCVII, zatytułowana „Przeznaczenie", zawiera według powszechnej opinii badaczy opis zesłania Koranu: „Zaprawdę, zesłaliśmy go w Noc Przeznaczenia! A co cię pouczy, co to jest Noc Przeznaczenia? Noc Przeznaczenia – lepsza niż tysiąc miesięcy! Aniołowie i Duch zstępują tej Nocy, za pozwoleniem swego Pana, dla wypełnienia wszelkich rozkazów. Ona to pokój aż do pojawienia się zorzy porannej!" (Koran XCVII,1-5).

Tak komentował ją żyjący na przełomie IX i X wieku At-Tabari: „Tej nocy Koran zstąpił do niższego Nieba. Zgodnie z przeznaczeniem Bóg zsyłał po trochu coś z niego na ziemię, aż Koran został dopełniony. Między początkiem i końcem objawienia minęło dwadzieścia lat.

Początek Koranu zstąpił tej nocy na ziemię". At-Tabari, a za nim cała tradycja, odczytuje słowa „zesłaliśmy go" jako odnoszące się do Koranu. Tak też polski tłumacz: „Sura Przeznaczenie albo Niezmienny wyrok Boga należy do grupy sur mekkańskich [...]. Tytuł wzięty jest od słowa w pierwszym wersie. Sura mówi o »nocy przeznaczenia« czy też »nocy wyroku Boga«, kiedy to Bóg zesłał z nieba objawienie, a prorok Muhammad otrzymał misję głoszenia tego objawienia; pierwsze wersety Koranu bowiem miały mu być objawione w wizji, jakiej doznał na górze Hira. [...] Zaimek »go« odnosi się oczywiście do Koranu". Jednak Luxenberg wykazuje, że nie ma tu mowy o żadnej oczywistości. Pisze, że w aramejskim przeznaczenie oznacza przeznaczenie losu za sprawą narodzin, gwiazdę narodzin, Boże Narodziny. Tym jednak, który został zesłany w Boże Narodziny, nie był Koran, ale Jezus. Niemiecki badacz zauważa, że również At-Tabari mógł odczytać w ten sposób słowo „przeznaczenie", dlatego wspomina o „niższym Niebie", do którego zstąpił rzekomo Koran. Według Luxenberga w oryginale sura ta brzmiała tak: „Zaprawdę, zesłaliśmy go [Dziecię Jezus] w Noc Przeznaczenia [Boże Narodziny]! A co cię pouczy, co to jest Noc Przeznaczenia? Noc [czas nocnych modlitw, kiedy już zaczęło się święto narodzin] Przeznaczenia – lepsza niż tysiąc Wigilii! Aniołowie i Duch zstępują tej Nocy, za pozwoleniem swego Pana, by śpiewać hymny wspaniałe. Ona to pokój aż do pojawienia się zorzy porannej!".

Takich przykładów, kiedy pod pozornie muzułmańskim tekstem skrywa się chrześcijański oryginał, jest więcej. Koran pochodzi zatem nie od arabskiego słowa mówiącego o recytowaniu, ale od aramejskiego *qeryān*, co oznacza „lekcjonarz". Dodatkowymi śladami takiego pochodzenia są, zdaniem Luxenberga, charakterystyczne dla syryjskich ksiąg liturgicznych, a obecne w Koranie oznaczenia czterema punktami (znak krzyża). W taki sposób można też, sądzi niemiecki badacz, wyjaśnić osobliwy fakt, że często te same imiona występują w dwóch różnych wersjach: tak na przykład Abraham występuje w Koranie piętnaście razy jako Abraham, a pięćdziesiąt cztery jako Ibrahim. Koran zatem byłby pierwotnie księgą chrześcijańskiej wspólnoty arabskiej, która została następnie na nowo zinterpretowana i przekształcona.

Nie muszę dodawać, że taka teza jest dla muzułmanów czymś bluźnierczym. Luxenbergowi można zarzucić, że mimo różnych prób nie udało mu się nigdzie znaleźć owej pierwotnej, przedmuzułmańskiej wersji Koranu. Z drugiej strony jest faktem, że zarówno muzułmańskie państwa, jak i instytucje bardzo niechętnie patrzą na badania prowadzone przez niewiernych. Gdzie mogą, tam utrudniają, niekiedy wręcz uniemożliwiają prowadzenie prac. Ich podejście doskonale wyraża opinia irańskiego ministerstwa kultury: „Wiemy, że Koran, którym obecnie dysponujemy, to ta sama księga, która została przed 14 wiekami stopniowo objawiona Prorokowi. Dlatego nie jest potrzebna żadna historia Koranu, która byłaby potwierdzeniem jego wiarygodności i autentyczności". To się nazywa dogmatyzm! Wiemy, nie potrzebujemy – tak można mówić, ale tego nie da się obronić rozumem. Można się spierać, czy rację ma Luxenberg i bliscy mu badacze, kiedy twierdzi, że 25 proc. tekstu koranicznego jest nieprawidłowo przetłumaczone, jednak co do zasady nie sposób odmówić mu racji.

Świadectwo świątyni na skale

To, że imię Mahometa pojawia się w Koranie cztery razy, może tak samo świadczyć o jego skromności, jak i o tym, że fragmenty te są wtórne, że zostały dość przypadkowo dopisane do Koranu, żeby uwiarygodnić przekaz. Wszystko bowiem, co wiadomo o życiu Proroka, o jego powołaniu, o losach, pochodzi z hadisów, spisanych znacznie później. „Brak nam odpowiednich dokumentów historycznych dotyczących wczesnych lat życia Muhammada; a zresztą niewiele więcej wiemy o jego późniejszym okresie życia, kiedy był już przewodnikiem karawan i kupcem" – przyznaje Józef Bielawski. Dodaje jednak, że należy przyjąć, iż niektóre z hadisów, zanotowane przez kronikarzy i biografów, zawierają prawdziwe dane o życiu Proroka. Być może. Nie ma jednak żadnego racjonalnego sposobu, żeby oszacować, które i w jakim stopniu. Wiadomo choćby, że żyjący w IX wieku teolog muzułmański Abu Dawud uznał za autentyczne 4800 hadisów spośród niemal pół miliona. Podobnie było w przypadku pozostałych kronikarzy. Hadisy zawierają opowieści o wypowiedziach lub czynach Proroka, to na nich opiera się Sira, biografia Mahometa. Sama liczba hadisów przerasta wszelkie wyobrażenie, niektórzy znawcy twierdzą, że przekracza milion! Tak, to nie błąd – w wiekach IX i X pojawiały się one na potęgę. Najstarsza kronika to dzieło Ibn Ishaka (704-768), niestety, nie zachowała się ona do naszych czasów. Sunnici uznają za kanoniczne sześć zbiorów. Pewna ich część, na nowo zredagowana, przechowała się w pismach Ibn Hiszama (zm. 834). Długie fragmenty zachowały się w dziele At-Tabariego (838-923). Największe zbiory hadisów pochodzą z IX i X wieku naszej ery, ich autorami są Al-Buchari (810-870), Muslim (ok. 821-875), Ibn Madża (824-887), Abu Dawud (817-888), At-Tirmidhi (825-892) i An-Nasa'i (830-915), czyli że zostały zebrane kilka wieków po śmierci Mahometa. Tak, to nie pomyłka: wcześniejszych źródeł biograficznych nie ma. Nie ma też żadnych świadectw archeologicznych czy numizmatycznych wskazujących na istnienie Mahometa. Nawet pochodząca z 766 roku moneta arabska nosi napis „Musa rasul Allah" („Mojżesz jest wysłannikiem Boga"). Dlaczego nie Mahomet?

Łatwo zauważyć, jak wielki to musi stanowić problem dla wiarygodności posłania Mahometa. Pierwszy zachowany do naszych czasów zapis pochodzi z dzieła napisanego niemal dwieście lat po śmierci Proroka! Większość tekstów pojawiła się w okresie od 150 do 250 lat po tym fakcie, a przekazywane były przez profesjonalnych twórców opowiadań. Dla porównania najstarsza zapewne Ewangelia według Świętego Marka została napisana najwyżej czterdzieści lat po śmierci Jezusa, chociaż wielu poważnych komentatorów sądzi, że stało się to jeszcze wcześniej, w latach 50. lub 60. I wieku po Chrystusie. Są też i tacy, jak nieżyjący już Maurice Casey, którzy utrzymują, że powstała w latach 40. – ta opinia ma tym większe znaczenie, że wygłosił ją zdeklarowany agnostyk! Słynny francuski biblista Jean Carmignac dowodził, że w latach 40. powstał hebrajski oryginał Ewangelii Świętego Marka. To, co wiemy o Jezusie z Nazaretu, zostało zatem spisane być może już kilka, a z pewnością nie później niż czterdzieści lat po jego śmierci. Przekazy o Jego słowach i czynach mogły zostać wiernie zachowane, bo pierwsi uczniowie Nazarejczyka byli Żydami. Wiadomo, że współcześni Jezusowi faryzeusze opanowali sztukę wiernego przechowywania w pamięci i przekazywania nauk swoich mistrzów. Jeśli Jezusa uznawano za proroka, to można sądzić, że spisane kilkanaście, góra czterdzieści lat po Jego śmierci Ewangelie zawierały prawdziwe opisy zdarzeń. Nie da się tego powiedzieć o Beduinach. Nic nie wiadomo o tym, żeby dysponowali oni tak rozwiniętą i dokładną techniką zapamiętywania i przekazywania tradycji ustnej jak Żydzi w Palestynie w I wieku po Chrystusie. To zatem, co wiemy o Mahomecie, pochodzi ze źródeł co najmniej sto kilkadziesiąt lat oddalonych od życia Proroka i było przekazywane przez ludzi trudniących się zawodowo opowiadaniem ciekawych historii. Nikt nie wymagał od nich wierności i dokładności przekazu.

Paradoksalnie można powiedzieć, że najwcześniejszym źródłem historycznym stwierdzającym istnienie Proroka był wspomniany już tekst Jana Damasceńskiego – z tego powodu zresztą niektórzy badacze sądzą, że nie jest on autentyczny i stanowi dzieło późniejszego autora przypisane Janowi. Sprawy nie da się jednoznacznie rozsądzić, choć nie wiadomo, dlaczego polemista chrześcijański miałby podszywać się pod Jana z Damaszku. Jan nie wspomina o islamie, tylko o herezji Izmaelitów, umieszcza ją na końcu swojego zbioru, nie przyznaje jej szczególnie wielkiej wagi. To zdaje się przemawiać za autentycznością jego pism.

Jeszcze ważniejszym, niemal współczesnym Mahometowi źródłem byłyby słynne inskrypcje z Kopuły na Skale w Jerozolimie. Sama świątynia, wysoka na trzydzieści metrów, ma kształt oktagonalny. Przystrojona jest mozaikami, kunsztownie rzeźbionym marmurem i drogocennym drewnem. Niesamowite wrażenie sprawiają też kolorowe cegły i dywany. Została ona wzniesiona przez kalifa Abd al-Malika (685-705) z dynastii Umajjadów. W tym celu kalif wynajął syryjskich i bizantyjskich artystów. Na zewnętrznej ścianie arkad została podana informacja o budowniczym i o dacie zakończenia budowli: „Abd Allah, imam al-Ma'mun, wódz wiernych, w roku 72". Jednak prawdziwym budowniczym był al-Malik – specjaliści wykryli, że to jego imię występowało też w pierwotnym piśmie, które ktoś później zmienił, wprowadzając osobę al-Ma'muna. Na szczęście zapis daty jest oryginalny. Chodzi tu zapewne o rok siedemdziesiąty drugi od hidżry, czyli licząc zgodnie z erą chrześcijańską, rok 691-692 po Chrystusie. W świątyni znajduje się ponad sto napisów. Najważniejsze cztery pochodzą z czasów al-Malika, czyli z końca VII wieku naszej ery. Powstały one kilkadziesiąt lat po śmierci Proroka, znajdują się w środku budowli i tworzą liczący 240 metrów długości fryz.

Kalif wzniósł budowlę w miejscu, gdzie stała niegdyś żydowska świątynia, zniszczona przez wojska Tytusa w 70 roku po Chrystusie. Przez wieki Żydzi wierzyli, że uda im się ją odbudować. Na próżno. Jedyna szansa pojawiła się na krótko w czasie rządów cesarza Juliana Apostaty, w IV wieku po Chrystusie, jednak jego szybka śmierć w trakcie wyprawy przeciw Persom uniemożliwiła takie plany. W rotundzie pod kopułą, otoczonej arkadami ośmiokąta, znajduje się święta skała. Zdaniem badaczy, w skale znajdował się niegdyś ołtarz, to tam składano przez wieki zwierzęta na ofiarę Jahwe. Kiedy al-Malik wybierał to miejsce, nawiązywał do prastarych tradycji – miał to być, pisze Gnilka, pępek świata, grób Adama, ołtarz Melchizedeka. Można zatem sądzić, że w tym miejscu, tak ważnym dla islamu, odnajdziemy najbardziej pierwotne zapisy, autentyczny wyraz najwcześniejszej wiary muzułmańskiej. I informacje, które pozwolą powiedzieć, kim był Mahomet.

Jednak przy dokładniejszym zbadaniu sprawy się komplikują. Jak pisał słynny badacz architektury islamskiej Oleg Grabar, profesor Harvardu, „nie ma pewności co do tego, jaka była pierwotna funkcja Kopuły na Skale w chwili, kiedy powstawała pod koniec VII wieku". Grabar, który ponad pięćdziesiąt lat zajmował się historią świątyni, dodaje: „Przez wieki, aż do dzisiaj, źródła niemuzułmańskie nazywały budowlę meczetem Omara, mimo tego, że ani żyjący w VII wieku kalif Omar, ani żaden inny Omar nie miał z nią nic wspólnego". I kluczowe zdanie, podsumowujące wiele lat dogłębnych badań: „To z pewnością nie jest meczet". Można sądzić, twierdzą niektórzy historycy, że to, co obecnie jest powszechnie uznawane za meczet, było pierwotnie, w czasach al-Malika, chrześcijańskim kościołem. Już sam ośmiokątny kształt, taki sam jak pochodząca z tego okresu słynna kaplica Karola Wielkiego z Akwizgranu, wskazywałby na chrześcijańską inspirację. Ósmy dzień był dla chrześcijan symbolem zmartwychwstania, pierwszym dniem nowego stworzenia. Ósmego dnia, pierwszego dnia tygodnia, Chrystus powstał z martwych. Dlaczego miałby się odwołać do tego symbolu muzułmański wódz? Inskrypcje zawierają, mogło się wydawać, wczesne cytaty z Koranu, wcześniejsze niż wszystkie spisane kopie Księgi. I tu kryje się kolejna zagadka. Według Luxenberga, który przedstawiając swoje ustalenia, wywołał prawdziwą burzę, faktycznie obecne w napisach słowo „Muhammad" nie odnosiło się do Mahometa. Niemiecki badacz twierdzi, że w inskrypcjach w ogóle nie pojawia się imię

Mahometa, lecz – co brzmi wprost sensacyjnie – słowo „muhammad" należy rozumieć jako określenie Jezusa, syna Marii!

Czyżby w chwili budowania meczetu o Mahomecie jeszcze nie słyszano? Byłoby to kolejne potwierdzenie tezy, że Koran to nie tyle objawiona przez archanioła święta księga, ale zniekształcony zapis arabskiej liturgii. Al-Malik zaś nie był muzułmaninem, lecz arabskim chrześcijaninem.

Zdaniem Luxenberga słowo „muhammad" w inskrypcjach należy uważać nie za imię własne, jak to czyni muzułmańska tradycja, ale za przymiotnik odczasownikowy (gerundivum), mający znaczenie: „którego należy wychwalać", może nawet „błogosławiony". Niemiecki uczony wskazuje, że z gramatycznego i semantycznego punktu widzenia użycie tego słowa jako nazwy własnej było w tym przypadku niemożliwe; w każdym razie jest faktem, że nie występuje ono nigdzie jako imię w tamtej epoce. Nie ma żadnego świadectwa – czy to na monetach, czy inskrypcjach, czy w przekazach literackich – które wskazywałoby na to, że w VII wieku lub wcześniej istniało imię własne Muhammad, polskie Mahomet. Kto odczytuje przeto „muhammad" jako imię własne, postępuje jak ktoś, kto słysząc łacińską frazę „Benedictus qui venit in nomine Domini" („Błogosławiony, który przychodzi w imię Pana"), myślałby, że chodzi o... Benedykta! Jeśli tak, jeśli „muhammad" to tyle co „błogosławiony", byłoby to określenie Jezusa. Po pochwale Boga następowałaby pochwała sługi i posłańca Bożego. Nie należałoby wtedy – pisze za Luxenbergiem Gnilka – tłumaczyć tej inskrypcji, jak to się tradycyjnie robiło: „Muhammad (jest) sługą Boga i Jego posłańcem", lecz „Niech będzie błogosławiony sługa Boga i Jego posłaniec". W domyśle Jezus. Tak samo nie wolno tłumaczyć innego fragmentu tak, jak to się przyjęło: „Mesjasz Jezus, Syn Marii, był tylko posłańcem Boga", ale przeciwnie: „Mesjasz Jezus, Syn Marii, jest tym posłańcem Boga". Nie chodzi tu zatem o Mahometa, lecz o Jezusa.

Takie rozumienie inskrypcji prowadziłoby do rewolucyjnego wniosku, zgodnie z którym pod koniec VII wieku naszej ery islam jeszcze nie istniał, albo przynajmniej że jego znaczenie było niewielkie; napisy w meczecie wyrażałyby nie wiarę muzułmanów, ale chrześcijańskich Arabów, pozostających w opozycji do ortodoksji bizantyjskiej. Wieki przed pojawieniem się islamu trwała zaciekła debata między chrześcijanami z Bizancjum i chrześcijanami Arabami z Syrii. Ci drudzy nie chcieli przyjąć ortodoksyjnej nauki, zgodnie z którą, jak ogłosił to sobór w Chalcedonie, Jezus był jedną osobą, w której współistniały dwie natury, boska i ludzka. Podobnie odrzucali naukę soboru w Nicei, który głosił, że istnieje jeden Bóg w trzech osobach. Arabowie, tak jak heretycy arianie, widzieli w Jezusie tylko człowieka, wielkiego proroka, ale nie zgadzali się przypisywać Mu cech boskich. Zgodnie z tą hipotezą świątynia na skale byłaby pierwotnie arabską świątynią chrześcijańską, a zbudowano by ją w opozycji do Bazyliki Grobu Pańskiego i bizantyjskiej Hagii Sophii. Tak jak cesarz bizantyjski stał na straży ortodoksji trynitarnej – jest jeden Bóg w trzech osobach, Jezus ma naturę boską i ludzką, jest doskonałym człowiekiem i Bogiem, tak al-Malik wyznawał wiarę chrześcijańskich Arabów – nie mówcie trzy, bo Bóg jest tylko jeden, a Jezus jest Jego posłańcem. Inskrypcja ze świątyni na skale oraz sama budowla miały przekazywać główne nauki arabskich chrześcijan, twierdzących, że Jezus był jedynie człowiekiem, a nie Bogiem. Konkluzja? „Chrześcijaństwo syryjsko-arabskie, którego przedstawicielem mógł być kalif Abd al-Malik, trwało przy chrystologii przednicejskiej, a więc sprzed Soboru Nicejskiego I z 325 roku. Ukazywało ono Chrystusa jako Sługę Bożego i broniło jedyności Boga przed nicejską nauką o Trójcy Świętej". Można by zatem uznać, że przyjęło ono herezję arianizmu, podsumowuje Gnilka.

Co jednak zrobić z fragmentem inskrypcji, w którym wprost stwierdza się, że „religią Allaha jest islam..."? Czy nie jest to koronny dowód fałszywości wywodów Luxenberga? Bynajmniej. Wszystko zależy od tego, jakie znaczenie nada się dwóm arabskim terminom: *din* (religia) i *islam* (nazwa tej religii). Otóż według Luxenberga *din* nie oznacza, jak to było później interpretowane, religii, ale to, co słuszne, to, co sprawiedliwe, ład Boży; podobnie termin *islam* w czasach al-Malika nie odnosił się do odrębnej religii, lecz znaczył tyle co „zgodność z pismami". Tak samo „Allah" nie było określeniem muzułmańskiego Boga, lecz po prostu arabskim odpowiednikiem greckiego Theos i łacińskiego Deus – Bóg. Całe tłumaczenie fragmentu inskrypcji brzmiałoby, jak następuje: „Jest czymś słusznym u Boga zachowywać zgodność z Pismem...". O islamie nie ma mowy.

Rozważania te mają bezpośredni wpływ na kwestię historyczności Mahometa i wiarygodności Koranu. Sam Luxenberg zastrzegł się, że „nie posuwa się tak daleko, by twierdzić, że Mahometa czy Koranu w ogóle nie było", chociaż sądzi, że przed Koranem istniała inna księga, zapewne chrześcijańska księga liturgiczna, postać Mahometa zaś jest cokolwiek niewyraźna. Niemiecki badacz stawia nawet hipotezę, że istniały co najmniej dwie postacie, które odpowiadają za powstanie nowej religii: Mahomet I i Mahomet II. Wspomniany przeze mnie Pressburg idzie jeszcze dalej: można mieć wrażenie, że Mahomet w ogóle nie istniał, pojawił się w historii jako wynik pomyłki w tłumaczeniu. Ciągłe zmiany i redakcje Koranu wraz z zapotrzebowaniem społecznym na osobnego arabskiego proroka wytworzyły postać Mahometa, którą wtórnie wprowadzono do świętej księgi. Mam jednak poważne wątpliwości, czy można przyjąć tak skrajną opinię. Jak wytłumaczyć to, że o Mahomecie, jako o Mamedzie, słyszał Jan z Damaszku? Co miałoby spowodować, że arabscy chrześcijanie nagle porzuciliby wiarę w Jezusa na rzecz wiary w Mahometa? Błędy w tłumaczeniu tego nie uzasadniają. Jeśli „Muhammad" to tyle co „Chrystus", dlaczego Arabowie, inaczej niż Grecy, nie zachowali na stałe zwrotu „Muhammad Jezus"? Jak to możliwe, że jeśli przez wieki zwrot ten wyrażał ich pobożność, nagle, bez żadnego widocznego powodu, „Muhammad" przekształcił się w imię własne i oddzielił od Jezusa? We wszystkich herezjach chrześcijańskich – arianizmie, nestorianizmie, monofizytyzmie – Jezus zachował swą dominującą pozycję. Dlaczego arabskie chrześcijaństwo podążyło inną drogą, przekształcając się w samodzielną religię i podporządkowując Jezusa nieznanemu bliżej Mahometowi? Niezbyt to logiczne. Dalej, jak wytłumaczyć fakt, że w Koranie, nawiązującym tu rzekomo do arabsko-syryjskiego chrześcijaństwa, brak wiary w konieczność zbawienia, w krzyż, w zmartwychwstanie? Rozumienie Boga, rola przypisywana prawu, odrzucenie ofiary krzyża sprawiają, że przesłanie Koranu znacznie bliższe jest nie chrześcijaństwu, ale judaizmowi. To zaś powinno prowadzić do wniosku, że twórca świętej księgi musiał pozostawać w ścisłym związku ze społecznością żydowską, przynajmniej na początku swojej działalności. Co zaś się tyczy samego Mahometa, to mimo wszystko trudno sobie wyobrazić, żeby pojawił się on tak późno, jak chce tego szkoła Luxenberga. Gdyby nie Prorok, dlaczego Arabowie mieliby przyjąć Koran? Nawet najbardziej ceniony lekcjonarz nie mógłby przecież wyprzeć samych świętych pism! Trudno uwierzyć, że Koran sam narzucił się Arabom, bez stojącego za nim autorytetu człowieka. To wbrew wszelkim regułom prawdopodobieństwa historycznego.

Jedno jest pewne. Widać, jak wiele jest jeszcze pytań o początki islamu, na które dopiero zaczęto szukać odpowiedzi. Zostawiam je na boku, bo przy obecnym stanie wiedzy nie da się ich rozstrzygnąć. Niezależnie od tego, czy Mahomet był uczniem żydowskich rabinów, czy chrześcijańskim heretykiem, islam, który podbija Zachód, widzi w nim ostatecznego posłańca Boga. Nawet jeśli ten oficjalny obraz nie odpowiada prawdzie historycznej, to z nim stykają się miliony, to on jest im przekazywany i to on podbija serca i umysły. Dla zrozumienia fenomenu popularności islamu ważniejszy od wiedzy o prawdziwym, historycznym Mahomecie jest jego obraz, który przechował się w pamięci muzułmanów, w ich tradycji.

Świątynia Adama

Cesarstwo bizantyjskie pod wodzą imperatora Herakliusza w 614 roku pokonało Persów i odzyskało panowanie nad Jerozolimą. Zbezczeszczone kościoły wróciły do rąk wyznawców. Można było sądzić, że niewiele trzeba, by kolejni imperatorzy powiedli bizantyjskie wojska jeszcze dalej na Wschód i zadali Persom ostateczny, śmiertelny cios. W oczach cesarza przyszłość zdawała się pełna nadziei. Mógł wierzyć, że Bóg, który łaskawie wysłuchał błagań wiernych i dał zwycięstwo nad Persami, nadal będzie sprzyjał chrześcijańskiemu cesarstwu. Ani on, ani jego dwór, ani patriarcha nie wiedzieli, że w tym samym czasie kilka tysięcy kilometrów od stolicy imperium pewien młody mężczyzna usłyszał na pustyni, jak mu się wydawało, głos anioła, wzywający go, by recytował Słowo Boga. I że zorganizuje on jedną z najlepszych i najbardziej bitnych armii, która obwieści światu nową religię. Choć brak śladów archeologicznych i dokumentów, które by tę opowieść potwierdzały, muzułmanie powszechnie w nią wierzą.

Jaka była przedmuzułmańska Arabia? Obszar ten, miejsce narodzin islamu, Al-Hidżaz, jest położony między Syrią na północy, Morzem Czerwonym na zachodzie, krainą Asir i Jemenem na południu a pustynią na wschodzie. Deszcz pada tam rzadko, a brak wody jest dojmujący. Gdy jednak wreszcie niebo się zlituje, wówczas strumienie ześlizgują się po wulkanicznej glebie; jedyne zasoby wody pitnej znajdują się w oazach i rozrzuconych na ogromnych obszarach studniach i źródłach. „W VII w. rejon Mekki jest jednocześnie ośrodkiem handlowym i religijnym Arabii. Jarmarki łączą się z pielgrzymkami – umrą do Al-Kaby i hadżdżem do Arafatu" – pisał Gaudefroy-Demombynes, znakomity badacz francuski, autor „Narodzin islamu".

W samej Al-Kabie w Mekce pogańscy Arabowie mieli czcić trzystu sześćdziesięciu bożków, reprezentujących każde bóstwo czczone na Półwyspie Arabskim. Było to najbardziej znane miejsce pielgrzymkowe na całym półwyspie. To do niego zewsząd zmierzały karawany, przywożąc drogocenne towary z obszaru całego Bliskiego Wschodu. Poganie wierzyli, że świątynię tę zbudował Adam, pierwszy człowiek, potem została ona zniszczona przez wody potopu i odbudowana przez Noego. O Al-Kabie zapomniano na długie wieki, dopóki nie odkrył jej znowu Abraham, który odwiedził tam Izmaela, swego pierworodnego syna, i jego matkę, niewolnicę Hagar, wygnanych za sprawą biblijnej Sary na pustynię. Inna tradycja łączyła Al-Kabę z pobliską studnią zwaną Zamzam, nawadnianą silnym podziemnym źródłem. Tradycja ta mówiła, że woda wytrysnęła w tym miejscu, pozwalając Hagar i Izmaelowi ugasić pragnienie.

Wszystko to są jednak późniejsze, legendarne przekazy. Pochodzenie Al-Kaby pozostaje nieznane. „Jedyne, co badacze mogą stwierdzić z jakąkolwiek dozą pewności, to że w szóstym wieku ta mała świątynia z błota i kamienia stała się ośrodkiem życia religijnego w Arabii epoki przedmuzułmańskiej, czyli w równie intrygującym co niezrozumianym okresie pogaństwa, który muzułmanie nazywają dżahilijja – »czas niewiedzy« – pisze Aslan. Z tego to okresu bałwochwalstwa i politeizmu miał ich wyprowadzić Mahomet. Tak brzmi wersja oficjalna. Jak to jednak pogodzić z faktem, że już w VI wieku cały półwysep był schrystianizowany? Niektórzy historycy, jak Pressburg, utrzymują nawet, że sama Al-Kaba była pierwotnie chrześcijańską świątynią.

Z pewnością nie wszyscy mieszkańcy tego regionu byli politeistami. Ważną rolę wśród Arabów odgrywały plemiona żydowskie, mieszkające tam od wieków.

Podobnie Arabowie stykali się z zaratusztrianami, wyznawcami religii perskiej. Kim byli arabscy chrześcijanie? Jeśli zaaprobować ustalenia Luxenberga, arabskie chrześcijaństwo miało charakter ariański. Z drugiej strony wiadomo, że na wschodzie cesarstwa dominowali monofizyci, którzy sądzili, że w Jezusie obecna była jedynie natura boska.

Światło między oczami

Tradycja muzułmańska mówi, że Prorok urodził się w 570 roku. W tym czasie Abraha, chrześcijański władca Abisynii, zaatakował Mekkę z oddziałem słoni i próbował przy tym zniszczyć Al-Kabę. Znowu jednak można mieć wątpliwości, na ile jest to późniejsza tradycja, która chciała nadać narodzinom Mahometa szczególne znaczenie i powiązać je z powszechnie zapamiętanym faktem, a na ile jest to prawdziwa opowieść. Wydaje się, że rok 570 nie jest ani właściwym rokiem narodzin Mahometa, ani rokiem abisyńskiego najazdu na Mekkę; według współczesnych badań to epokowe wydarzenie miało miejsce w 552 roku – twierdzą historycy. Gaudefroy-Demombynes z kolei słusznie wskazuje na to, że „wielcy prorocy nie są wcale ludźmi skromnego, nieznanego pochodzenia. Według tradycji biblijnej, takiej, jaką znał Mahomet oraz jemu współcześni Żydzi i chrześcijanie, Jezus pochodził z rodu Dawida. Trzeba więc, aby Mahomet z kolei pochodził z rodu Adnana i żeby tym samym cała genealogia Kurajszytów nabrała większego znaczenia". Opowieści o narodzinach Mahometa wyraźnie wzorowane są na wcześniejszych przekazach o narodzinach Jezusa. Z jednym ważnym wyjątkiem: w przeciwieństwie do Jezusa Mahomet nie rodzi się z dziewicy.

Mahomet miał wywodzić się z rodu Haszymitów, którzy byli częścią potężnego szczepu Kurajszytów. Jego ojciec, o imieniu Abd Allah, w wieku 24 lat miał być, twierdzą hadisy, najpiękniejszym mężczyzną wśród Kurajszytów: „Powiedziano o jego okazałej postawie i o jego twarzy Aminie, córce Wahba, i spytano, czy chce go poślubić. Amina wyraziła zgodę i Abd Allah się z nią połączył". Tenże Abd Allah, gdy podróżował na spotkanie swej wybranki, został zatrzymany przez niejaką Fatimę, która dostrzegła światło między jego oczami i zapragnęła mu się oddać. Abd Allah jednak odmówił, poszedł do Aminy, która od razu zaszła w ciążę. Skąd się wzięło światło? Podobnie jak Duch, *ruh*, wniósł tchnienie Boże w łono Marii, matki Jezusa, tak anioł przekazał Abd Allahowi promień światła Boskiego, *nur*. Nieco później Abd Allah chciał skorzystać z zaproszenia Fatimy, ta jednak zobaczyła, że światła nie ma, i odtrąciła zalotnika.

Choć według sunny Abd Allah umarł przed narodzinami Mahometa, zostawiając po sobie w spadku kilka wielbłądów i owiec, nadzwyczajne znaki wybrańśtwa towarzyszyły jego matce. Amina słyszy głos anioła, który jej mówi: „Nosisz w sobie Pana tego ludu, a kiedy się narodzi, powiedz: »oddaję go pod opiekę Jedynego, żeby chronił go przed złem zawistników«, potem nazwij go Mahomet". Według innych znowu przekazów głos kazał nazwać syna Ahmad, co miało być rzekomo nawiązaniem do słów Jezusa z Ewangelii Świętego Jana, (14,26), zapowiadających przyjście Wspomożyciela. W chrześcijańskim rozumieniu chodziło oczywiście o zesłanie Ducha; muzułmanie jednak szukali dla Mahometa zapowiadających go proroctw i znaleźli je w tych słowach. Sunna zna wiele innych cudownych opowieści towarzyszących narodzinom Mahometa. Wszystkie miały podkreślać jego wczesne wyznaczenie na posłańca Niebios. Kiedy miał sześć lat, umarła mu matka.

Widać, jak w tych opowieściach miesza się tradycja przejęta z Ewangelii oraz elementy lokalnego folkloru arabskiego. Aslan pisze, że „jeśli opowieści o dzieciństwie Mahometa wydają się znajome, to dlatego, że stanowią proroczy topos: skonwencjonalizowaną fabułę literacką, którą można znaleźć w większości mitologii. Tak jak opowieści o dzieciństwie Jezusa w Ewangelii, te historie nie mają być relacją z historycznych wydarzeń, tylko mają wyjaśnić tajemnicę proroczej tożsamości". Bardzo to wątpliwe. Przekazy ewangeliczne, z jednym wyjątkiem Łukasza, w ogóle nie zajmują się dzieciństwem Jezusa i nie przedstawiają też żadnych cudów, których miałby On dokonać. Cudowność narodzin bierze się stąd, że Jezus rodzi się, mimo że Maryja nie współżyła z Józefem – na zewnątrz, dla postronnego obserwatora w urodzinach Jezusa nie było nic nadzwyczajnego. Tylko jeśli przyjąć, że wszelkie opowieści o aniołach są zmyślone, można stwierdzić, że relacje chrześcijańskie i muzułmańskie są sobie równe.

W VII wieku w Arabii, a tym bardziej w wiekach IX i X opowieści ewangeliczne były doskonale znane. Można zatem stwierdzić, że opisy narodzin Mahometa czerpały ze sprawozdań ewangelicznych; nie da się natomiast dowieść, że również opowieści o narodzinach Jezusa z Dziewicy należały do ogólnego gatunku mitologicznego. Przeciwnie, akurat poświęcone narodzinom Nazarejczyka fragmenty Ewangelii Mateusza i Łukasza są, co się tyczy języka, stylu i metafor, nasycone semityzmami. Grecy lubowali się w opowieściach o związkach bogów i ziemianek, jednak miały one wyraźny sens erotyczny. Bóg, Zeus, Apollo czy Dionizos, zapładniał kobietę. Bogowie pogańscy najpierw kobiety uwodzili, porywali lub gwałcili, a te poczynały. Żadna z nich nie była dziewicą! W przekazach ewangelicznych nie ma nawet cienia takiego podtekstu.

O ile wszystko wskazuje na to, że Mahomet już w wieku chłopięcym został sierotą, to matka Jezusa przeżyła śmierć syna; uczestniczyła też w życiu pierwszego Kościoła i mogła być bezpośrednim źródłem informacji dla świętego Łukasza. W czasie kiedy powstawały opowieści o narodzinach Jezusa, żył prawdopodobnie również Jego przyrodni brat Jakub, a zapewne też inni bracia i być może siostry przyrodnie. Więcej. O ile żydowska tradycja znała przypadki narodzin synów, którzy mieli potem odgrywać nadzwyczajną rolę, z matek starych i zapewne już bezpłodnych, jak Sara, żona Abrahama, czy Anna, żona Helego, to Jezus urodził się, kiedy Maryja była młoda i płodna. Zgodnie z ówczesnym obyczajem, wychodząc za Józefa, mogła mieć 13 lat.

Tradycji biblijnej obce było przeświadczenie, że Mesjasz ma się narodzić z dziewicy, to znaczy bez udziału ojca: w taki sposób nie przyszedł na świat nikt przed Chrystusem. Biblia wspominała o związkach synów Bożych z córkami ludzkimi, jednak tylko po to, by je potępić. Charakterystyczne jest zachowanie świętego Mateusza. Stara się on za wszelką cenę znaleźć biblijną przepowiednię o narodzinach Mesjasza z dziewicy. Nie może jednak wskazać właściwego tekstu hebrajskiego i odwołuje się do greckiej Septuaginty, mówiącej o pannie, która porodzi syna, co sugeruje jej dziewictwo. Nie ma wątpliwości, że wiara w narodziny Jezusa z Dziewicy była czymś, co święty Mateusz już napotkał i dla czego starał się znaleźć uzasadnienie. Podobnie w jednym z fragmentów Ewangelii Świętego Marka przeciwnicy Jezusa mówią o Nim, że jest synem Marii, co może świadczyć o tym, że wiara w narodziny z Dziewicy sięgała samych uczniów Nazarejczyka. Ewangeliści nie odwoływali się zatem do ogólnego toposu, nie powielali powszechnie przyjętego wzorca. Opowieści o narodzinach z Dziewicy były czymś nowym, nieznanym starożytnemu światu, tak pogańskiemu, jak żydowskiemu.

Mimo różnic w szczegółach tradycje zgadzają się, że Mahomet należał do podupadającego rodu Banu Haszim, z którym rywalizowali Umajjadzi. Nie tylko przyszedł na świat po śmierci ojca, ale zanim dorósł, umarł również jego dziadek i zgodnie z arabskim obyczajem pozbawiono go dziedzictwa ze strony ojca. Większość jego najbliższych krewnych była kupcami, od młodości zatem Mahomet towarzyszył w wyprawach swojemu stryjowi Abu Talibowi. Był to jego najbliższy męski krewny, razem zapewne podróżowali do Syrii. Przełomem w życiu Mahometa było poznanie Chadidży, kupieckiej wdowy. Zatrudniła go ona do pracy w charakterze przewodnika karawan. Ponoć doszły do niej słuchy o jego „prawdomówności, lojalności i szlachetności”, dlatego oddała mu kierownictwo nad ekspedycją do Syrii. Wyprawa zakończyła się wielkim powodzeniem, zyski były dwukrotnie wyższe, niż tego oczekiwano. Z wdzięczności Chadidża zaproponowała mu małżeństwo. Mahomet się zgodził. Miał wtedy lat dwadzieścia pięć, ona zaś czterdzieści. W ten sposób zdobył silną pozycję i bogactwo. Wciąż jednak, mówi tradycja, czegoś mu brakowało, wciąż był niespokojny. Zdarzało się, że usuwał się od ludzi na pustkowie, gdzie mógł do woli rozmyślać i szukać sensu życia.

Nakaz recytowania

Oto moment kluczowy, chwila przełomowa. Pewnego razu, kiedy samotny przebywał na ustroniu, miał objawienie. „Wtedy, pewnej nocy 610 roku, oddając się medytacji na górze Hira, Mahomet przeżył coś, co miało zmienić świat" – pisze Aslan. Według Bruce'a Lawrence'a „pewnej nocy ramadanowej w 610 roku, kiedy miał około czterdziestu lat, poczuł w sobie dziwne poruszenie. [...] Było głębokie, pociągające. Opanowało go, a potem pojawiły się słowa, słowa, które nie pochodziły od niego: »Recytuj!«". Mahomet doznaje – opowiada z kolei Gaudefroy-Demombynes – „wiarygodnej wizji", która go oświeca jak różowy blask jutrzenki. „W dalszym ciągu błąka się pośród skał góry Hira; *malak*, powiedzmy, anioł, mówi mu: »Recytuj, *ikra*«, a kiedy Mahomet odpowiada: »Nie umiem recytować«, anioł chwyta go i gwałtownie nim potrząsa, trzykrotnie powtarzając rozkaz". Anioł miał pokazać Mahometowi cudowną materię, brokat, na którym spisane było objawienie; odczytał mu je i nauczył recytować. „Należy tedy – stwierdza francuski uczony – unikać stosowanego nieraz tłumaczenia *ikra* jako »czytaj«". Recytuj to znaczy powtarzaj z pamięci to, co zostało z góry już dla ciebie przygotowane. Ten, kto recytuje, niczego nie wymyśla i nie przynosi od siebie; dobry recytator właściwie wypowiada z góry przygotowane dla niego kwestie.

Tym, czym dla Mojżesza było objawienie Boga w krzaku gorejącym, dla Mahometa stało się wezwanie na górze Hira. Słowa z nieba kazały mu recytować. Oczywiście słowa same nie mówią. Ktoś musiał je do niego wypowiedzieć. Kim właściwie był ten, kto wydał rozkaz? Z Koranu nie sposób się dowiedzieć. Czy do Mahometa przemawiał sam Bóg? Jego Duch? Anioł? Francuski historyk pisał o trochę niejasnej hipostazie Bożej. Jest on niekiedy nazywany Duchem wiernym, *ar-ruh al-amin*, gdzie indziej zaś duchem świętości: *ruh al-kudus*. Jest też aniołem Gabrielem wysłanym przez Boga, który to zstępuje z nieba, przynosząc tekst wiecznej księgi. Tak czy inaczej, tożsamość tego tajemniczego kogoś pozostaje trudna do ustalenia. W każdym razie Mahomet nie powinien spieszyć się z przekazywaniem objawienia słuchaczom. „Nie spiesz się z Koranem, dopóki nie zostanie dla ciebie zakończone jego objawienie" (Koran XX,114). Gabriel sam miał zjawiać się co roku w rocznicę Nocy Przeznaczenia – kiedy Koran zstąpił do niższego nieba – aby wraz z Mahometem skontrolować objawienie danego roku.

Miesiącem objawień miał być zawsze ramadan; rolą Mahometa miało być wierne powtarzanie słów zasłyszanych z ust anielskich: „Powiedz: »Nie do mnie należy, bym go zmieniał z własnej woli. Ja tylko postępuję za tym, co mi zostało objawione. Zaprawdę, obawiam się – jeśli się zbuntuję przeciwko memu Panu – kary Dnia Wielkiego«!" (Koran X,15). Mahomet długo obawiał się, czy to, co słyszy, nie pochodzi od demona, dżina. Tak, słowa przychodziły spoza niego, spadały nań i towarzyszyło im wezwanie do powtarzania i recytowania, skąd jednak wiadomo, od kogo naprawdę pochodziły? Czy to, czego doświadczał, nie było tylko przykładem ekstazy, uniesienia, jakichś dziwnych stanów epileptycznych? We współczesnej mu Arabii wielu było wieszczków, tak zwanych kahinów, którzy wpadali w trans i recytowali potem wiersze, powołując się na Boże natchnienie. Mahomet stanowczo nie chciał być jednym z nich. Wtedy to ponoć usłyszał: „Mahomecie! Jesteś wysłannikiem Boga, a ja jestem Gabriel". Kupiec z Mekki został tym samym posłańcem Boga – rasulem. Przez dwadzieścia trzy lata wyrecytuje cały tekst Koranu, będzie od tej pory znany jako Rasul Allah – Posłaniec Boga. Tak przynajmniej opisuje to, powtarzam, tradycja muzułmańska.

Z Koranu nie sposób się dowiedzieć, jakie były dokładnie okoliczności pierwszego objawienia. Aslan stwierdza, że źródła są nieprecyzyjne, niekiedy sobie zaprzeczają. „Ibn Hiszam pisze, że Mahomet spał, kiedy wizja przyszła do niego w postaci snu, a At-Tabari twierdzi, że Prorok stał, kiedy objawienie rzuciło go na kolana, ramiona mu zadrżały i chciał się odczołgać". Co się dzieje dalej? Poruszony Mahomet wraca do swojej żony. Ta przygarnia go, uspokaja i przyjmuje jego naukę. Według hadisów: „Synu mojego stryja! – zawołała, używając tego samego imienia co kiedyś, piętnaście lat wcześniej, gdy mu proponowała małżeństwo. – Synu mojego stryja, uspokój się i raduj! W imię tego, który obejmuje duszę Chadidży, mam nadzieję, że zostałeś wybrany na proroka tego ludu". To żona zostaje jego pierwszą wyznawczynią, jako drugi wiarę w autentyczność posłania Mahometa przyjmuje Ali, syn Abu Taliba, dorastający w tym samym domu co Prorok i będący najbliższą dla niego osobą po żonie. Ali, który wychował się w domu Chadidży, poślubił córkę Proroka, Fatimę.

Taki jest początek. Powtórzmy to raz jeszcze: udawszy się daleko od ludzkich siedzib, Mahomet, dręczony pytaniami i poszukiwaniami, słyszy głos, który bierze za głos anioła. Ten przemawia do niego z taką mocą, że Prorok nie jest w stanie mu się oprzeć. Wypowiada zdania i wersy tak, jak to czynią natchnieni wieszczkowie, współcześni mu poeci arabscy, kahinowie. Jednak sądzi, że nie jest jednym z nich, a to, co słyszał, pochodzi od Władcy Niebios. Jego pierwszymi uczniami zostają żona, która piętnaście lat wcześniej podarowała mu swoją rękę i miłość, oraz młodszy od niego i zapatrzony weń brat stryjeczny Ali, jeszcze chłopiec.

Potem zapewne wiarę przyjmują inni członkowie rodu Mahometa, jako następny przypuszczalnie Abu Bakr. Jest on niewiele starszy od Mahometa. Jego córka A'isza została ulubioną żoną Proroka, jak twierdzą hadisy, również głównym źródłem wiedzy o jego życiu. Dalsza kolejność nawróceń jest nieznana. Wśród pierwszych wyznawców byli Sad Ibn Abi Wakkas, siostrzeniec matki Mahometa, Aminy, Usman Ibn Affan, wnuk Abd al-Muttaliba, zięć Proroka i przyszły kalif, który przygotował ostateczną redakcję kanonicznej wersji Koranu; Az-Zubair Ibn al-Auwam, siostrzeniec Chadidży i kuzyn Mahometa. Wszyscy oni słyszą proste przesłanie: zbliża się dzień sądu i gniewu. Trzeba pokutować i okazać pełne posłuszeństwo Bogu. Kto uwierzy słowom Proroka, uzna jedynego Boga Allaha, ten zdobędzie władzę na tym świecie i raj w przyszłym. Kto się nie posłucha, tego spotka straszna kara tak w tym, jak i przyszłym świecie.

Czy takie było naprawdę to pierwsze przesłanie? Trudno to bardzo ustalić. Koran dzieli się obecnie na 114 sur, z wyjątkiem pierwszej ułożone są od najdłuższej do najkrótszej. W jaki sposób powstawały? Czy jednocześnie było w obiegu kilka różnych wersji jednego objawienia? Przez wieki wielu uczonych próbowało ustalić chronologię powstawania i dodawania sur. Także obecnie powszechnie rozróżnia się sury mekkańskie, zwykle prostsze, krótsze i bardziej dosadne, oraz medyńskie, późniejsze. W ten sposób uczeni starają się śledzić ewolucję nauk Proroka, od prostego wezwania do pokuty wobec nadciągającego dnia gniewu aż po rozbudowane opowieści na temat wydarzeń przeszłości, reguł współżycia wspólnoty wiernych czy wizji zaświatów. Wiadomo jednak, jak zawodne i niepewne mogą być wszelkie ustalenia oparte na samej treści. Tym bardziej jeśli prawdą byłaby hipoteza Luxenberga, zgodnie z którą oryginalny tekst Koranu nie był zapisem recytacji Mahometa, ale zbiorem fragmentów Pisma Świętego. Żeby naprawdę odkryć kolejność i sens poszczególnych objawień koranicznych, trzeba ostatecznie zwrócić się do tradycji, do hadisów. Te jednak, jak wspomniałem, powstały znacznie później niż tekst Koranu. Tak zatem popada się w błędne koło. Żeby ustalić kolejność sur, należałoby odwołać się do hadisów, te jednak powstały znacznie później, być może, jako komentarze do już istniejących tekstów koranicznych.

Znaki Mojżesza

Wielu badaczy wskazuje na podobieństwa między objawieniem danym Mahometowi a tym, co otrzymali wcześniejsi posłańcy. Najkrócej napisał o tym Aslan: „Islam głosi kolejne objawianie się Boga od Adama przez wszystkich proroków, którzy istnieli we wszystkich religiach. Proroków tych nazywa się po arabsku nabi; zostali oni wybrani, żeby przekazać święte przesłanie Boga całej ludzkości. Ale czasami nabi zostaje obarczony dodatkową odpowiedzialnością przekazania świętych tekstów: Mojżesz objawił Torę; Dawid ułożył Psalmy; słowa Jezusa były natchnieniem Ewangelii". Tym, kim Mojżesz stał się dla Żydów, tym był dla chrześcijan Jezus, a dla muzułmanów Mahomet. Jednak nie sposób nie zauważyć, że – jak doskonale to widział już Jan z Damaszku – spośród różnych, licznych ludzi, którzy występowali z roszczeniem do tego, że otrzymali posłanie z niebios, Mahomet jest jedynym, który każe nam wierzyć... po prostu sobie. Koran nigdzie nie wspomina o żadnych świadkach obecnych w chwili, kiedy to do Mahometa dociera słowo z góry; Mahomet zaś, przekazując je później ludziom, nie powołuje się na żadną nadzwyczajną moc. To odróżnia go zarówno od Mojżesza, jak i Jezusa.

Również Mojżesz znajdował się na odludziu, ściślej mówiąc, wypasał trzodę swojego teścia, kiedy dosięgło go Boże objawienie. „Nagle anioł Pana pojawił się przed nim w płomieniu buchającym z krzewu. Mojżesz widział, jak ogień płonął wśród cierni, lecz ich nie spalał. Pomyślał więc: »Podejdę bliżej i zobaczę to niezwykłe zjawisko. Dlaczego krzew nie obraca się w popiół?«" (Wj 3,2-3). Słowu Boga do człowieka towarzyszy znak, cudowny i niewytłumaczalny fakt: krzew płonie, lecz się nie spala. Czy Bóg mógłby przemówić bez znaku? Zapewne. Można sobie wyobrazić, że do stojącego i pasącego zwierzęta Mojżesza Bóg po prostu mówi: „Mojżeszu, Mojżeszu". Nic trudnego. Cała reszta objawienia byłaby równie autentyczna bez gorejącego krzewu. Można by nawet zapytać, czy nie jest to jakaś niepotrzebna kuglarska sztuczka, efekt specjalny, który zakłóca czystość boskiego przekazu. Cokolwiek by na ten temat sądzili współcześni, Pismo przechowało tę opowieść tak, a nie inaczej: z gorejącym krzakiem. Więcej. Dopiero kiedy to, co niezwykłe i niemożliwe – płonący krzew, który się nie spopiela – przykuło uwagę Mojżesza, kiedy wzbudziło jego podziw, dopiero wtedy doszło do objawienia. „Gdy Pan zobaczył, że zaciekawiony Mojżesz podchodzi, zawołał do niego z krzewu" (Wj 3,4). Nie wcześniej, nie później.

Trzeba się nad tym dobrze zastanowić. Nic z tego, co Bóg powiedział, nie zmuszało Go do cudu z gorejącym krzakiem. „Nie podchodź tu! Zdejmij sandały z nóg, gdyż miejsce, na którym stoisz, jest ziemią świętą. I dodał: »Ja jestem Bogiem twojego ojca, Bogiem Abrahama, Bogiem Izaaka i Bogiem Jakuba«. Mojżesz zakrył twarz, gdyż lękał się patrzeć na Boga" (Wj 3,5-6). Co zrobił Bóg, żeby Mojżesz Go usłyszał i Mu uwierzył? Dokonał cudu, wskazującego, że ma moc nad stworzeniem, i przedstawił się, odwołując się do tych, z którymi wcześniej już się związał. Gorejący krzew miał powiedzieć Mojżeszowi: patrz, oto stoisz tu wobec mocy, która panuje nad stworzeniem; stoisz wobec kogoś, kto ma władzę i potęgę zdolną dokonywać tego, co tobie, nędzny człowieku, nawet nie przyszło do głowy. Oto Bóg, który niemożliwe czyni możliwym, który potrafi spalać krzew tak, że ten się nie spala. Ten Bóg ma nazwisko, ma przeszłość, jest kimś określonym. Wymieniając imiona Abrahama, Izaaka i Jakuba, Bóg podał Mojżeszowi, chciałoby się powiedzieć, swoje rodowe nazwisko. Odsłonił się przed nim jako ktoś święty, ale też bliski; ktoś wszechmocny, ale pozostający w ciągłym związku z ludźmi.

Kiedy już to nastąpiło, Bóg obwieszcza Mojżeszowi, że ma iść do ludu i wyprowadzić go z Egiptu. Ma ludowi powiedzieć, że jest posłańcem Boga. Dokładnie tego samego według Koranu miał żądać Allah, a ściślej, jego anioł, od Mahometa. Mojżesz ma iść do Izraelitów i powiedzieć im, że Bóg dostrzegł ich krzywdę i zamierza wywieść ich z Egiptu. Mahomet też ma pójść do Arabów i ogłosić im, że nie ma Boga oprócz Allaha, i przekazać, jak należy Mu oddawać cześć. Jednak inaczej niż w przypadku Mahometa, Mojżesz pyta Boga, w jaki sposób ma przekonywać Izraela. Bo przecież, w domyśle, każdy człowiek może pójść do innych i ogłosić im, że przychodzi z posłaniem od Nieba. Co będzie dowodem prawdomówności? Wiara nie jest ślepym zaufaniem, skokiem egzystencjalnym w oparciu nie wiadomo o co, ale przekonaniem, że to, co objawione, jest prawdziwe. Mojżesz doskonale przewiduje, że zetknie się z wątpliwościami. „Przecież mi nie uwierzą i nie usłuchają mnie. Powiedzą raczej: »Pan wcale ci się nie ukazał«" (Wj 4,1). Prawdę powiedziawszy, trudno o bardziej zdroworozsądkowe podejście. Mojżesz wie, że tak łatwo nikt mu przecież nie uwierzy. Co z tego, że pójdzie i ogłosi, że przemawia przez niego Bóg. Musi to jakoś udowodnić. Gdyby był posłańcem króla albo faraona, dostałby jakiś znak – pierścień, klejnot, sygnet, pieczęć, pismo – potwierdzający to, że go wysłano. Tym bardziej tak musi być w przypadku Boga. Ale i „Jestem" doskonale to rozumie. Wie, z kim Mojżesz ma do czynienia, zna naturę ludzi, wie, że trzeba tych ludzi przekonać. Tak jak musiał zwrócić uwagę i ciekawość Mojżesza, tak zdaje sobie sprawę, że podobnie trzeba będzie zabiegać o posłuszeństwo Izraelitów. „Pan go zapytał: »Co trzymasz w dłoni?«. Odpowiedział:

»Laskę«. Polecił więc: »Rzuć ją na ziemię«. Gdy tylko laska upadła na ziemię, zamieniła się w węża. Wtedy Mojżesz uciekł przerażony. Pan rzekł do Mojżesza: »Wyciągnij rękę i chwyć go za ogon«. Gdy Mojżesz wyciągnął rękę i chwycił węża, ten w jego dłoni zamienił się w laskę" (Wj 4,2-4). Musiało to zrobić na Mojżeszu wrażenie.

Reakcja musiała być dość podobna do takiej, jaką widać na występach współczesnych magów, kiedy to dokonują niestworzonych rzeczy. Jeśli nawet dzisiaj może się wydawać, że to sposób cokolwiek prosty, Bóg tak właśnie pokazuje swą tożsamość: „To po to, aby uwierzyli, że ukazał ci się Pan, Bóg ich ojców, Bóg Abrahama, Bóg Izaaka i Bóg Jakuba" (Wj 4,5). Tak samo Bóg pokazuje później Mojżeszowi, że ma władzę nad trądem. Wszystko zaś po to, żeby wzbudzić wiarę w ludzie Izraela – jeśli nie przekona ich pierwszy znak, zrobi to drugi. Mahomet nie otrzymuje od Boga, od Allaha, żadnego takiego znaku. Znakiem mają być same Jego słowa, to, co i jak mówi. Problem polega na tym, że nikt z tych, którzy znaleźli się wokół niego, nie mógł poddać jego posłania próbie. Kiedy Mojżesz idzie do Izraelitów, domagają się oni od niego znaku – dokładnie tak, jak to przewidział on sam i Bóg. „[...] a on przed ludem uczynił znaki. Lud, widząc je, uwierzył" (Wj 4,30-31).

Siła woli

Co przekonuje do prawdziwości posłania Chadidżę? Warto wsłuchać się w hadisy. Ponoć kiedy roztrzęsiony i przerażony wizją, jaka go spotkała, Mahomet wrócił do domu, przytulił się do Chadidży, krzycząc: „Przykryj mnie! Przykryj mnie!". Ta miała narzucić na niego płaszcz i mocno przytulić, dzięki czemu minęły drgawki i konwulsje. Mahomet zwierza się żonie ze swoich wątpliwości i podejrzewa nawet szaleństwo, ta jednak go uspokaja: „To niemożliwe, mój ukochany – odparła Chadidża, głaszcząc go po włosach. – Bóg nie potraktowałby cię w ten sposób, bo wie, że jesteś prawdomówny, że można na tobie polegać, zna twój szlachetny charakter i twoją dobroć" – przytacza jeden z hadisów Aslan. Zapewne. Choć można przecież uznać, że te dobre cechy Mahometa mogłyby też zostać wykorzystane przez złego ducha, demona. Kim by się posłużył, gdyby chciał zwieść ludzi? Kimś, kto ma dobre cechy charakteru i szlachetną naturę, czy przeciwnie, kimś, kto budzi niechęć, jest podły i nędzny?

Nie da się też ukryć, że Chadidża nieszczególnie nadawała się na kogoś, kto zada Mahometowi trudne pytania. Jak miałaby się zachować kobieta, która go kochała, z którą był od piętnastu lat, razem idąc przez życie? Oddała mu swój majątek i swoje życie; teraz, kiedy nagle przyszedł do niej, drżąc i wątpiąc, czy słyszał głos Boga, byłaby ostatnią osobą, która mogłaby go odtrącić. I Mahomet zdaje się widzieć, że uznanie i wiara ze strony kochającej Chadidży, wtedy już pięćdziesięciopięcioletniej kobiety, jest dość słabym potwierdzeniem prawdziwości posłania. Wtedy słyszy drugi werset: „Ty nie jesteś, z łaski twego Pana, człowiekiem opętanym! Zaprawdę, dla ciebie będzie z pewnością nagroda należyta! Zaprawdę, ty jesteś obdarzony wspaniałym charakterem! Zobaczysz niebawem, i oni zobaczą, który z was jest doświadczony (Koran LXVIII,2-6).

Tylko co właściwie zobaczy Mahomet? Hm, mało to przekonujące. Pogrążony w niepewności co do swego posłania, szukając wciąż potwierdzenia i uznania, borykając się ze sobą i swoimi głosami, nagle słyszy, że: „Ty nie jesteś, z łaski twego Pana, człowiekiem opętanym!”.

Ale tego właśnie chciał. To pragnął usłyszeć. O to zabiegał. Inaczej niż Mojżesz, nie dostał żadnego zewnętrznego znaku potwierdzającego misję. Ani laski, która zamieniałaby się w węża, ani ręki, której dotknięcie dawałoby trąd. Nic z tego. Mahomet raz po raz znajduje się w ekstazie, ma wizje, słyszy głos, recytuje, wyrzuca z siebie niczym wulkan kolejne wersety, działa pod przemożnym wpływem wyższych mocy, czuje się tylko ich narzędziem, posłańcem, głosem. Jednak nie może dowieść, że to, z czym przychodzi, pochodzi od Boga. Ani nie ma władzy nad naturą, ani nie może się powołać na wcześniejsze Boskie obietnice. Nie może jak Mojżesz pójść do Arabów i powiedzieć im, że przychodzi do nich w imieniu Boga, który zawarł z nimi wcześniej przymierze. Nie może dokonać cudów. Nie. Boski głos spada na niego jak grom z jasnego nieba, przychodzi nieuprzedzony i nieprzepowiedziany.

Mahomet ostrzega przed klęskami i sądem ostatecznym, przed gniewem, który może spaść na lud. Jest jak Jeremiasz i Jonasz, zapowiada katastrofy i kary. „Powstań i ostrzegaj!” (Koran LXXIV,2) – słyszy. I dalej: „Ty jesteś tylko ostrzegającym dla tego, kto się obawia” (Koran LXXIX,45). Drugą częścią tego posłania jest też głoszenie dobrej nowiny. To *buszra*, *euangelion*, ewangelia. „My posłaliśmy ciebie z prawdą, jako zwiastuna i jako ostrzegającego” (Koran XXXV,24). Mahomet widzi w sobie proroka, który kontynuuje dzieło Jezusa. „[...] pomoc od Boga i bliskie zwycięstwo. Zwiastuj radosną nowinę wiernym! O wy, którzy wierzycie! Bądźcie pomocnikami

Boga, jak powiedział Jezus, syn Marii, do apostołów: »Którzy będą moimi pomocnikami w dążeniu do Boga?«. Apostołowie powiedzieli: »My jesteśmy pomocnikami Boga!«" (LXI,13-14). Jednak ilekolwiek by jeszcze podobnych formuł się pojawiło, wciąż brak odpowiedzi na kluczowe pytanie: dlaczego Mahometowi należy wierzyć? A przecież chodzi tu o najważniejsze wezwanie, o roszczenie równe temu, które do ludzi przyniósł Chrystus.

Czytając Koran, namacalnie niemal odczuwa się to rosnące napięcie, ten coraz bardziej nieznoszący sprzeciwu nakaz. Wątpliwości się skończyły. Zniknęło gdzieś drżenie, wahania, rozterki. Słychać coraz głośniej i mocniej ten jeden prosty przekaz – wezwanie do posłuszeństwa. Im słabiej jest ono uzasadnione, tym bardziej stanowczo się je wypowiada. Im więcej czasu mija od pierwszej chwili objawienia, im bardziej narasta oczekiwanie na potwierdzenie, tym bardziej wzmaga się bezwarunkowość wezwania. Tak jakby radykalizm wezwań miał zagłuszyć największą słabość nowej religii – to, że jej posłaniec nie może się powołać na żaden cud, żadne nadprzyrodzone i boskie zdarzenie, które by go uprawomocniło. „Wierzcie więc w Boga i w Jego posłańca" (Koran VII,158). Kiedy Żydzi protestują i mówią, że po Mojżeszu nie ma innego wysłannika ani innego pisma po Torze, słyszą: „Słuchajcie Boga i słuchajcie Posłańca! (Koran V,92). Wszyscy już muszą wiedzieć, że nie ma wyboru innego niż posłuszeństwo. To, czego do tej pory słuchali, to, w co do tej pory wierzyli, musi ustąpić przed nowym nakazem. Jeszcze starają się bronić i pytać, jaka jest jego moc, ale w odpowiedzi nie zobaczą znaku ani cudu, lecz bezwarunkowy rozkaz tego, który zwie się już Rasul Allah: „[...] dla tego, kto się sprzeciwia Bogu i Jego Posłańcowi – będzie przygotowany ogień Gehenny, w którym on będzie przebywał na wieki" (Koran IX,63). Nie ma żadnej dyskusji i żadnego badania. Jest czysta wola i nakaz. Ani nie odwołuje się on do cudu, ani nie może się powołać na wcześniejszych posłańców Bożych. Nie próbuje przekonywać, wysuwać argumentów. Co z tego, że Koran wymienia proroków, nabich, Jezusa, Abrahama, Izaaka, Jakuba, Mojżesza, Aarona, Izmaela, Idrisa, skoro nie dostrzega między nimi żadnej istotnej więzi, rozwoju, wzrostu. Prorocy przeszłości są jak osobne planety, oddzielone od siebie miliardami lat świetlnych. Być może, Mahomet został posłany przez Boga, jednak, inaczej niż Jezus czy Mojżesz, nie dostarczył na potwierdzenie swej misji żadnego innego świadectwa poza swoim coraz głośniejszym i coraz bardziej nieznoszącym sprzeciwu wezwaniem do poddania się i posłuszeństwa Bożej woli. I choć zwiastowany przez niego Bóg nazywany jest nieustannie „Miłosiernym i Litościwym" (basmala), to jego litość i miłosierdzie nie przejawiły się w najdrobniejszym nawet ustępstwie wobec ludzkiego pragnienia zrozumienia.

Jest Litościwy, ale, inaczej niż Jahwe, nie potwierdził w oczach ludzi swojej mocy żadnym cudem; jest Miłosierny, ale inaczej niż Bóg Ojciec, nie odkupił ludzi i nie przelał za nich krwi swego Syna. Nieskończenie przekracza wszystko, co ludzkie; jest tak obcy i inny, że nie zniży się nawet do tego, żeby dać Mahometowi moc, by ten mógł przekonywać do swoich nauk jak Mojżesz. Prorok uważa siebie za następcę Jezusa, inaczej jednak niż Nazarejczyk, nie próbuje nawet dowodzić i uzasadniać swej misji. Być może dlatego, że Mahomet w pierwszym rzędzie zwraca się do swoich pobratymców, którzy są poganami; przychodzi do nich z posłaniem innego Boga, nowego Boga; mówi im o tym, o czym nigdy jeszcze nie słyszeli. Jego nauka nie jest rozwinięciem starego przekazu, uzupełnieniem i wzrostem, ale czymś całkiem nowym. Kiedy Mojżesz idzie do ludu, mówi im o Bogu ich ojców; kiedy Jezus przychodzi do ludzi, wskazuje na swoje pochodzenie z rodu Dawida, mówi, że w Nim spełnia się to, co zostało przepowiedziane. Może odwołać się do wspólnego wszystkim, a przynajmniej większości, oczekiwania.

Wśród bliskich

Pierwszymi uczniami Mahometa są jego żona, piętnaście lat starsza Chadidża, i młody chłopiec, jego niemal wychowanek. Kiedy Jezus naucza w Kafarnaum, Jego bliskich nie ma z Nim. Przeciwnie. „Pewnego razu wszedł do domu, a zbiegł się taki tłum, że nie mieli chwili na zjedzenie chleba. Gdy Jego krewni usłyszeli o wszystkim, przyszli, aby Go powstrzymać. Mówiono bowiem, że odszedł od zmysłów" (Mk 3,20-21). Inna Ewangelia zaś, ta, którą spisał święty Jan, wprost stwierdza, że: „Jego bracia bowiem nie wierzyli w Niego" (J 7,5). Tak samo trzeba pamiętać o innych słowach Jezusa: „Zapewniam was: Żaden prorok nie jest mile widziany w swojej ojczyźnie" (Łk 4,24). Nazarejczyk tym sposobem gorzko podsumował przyjęcie, jakie zgotowali Mu najbliżsi.

Ciekawe zatem, że los Mahometa temu przeczy. Choć w Mekce spotyka się z oporem wpływowych Kurajszytów, to akurat na bliskich, na krewniaków, może od początku liczyć. Mahomet pokazywał, że kto mu uwierzy i ruszy wraz z nim wyznawać Allaha, może liczyć na zwycięstwo. Posłuszeństwo miało przynieść potęgę i moc. Kto słuchał Mahometa, mógł liczyć na życzliwość Allaha. I na jej widome znaki: powodzenie, uznanie, bogactwo, władzę. Inaczej było w przypadku Jezusa – opór bliskich był naturalny, bo Jego przesłanie nie obiecywało zwycięstwa.

W całym świecie starożytnym, a pewnie i współczesnym, bliscy władcy mogli liczyć na to, że spotkają ich przywileje. Bracia, siostry, kuzyni, stryjowie, wujkowie – cały klan miał skorzystać na wyniesieniu i powodzeniu jednego z nich. Jezus zyskuje uznanie, gromadzi ludzi, okazuje moc, pretenduje do roli przywódcy – powód do dumy i radości dla całej rodziny. Jednak Ewangelie opisują całkiem inną historię. Najbliżsi chcą powstrzymać Jezusa, podejrzewają Go o szaleństwo. Bo ten ich krewniak, zamiast zachowywać się jak rasowy kandydat do najwyższego urzędu wodza, zamiast obnosić się z potęgą i dzielić nią z nimi, chce się z nimi dzielić... cierpieniem. Mało to atrakcyjne. Sama natura nauki Jezusa odpychała od Niego bliskich, których ewangelista Marek nazywa braćmi i siostrami. Owszem, po Zmartwychwstaniu jeden z nich, Jakub, zdobywa sobie niezwykły autorytet, jest jednym z filarów Kościoła, kieruje wspólnotą w Jerozolimie. Jednak wcześniej „nie wierzył w Niego". Nie tylko dlatego, że Jezus nie dokonywał znaków i uzdrowień, ale dlatego, że niewiele poza zapowiedzią krzyża miał swoim bliskim do zaoferowania. Po ludzku patrząc, nic zgoła. Bracia i siostry pretendenta do tytułu króla mogli oczekiwać, że należy im się część splendoru – jakież to jednak dobra miał do rozdania Jezus? Bliscy, bracia i siostry, kuzyni i kuzynki, musieli patrzeć na Niego z rosnącą irytacją i rozdrażnieniem. Zamiast się Nim szczycić, wstydzili się

Go. Opowiadał o jakimś dziwnym królestwie, w którym służba miała zastąpić władzę, cierpienie – rozkosz, a znoszenie niesprawiedliwości – jej zadawanie.

Mahomet zdobywa pierwszych uczniów, bo zarówno Chadidża, jak i Ali widzą korzyści z nawrócenia. Widzą wzburzenie Proroka, słyszą, jak recytuje wersy, które zdają się zawierać boskie posłannictwo, i wierzą, że posłuszeństwo przyniesie nagrodę.

„Bóg nie miłuje żadnego niewiernego grzesznika! Zaprawdę, ci, którzy wierzą i czynią dobre dzieła; ci, którzy odprawiają modlitwę i dają jałmużnę – będą mieli nagrodę u swego Pana; nie doznają strachu i nie będą się smucić!" (Koran II,276-277).

Wiernych czeka nagroda tak w tym, jak i przyszłym świecie. Tak, na początku danie wiary Mahometowi może narazić na prześladowanie i kłopoty, jednak widać, że lada moment karta się odwróci. Członkowie klanu Mahometa przystają do niego powoli, przekonuje ich siła jego woli, uderza, być może, niezwykłość recytacji i wiara w to, co mówi. Nie potrzebują dodatkowego potwierdzenia. Wreszcie, kiedy będą zmuszeni uciec z Mekki do Medyny, robią to, bo wierzą, że w tej rozgrywce ostatecznie pokonają bogatych Kurajszytów. I zrobią to tak, jak to się zawsze działo: użyją podstępu i siły, pokonają wrogów, zmuszą ich do kapitulacji, wygrają.

Fragment z jaskini

Kiedy zwolennicy Jezusa chcą przekonać ludzi o prawdzie Jego posłania, odwołują się, tak jak to było w przypadku Mojżesza, do wskazywania na to, co nadzwyczajne i nadprzyrodzone. Po pierwsze powołują się na świadectwo Jana Chrzciciela, prawdziwego proroka. Ten to zapowiada, że nie tylko sam nie jest oczekiwanym Wyzwolicielem, ale że zaraz po nim taki Wyzwoliciel przyjdzie. Powołują się na to, że kiedy Jan ochrzcił Jezusa w Jordanie, nastąpiło niezwykłe zjawisko: „Zaraz po tym, kiedy wychodził z wody, ujrzał niebo otwarte i Ducha, który zstępował na Niego jakby gołębica. I rozległ się głos z nieba: »Ty jesteś moim Synem umiłowanym, Ciebie upodobałem sobie«" (Mk 1,10-11). Czytelnik, który styka się z tą opowieścią, rozumie, o co tu chodzi: mówi mu się, żeby uwierzył, bo tego domaga się od niego głos Boga. Oczywiście czytelnik może wątpić. Ma do tego prawo, wie przecież, że wielu ludzi uważało siebie za wybawicieli i posłańców Niebios. W tym samym czasie, kiedy powstawały Ewangelie choćby, raz po raz pojawiali się Żydzi, którzy obiecywali ludowi wyzwolenie. Twierdzili, że kto uda się z nimi na pustynię, będzie mógł potem wrócić do świętego miasta i zobaczy upadek Rzymian; inni ogłaszali, że na ich słowo rozstąpią się wody Jordanu, a nieprzyjaciel pierzchnie przerażony. Mówić o sobie wielkie rzeczy to mało. Potrzebne były dowody mocy.

Dlatego nie wystarczy powołać się na opis chrztu, konieczne są inne wiarygodne dowody, że Jezus miał władzę, która pozwoliła Mu występować w imieniu Boga. Same nauki Zbawiciela mogły budzić zaskoczenie, jednak tym, czego oczekiwali od Niego współcześni, musiały być czyny. Dlatego Jezus musi pokazać, że dysponuje nadludzką mocą. Tak jak Mojżesz zamienił laskę w węża i samym dotykiem uwolnił od trądu, tak Jezus dotyka człowieka z uschłą ręką, uwalnia opętanych, wskrzesza umarłych, przechadza się po jeziorze, ucisza burzę. Kto chce reprezentować Niebo, kto chce być posłańcem wśród ludzi, musi tego wiarygodnie dowieść. Ta moc, która wyróżnia Jezusa, staje się także udziałem Jego uczniów. „Tym, którzy uwierzą, takie znaki będą towarzyszyć: W moje imię będą wyrzucać demony, będą mówić nowymi językami, węże będą brać do rąk, i choćby wypili coś zatrutego, nie zaszkodzi im. Będą na chorych kłaść ręce, a ci zostaną uzdrowieni" (Mk 16,17-18). To słowa wygłoszone przez zmartwychwstałego już Jezusa, ale doskonale opisują one obietnicę składaną wierzącym. Gdyby nie ta niezwykła potęga, której przejawy mogli widzieć obecni, Jezus nigdy nie miałby szansy zdobyć posłuchu. I sam doskonale zdaje sobie z tego sprawę.

Jezus nie mógł jak Mahomet przyjść do swoich bliskich i po prostu obwieścić, że przekazuje im objawienie. Choćby zaskakiwał ich mądrością, kunsztem wypowiedzi, stylem, to co nowego o czci Boga mógł powiedzieć Żydom? Czy układał psalmy wspanialsze niż Dawid? Mówił piękniej niż autor Księgi Hioba? Był wśród ludzi, którzy znali najpiękniejszą poezję religijną, jaką stworzył człowiek. Czym można było ich zaskoczyć? Czy można było znaleźć bardziej poetyckie metafory niż te, które przekazywali wcześniej wielcy prorocy Izraela, Izajasz czy Ezechiel? Tak, Mahomet, opiewając jednego Boga, mógł budzić podziw wśród pogańskich Arabów; słysząc go, sądzili, że objawiło im się coś nowego. Wszakże wyobraźmy sobie Jezusa, który zwraca się do Żydów – aby Go przyjęli i Mu uwierzyli, musiał ich przekonać czymś więcej niż twierdzeniem, że Bóg jest jeden. To akurat wyznawał od dzieciństwa każdy Żyd! Każdy odmawiał przecież, może nawet dwa razy dziennie, modlitwę Szema, każdy mówił: „Słuchaj, Izraelu, Twój Bóg jest jeden!".

Ani jedność Boga, ani Jego panowanie nad światem, ani Jego troska o ludzi, ani Jego miłosierdzie nie były w uszach słuchaczy Jezusa – inaczej, niż to było w przypadku słuchaczy Mahometa – czymś nowym i oryginalnym. Tym, co nowe, było to, że teraz, właśnie wtedy, kiedy żyli, właśnie w tym momencie dziejów, dawne obietnice dane narodowi miały się spełnić, bo w osobie Jezusa przyszedł do nich sam Jahwe, który jak przed wiekami postanowił wyprowadzić ich z ziemi niewoli. Wówczas ziemią niewoli był Egipt, teraz ziemią niewoli była Palestyna. Lecz Jahwe nie zapomniał o swoich obietnicach, przyszedł wybawić swój lud z niewoli grzechu, stokroć potężniejszej niż niewola faraona czy cesarza. Bóg, który jest jeden, ma też Syna i posłał Go na ziemię z nieznającej granic miłości do ludzi. Ten Bóg, którego Żydzi najchętniej wyobrażali sobie w owych czasach jako króla i władcę, w naukach Jezusa okazywał się przede wszystkim dobrym gospodarzem, zarządcą, siewcą, Ojcem; Jego własnym, jedynym, ale także Ojcem ludzi. To właśnie było nowe i oryginalne: nauka o tym, jak bardzo bliski człowiekowi jest Bóg, jak bardzo otacza swoją miłością także grzeszników. Choć na nic nie zasłużyli i nie mieli do niczego prawa, Bóg posłał do nich swego Syna, aby przyjmując śmierć i cierpienie, złożył za nich ofiarę.

Ta nowa nauka, aby ją przyjęto, musiała jednak zostać potwierdzona. Pięknie pokazuje to ewangelista Łukasz: „Przyszedł też do Nazaretu, gdzie się wychował. Zgodnie ze swym zwyczajem wszedł w dzień szabatu do synagogi i wstał, aby czytać. Podano Mu zwój proroka Izajasza. Gdy go rozwinął, znalazł miejsce, gdzie było napisane: Duch Pana nade mną, bo mnie namaścił, abym ubogim głosił dobrą nowinę. Posłał mnie, abym ogłosił więźniom wyzwolenie, a niewidomym przejrzenie, abym zniewolonych uczynił wolnymi, abym ogłosił rok łaski od Pana. Zwinął zwój, oddał go słudze i usiadł. A oczy wszystkich w synagodze były w Nim utkwione. Zaczął więc mówić do nich: »Dziś wypełniło się Pismo, które słyszeliście«" (Łk 4,16-21). Oto istota posłania. Kilka wieków temu wielcy prorocy Izraela zapowiedzieli, co będzie miało miejsce w przyszłości, jakie znaki i wydarzenia towarzyszyć będą zstąpieniu Posłańca Bożego na ziemię. Nie ma wątpliwości, że takie oczekiwania żywiono także za czasów samego Jezusa. Na tym się wszystko opiera. Tylko dlatego, że takie było powszechne oczekiwanie, Jezus mógł docierać do słuchaczy.

Nie mniej wyraźnie widać to w innym zdarzeniu, kiedy to przebywający w więzieniu Jan Chrzciciel wysyła swoich uczniów do Nazarejczyka. Być może, jest zaniepokojony, bo nie tak sobie wyobrażał przyjście Posłańca. Widział zapewne rozdarte nad Jezusem niebo, słyszał głos dochodzący z wysoka. Mógł sądzić, że usłyszy o tym, jak ten, którego przepowiedział, który miał „chrzcić Duchem świętym i ogniem, oczyścić szuflą klepisko i spalić plewy w ogniu nieugaszonym" (Łk 3,16-17), wędruje po Galilei, zdobywa stronników i wymierza sprawiedliwość. Pogrąża pysznych, zmierza ku zwycięstwu. Wszakże nic z zapowiedzianych przez Jana zdarzeń nie następowało. Czyżby się pomylił?

Wysyła zatem z więzienia swoich uczniów, aby sprawdzili, jak się mają rzeczy z Jezusem. I słyszy dokładnie taką samą odpowiedź jak ta, która dotarła do uszu słuchających w Nazarecie. „Wtedy Jan przywołał do siebie dwóch swoich uczniów i posłał ich do Pana z zapytaniem: »Czy Ty jesteś tym, który ma przyjść, czy też mamy czekać na kogoś innego?«. A gdy posłańcy przybyli do Niego, oznajmili: »Jan Chrzciciel przysłał nas do Ciebie z zapytaniem: Czy Ty jesteś tym, który ma przyjść, czy też mamy czekać na kogoś innego?«. A właśnie wtedy uzdrowił wielu z chorób i dolegliwości, oraz od złych duchów, i wielu niewidomym przywrócił wzrok. Odpowiedział im więc: »Idźcie i opowiedzcie Janowi o tym, co widzieliście i słyszeliście: niewidomi odzyskują wzrok, kulawi chodzą, trędowaci stają się czyści, głusi słyszą, umarli zmartwychwstają, ubogim jest głoszona dobra nowina. Szczęśliwy jest ten, kto we Mnie nie wątpi«" (Łk 7,18-23). Można uważać, że Jezusowi fałszywie przypisano cuda. Że wcale nie uzdrowił tych, o których mówi się, że opuściła ich choroba. Że także wskrzeszenie było pozorne, bo w tamtych czasach ludzie nie rozpoznawali dokładnie stanu śmierci. Ważne jest jednak co innego. Zarówno Jan Chrzciciel, jak i Jezus wiedzą, że Ten, który miał przyjść, miał czynić takie rzeczy. Jeśli w ogóle miał się na nowo objawić Bóg, to Jego objawieniu musiały towarzyszyć właśnie takie zdarzenia. Jan się waha. Pyta: „Czy mamy czekać na innego?". Coś się nie zgadza. Dlaczego tak niezwykła moc, w jaką wyposażony jest Jezus, nie przejawia się w sposób, który Jan przepowiedział? Dlaczego „ten, który miał przyjść" nie „spala plew w ogniu nieugaszonym"? Nie poraża Heroda Antypasa, który więzi Jana i chytrze kolaboruje z Rzymianami? Nie gromadzi żołnierzy i nie ogłasza świętej wojny przeciw zdrajcom? Coś się nie zgadza.

Dziwnie może dziś brzmieć odpowiedź Jezusa na pytanie Jana. Dlaczego posługuje się takimi przykładami?

Do czego nawiązuje? Jeszcze kilkadziesiąt lat temu wydawało się, że słowa te nie pasują, że są przejawem osobliwie chrześcijańskiego spojrzenia. Dlaczego w odpowiedzi na pytania Jana Jezus wspomina o tym, że uzdrawia chorych i wskrzesza zmarłych? Wydawało się to jakimś późniejszym, niehistorycznym chrześcijańskim wymysłem. Jednak całkiem niedawno wszystko się wyjaśniło. Wraz z odnalezieniem zwojów z Kumran nad Morzem Martwym natrafiono na niezwykły fragment, który poświadcza, jakie były oczekiwania żydowskie wobec Mesjasza. Tekst został napisany zapewne na początku pierwszego wieku przed Chrystusem. Jak zauważa jeden z największych znawców pism kumrańskich Géza Vermes, nie ma w nim nic, co by wyrażało osobną teologię esseńczyków, można zatem uznać, że zawiera on powszechną żydowską nadzieję w tej epoce. Dokładnie tak jak to przedstawiają Ewangelie, utwór pokazuje, że nastaniu Królestwa Bożego miały towarzyszyć uzdrowienia i wskrzeszenia: „Niebiosa i ziemia będą słuchać Jego Mesjasza, i nikt nie zboczy z drogi praw świętych. [...] Gdyż Pan dostrzeże pobożnych i zawezwie sprawiedliwych po imieniu. Nad ubogimi spocznie Jego duch i swą mocą odnowi wiernych. I otoczy chwałą pobożnych na tronie wiecznego Królestwa. On, który wyzwala więźniów, przywraca wzrok ślepym, prostuje schylonych. [...] I Pan dokona wspaniałych rzeczy, które nigdy nie były widziane, kiedy On [...] gdyż uzdrowi zranionych i ożywi umarłych i przyniesie dobrą nowinę ubogim" (4Q521).

Fragment ten to niezwykłej wręcz wagi dowód, że co najmniej kilkadziesiąt lat przed narodzinami Jezusa Żydzi oczekiwali na Mesjasza. Spodziewali się też, że ustanawiając Królestwo, Bóg będzie dokonywał dokładnie takich czynów, jak później Galilejczyk. Kiedy zatem Jan słyszy od Jezusa, że „ślepi odzyskują wzrok, kulawi chodzą, trędowaci stają się czyści, głusi słyszą, umarli zmartwychwstają, ubogim jest głoszona dobra nowina", to wie, że ma do czynienia z Mesjaszem, a nawet kimś więcej niż Mesjasz. W tekście kumrańskim podmiotem, który dokonuje cudów, jest Pan, hebrajskie Adonai. W odpowiedzi udzielonej Janowi podmiotem jest sam Jezus.

A teraz małe wyzwanie dla wyobraźni. Przypuśćmy, że jakimś dziwnym trafem do mieszkańców Nazaretu przemawia nie Jezus, ale... Mahomet. I że – tak, wiem, że naruszam tabu i rozciągam w nieskończoność granice fantazji – Jan Chrzciciel wysyła swoich uczniów do Mahometa. Co mógłby odpowiedzieć prorok z Mekki? Koran nic nie wspomina o mocy uzdrawiania. Mahomet, ten przynajmniej, o którym mówi Koran, nikogo nie wskrzesił. Nie zrobił też niczego, co wyróżniałoby go spośród innych ludzi. Nie chodził po wodzie. Nie uciszył burzy. Co zatem miałby do powiedzenia na to proste pytanie, czy jest tym, na którego czekano? Jaką nową naukę o Bogu miałby przynieść, gdyby pojawił się nie w Mekce na Półwyspie Arabskim, ale w Jerozolimie czy Galilei sześć wieków wcześniej? I w oparciu o co właściwie można by było przyznać mu tytuł proroka? Tak, przyznaję, żeby być uznanym za takiego, nie musiał dokonywać cudów – te znamionowały, że przynosi się coś istotnie nowego. Prorok, który jedynie potwierdzał wcześniejsze objawienie i przepowiadał późniejsze, wcale nie musiał dokonywać cudów – przykładem jest Jan Chrzciciel. Jednak Mahomet nie tylko potwierdza, ale też ocenia i wybiera z tego, co wcześniej przekazał Bóg.

Jak to jest zatem możliwe: z jednej strony uznaje, że Tora i Ewangelia pochodzą od Boga, z drugiej zaś nie jest im posłuszny. Wprowadza nową naukę i nie jest w stanie wskazać żadnego dla niej świadectwa! Gdyby Mahomet pojawił się w Nazarecie, to jego posłanie nie zrobiłoby na nikim wrażenia. Może tylko zdziwiono by się, że do opowieści przekazanych przez ojców wprowadza Izmaela i inne, nieznane tradycji biblijnej postaci. Nic jednak istotnie nowego nie dałoby się od niego usłyszeć.

Potwierdzenie przez zaprzeczenie

Prawdziwy problem pojawiłby się wtedy, gdyby Mahomet przyszedł ze swoim posłaniem nie do Beduinów z Mekki lub z Medyny, ale gdyby dziwnym trafem i zrządzeniem losu jego pierwszymi słuchaczami byli współcześni mu, ortodoksyjni chrześcijanie. Wystarczy pomyśleć, że już po tym, kiedy to spotkał się z przemożnym wezwaniem do recytowania przekazów pochodzących ponoć od archanioła Gabriela, wyruszyłby ponownie w podróż do Syrii i tam pytano by go o treść posłania. Ktoś zapewne zapytałby go, jaką mocą zmienia treść Pisma, o którym jednocześnie twierdzi, że zostało dane od Boga. Słysząc wtedy odpowiedzi Mahometa, tak jak zostały one zapisane w Koranie, jego chrześcijański interlokutor doszedłby zapewne do wniosku, że Mahomet ma niekompletną i błędną wiedzę o pismach chrześcijan i Żydów. Uznałby on zatem, że tak duża porcja ignorancji nie może być dziełem Boskim. Albo zatem sam Mahomet w uniesieniu wymyślił rzekome przesłanie Boże, zniekształcając je i wykrzywiając stosownie do tego, co gdzieś od kogoś usłyszał, albo stał się ofiarą wyższych złośliwych mocy.

„Czymś charakterystycznym dla Koranu jest to, że jednym pojęciem posiadaczy Pisma (ludzie Księgi, ludzie Biblii) określa razem Żydów i chrześcijan. Chrześcijanie nazywają się nazarejczykami" – pisze Joachim Gnilka. Można mieć niekiedy wrażenie, że w oczach Mahometa, albo też, ściślej mówiąc, w ustach przynoszącego mu posłanie Ducha, Żydzi i chrześcijanie właściwie się nie różnią. Pada wobec nich zarzut, że nie zachowują jedności, choć obie społeczności mają Księgę (Biblię): „Żydzi mówią: »Chrześcijanie nie stoją na niczym«; a chrześcijanie mówią: »Żydzi nie stoją na niczym!« – a przecież oni recytują Księgę!" (Koran II,113). Tak jakby temu, kto to mówi, umknął prosty fakt, że Żydzi nie uznają Nowego Testamentu, nazarejczycy, chrześcijanie, zaś odczytują Biblię zgodnie z Nowym. Księga chrześcijan zresztą, można wnosić z Koranu, to wyłącznie Ewangelie; trudno powiedzieć, czy Mahomet wiedział cokolwiek na temat choćby Listów Świętego Pawła, Dziejów Apostolskich czy Apokalipsy. Uderzające, że Koran ma być potwierdzeniem i rozwinięciem tego, co zostało objawione w Biblii. „My [są to słowa Boga] tobie również zesłaliśmy Księgę z prawdą [Koran], potwierdzając prawdziwość Księgi, która była przed nią [Biblii], i chroniąc ją" (Koran V,48).

Otóż powstaje pytanie, w jakim to niby sensie Koran może być potwierdzeniem i rozwinięciem Biblii? Taką rolę w stosunku do Starego Testamentu może spełniać Nowy Testament: Kościół od samego początku przyjął żydowskie pisma za swoje, widząc w nich zapowiedź życia i czynów Jezusa. Jednak muzułmanie nie uznają w tym sensie Biblii za objawioną, nie należy ona do żadnego muzułmańskiego kanonu. Można się spierać o to, czy – jak chcieli chrześcijanie – pisma Nowego Testamentu są jedynym prawdziwym rozwinięciem Biblii hebrajskiej, faktem jest jednak, że chrześcijanie niczego z pism hebrajskich nie odrzucili. Spór dotyczy interpretacji i znaczenia. Inaczej jest w przypadku Koranu. Jest on bowiem nie tyle potwierdzeniem i rozwinięciem Nowego Testamentu, co w wielu istotnych punktach jego zaprzeczeniem; podobnie zresztą ma się rzecz ze sporymi fragmentami Starego Testamentu.

Mahomet czyni zarzut posiadaczom Pisma, że zafałszowali oni objawienie. Przemilczają to, co zesłał im Bóg, (Koran II,174), zniekształcają sens Pism (Koran V,13) i zaprzeczają znakom danym od Boga (Koran III,70). Przypomina to jednak swoiste błędne koło. Być może, chrześcijanie faktycznie zniekształcili swoje księgi, jednak gdzie istnieją one w wersji czystej i niezafałszowanej? Jak Koran może być potwierdzeniem Ewangelii, jeśli w jaskrawy sposób jest jej zaprzeczeniem, odrzuca bowiem wszystko to, co mówi ona o Jezusie? Jak to możliwe, że sześćset lat po śmierci Jezusa nagle Jego historia zostaje opowiedziana całkiem inaczej, niż to miało miejsce w tradycji opisującej relacje pochodzące od świadków? Z czysto logicznego punktu widzenia można powiedzieć: tak, to prawdopodobne. Bóg, który mówił do Mahometa, ma lepszą wiedzę niż ludzie, a Jego słowo jest bardziej godne uznania niż zawodna pamięć człowieka. Dlatego sześćset lat po faktach może podać prawdziwą wiedzę na ich temat.

Jednak takie rozumowanie zawiera dwie fatalne słabości. Po pierwsze wiele opisów wydarzeń z życia Jezusa przekazanych przez autora Koranu wskazuje na to, że nie znał on realiów życia Palestyny w I wieku naszej ery – pod tym względem opisy koraniczne są anachroniczne i pasują do środowiska i otoczenia, w którym żył Mahomet, a nie tego, w którym działał Jezus. Po drugie zaś: jak jednocześnie można chwalić chrześcijan za to, że mają Pisma, choć to, co w tych Pismach najbardziej charakterystyczne, ma zostać potępione? Znowu można sądzić, że Mahomet miał bardzo powierzchowną i ograniczoną wiedzę o zawartości ksiąg chrześcijańskich, co nie przeszkadzało mu formułować stanowczych i nieznoszących sprzeciwu opinii na ich temat.

Podobnie ma się sprawa z księgami żydowskimi. Wielu specjalistów zwróciło już uwagę, że biblijne historie opowiedziane w Koranie wskazują na to, że Mahomet znał je w wersji późniejszej, odległej od pierwowzoru i oryginału. Najprawdopodobniej musiał znać żydowskie komentarze, midrasze, i to z nich czerpał wiedzę o zawartości Biblii. Wskutek takiego podejścia to, co w sensie historycznym było późniejszą przypowieścią, legendarnym rozwinięciem, komentarzem, w Koranie przekształca się w historię, której prawdziwość gwarantuje objawione słowo samego Boga. To, co było późnym objaśnieniem, często alegorycznym, pierwotnej historii, przemienia się w nią samą. Gnilka podaje wiele przykładów. I tak choćby Koran przytacza opowieść o Mojżeszu, a szczególnie o jego spotkaniu z faraonem. Tym, co w niej najważniejsze, jest uroszczenie faraona do tego, żeby zostać Bogiem. „I powiedział faraon: »O dostojnicy! Nie wiem, czy możecie mieć innego boga oprócz mnie«" (Koran XXVIII,38). A gdzie indziej władca Egiptu mówi: „Ja jestem waszym panem najwyższym!" (Koran LXXIX,24). Dokładnie to mówi też faraon w midraszu Exodus Raba (5,2), późniejszym o całe wieki niż Stary Testament piśmie żydowskim: „Jestem panem świata i sam stworzyłem siebie i Nil". Innym takim tekstem żydowskim, które mogło być źródłem dla Koranu, jest Kohelet Raba (5,1): „Faraon rzekł: Któż może się wynosić nad drugiego? Ja nad moich bogów czy moi bogowie nade mnie? Nie! To ja wynoszę się nad moich bogów". Podobieństwa opisu koranicznego i późnych midraszy żydowskich są uderzające. Tak samo jak uderzające są ich różnice w stosunku do pierwotnego tekstu Księgi Wyjścia. Tyle tylko, że midrasze nie pretendowały do tego, aby być nieomylnym słowem Boga! Autor Koranu wziął to, co było interpretacją starodawnych opowieści, za nie same. Mało tego. Włożył to w usta anioła i tym samym przekształcił ludzki komentarz do nadprzyrodzonego wydarzenia w Boskie słowo!

W jednym miejscu Koran stawia Żydom zaskakujący zarzut. Stwierdza mianowicie, że uważają oni Ezdrasza (Uzajra) za syna Bożego. „Żydzi powiedzieli: »Uzajr jest synem Boga«" (Koran IX,30). To zarzut „dołączania towarzyszy", zakwestionowania monoteizmu, a więc najcięższy, jaki można postawić wyznawcom jednego Boga. Tyle że jest on całkiem bezpodstawny. Jak wiadomo, Ezdrasz ani sam nie rościł sobie prawa do bycia synem Bożym, ani też nie przypisuje mu się takiego znaczenia w żadnym piśmie żydowskim – ani w Biblii, ani w licznych innych tekstach judaistycznych. Wprawdzie w jednej z późnych ksiąg wspomina się, że Ezdrasz odbył podróż do nieba, jednak nie mogło być to podstawą oskarżenia Żydów o to, że uczynili z Ezdrasza syna Bożego – w podróż do nieba wybrał się bowiem według Koranu i sam

Mahomet, a przecież nikt nie twierdził, że był on synem Bożym. Krótko: w jaki sposób można było stawiać Żydom zarzut, który nie miał żadnych podstaw?

Kiedy w pismach Nowego Testamentu padają zarzuty w stosunku do niektórych Żydów, szczególnie faryzeuszy i saduceuszy, to mają one oparcie w historii. Można sądzić, jak czyni to obecnie wielu komentatorów, że obraz żydowskich elit był kreślony zbyt czarnymi barwami, że świadczył o wzajemnych sporach Synagogi i Kościoła, jednak nikt nie będzie utrzymywał, że takie zarzuty były całkiem bezzasadne. Być może, chrześcijańscy autorzy przesadzali, jednak ogólne rysy obrazu elit żydowskich są prawdziwe. Co innego, gdyby na przykład ewangeliczny Jezus oskarżył faryzeuszy o to, że nie wierzą w życie pozagrobowe lub odrzucają istnienie aniołów – taki zarzut, gdyby został sformułowany, byłby jawnym dowodem niehistoryczności takiego Jezusa. Albo gdyby Jezus oskarżył zelotów o pacyfizm – byłby to dowód, że autor opowieści nie ma wiedzy o historii. Jednak to właśnie robi Mahomet w tekście Koranu: w całkowitej niezgodzie z wszystkimi znanymi faktami stawia zarzut, który świadczy o ignorancji. Oskarża Żydów o wyznawanie przekonań, które z pewnością były im obce.

Być może, wytłumaczeniem jest to, że Prorok spotkał na swojej drodze Żydów, dla których Ezdrasz był postacią ważną i godną najwyższego szacunku. Przypuszczalnie Mahometowi wydało się, że pełni on taką rolę wśród Żydów jak Jezus wśród nazarejczyków. O tym drugim wiedział, że chrześcijanie czczą Go jako Syna Boga, stąd wyciągnął błędny wniosek, że i Żydzi podobnie traktują Ezdrasza. Wygląda na to, że Mahomet lub też duch, który do niego przemawiał, nie rozróżniał do końca Żydów i nazarejczyków. Czy duch taki mógł pochodzić od Ducha Prawdy? A może całość jest wynikiem nakładania się na siebie kolejnych warstw źle zredagowanego tekstu, którego późniejsi edytorzy błędnie odczytali wcześniejszy zapis?

Dalekie echo historii

O ile jednak islam i judaizm różnią się przede wszystkim w kwestii rytuałów, to zgoła inaczej wyglądają różnice między muzułmanami a chrześcijanami. Żyd mógłby przyjąć objawienie Mahometa, nie tracąc istoty swojej wiary; spór dotyczyłby reguł czystości, potraw, pierwszeństwa Izmaela lub Izaaka, kwestii wyższości Tory lub Koranu. Przede wszystkim byłyby to kwestie praktyczne. Z tego praktycznego punktu widzenia tak wielkie znaczenie w oczach Mahometa miał zarzut, że Żydzi zaprzestali składania krwawych ofiar po upadku świątyni jerozolimskiej. Dla Allaha, według Mahometa, ofiara ze zwierząt jest czymś niezwykle ważnym, jest bezwzględnym wymaganiem nakładanym na pielgrzymów: „Dla was umieściliśmy zwierzęta ofiarne wśród symboli kultu Boga. Dla was z nich jest dobro" (Koran XXII,36). Wprawdzie „nie dosięgnie Boga ani ich mięso, ani ich krew" (Koran XXII,37), lecz składanie ofiar ze zwierząt jest konieczne: „Dla każdego narodu ustanowiliśmy jakieś obrzędy kultowe, aby ludzie wspominali imię Boga nad zwierzęciem z trzody, które On nam dał jako zaopatrzenie" (Koran XXII,34). Koran krytykuje również chrześcijan za to, że nie składają ofiar ze zwierząt, co świadczy o tym, że autor zarzutów nie znał historii kultu żydowskiego i chrześcijańskiego. Krwawe ofiary zwierzęce należały do istoty tego pierwszego, dopóki w 70 roku po Chrystusie Rzymianie nie zniszczyli świątyni jerozolimskiej; chrześcijaństwo natomiast, uznając znaczenie przebłagalnej ofiary Chrystusa, nigdy krwawych ofiar ze zwierząt nie składało.

Chrześcijanin, który czyta Koran, musi mieć osobliwe wrażenie. Spotyka bowiem na kartach Księgi te same postacie, które zna już z Nowego Testamentu. Pojawiają się one jednak w świętej księdze muzułmanów jakby zdeformowane, obce, niewyraźne. Noszą te same imiona, jednak zachowują się inaczej, co innego mówią, inną rolę odgrywają. Tak jakby napotykało się dalekie, zniekształcone echo oryginalnego, historycznego przekazu. Nie stanowiłoby to żadnego problemu, gdyby uznać, że Koran zawiera legendarne wersje ewangelicznych opowieści; co jednak zrobić w sytuacji, gdy ten, który je przekazuje, twierdzi, że wypowiada się w imieniu Boga? „Mahomet zna w niewielkim stopniu chrześcijańskie tradycje, przede wszystkim, co osobliwe, te, które pochodzą z niekanonicznych, apokryficznych ewangelii o dzieciństwie Jezusa" – podsumowuje Gnilka. Jak prorok powołujący się na to, że każde słowo, które otrzymał, pochodzi z niebios, może wykazywać się tak daleko idącą niewiedzą? Co więcej, muzułmanie uważają, że Koran w ogóle nie jest stworzoną księgą, że jest tylko kopią i odwzorowaniem niestworzonego, wiecznego Koranu niebieskiego: jak zatem owa wieczna, niezmienna i niestworzona Księga może zawierać tak osobliwe treści? Chyba żeby uznać, że kryterium oceny prawdziwości Koranu nie jest niezależna, historyczna wiedza o faktach, ale że to Koran stwarza wiedzę i fakty.

Syn Marii

Z tego punktu widzenia niektóre opisy koraniczne zasługują na szczególną uwagę. Kiedy następuje zwiastowanie, aniołowie mówią: „O Mario! Bóg zwiastuje ci radosną wieść o Słowie pochodzącym od Niego, którego imię Mesjasz, Jezus, syn Marii. On będzie wspaniały na tym świecie i w życiu ostatecznym, i będzie jednym z przybliżonych. I będzie przemawiał do ludzi już w kołysce, a także jako mąż dojrzały; i będzie wśród sprawiedliwych" (Koran III,45). Koran zatem, tak jak Ewangelie, opowiada o zwiastowaniu Maryi narodzin Syna. Jednak, tak jak to czyniły późniejsze teksty legendarne i bajeczne, stara się podkreślić cudowność narodzin w nowy, bardziej zaskakujący sposób. Stąd pojawiają się słowa, że Jezus będzie przemawiał już w kołysce – wątek nieznany przekazom chrześcijańskiej, kanonicznej tradycji.

Inna jest też zresztą rola narodzin z Dziewicy. W tradycji chrześcijańskiej narodziny z Dziewicy były dowodem Bóstwa Jezusa: „Oto poczniesz i urodzisz syna, i nadasz Mu imię Jezus. Będzie On wielki i zostanie nazwany Synem Najwyższego" – mówi anioł do Maryi. I dodaje: „Duch Święty zstąpi na Ciebie i osłoni Cię moc Najwyższego; dlatego Święte, które się narodzi, będzie nazwane Synem Bożym" (Łk 1,31-32.35). Z kolei święty Mateusz pisze, że „Matka Jego była zaręczona z Józefem. Zanim jednak zamieszkali razem, poczęła z Ducha Świętego" (Mt 1,18). W Ewangeliach narodziny z Dziewicy mają służyć pokazaniu Bóstwa Jezusa, a ściślej, mają pokazać, że faktycznie zstąpił On z nieba, że żył uprzednio w postaci Bożej. Żaden człowiek, żaden wcześniejszy prorok nie urodził się z dziewicy, bo żaden nie był umiłowanym i jedynym Synem Boga. Autor Koranu wiedział, że chrześcijanie wierzą w narodziny Jezusa z Dziewicy, nie rozumiał jednak sensu tej wiary. Maryja zadaje w Koranie takie samo pytanie jak w Ewangeliach: „Jakże mogę mieć syna, kiedy nie dotknął mnie żaden śmiertelnik ani też nie byłam występną?" (Koran XIX,20). Jednak odpowiedź anioła jest całkiem inna. Nie wskazuje na boskie pochodzenie Jezusa i na Jego ścisły, nierozerwalny, intymny związek z Ojcem, nie mówi o Synu, lecz wyjaśnia, że: „Tak będzie! [...] To jest dla Mnie łatwe. Uczynimy z niego znak dla ludzi i miłosierdzie pochodzące od nas. To jest sprawa zdecydowana!" (Koran XIX,21). Dlaczego Jezus urodził się z Dziewicy? Chrześcijanie odpowiadają: bo był Bogiem i narodził się z Ducha Świętego. Muzułmanie: bo Bogu podobało się tak Go stworzyć. Dlaczego spośród wszystkich ludzi na świecie ten jeden urodził się z Dziewicy? Chrześcijanie mówią: bo był Bogiem-człowiekiem. Muzułmanie: bo tak się spodobało Bogu. Równie dobrze mógłby w ten sposób powołać do życia nieskończoną liczbę ludzi. W pierwszym przypadku chodzi o wyrażenie najgłębszej tajemnicy, jaka zawiera się w Bogu-człowieku, w drugim o proste stwierdzenie Boskiej wszechmocy. Bóg stworzył niebo i ziemię, stworzył człowieka, a w pewnym momencie spodobało Mu się stworzyć Jezusa inaczej niż resztę ludzi. Z jednej strony stykamy się z tajemniczym zamysłem, z drugiej – z prostym wyrażeniem samowoli.

Tak jak Bóg stworzył kamienie, ryby i płazy, tak stworzył też Jezusa. „I poczęła go [...]" (Koran XIX,22). Bóg rozkazuje i tak się dzieje. Anioł nie czeka na zgodę Maryi, na jej współdziałanie z Boskim planem. „To jest sprawa zdecydowana" (Koran XIX,21). Bóg nie czeka na zgodę. Robi, co chce, kiedy chce i z kim chce. Ostatecznie o wszystkim decyduje samowola Boga; Jezus zostaje stworzony, a nie zrodzony naturalnie, bo tak się spodobało Bogu, bo postanowił dać taki znak ludziom. Wprawdzie nawet w Koranie wspomina się o tym, że w przypadku stworzenia Jezusa trzeba było więcej mocy Boskiej. I tak czytamy, że „[...] tchnęliśmy w nią nieco z Naszego Ducha" (Koran XXI,91). Jednak to stworzenie Jezusa w łonie matki w niczym nie zmienia Jego tożsamości; jest jak wszyscy inni ludzie, jak praojciec rodzaju ludzkiego. „Zaprawdę, Jezus jest u Boga jak Adam: On stworzył go z prochu, a następnie powiedział do niego: »Bądź!« – i on jest" (Koran III,59). Przy tym należy pamiętać, że stworzenie Adama było czymś bardziej cudownym i niezwykłym niż powołanie do życia Jezusa: ten pierwszy został stworzony bez udziału ojca i matki, ten drugi jednak miał matkę, to w jej łonie stworzył Go Bóg.

Wielu chrześcijan wskazuje na szczególną rolę Maryi w Koranie i widzi w tym istotną podstawę do dialogu religijnego. Można tak sądzić, tylko jeśli nie ma się pełnej wiedzy. Otóż w Koranie częste określanie Jezusa mianem Syna Marii nie jest oznaką niezwykłej czci dla Matki Boskiej, lecz przeciwnie, kryje w sobie protest przeciw nazywaniu Jezusa Synem Bożym. Syn Marii to przede wszystkim nie Syn Boga! Im mocniej podkreśla się owo macierzyństwo Marii, tym mocniej zaprzecza się Ojcostwu Boga. Maria to nie Matka Boża, ale matka Jezusa; Jezus to nie Syn Boży, ale syn Marii!

Ta absolutna wszechmoc Boga pokazuje się niemal na każdym kroku. Według Koranu Jezus mówi do synów

Izraela, że przyszedł do nich „[...] ze znakiem od waszego Pana. Ja utworzę wam z gliny postać ptaka i tchnę w niego, i on stanie się ptakiem" (Koran III,49). W samych Ewangeliach kanonicznych nie ma takiego zdarzenia. Przekazy na ten temat pojawiają się dopiero w pochodzących z II wieku naszej ery legendarnych opowieściach, zawartych w tak zwanych ewangeliach apokryficznych, szczególnie w ewangelii dzieciństwa Tomasza. Ich autorzy postanowili uzupełnić deficyt informacji o Jezusie, szczególnie o Jego dzieciństwie i młodości, wymyślali zatem nowe opowieści o cudach. Ewangelie kanoniczne opowiadają o uzdrowieniach i wskrzeszeniach Jezusa, bo zostały one przepowiedziane w Pismach; autorzy ewangelii apokryficznych po prostu tworzą najbardziej fantastyczne opowieści o cudach niezależnie od tego, czy odpowiadały one, czy też nie żydowskim oczekiwaniom. Są starożytnymi powieściopisarzami, nie zajmuje ich wierność przekazom pamięci, ale zbudowanie czytelnika. Ewangeliści opisują znaki, jakich oczekiwał Izrael, autorzy późniejszych opowieści lubują się w opisach wszechmocy dla niej samej. Znowu pytanie brzmi: jak późny i legendarny przekaz, wymyślony przez anonimowego pisarza ponad sto lat po śmierci Jezusa, stał się częścią przekazu anioła do Mahometa? Ale koraniczny Jezus potrafi o wiele więcej. Nie tylko umie podmuchać na glinianego ptaka tak, że ten zaczyna latać i staje się żywy. Ledwo urodzony wygłasza do swego ludu dramatyczne przemówienie: „Zaprawdę, ja jestem sługą Boga! On dał mi Księgę i uczynił mnie prorokiem" (Koran XIX,30). Uderza, że w opisie koranicznym nie do końca wiadomo, kim jest sama Maria, a ściślej rzecz biorąc, czy autor Koranu, kimkolwiek by był, nie pomylił dwóch Marii – Marii, matki Jezusa, i Marii, siostry Aarona, znanej z opowieści o Mojżeszu. Jak inaczej wytłumaczyć to, że przedstawiciele ludu witają matkę Jezusa słowami: „O Mario! Uczyniłaś rzecz niesłychaną! O siostro Aarona!" (Koran XIX, 27-28)? Jak trafnie zauważa Bielawski, „Maria, matka Jezusa, jest tu błędnie uważana za Mariam, siostrę Mojżesza i Aarona". W surze III matka Marii (w tradycji chrześcijańskiej święta Anna) nazywana jest „żoną Imrana" (w tradycji chrześcijańskiej święty Joachim), w surze LXVI mówi się o Marii jako o córce Imrana. Oddaję znowu głos Bielawskiemu: „Ta omyłka wywołała we wczesnym islamie polemiczne wystąpienia chrześcijan przeciw nauce Proroka, bo już w komentarzu At-Tabariego (IX w.) znajdujemy informację o chrześcijanach z Nadżranu (Arabia Południowa, gdzie jeszcze przed islamem znajdowała się gmina chrześcijańska z biskupem), oburzonych owym myleniem Marii, matki Jezusa, z Marią, zwaną po arabsku też Marjam, siostrą Aarona, o której mówi Ks. Wyjścia 15,20 i Ks. Liczb 12,1 i n.".

Bohater nie swojej historii

Błędna tożsamość Marii to jednak niejedyna osobliwość tekstu koranicznego. Jezus rodzi się rzekomo w Egipcie, potem trafia do Syrii. Wszystkie te opowieści nie mają znaczenia historycznego; są przekształceniem późniejszych i legendarnych doniesień. Jak zatem uratować ich prawdziwość? W przypadku Marii muzułmanie próbowali twierdzić, że kiedy nazywa się ją siostrą Aarona, to chodzi nie o pokrewieństwo z Aaronem, ale o pochodzenie z jego rodu. Pomysłowe. Jednak nie zawsze taki sposób wyjścia z kłopotów jest możliwy. Lepsza jest inna metoda: można wprost odwołać się do wszechmocy Boga. Bóg może wszystko: zmieniać przeszłość i ustanawiać raz jeszcze to, co minęło, stwarzać prawdę i przechodzić do porządku dziennego nad wszystkimi sprzecznościami. Niczym i nikim nieskrępowany, wolny od faktów i racjonalnego badania, mówi, co chce, a to, co mówi, zawsze jest prawdziwe. Dlatego może opowiedzieć jako prawdziwą historię Jezusa z Nazaretu całkiem inaczej, niż zapamiętali ją ci, którzy od początku byli świadkami Słowa, którzy wraz z Nim wędrowali po Galilei, znosili trudy prześladowań i odrzucenia, wreszcie widzieli, jak niesie swój krzyż na Kalwarię. W zderzeniu z Boską wolą ustanawiającą przeszłość po swojemu ludzka pamięć się nie liczy. Dlatego prawdę o Jezusie zawierają słowa wypowiedziane do Proroka w VII wieku naszej ery, a nie wspomnienia uczniów zapisane w I wieku naszej ery, wkrótce po śmierci Nazarejczyka. Punktem odniesienia nie jest historia i wiedza o niej, lecz odwrotnie: prawda jest tym, co ogłasza Koran. To skutek ustanawia przyczynę, a nie przyczyna skutek.

Koran mówi o Jezusie, że Bóg „nauczy Go [...] Tory i Ewangelii" (Koran III,48). Sformułowanie musi zaskakiwać, bo traktuje Ewangelię tak, jakby była ona chrześcijańską wersją Koranu: zesłaną z nieba i daną w gotowym stanie księgą. Taka Ewangelia oczywiście nigdy nie istniała i chrześcijanie tak sobie jej nie wyobrażali. W połowie II wieku naszej ery powstało wprawdzie w Syrii pismo nazywane Diatessaron, które było próbą uzgodnienia czterech Ewangelii, można sądzić, że to z nim zetknął się autor Koranu. W sensie historycznym wszakże jedna Ewangelia, o której wspomina Mahomet, nie istniała. Co to jednak znaczy? Skoro w Koranie mówi się, że istniała, to choćby nigdzie nie znaleziono jej śladów, nigdzie nie odkryto jej fragmentów i nigdzie się o niej nie wspominało w okresie oddzielającym życie Jezusa i Mahometa, to taka Ewangelia, wolna od zafałszowań chrześcijańskich, ma istnieć! Co więcej, według Koranu przyniósł ją sam Jezus, który potwierdził wcześniejsze objawienia. „Następnie posłaliśmy w ich ślady Naszych posłańców; i posłaliśmy w ślad za nimi Jezusa, syna Marii, i daliśmy Mu Ewangelię [...]" (Koran LVII,27). Tak jakby Jezus otrzymał do głoszenia ludziom zesłaną z nieba księgę! Tak jakby Ewangelie nie były opisem Jego czynów i słów, ale gotowym tekstem do przekazania!

Anachronizm tych wyobrażeń aż bije po oczach. Tak, w VII wieku naszej ery chrześcijaństwo wyróżniało to, że jego wyznawcy uznawali autorytet Ewangelii jako pism natchnionych przez Boga. Może wspólnota, z którą zetknął się Mahomet, korzystała z lekcjonarza zawierającego teksty różnych Ewangelii, może był on czymś na wzór późniejszych ewangeliarzy. Dla zewnętrznego obserwatora, który nie miał dogłębnej i historycznej wiedzy, Ewangelie mogły jawić się jako zesłany z nieba zbiór praw, nauk i przykazań. Więcej. Jeśli ów zewnętrzny obserwator wiedział, że takim zbiorem praw i reguł była dana Mojżeszowi Tora, łatwo mógł przez analogię uznać, że podobną rolę spełniała dla chrześcijan Ewangelia. I przyjąć, że Jezus był nowym prawodawcą po Mojżeszu. Podobnie jak ten pierwszy dostał Torę, tak ten drugi otrzymał Ewangelię. Jak zatem można było wyjaśnić, że w Ewangelii, którą mają chrześcijanie, nie ma tego, co miało w niej rzekomo być – zbioru praw i reguł – są natomiast opowieści o Jezusie, przedstawianym jako Syn Boży? Ktoś musiał dokonać fałszerstwa. Ewangelia zawierała wezwanie do posłuszeństwa Bogu i była, można sądzić, prototypem Koranu. Uwierzyła w nią „[...] pewna część synów Izraela, a część pozostała niewierna. Wtedy umocniliśmy tych, którzy uwierzyli, przeciwko ich nieprzyjaciołom; i oni stali się zwycięzcami" (Koran LXI,14). Zwycięzcami nad kim? Znowu ta sama historia: autor Koranu nie wie nic o prawdziwych losach wspólnoty chrześcijańskiej. Nie wie, że przez kilka wieków chrześcijanie byli prześladowani i niszczeni; nie, w jego oczach są zwycięzcami, bo czyż z Arabią nie graniczy od wieków potężne jeszcze cesarstwo bizantyjskie?

Z Koranu nie można się dowiedzieć niczego nowego na temat historii Jezusa. Źródłem obrazu Nazarejczyka był nie przekaz pochodzący od świadków – ten znajdował się w kanonicznych Ewangeliach – ale niedokładne, legendarne i wtórne opowieści, z którymi zaznajomiono Mahometa. Nic nie wskazuje na to, że zadał sobie trud ich sprawdzenia i zweryfikowania. Zanim to się stało, uwierzył, że przemawia do niego anioł; tym samym niejasne, często fałszywe i niedokładne wyobrażenia o Jezusie stały się częścią niebiańskiego posłania. Tak bardzo pragnął wierzyć, tak bardzo szukał pewności i całkowitego, radykalnego i bezwzględnego posłuszeństwa wobec Tego, który jest, że poddał się głosowi, nie badając rozumem i nie dociekając słuszności przekazu. Tym samym, paradoksalnie, islam stał się zakładnikiem tej pierwszej, nieugiętej woli poddania się Bogu. Nie sprawdzać, lecz słuchać, nie badać, lecz poddawać się – oto najkrótsze streszczenie nowej religii. Dlatego w Koranie poza kilkoma wtórnymi anegdotami pochodzącymi z trzeciej ręki nie ma żadnej prawdziwej opowieści o Jezusie takim, jaki był, gdy przemierzał drogi i bezdroża Galilei. Zamiast tego raz po raz wkłada Mu się w usta słowa, których ani nie wypowiedział, ani nie mógł wypowiedzieć. Jest autorem nie swoich opinii i bohaterem nie swoich historii. Jest tym, który głosi, że... nigdy nie nazywał siebie Synem Bożym.

Jezus potępia Trójcę

Niekiedy jednak ten Jezus robi jeszcze więcej. Nie tylko że przeciwstawia się temu, co mówią o Nim chrześcijanie, ale zwalcza nawet to, czego o Nim nie mówią, a co, jak sądzi Mahomet, należy do ich wiary. Według Koranu bowiem Trójca Święta składa się nie z Boga Ojca, Boga Syna i Boga Ducha Świętego, ale... z Boga, Jezusa i Marii. I, co z pewnego punktu widzenia można by wręcz nazwać groteskowym, Mahomet nakazuje Jezusowi się od takiej rzekomo chrześcijańskiej wiary w Trójcę odżegnać. „Mesjasz, Syn Marii, jest tylko posłańcem [...]; a jego Matka była kobietą świętą. Oni oboje przyjmowali pożywienie" (Koran v,75). Jak widać, dowodem człowieczeństwa – zarówno Jezusa, jak i Marii – ma być przyjmowanie pożywienia.

Najwidoczniej Mahomet nie znał nauki soboru chalcedońskiego o tym, że Jezus był jednocześnie pełnym człowiekiem i doskonałym Bogiem, bo wtedy fakt przyjmowania pokarmów nie miałby żadnego znaczenia. Być może, Jezus nie był Bogiem i ojcowie w Nicei, a potem w Chalcedonie pomylili się, jednak przyjmowanie posiłków nie było argumentem. Mogło to mieć znaczenie jedynie dla kogoś, komu obce były zawiłości i niuanse chrześcijańskiej teologii. Kto nie umiał zmierzyć się z tajemnicą Boga-człowieka. Tę właśnie musi odrzucić koraniczny Jezus: „I oto powiedział Bóg: »O Jezusie, Synu Marii! Czy ty powiedziałeś ludziom: Bierzcie mnie i moją matkę za dwa bóstwa, poza Bogiem?«. On powiedział: »Chwała Tobie! Nie do mnie należy mówić to, do czego nie mam prawa. Jeślibym ja tak powiedział, Ty przecież wiedziałbyś o tym. Ty wiesz, co jest w mojej duszy, a ja nie wiem, co jest w Twojej" (Koran v,116). I tym sposobem Jezus zaprzecza nie tylko temu, że jest Bogiem, jak wierzyła większość chrześcijan, ale i temu, że osobą Trójcy jest Maria.

Nie są znane żadne chrześcijańskie wspólnoty, które by taką wiarę wyznawały. Być może, Mahomet uznał, że chrześcijanie przypisują Maryi bóstwo, bo nazywali ją Bogurodzicą? Bo zetknął się z objawami czci i nabożeństwa do Matki Bożej, co kazało mu sądzić, że jest to forma kultu boskiego? Być może, widział ikony i mozaiki przedstawiające Maryję z dzieciątkiem, co pozwalało mu mniemać, że ta kobieta uznawana jest za boginię na wzór pogańskich wierzeń arabskich? Przypomina to bardzo wcześniejszą historię z Uzajrem/Ezdraszem, którego to rzekomo Żydzi uznawali za syna Bożego. Przyjęcie, że Żydzi wierzą w to, że Ezdrasz był synem Bożym, a chrześcijanie widzą w Maryi Boga, wynikało z niedostatecznej wiedzy autora Koranu. Być może, przypisał on Żydom i chrześcijanom doktryny wyznawane przez jakieś niedające się obecnie zidentyfikować, marginalne grupki. Tak czy inaczej, twierdzenia te mają się nijak do rzeczywistości.

To wszystko byłoby jeszcze bardziej dziwaczne, gdyby – jak przecież należy odczytywać te opowieści – Jezus, który jest autorem tych słów, miał być Jezusem historycznym, to jest palestyńskim Żydem z początku pierwszego wieku naszej ery. Myśl, że Jego rodacy zwrócili się do Niego, żądając, by zaprzeczył, że Jego Matka jest Bogiem, brzmi naprawdę kuriozalnie. Całe to qui pro quo byłoby doskonałym materiałem na tragifarsę. Przypomina to trochę sytuację ofiar komunistycznych więzień w ZSRR w latach 30. XX wieku, kiedy to kazano im przyznawać się do uczestnictwa w nieistniejących spiskach i potępiać nieistniejących współtowarzyszy. Tak samo Jezus w Koranie musi potępić nieistniejącą naukę o swojej matce jako trzeciej osobie Trójcy, a nadto jeszcze wyznawać raz za razem, że nigdy nie nazywał siebie Synem.

Eliasz Mahometa

Kim jest zatem Jezus w ujęciu Koranu? Księga rzutuje na Jezusa obraz Mahometa; jej autor sądzi, że Jezus jest tylko wcześniejszą wersją proroka z Mekki. Ma on jednak do wypełnienia ważną rolę. Jezus jest Janem Chrzcicielem Mahometa – głosem zapowiadającym nadejście ostatniego proroka. Według sury LXI,6 Jezus mówi: „O synowie Izraela! Jestem wysłany od Boga do was, aby potwierdzić prawdziwość tego, co przede mną było zesłane w Torze, i zwiastować Posłańca, który przyjdzie po mnie, a którego imię – Ahmad". Tymże Ahmadem ma być Mahomet, którego nauki są ukoronowaniem boskiego posłania, pieczęcią Objawienia. Nigdzie w pismach wcześniejszych od Koranu nie da się odnaleźć takiej zapowiedzi Jezusa, a przynajmniej nigdzie w dostępnych obecnie przekazach. Nie słyszeli o niej, a przynajmniej nie zapamiętali jej pierwsi uczniowie, milczy o niej cała chrześcijańska tradycja aż do VII wieku, kiedy to od anioła usłyszał o niej Mahomet. Tak powstaje nowy Jezus, który jest bliższy Mahometowi i muzułmanom niż chrześcijanom. I niż historii.

Jezus, podobnie jak inni wysłannicy do ludzkości i jak Mahomet, zaczął swoje posłanie od ostrzegania, a później potwierdził Prawo. Robi dokładnie to, co Mahomet. Tak jak ten drugi sądził, że potwierdza Torę daną Żydom, zmieniając jedynie niektóre rytuały i przepisy, tak samo miał uczynić Jezus: „Ja przychodzę potwierdzić prawdziwość tego, co było przede mną w Torze, i aby uczynić dla was dozwolonym część tego, co wam było zakazane" (Koran III,50). Doprawdy nie jest to wiele. Można w ogóle odnieść wrażenie, że cała uwaga Koranu skupia się na jednej kwestii: na tym, by Jezus tak mocno, jak to tylko możliwe, zaprzeczył swemu Bóstwu. Jezus ma być rzecznikiem muzułmanów; patrzy z oburzeniem na chrześcijan i na ich wiarę, nie może się pogodzić z tym, że uczyniono z Niego tego, którym nigdy nie chciał zostać. Można zażartować, że gdyby złoty cielec, którego Izraelici zaczęli czcić na pustyni, po tym jak odszedł od nich Mojżesz, mógł nagle przemówić, wołałby to, co koraniczny Jezus: „Nie uwierzyli ci, którzy powiedzieli: »Zaprawdę, Bóg – to Mesjasz, syn Marii!«. A Mesjasz powiedział: »Synowie Izraela! Czcijcie Boga, mojego Pana i waszego Pana!«" (Koran V,72). Koraniczny Jezus nie spocznie, póki nie zaprzeczy i nie potępi chrześcijan; przemawia on jednoznacznie, twardo i stanowczo. Kiedy trzeba, grozi im karą wieczną. Tak jak w Ewangeliach Jezus wspomina o karze wiecznej dla tych, którzy w Niego nie uwierzyli, tak w Koranie ta sama kara ma dotknąć tych, którzy w Niego uwierzyli.

Wspominałem już o tym, że czytając Koran, można odnieść wrażenie anachronizmu. Tak też jest z głównym tytułem, który chrześcijanie przypisywali Jezusowi, z określeniem Go jako Chrystusa. W Ewangeliach, kiedy opisują one ziemskiego Jezusa, określenie to pojawia się rzadko. Tak mówi o Jezusie Piotr, tak zwraca się do Niego w czasie przesłuchania Kajfasz. Natomiast całkiem inaczej wygląda sytuacja w Listach Świętego Pawła, w których słowo „Chrystus" przestaje być określeniem funkcji, tytułu Jezusa, ale staje się częścią Jego imienia. Ewangeliści zatem w zgodzie z rzeczywistością historyczną pokazują, że za życia Jezus unikał słowa „Mesjasz", obawiając się zapewne jego politycznych konotacji. Dopiero po śmierci na krzyżu i po zmartwychwstaniu określenie to zyskało nowe znaczenie: Zbawiciela Izraela, który jednak nie musiał być wodzem. W Koranie Jezus jest nazywany Mesjaszem, ale jakkolwiek by to dziwnie zabrzmiało, Mahomet nie zna i nie uznaje Jego mesjańskiej roli. Imię Mesjasz, Al-Masih, to powtórzenie Masih Allah, zwrotu, którym posługiwali się chrześcijanie Arabii; w nestoriańskim syriackim było to Isa Msiha. Jednak imię to przysługuje Jezusowi niejako naturalnie, nic nie wskazuje na to, żeby Koran przyjmował, że Mesjasz był oczekiwanym przez Izraela Wybawicielem, tym, który miał przyjść, na którego czekano i który miał wypełnić zapowiedzi Pisma. Jedynym elementem wiary chrześcijańskiej, który ostał się w Koranie, jest przekonanie, że to Jezus przyjdzie na końcu czasów i będzie sądził ludzkość. Nie muszę powtarzać, że w osądzie kierować się będzie Koranem, nie Ewangelią, chyba że tą Ewangelią, która obecnie jest ukryta.

Absurd i historia

Nigdzie jednak wyraźniej nie widać tej wtórności i osobliwości przekazów koranicznych na temat Jezusa jak w opowieści o Jego śmierci. Nawet Gnilka, który tak bardzo stara się pisać tonem spokojnym, rzeczowym i w najwyższym stopniu dialogicznym, nie wytrzymał i stwierdził: „To, co mówi się o krzyżu [w Koranie], wydaje się nam niedorzecznością". Rzeczywiście, mocno powiedziane, tym bardziej że ten sam autor wcześniej upominał się o to, by nie przeciwstawiać i nie wygrywać Jezusa przeciw Mahometowi. „W przeszłości dosyć było krytycznych, pozbawionych szacunku i pogardliwych opinii chrześcijan na temat Mahometa" – stwierdzał Gnilka. I dodawał, że „Mahomet wiedział o Jezusie. Nigdy jednak nie wyraził się o Nim negatywnie". Dosyć to, przyznaję, osobliwy argument. Mahomet wiedział o Jezusie, ale o takim, jakiego nie znali chrześcijanie. Z faktu, że znał Jego imię i że wyobrażał Go sobie jako swojego poprzednika, w oczywisty sposób wynika, że nie mógł się o Nim wyrażać negatywnie. Gdyby to zrobił, podważyłby własną misję. Tylko co z tego? Co to właściwie znaczy, że Mahomet nie wyraził się o Jezusie negatywnie, skoro odmawiał Mu tego wszystkiego, co jak wynika z Ewangelii, Jezus sobie przypisywał? Owszem, inaczej niż współcześni Mu żydowscy oponenci, Mahomet nie twierdził, że Jezus został opętany przez diabła, że wywodzi się z nieprawego łoża, że słusznie został skazany na śmierć, bo sprzeniewierzył się swemu narodowi; jednak ten brak potępienia w żadnym wypadku nie jest tożsamy z akceptacją Nazarejczyka. To swoista gra słów. Mahomet bowiem oczywiście wyrażał się o Jezusie negatywnie, tyle że w inny sposób, niż czynili to wrogowie Nazarejczyka. Mahomet kazał Jezusowi potępić samego siebie, zostawił Mu imię, ale odebrał tożsamość, przeniósł potępienie z imienia Jezusa na Jego uczniów, chrześcijan. To, co Jezus nauczał o sobie, stało się błędami chrześcijańskimi, a o tych Mahomet wyrażał się tak negatywnie, jak to tylko możliwe!

Zatem opinia wybitnego teologa oparta jest na swoistej ekwiwokacji. Taki Jezus pozachrześcijański, jakiego szanował Mahomet, nie istnieje. Może być co najwyżej tworem i konstruktem abstrakcyjnym. Wszystko, co o Jezusie wiemy, zostało przekazane przez chrześcijan i zachowało się w ich pamięci; nie ma do Niego innego dostępu niż za pośrednictwem przekazów i Tradycji. Przeciwnie zatem niż Gnilka, sądzę, że Mahomet wyrażał się negatywnie o Jezusie, tyle że robił to w sposób wyrafinowany. Bo czy można sobie wyobrazić coś bardziej przewrotnego niż to, że każe się Jezusowi odrzucać samego siebie i nieustannie zaprzeczać, że jest Synem? Wyobraźmy sobie, że ktoś dziś pisze książkę o Mahomecie, w której ówże Mahomet opowiada, że nigdy nie słyszał głosu z nieba, że nie uważał siebie za proroka, ba, tych, którzy mu chcieli ową rolę przypisać, uznaje za zdrajców i fałszerzy, twierdzi, że żadnej księgi z nieba nie otrzymał, i jednocześnie autor takiej książki wychwala Mahometa jako uczciwego i dobrego człowieka. Czy byłby to wyraz szacunku dla Mahometa, czy przeciwnie, wyraz jego potępienia? Odpowiedź zdaje mi się oczywista.

Gnilka odżegnuje się od tych chrześcijan, którzy na temat Mahometa wygłaszali opinie krytyczne i pogardliwe. Po czym kiedy opisuje to, co Koran zawiera na temat śmierci Jezusa, nazywa to niedorzecznością. Lecz to, co Koran zawiera, jest tym, co usłyszał Mahomet. Jeśli w Koranie są niedorzeczne treści, to znaczy, że i posłanie Mahometa było, przynajmniej co się tyczy opowieści o śmierci Jezusa, absurdalne. Ale jak wierzą muzułmanie, Koran w całości jest święty, wieczny, nieomylny i prawdziwy. Jak zatem coś, co jest prawdziwe, wieczne i pochodzące od Boga, może być jednocześnie, przynajmniej w części, absurdalne? Gdyby Gnilka pisał o islamie kilkadziesiąt lat temu, to musiałby uznać, iż jedynym sensownym wytłumaczeniem jest to, że Mahomet był fałszywym prorokiem. Ale że żyjemy w świecie dialogu i porozumienia, okazuje się, że Koran może zawierać treści absurdalne, a jednocześnie nie należy nazywać Mahometa fałszywym posłańcem Nieba. Zawiła to dosyć dialektyka, nieprawdaż?

Hańba krzyża

Mało kto zdaje sobie sprawę z tego, że wydarzenie, na którym ufundowana jest wiara chrześcijańska – śmierć Jezusa na krzyżu – muzułmanie odrzucają i negują. Kiedy zatem w Wielki Piątek ponad miliard chrześcijan wspomina mękę i cierpienie Chrystusa, ponad miliard muzułmanów jak co roku przygląda się temu ze zdziwieniem i niedowierzaniem. Mahomet sądzi, że informacja o ukrzyżowaniu Jezusa jest fałszem. Koran potępia opowieści o męce Jezusa, uważa je bowiem za hańbiące. Według Proroka Żydzi chcieli zabić Jezusa, ale zostali przechytrzeni przez Boga. „[...] powiedzieli: »zabiliśmy Mesjasza, Jezusa, Syna Marii, posłańca Boga« – podczas gdy oni ani Go nie zabili, ani Go nie ukrzyżowali, tylko im się tak zdawało [...]" (Koran IV,157). Z wielu powodów opowieść ta jest czymś niezwykłym

Po pierwsze w wersji koranicznej Żydzi wiedzieli, kogo zabijają! Chcieli zabić Mesjasza, posłańca Boga! Taka świadomość własnej winy nie występuje w żadnym tekście Nowego Testamentu. Sanhedryn i arcykapłan skazali Jezusa na śmierć i wydali Go Rzymianom, bo uważali Go za oszusta – mówią Ewangelie. Kajfasz zadaje Jezusowi pytanie, czy ten uważa siebie za Mesjasza; kiedy słyszy coś, co bierze za odpowiedź twierdzącą, rozrywa szaty i krzyczy, że Jezus zbluźnił. Kiedy święty Piotr przemawia do zebranych w Jerozolimie Żydów, co notuje Łukasz w Dziejach Apostolskich, przyznaje, że działali w nieświadomości. Tak samo umierający na krzyżu Jezus woła według Łukasza: „Ojcze, odpuść im, bo nie wiedzą, co czynią" (Łk 23,34). Po śmierci Jezusa żydowscy kapłani i faryzeusze idą, jak podaje święty Mateusz, do Piłata i proszą go o zgodę na postawienie straży przy grobie. Wprost nazywają Nazarejczyka oszustem. W oczach żydowskich przeciwników Jezusa – saduceuszy i faryzeuszy, starszych i Sanhedrynu – uchodzi On za zdrajcę, bluźniercę, niebezpiecznego wichrzyciela, fałszywego proroka. I dlatego właśnie musi spaść na Niego kara. To oczywiście nie zdejmuje ze sprawców winy, nie znosi ich odpowiedzialności. Ewangeliści nie usprawiedliwiają zbrodni; pokazują, że gdyby wrogowie patrzyli na to, co Jezus czynił, gdyby dostrzegli Jego wielkie znaki i odpowiedzieli na wezwanie, nie wydaliby Go na śmierć. Mieli, zdaniem ewangelistów, dość dowodów, żeby przyjąć prawdę. Jednak nigdy żadna Ewangelia i żaden tekst Nowego Testamentu nie mówi o tym, że Żydzi wiedzieli, kogo wydają na śmierć. Zginął nie dlatego, że był Mesjaszem i posłańcem Boga, ale że za takiego chciał, zdaniem wrogów niesłusznie, uchodzić!

Gdyby przyjąć logikę Koranu, Żydzi mieliby świadomie zabić Jezusa właśnie za to, że był Mesjaszem i posłańcem Boga. To sposób myślenia, jaki na pewno występował wśród niektórych późniejszych chrześcijan, jednak jego śladów nie ma w przekazach pierwotnej Tradycji. To, że pojawia się on wprost wyrażony w Koranie, jest dowodem anachronizmu. Mahomet wie, że Jezus, Mesjasz, został przez Żydów odrzucony. Słyszy, że współcześni mu Żydzi twierdzą, że zabili Jezusa. Chrześcijanie mówią to samo, zatem Mahomet wyciąga wniosek, że Żydzi wiedzieli, kogo zabili. Tę swoją niepełną wiedzę przenosi z wieku VII w czasy z początku I wieku naszej ery i przypisuje Żydom ówczesnym świadome pozbycie się człowieka, o którym mieli wiedzieć, że jest Mesjaszem. Nic ich zatem już nie usprawiedliwia. Nie ma mowy o żadnej zasłonie i braku świadomości. Jednak nie ma też mowy o żadnej prawdziwej historii.

Cały ten obraz i te słowa, rzekomo wypowiedziane przez Żydów, nie mogą mieć nic wspólnego z rzeczywistością. Mógł je przekazać tylko ktoś, kto nie zdawał sobie sprawy z tego, kim był dla Żydów z pierwszego wieku naszej ery Mesjasz. Faktycznie, w Koranie Jezus nazywany jest Mesjaszem, jednak wszystko wskazuje na to, że Mahomet nie łączył z tym określeniem żadnego szczególnego znaczenia, że traktował je jako nazwę własną, nazwisko Jezusa. Mesjasz koraniczny to nie wytęskniony, oczekiwany, budzący nadzieję Wybawiciel, który miał uwolnić naród wybrany z opresji i panowania złych mocy, szczególnie Rzymian. Gdyby Żydzi faktycznie uznali w kimś Mesjasza – jak to zrobili niektórzy zwolennicy Szymona Bar Giory podczas wojny żydowskiej albo rabin Akiba w stosunku do Szymona Bar Kochby sześćdziesiąt lat później – to na pewno by go nie zabili, lecz oddali mu władzę i cześć. Słowa, które przytacza Koran, nigdy nie padły. Jezus zginął na krzyżu, bo uznano Go za fałszywego Mesjasza i kogoś, kto czyni siebie równym Bogu – takie było zapewne prawdziwe żydowskie oskarżenie.

Przekaz Koranu uderzać musi z jeszcze jednego powodu. Jest on kolejnym świadectwem, że w VII wieku po Chrystusie Żydzi, nawet ci mieszkający z daleka od Palestyny, bo na Półwyspie Arabskim, sądzili, że Jezus zginął z ich rąk. Potwierdzają to przekazy talmudyczne, w których także wspomina się o tym, że jedynymi sprawcami śmierci Nazarejczyka byli Żydzi. Jedyne, co podkreśla Talmud, to fakt, że stracenie Jezusa nastąpiło – inaczej, niż przekazali to ewangeliści – zgodnie z zasadami żydowskiego prawa, bowiem władze w Jerozolimie dały oskarżonemu dość czasu na przedstawienie świadków obrony. Przekaz talmudyczny wspomina o czterdziestu dniach, jakie otrzymał Jeszu (talmudyczne określenie Jezusa), tyle, ile wymagało prawo. Jednak, twierdzą autorzy tych przekazów, Jego wina nie ulegała wątpliwości i wydany wyrok był słuszny. Inaczej zatem niż Ewangelie kanoniczne, które stwierdzają, że bez zgody Rzymian nie doszłoby do stracenia Jezusa, Koran, idąc za tradycją żydowską, przyjmuje, że jedynymi winnymi byli Żydzi. W tym przypadku święta księga muzułmanów zdaje się dobrze poinformowana: ówcześni Żydzi z VII wieku naszej ery faktycznie uznawali swoje sprawstwo w śmierci Jezusa. O ile współcześnie, od XIX wieku zaczynając, coraz powszechniejszy jest nurt negacji i zaprzeczania odpowiedzialności żydowskiej za śmierć Chrystusa, widać, że w czasie powstawania Koranu nikt tego nie kwestionował. Żydzi, z którymi stykał się Mahomet, uważali zabicie Jezusa za powód do chwały.

Skoro Jezus, zdaniem Koranu, nie zginął na krzyżu, to co się z Nim właściwie stało? Tu otwiera się wiele możliwości. W trzeciej surze czytamy: „Oni knuli podstęp i Bóg knuł podstęp; a Bóg jest najlepszy spośród knujących podstępy" (Koran III,54). Innymi słowy, Bóg przechytrzył wrogów Jezusa. Tym zdawało się, że Go zabili, tymczasem, mówi Mahomet, pomylili się. Trudno wszakże wyjaśnić, jak zdaniem Koranu doszło do uratowania skazańca. Święta księga muzułmanów jest oszczędna, jeśli chodzi o szczegóły, i nie podaje żadnego wyraźnego wyjaśnienia. „Oto ja powołam ciebie i wyniosę ku Sobie, oczyszczając cię od tych, którzy nie uwierzyli [...]" (Koran III,55). Nie jest to wiele, trzeba przyznać. Ze słów tych można wnosić, że Mahomet wyobrażał sobie, że Bóg zabrał Jezusa do nieba. Jednak czy chodziło o duszę Jezusa, czy też o Jego ciało? Biblia wspominała, że do nieba trafili Henoch i Eliasz. Te przekazy, być może, znane były Mahometowi i przypuszczalnie tak też rozumiał on chrześcijańską opowieść o zmartwychwstaniu: Jezus został wyrwany spośród wrogów przez Allaha i zabrany do nieba. Jednak najwyraźniej nie zakładało to wiary w cielesne zmartwychwstanie Jezusa. Jego zwłoki pozostały chyba w grobie, choć innym niż ten, który większość chrześcijan czci w Jerozolimie. Wskazywałoby na to przekonanie Koranu, zgodnie z którym Jezus czeka, aż zostanie wskrzeszony do życia (Koran XIX,33). Ma się to stać w Dniu Ostatecznym, kiedy to będzie świadczył przeciw swym wrogom (Koran IV,159).

Tak samo nie ma jasności, kogo według Koranu zabili Żydzi. Możliwości są dwie. Albo na krzyżu naprawdę zginął ktoś jedynie do Nazarejczyka podobny, albo krzyżujący w ogóle ulegli iluzji i całe krzyżowanie okazało się farsą. Późniejsza tradycja muzułmańska, idąc za przekazami gnostyckimi, przyjmuje, że na krzyżu został powieszony przez pomyłkę Szymon Cyrenejczyk. Ta odpowiedź tyle samo wyjaśnia, co zaciemnia. Jeśli zamiast Jezusa zginął przypadkowo Szymon, to co się stało z Galilejczykiem? Gdzie są Jego zwłoki? Dlaczego o tej podmianie nie wspominają Jego uczniowie i żadne wczesne źródła chrześcijańskie? Jak mogła zrodzić się wiara w powstanie Jezusa z martwych przy założeniu, że uczniowie spotkali kogoś, kto przypominał im Jezusa i występował jako On, jeśli Galilejczyk na krzyżu nie umarł?

Wydaje się, że cały opis koraniczny nie tyle przedstawia fakty, co stanowi ukrytą antychrześcijańską polemikę. Jezus nie umarł na krzyżu, bo... umrzeć nie mógł. Taka śmierć nie przystoi, zdaniem Mahometa, prorokom. Słusznie zauważył w innym miejscu Gnilka, że według muzułmanów „śmierć Jezusa, także śmierć krzyżowa, nie miała żadnego znaczenia zbawczego dla innych ludzi. Taka hańbiąca śmierć nie byłaby do pogodzenia z Wszechmocą Boga, który przecież pomaga swym posłańcom i wyprowadza ich z opresji. Czym innym byłaby śmierć w czasie wojny za wiarę, taka byłaby czymś w najwyższym stopniu honorowym i przyniosłaby poległemu niebiańską szczęśliwość". Jezus według Koranu nie mógł umrzeć na krzyżu, bo oznaczałoby to, że został opuszczony przez Boga. Jeśli był prawdziwym prorokiem, rozumował Mahomet, nie mógł przecież zginąć w tak nędzny i haniebny sposób z rąk prześladowców. To zatem, co Mahomet sądził o roli proroka, ma być ważniejsze niż same fakty. Skoro wyobraził sobie, że w starciu z wrogami Bóg proroka nie opuści, to ktoś, kto za proroka uchodził, nie mógł zginąć na krzyżu. Być może, przybito na nim Szymona z Cyreny. W tym czasie Bóg po prostu wyjął Jezusa spośród prześladowców. Zachował się dokładnie tak, jak domagali się tego obecni przy śmierci Żydzi, gdy wołali do Jezusa, żeby zszedł z krzyża, bo wtedy tylko okaże swoją moc. Wszystko to jednak są, trzeba powiedzieć wprost, niedorzeczności i wymysły. Śmierć Jezusa na krzyżu jest najlepiej potwierdzonym i historycznie pewnym faktem całego życia Nazarejczyka. Co do tego zgadzają się wszyscy, najbardziej nawet krytycznie nastawieni komentatorzy Nowego Testamentu. Pierwsze historycznie pewne i niebudzące wątpliwości świadectwa zawierają Listy Świętego Pawła. Apostoł wielokrotnie wspomina o krzyżu Jezusa i o Jego śmierci. Zostały one napisane ledwie 20-30 lat po śmierci Chrystusa.

W słynnym wyznaniu wiary chrześcijańskiej z piętnastego rozdziału Pierwszego Listu do Koryntian święty Paweł wyraźnie pisze o tym, że informacja o śmierci i pogrzebaniu Jezusa pochodzi od pierwszych świadków i jest nauką powszechnie głoszoną przez wszystkich apostołów. Można przyjąć, że przekaz ten dotarł do Pawła albo od razu po jego nawróceniu w Damaszku, albo podczas jego wizyty w Jerozolimie. W wielu innych Listach apostoł pisze o krzyżu, na którym zginął Chrystus. Zresztą to, że Paweł wiedział o krzyżowej śmierci Jezusa, wynika z samej logiki jego działania. Właśnie dlatego prześladował wcześniej pierwotny Kościół, że ten głosił wiarę w Mesjasza ukrzyżowanego! O krzyżowej śmierci Jezusa zaświadczają praktycznie wszystkie pisma Nowego Testamentu, od najstarszych po najpóźniejsze. Podobnie jednoznaczne są informacje pochodzące ze źródeł pozachrześcijańskich. O straceniu Jezusa wspomina Józef Flawiusz, żydowski historyk piszący w Rzymie pod koniec I wieku naszej ery, oraz Tacyt, rzymski historyk tworzący na początku II wieku naszej ery. Pierwsze świadectwo pochodzi zapewne od Mary Bar Serapiona, stoickiego filozofa, który pisał na początku lat 70. I wieku po Chrystusie. Nie ma tu najmniejszej wątpliwości. Jezus Chrystus zmarł na krzyżu, ukarany w najbardziej haniebny i nieludzki sposób, jaki był znany starożytności.

Dlatego tak absurdalne są różne teorie, które miałyby racjonalnie wyjaśnić, jak to Jezus rzekomo miał przeżyć ukrzyżowanie. Nie ma większej bredni, którą ktoś kiedyś by wypowiedział. Skoro od samego początku przeciwnicy chrześcijaństwa na różne sposoby starali się podważać fakt zmartwychwstania, nic dziwnego, że część z nich poświęcała wiele uwagi wykazaniu, że Jezus naprawdę nie umarł. Jedni sądzili, że może tylko omdlał, po czym w grobie odzyskał świadomość i odżył, co Jego uczniowie wzięli za cudowne zmartwychwstanie. Rzeczywiście, byłoby to nawet całkiem zabawne: omdlałe ciało Jezusa, zmaltretowane, podziurawione jak sito, skrwawione jak kawał świeżego mięsa, ląduje w grobie, do którego otwór zostaje zasłonięty potężnym głazem, po czym jakby nigdy nic, pod wpływem może świeżego grobowego powietrza, Jezus odzyskuje siły, odsuwa kamień, idzie do uczniów, a ci uznają, że mają do czynienia z cudem, oddają Mu cześć i zaczynają głosić, że zmartwychwstał, na co Jezus przystaje, a potem po prostu sobie umiera. Nie, nie ma zgoła sposobu, żeby bronić prawdopodobieństwa takich opowieści.

Podstawowym problemem Mahometa było to, że nie zrozumiał sensu cierpienia Jezusa; dla proroka islamu, tak jak dla współczesnych Jezusowi Żydów, krzyż był głupstwem i zaprzeczeniem Bożej wszechmocy. Jezus nie był tym, który przez śmierć zmazał grzechy i uratował ludzi. Chrześcijanie, upierając się przy tym, że ich prorok został zabity, faktycznie w oczach Mahometa drwili z Boga i bluźnili Mu. Cóż to byłby za Bóg – pytał siebie autor Koranu – który pozwoliłby cierpieć swemu posłańcowi? Jak mógłby dopuścić do tego, żeby cały świat patrzył na Jego przebite ręce i nogi, wyśmiewał szyderczo Jego słabość i ból, przyglądał się strugom krwi, potu, zdartej skórze? Bóg nie mógłby pozwolić, by tak Go poniżono; czym byłby taki słaby Bóg, taki Bóg, który zamiast zesłać legiony aniołów przeciw oprawcom, ciemiężycielom i prześladowcom swego posłańca, biernie i spokojnie przyglądałby się Jego śmierci, tak haniebnej i tak żałosnej?

Gdyby Jezus miał umrzeć, stałoby się to całkiem inaczej. Na Górze Oliwnej zgromadziłby swoich zwolenników i rozdał im miecze. Kazałby im wybierać, czy chcą dalej żyć w pogardzie i niewoli pod rzymskim, pogańskim butem, czy przeciwnie, zamierzają jak mężczyźni stawić czoło wyzwaniu i zmierzyć się z losem. Powiedziałby im, że walka będzie ciężka i być może przegrają, za to od razu pójdą z Nim do raju. I porwałby ich za sobą do walki, poprowadził z Góry Oliwnej prosto na wroga, nie bacząc ani na przewagę pogan, ani na obojętność Żydów. Taki Jezus mógłby umrzeć rozsiekany i poćwiartowany przez pogan pospołu z Żydami; taki Jezus zachowałby się tak jak wcześniejsi prorocy i muzułmańscy męczennicy. Taki Jezus pasowałby do opowieści, które Mahomet przekazywał swoim wyznawcom, a które docierały do niego od anioła lub od tego, który za anioła w jego oczach uchodził. Ale o takim Jezusie Ewangelie nie wspominają. Przeciwnie. Każą Mu iść na śmierć w pokorze i spokoju. Nie pozwalają na podjęcie walki. Gorzej jeszcze. Mówią o apostołach, pomocnikach Jezusa, którzy ledwo nadeszło zagrożenie, jak jeden mąż uciekli gdzie pieprz rośnie. Jeden jedyny, który wykrzesał z siebie nieco woli i charakteru, przyparty przez przeciwników pospiesznie wyparł się swego mistrza.

Sam zaś Jezus ani nie oskarżał przeciwników, ani nie miotał na nich obelg, ani nie rzucił się na miecz, ani nie zbiegł, tylko do końca cierpiał. Nie wygłaszał wzniosłych przemówień, nie okazywał pogardy poganom. Takie zachowanie – Jezus szedł na rzeź pokorny jak baranek – nie pasowało do wizji Mahometa. I dlatego musiało zostać odrzucone. Wbrew faktom i historii, wbrew wszelkim regułom prawdopodobieństwa, wszelkiej wiedzy i wszelkim przekazom musiało zostać uznane za nieprawdę. Ci zaś, którzy jak chrześcijanie przy owej nieprawdzie stali, za nią się opowiedzieli i ją rozpowszechniali, winni byli zostać pouczeni, skarceni i przywiedzeni do prawdy; gdyby zaś to nie pomogło, należało ich zwalczać, karać, prześladować i poniżać. Wolno było ich tolerować, jednak tylko pokazując, że tkwią w błędzie, że są fałszerzami i kłamcami. Tam, gdzie mowa o Bogu, musi pojawić się siła i moc; Bóg wzgardzony, zelżony, osłabiony i podeptany byłby swoim zaprzeczeniem. Kto takie rzeczy o Bogu opowiadał, zasługiwał jedynie na pogardę i męczarnie. Istotą chrześcijańskiego posłania było przekonanie, że to w Jezusie jako Synu Bożym objawił się ludziom Bóg i że za pośrednictwem Jego śmierci na krzyżu i zmartwychwstania Bóg darował ludziom zbawienie i ratunek. I to właśnie Koran całkowicie odrzucał. Jezus mógł zostać przyjęty, ale pozbawiony wszelkiego zbawczego znaczenia. Kto uważał inaczej, okazywał się niewiernym i musiał liczyć się z tym, że spotka go zasłużona kara.

Bez rozróżnienia

Objawienie bowiem, twierdzi Koran, nie mówi nic o tym, że Jezus jest Synem i że za sprawą Jego przelanej krwi człowiek zyskał zbawienie; wszystko są to chrześcijańskie wymysły. Prawdziwe objawienie mówi o jedności Boga i o należnej Mu czci oraz o prawie, jakiego musi przestrzegać człowiek. Od początków dziejów, od kiedy Bóg stworzył Adama, obowiązkiem człowieka była właśnie wiara w jednego, jedynego Boga; to ją głosili i jej bronili prorocy wysłani z nieba. Jezus pod tym względem niczym się od pozostałych nie różnił. „Wierzymy w Boga i w to, co nam zesłał, i w to, co zostało zesłane Abrahamowi i Isma'ilowi, Izaakowi i Jakubowi, jak i plemionom; i w to, co zostało dane Mojżeszowi, Jezusowi i prorokom – od ich Pana. My nie robimy rozróżnienia między żadnym z nich i jesteśmy Jemu całkowicie poddani" (Koran III,84). „My nie robimy rozróżnienia między żadnym z nich" – to słowa, które doskonale oddają istotę muzułmańskiego rozumienia Jezusa. Jego misja zostaje uznana, ale tylko w tych granicach.

Taka misja z chrześcijańskiego punktu widzenia nie ma jednak sensu. Tylko Jezus, który dobrowolnie umiera za ludzi, pokazuje wielkość Bożej miłości. Człowiek nie jest igraszką, zabawką, przypadkowym niejako przedmiotem w ręku obcego i w sobie zatopionego Stwórcy, ale tym, kogo Bóg kocha i kogo postanowił wybawić. Ta decyzja o wybawieniu poprzedza wszelką prośbę i wszelki wysiłek człowieka: zapadła, gdy trwał on w błędach i grzechu. Aby wyzwolić człowieka, Bóg musiał pokonać diabła, który trzymał go w niewoli. Nie wystarczyło pokonać pogan, wypędzić ich z Jerozolimy; zwycięstwo militarne niczego by nie zmieniło. Byłoby to tylko zwycięstwo Żydów nad poganami, a nie człowieka nad diabłem. Do tego drugiego zwycięstwa trzeba było czegoś więcej niż wojska, sprawnych żołnierzy, broni, uzbrojenia, legionów. Trzeba było doskonałej ofiary przebłagalnej tak za Żydów, jak i za pogan. Doskonałe posłuszeństwo Jezusa zmyło grzech nieposłuszeństwa Adama – pisał Paweł, wyrażając wiarę uczniów. Wziął na siebie śmierć i cierpienie, zapłacił za wszystkich. Od tej pory dzięki chrztowi i wierze każdy mógł dostąpić zbawienia, życia z Bogiem. To była prawdziwie nowa dobra nowina, której nie przyniósł żaden poprzedni prorok. To była prawdziwie nowa nauka, przekraczająca to, co zostało objawione w Torze. Dzięki ofierze krzyża – wierzyli chrześcijanie – ród ludzki został uwolniony spod przekleństwa gniewu, jakie ściągnął nań Adam. Stąd tak ostre i wyraźne rozróżnienie czasów do Jana Chrzciciela, ostatniego sprawiedliwego Starego Testamentu, i nowej ery po nim, kiedy to przyszło już Królestwo Boże.

Do listy proroków wymienionych przez Koran należy też Mahomet. Jest tym, który ją zamyka i przypieczętowuje – jest pieczęcią proroków (Koran XXXIII,40). W innym miejscu, w surze szóstej, wspomina się o siedemnastu takich posłańcach do ludzi w historii. Zdecydowana większość znana jest nam z kart Biblii. Są to: Izaak, Jakub, Noe, Dawid, Salomon, Hiob, Józef, Mojżesz, Aaron, Zachariasz, Jan, Jezus, Eliasz, Isma'il, Al-Jasa, Jonasz, Lot (Koran VI,84-86). Wszyscy oni, tak jak Jezus, zostali „wywyższeni ponad światy". Opowieści o prorokach w Koranie są schematyczne, pozbawione szczegółów i napięcia. Darmo ktoś szukałby w nich dramatu, nowych, nieznanych rysów charakteru, zaskakujących zwrotów akcji. Kolejne historie powtarzają ten sam podstawowy wzór. Prorok przychodzi, głosi jedność Boga, spotyka się z oporem i wrogami, nie cofa się i przy pomocy Boga odnosi zwycięstwo. Treść właściwie się nie różni, można wręcz powiedzieć, że jest to identyczne posłanie, powtarzane jedynie przez różne głosy. Charakterystyczne, jak Koran przedstawia sens objawienia danego Mojżeszowi. Ten szuka przy ogniu płonącego krzewu słusznej drogi postępowania. O ile w Biblii Bóg jest przede wszystkim Bogiem ojców, Abrahama, Izaaka i Jakuba, to w ujęciu Mahometa tym, co najważniejsze w objawieniu Mojżeszowi, jest jedyność Boga. „Zaprawdę, Ja jestem Bogiem! Nie ma boga, jak tylko Ja!" (Koran XX,14) – mówi do Mojżesza.

W tym łańcuchu posłańców Jezus jest tylko kolejnym ogniwem, nie przysługuje Mu żadna godność wyższa od pozostałych.

„Zaprawdę, ja jestem sługą Boga! On dał mi Księgę i uczynił mnie prorokiem" (Koran XIX,30) – mówi o sobie koraniczny Chrystus. Tak jak pozostali przed Nim, a także jak Mahomet po Nim, otrzymał Księgę i przekazał ją ludziom. Ta Księga to Ewangelia.

Nie wydaje się, by Mahomet zdawał sobie sprawę z zasadniczej różnicy między zawartością Ewangelii a Torą z jej przepisami. Przeciwnie, można mieć wrażenie, że w oczach muzułmańskiego Proroka niczym się one – Tora i Ewangelia – nie różniły. Jezus jest jedynie tym, który potwierdza „prawdziwość tego, co było przed Nim w Torze". Dostał z nieba Ewangelię, „w której jest przewodnictwo i światło", ale tylko dlatego, że jest ona „potwierdzeniem tego, co było przed nią, i jako przewodnictwo i napomnienie dla ludzi bogobojnych" (Koran V,46). Ciekawe, że Mahomet nie zadał sobie podstawowego pytania: skoro Ewangelia jest jedynie potwierdzeniem Tory, a Jezus potwierdza jedynie to, co przynieśli poprzedni prorocy, to skąd się wziął konflikt Żydów i chrześcijan? Jak Żydzi, którzy mają Torę, mogli chcieć zabić Jezusa – jak twierdzi Koran – skoro Jezus przyszedł jedynie po to, by potwierdzić zapisy ich Księgi? Właściwie nie powinno tu w ogóle dojść do konfliktu. Tak jak Izaak potwierdził nauki Abrahama, Jakub nauki Izaaka, a Mojżesz słowa ich wszystkich, tak i Jezus powinien zostać przyjęty z otwartymi ramionami przez wyznawców Tory. Kim mogli być Jego przeciwnicy, skoro Ewangelia i Tora są jednością, późniejsza Księga potwierdza wcześniejszą? Nie wydaje się, żeby Koran miał problem z dostrzeżeniem tej sprzeczności. Mówi o Jezusie, że posłał Go do Izraela sam Bóg. To, że posłaniec spotyka się z oporem, nie jest niczym niezwykłym, można nawet utrzymywać, że zostało to przez Boga przewidziane: „I oto Ja powstrzymałem synów Izraela od ciebie [...]" (Koran v,110).

Władza odpuszczania grzechów

Wielu komentatorów Koranu wskazuje na rolę judeochrześcijan jako pośredników między Mahometem a chrześcijaństwem – czyli na tradycję tych wyznawców Chrystusa, którzy uznawali Go za Mesjasza i posłańca Boga, zachowywali jednak obrzezanie, przestrzegali praw dotyczących czystości rytualnej i reguł przyrządzania posiłków, wreszcie uznawali przepisy Tory. W sensie historycznym może to być prawdziwe wytłumaczenie. Być może, Mahomet nigdy nie zetknął się z prawowiernymi chrześcijanami; być może, wszelkie jego kontakty były powierzchowne i ograniczały się do spotkań z przedstawicielami różnych małych grup heretyckich nawiązujących do judaizmu. Tłumaczyłoby to osobliwą niewiedzę w kwestii działań i słów Jezusa historycznego. Tu może być też źródło odrzucenia opowieści o męce i ukrzyżowaniu.

Koran nie przeczy doniesieniom o cudotwórczej mocy Jezusa. Uznaje ją, choć odbiera jej sens, który przekazują Ewangelie. Według nich uzdrawianie chorych, wypędzanie złych duchów, egzorcyzmowanie opętanych, oczyszczanie trędowatych mają świadczyć o niezwykłej godności Jezusa, są rękojmią Jego wiarygodności, znakiem nadzwyczajnej godności. Od samego początku jest to też kamień obrazy dla faryzeuszy i uczonych w Piśmie. Uzdrawiając, Jezus bowiem odpuszcza grzechy i zachowuje się tak, jakby sam był Bogiem. Doskonale to napięcie uchwycił ewangelista Marek. Opisuje scenę, w której do Jezusa przychodzą ludzie, niosąc paralityka. Byli tak zdeterminowani, że widząc tłoczący się przed wejściem tłum, rozbierają dach i tak docierają z chorym do Nazarejczyka. „Jezus, widząc ich wiarę, powiedział do chorego: »Synu! Twoje grzechy są odpuszczone«” (Mk 2,5). Te słowa muszą wywołać reakcję. Nigdy wcześniej żaden posłaniec Boga nie przypisywał sobie takiej władzy. Pisma wyraźnie mówiły, że tylko Bóg może odpuszczać grzechy, uznawać je za niebyłe, rezygnować z wymierzenia kary. Tymczasem Jezus zachowuje się, jakby taką moc posiadał. „Wśród zebranych tam byli też nauczyciele Pisma, którzy myśleli sobie: »Dlaczego On tak mówi? Bluźni. Któż może odpuszczać grzechy? Jedynie sam Bóg!«” (Mk 2,7). Ewangelista pisze, że Jezus przeniknął ich myśli: „Abyście jednak wiedzieli, że Syn Człowieczy ma władzę odpuszczania grzechów na ziemi – powiedział do człowieka sparaliżowanego – mówię ci: Wstań, weź swoje nosze i wracaj do domu!” (Mk 2,10-11). Uzdrowienie jest środkiem do pokazania władzy sędziowskiej Jezusa. Ogłasza on odpuszczenie grzechów bez autoryzacji ze strony kapłanów świątyni jerozolimskiej, bez spełnienia wcześniejszych rytuałów pokutnych, bez złożenia ofiary przebłagalnej. Występuje jako Ten, który ma władzę. W Koranie też mówi się o tym, że Jezus przywraca wzrok ślepym, uzdrawia trędowatych i wskrzesza umarłych, ale robi to za pozwoleniem Boga (Koran v,110). Tak samo cud ożywienia glinianego ptaka dokonuje się za przyzwoleniem Boga. Nigdzie jednak Koran nie przypisuje Nazarejczykowi tego, co było celem Jego cudotwórczej działalności według Ewangelii: władzy odpuszczenia grzechów. To pozostaje w wyłącznej gestii Allaha. Nawet Mahomet nie ma takiej władzy, nie może zająć miejsca Sędziego: „Bóg jest nad każdą rzeczą wszechwładny! [...] On przebacza temu, komu chce, i On karze tego, kogo chce" (Koran v,17-18), „A któż będzie się wstawiał u Niego inaczej jak za Jego zezwoleniem? On wie, co było przed nimi, i On wie, co będzie po nich. Oni nie obejmują niczego z Jego wiedzy, oprócz tego, co On zechce" (Koran II,255).

W Koranie cuda Jezusa tracą swoje znaczenie. Nie są już znakami boskiej tożsamości Jezusa, ale potwierdzeniem wszechwładzy Boga. Autor Koranu nie zauważa prawdziwego źródła konfliktu Jezusa z Żydami. Nie odmawiali oni przecież Jezusowi mocy cudotwórczej – tę mieli też inni żydowscy egzorcyści czy święci mężowie. Sprzeciwiali się znaczeniu, jakie swoim czynom przypisywał Nazarejczyk. Nie byli niewierzącymi poganami, ale wyznawcami monoteizmu. Cuda Jezusa nie miały na celu wzbudzenia podziwu dla boskiej wszechmocy, ale ukazanie Jego boskiej tożsamości, Jego własnej godności. I to właśnie z całą mocą odrzucali. Paradoksalnie autor Koranu staje po stronie uczonych w Piśmie. Dla Mahometa słowa Jezusa o tym, że ma moc odpuszczania grzechów i że uzdrowienie jest tego znakiem, byłyby takim samym bluźnierstwem jak dla faryzeuszy. Kiedy zatem Koran broni Jezusa wobec oskarżeń, to dlatego, że wcześniej już zredukował Jego posłanie religijne. W Jego oponentach, religijnych Żydach, uczonych w Piśmie i faryzeuszach, widzi współczesnych sobie pogańskich Arabów, w Jezusie wcześniejsze wcielenie Mahometa. To się nazywa odwrócenie ról!

Takich przykładów, kiedy to święta księga muzułmanów zmienia sens czynów Chrystusa, jest wiele. W Koranie pojawia się ciekawa opowieść o stole sprowadzonym przez Chrystusa z nieba. Ma ona udowodnić pełną znajomość Ewangelii przez Jezusa. „Powiedzieli apostołowie: »O Jezusie, Synu Marii! Czyż Twój Pan może zesłać na nas z nieba stół zastawiony?«. On powiedział: »Bójcie się Boga, jeśli jesteście wierzącymi!«. Oni powiedzieli: »My chcemy z niego jeść, aby się uspokoiły nasze serca [...]«. Powiedział Jezus, Syn Marii: »O Boże; Panie nasz! Ześlij nam z nieba stół zastawiony! To będzie dla nas święto – dla pierwszego z nas i dla ostatniego – i będzie znakiem od Ciebie. Daj nam zaopatrzenie, bo Ty jesteś najlepszym z zaopatrujących!«. Powiedział Bóg: »Zaprawdę, Ja go wam ześlę. A kto z was potem pozostanie niewiernym, to Ja, zaprawdę, ukarzę go taką karą, jaką nie ukarałem nikogo z żadnego ze światów«" (Koran V,112-115). Interesujące, że dla tej opowieści brak jakiejkolwiek paraleli w Ewangeliach. Można dopatrywać się tu jedynie dalekiego echa czy to opowieści o rozmnożeniu chleba, czy tradycji o Ostatniej Wieczerzy. Uderzać musi, że tymi, którzy poddają Jezusa próbie, są w wersji koranicznej nie przeciwnicy, ale Jego uczniowie. To oni domagają się dowodu, aby „uspokoiły się ich serca". Inaczej, niż to ma miejsce w Ewangeliach, pełnoprawnym uczestnikiem tej rozmowy jest Bóg, który jakby nigdy nic przemawia i zapowiada srogą karę dla tych, którzy pozostaną niewierni. Historia zostaje jakby urwana, można jedynie przewidywać, że zapowiadany stół zstąpi z nieba.

Późniejsza tradycja muzułmańska uzupełnia ten dość enigmatyczny tekst i przedstawia niezwykłą obfitość dań na stole, który, co łatwe do przewidzenia, zstąpił. Są tam: „ryba z rusztu, bez łusek i ości, obficie polana tłuszczem; przy jej głowie jest sól, a przy ogonie ocet, dokoła wszystkie rodzaje jarzyn, w tej liczbie pory, i pięć bochenków, zależnie od wersji – z oliwą lub miodem, lub masłem, lub serem, lub też z suszonym mięsem" – pisze Gaudefroy-Demombynes. Oprócz opowieści o narodzinach Jezusa to drugi obszerny tekst, który zdaje się mieć związek z historią. Ale tak jak w poprzednich uderza jego nierealność. Uczniowie Jezusa byli bez wyjątku wierzącymi Żydami. Każdy z nich, zanim spotkał na swojej drodze Nazarejczyka, modlił się do jednego Boga Izraela, Stwórcy nieba i ziemi, Pana i Króla. Każdy z nich, zanim usłyszał Jezusa, wiedział, że Bogu należy się posłuszeństwo, że przemawiał On do ojców, że wywiódł Izraela z ziemi niewoli. Żaden nie potrzebował cudu, aby uwierzyć w jednego Boga! Nakarmienie rzesz, rozmnożenie chleba miało wzbudzić w apostołach nie wiarę w jednego Boga – tę już uprzednio mieli – ale w to, że przyszedł On na ziemię, że w jakiś tajemniczy i niezwykły sposób ma On oblicze Jezusa. Tymczasem autor Koranu sądzi, że dzięki zesłaniu stołu z nieba uczniowie mieli... przestać być niewiernymi!

Potępienie chrześcijan

Mahomet, jak wielokrotnie pokazywałem, ma bardzo skąpą wiedzę o historycznym Jezusie: pojawia się On w Koranie jako postać na poły mityczna, odległa, bez własnego wyraźnego charakteru. Jest jakby daleką, rozmazaną impresją żywego Jezusa, którego można odnaleźć na kartach Ewangelii. Mahomet widzi w Nim sprawiedliwego człowieka, który zostanie dopuszczony przed Boże oblicze.

On tak, ci jednak, którzy uważają siebie za Jego prawowitych uczniów, już nie. Koran, jak napisał inny znany komentator, Tilman Nagel, traktuje chrześcijaństwo jak „głupi rodzaj igraszki z niewiarą". Chrześcijanie zostają potępieni i odrzuceni, bowiem dodają Bogu współtowarzyszy. Duże fragmenty Koranu zawierają radykalną krytykę chrześcijaństwa, które zostaje uznane za formę politeizmu i bałwochwalstwa. I tak pada zarzut, że gdyby Bóg miał dziecko, to musiałoby dojść do kłótni między bogami. Nie ma wątpliwości, że Mahomet nie zrozumiał nauki o chrześcijańskiej Trójcy, że widział w niej wiarę w trzech osobnych bogów. Nie znając ani tradycji kościelnej, ani samych tekstów, sądził, że chrześcijanie traktują Trójcę tak, jak poganie traktowali trzech osobnych bogów. Nie wiedział, że w chrześcijańskim ujęciu Jezus nie jest jakimś innym bogiem obok Boga Ojca, lecz – jak to nazywają pisma – odblaskiem Jego chwały, pierworodnym Synem, umiłowanym. Od najwcześniejszych czasów, od kiedy chrześcijaństwo ujrzało światło dzienne i próbowało opisać relację Jezusa i Boga, nigdy nie traktowało ich jako dwóch osobnych, równorzędnych sobie, autonomicznych bytów. Bóg Ojciec i Syn Boży to nie dwaj równi sobie bogowie, jak Zeus i Hefajstos czy Apollo i Dionizos; Chrystus w rozumieniu chrześcijan był obliczem Boga, był tym, w którego osobie w pełni ukazało się, kim jest Jahwe, Bóg ojców, Bóg Abrahama, Izaaka i Jakuba.

Można próbować sobie wyobrazić, jak wyglądałby dialog Mahometa i świętego Pawła. Ten drugi zresztą wspomina, że zaraz po swoim nawróceniu w drodze do Damaszku spędził jakiś czas w Arabii. Gdyby zatem tak się zdarzyło, że spotkałby na swojej drodze człowieka o wrażliwości religijnej Mahometa, który zacząłby mu czynić wyrzuty i mówić, że oddając cześć Chrystusowi, wprowadza w Boga wielość, Paweł zapewne uśmiechnąłby się nieco ironicznie i powiedział swojemu rozmówcy, że ten niedostatecznie poznał naukę chrześcijańską. Chrystus bowiem nie jest – mówiłby apostoł – jakimś bogiem drugim, dodanym, istniejącym obok Boga. Dlatego mówię zawsze – tu Paweł popatrzyłby znacząco na Mahometa – Pan Jezus Chrystus i Bóg Ojciec, bo chcę powiedzieć, że jeden, jedyny Bóg, którego wyznaję od dziecka, teraz objawił się w osobie Jezusa. Wiem, że to trudne, dodałby, bo to wielka tajemnica, ale od tej pory kto chce czcić i adorować jedynego Boga, musi to robić, oddając cześć Ojcu i Synowi, i Duchowi. Nie wiem, jak zareagowałby na takie słowa Mahomet, gdyby urodził się sześć wieków wcześniej. W Koranie wiele jest fragmentów, które wskazują, że Prorok patrzył na chrześcijaństwo jak na formę znanego sobie z czasów sprzed objawienia bałwochwalstwa: „A jednak oni przypisali Bogu dżiny jako współtowarzyszy; a przecież On je stworzył. I fałszywie przypisali Mu synów i córki, bez żadnej wiedzy. Niech Mu będzie chwała! On jest wyniosły ponad to, co Jemu dodają jako współtowarzyszy! Stwórca niebios i ziemi! Jakże On mógłby mieć syna – przecież On nie miał wcale towarzyszki?!" (Koran VI,100-101).

Gdzie indziej padają imiona trzech bogiń opiekunek plemion arabskich: Al-Lat, Al-Uzza, Manat, którym oddawano cześć w Al-Kabie. Tym samym można przyjąć, że wiara chrześcijańska zostaje zaszeregowana do religii politeistycznych. Kiedy Mahomet usłyszał o chrześcijanach i ich wyznaniu wiary w Jezusa, Syna Bożego, musiał wyobrazić sobie, że chodzi tu o wiarę podobną do tej, z jaką zetknął się w Mekce wśród pogańskich Arabów.

Stąd zarzut, że Bóg nie miał towarzyszki, z którą miałby mieć dziecko – Syna Bożego. Mahomet nie znał tradycji biblijnej, nie wiedział, że w języku biblijnym synem Bożym mógł być nazwany król Izraela, prorok, mędrzec, wreszcie po prostu każdy sprawiedliwy. Synami Bożymi byli też posłańcy z niebios, aniołowie. Określenie to nie odnosiło się do naturalnego, biologicznego pochodzenia od Boga, tak jakby każdy sprawiedliwy Izraelita był boskiego pochodzenia; wyrażało ono bliskość, oddanie, gorliwość i posłuszeństwo. Synem Bożym był też sam lud Izraela i ogół Izraelitów. Dopiero wychodząc od takiego znaczenia, można pojąć słowa Jezusa o tym, że był Synem. Z jednej strony nawiązał On do całej tradycji Izraela, do obietnic i przepowiedni, do słów proroka Natana do króla Dawida, w których to prorok przyrzekał królowi, że w przyszłości z jego rodu powstanie Syn Boży, z drugiej nadał temu określeniu nowe, charakterystyczne znaczenie – Jezus nie był tylko synem Bożym jak inni pobożni Izraelici; był Synem jedynym, tym właśnie Synem, przez którego możliwe było poznanie Ojca, jedyną drogą do Ojca, pełnym i doskonałym odbiciem boskiej tożsamości Ojca. W uszach Mahometa słowa chrześcijańskiego wyznania brzmiały jak opowieści o dżinach i boginiach. Potępił je zatem, a chrześcijan uznał za bałwochwalców.

Czy oznacza to jednak, że chodzi tu po prostu o nieporozumienie językowe? O błędne znaczenie, które gdyby tylko usunąć, jedność chrześcijan i muzułmanów stałaby się możliwa? Czy gdyby Mahomet spotkał na swojej drodze już nie świętego Pawła, ale dobrego chrześcijańskiego nauczyciela, który pokazałby mu, że Trójca to nie trzech bogów, nie trzy boginie, ale Jeden Bóg, którego tożsamość przejawia się w osobach Ojca, Syna i Ducha, i że wiemy o tym, bo Syn zstąpił na świat i o tej tajemnicy opowiedział, to uznałby chrześcijaństwo i nie potępiał go za dodawanie Bogu współtowarzyszy? W żadnej mierze. Problem polega nie na tym, że Mahomet błędnie odczytał tożsamość osób chrześcijańskiej Trójcy; nawet nie na tym, że opacznie pojmował charakter relacji Ojca, Syna i Ducha; istotą jest to, że Koran radykalnie inaczej patrzy na Boga i Jego stosunek do człowieka, niż czyni to chrześcijaństwo. W myśli Mahometa Bóg nigdy nie mógłby się tak poniżyć, by wysłać na świat Syna i pozwolić Mu umrzeć w hańbie.

Istotą przekazu Koranu jest jedyność Boga; wszystko, co mogłoby ją zakłócać, ograniczać, plamić, musi zostać usunięte. Allah jest jeden, radykalnie oddzielony, jedyny, w sobie zamknięty: „Bóg! Nie ma boga, jak tylko On – Żyjący, Istniejący!" (Koran II,255). Cały wysiłek myśli, cała uwaga serca skupione są na tym, by pilnować owej jedyności i oddzielenia Boga. Mahomet wprost nawiązuje do historii powołania przez Jahwe Mojżesza; tak jak Mojżesz został posłany do ludu Izraela, tak Mahomet wierzy, że wysłano go do Arabów. Jednak mimo pozorów podobieństwa nie ten sam Bóg ich posyła. Bóg Mojżesza ujawnił mu swoje imię, co w kulturze semickiej oznaczało także pokazanie swojej istoty, przedstawienie swego charakteru. Bóg Mojżesza to Jahwe, Ten, który jest, ale też Bóg ojców, Abrahama, Izaaka, Jakuba. Wskazując te imiona patriarchów, Bóg powiedział Mojżeszowi, że dopełnia wcześniej danego przyrzeczenia; wyprowadzenie z Egiptu było dalszym ciągiem tej samej historii. Bóg jest związany swoimi obietnicami; jest tym, który zawarłszy przymierze, dotrzymuje słowa; jest bardziej wierny niż człowiek. Zachowuje swoją wolność i wieczność, jest nieskończony i doskonały i dzięki temu nie waha się wkroczyć w dzieje człowieka. Nie boi się, że zawarcie przymierza z Abrahamem pozbawi Go transcendencji, ograniczy. Ten Bóg także pamięta o swoich słowach, o swej trosce, o człowieku, którego stworzył. Jak mogłoby być inaczej, skoro podstawą więzi człowieka z Bogiem Biblii jest to, że człowiek został stworzony na obraz i podobieństwo Boga? Człowiek to jedyne stworzenie, o którym zostało to napisane.

Kiedy zatem nastąpił pierwszy grzech, człowiek zdradził Boga, dał się zwieść szatanowi, utracił podobieństwo, skaził obraz, Bóg nie pozostał obojętny, nie stał z boku, nie patrzył jedynie z daleka, jak pierwsza ludzka para opuszcza raj; Bóg zaczął działać, zaczął szukać sposobu wybawienia człowieka, odzyskania go, przywrócenia mu miejsca, jakie pierwotnie dla niego wyznaczył. W Koranie nie może być o tym wszystkim mowy. Tu Bóg raz na zawsze tkwi oddzielony i odosobniony poza światami; objawia się, owszem, ale Jego słowa i wezwania spadają na człowieka jak grom z jasnego nieba. To nie może być – jak dokładnie przedstawia w swojej Ewangelii Mateusz, a co stanowi jedynie ukoronowanie i podsumowanie całej myśli biblijnej, całego doświadczenia Izraela – Bóg z nami, Emmanuel. Bóg Koranu to Bóg bez nas; może się objawić i może się nie objawić; stworzenie nie może na nic absolutnie liczyć z Jego strony, nie może mieć żadnej nadziei: zbawienie, wejście do raju jest możliwe, ale tylko dlatego, że Bóg tak zechciał. Ostatecznie o wszystkim decyduje jedynie i wyłącznie ta przybywająca spoza światów, nieugięta i nieodparta wola Boga. Nie ma żadnego pomostu, połączenia, żadnej drogi pomiędzy Stwórcą i stworzeniem; przepaść między nimi będzie trwała wiecznie. Boga Koranu charakteryzuje dystans. Owszem, wspomina się o Jego miłosierdziu i litości, jednak to miłosierdzie i litość nie oznaczają w żadnej mierze, że ów Bóg gotów byłby związać się z człowiekiem jakąś trwałą, nierozerwalną, wieczną więzią. Nie może być o tym mowy: Bóg wysyła do ludzi posłańców, ale ich przychodzenie po sobie nie tworzy historii, nie widać rozwoju, nic nowego się tu nie odsłania, żadna nowa bliskość i intymność związku z Bogiem nie zostaje osiągnięta. Każdy posłaniec przychodzi, wypowiada swoje i odchodzi. Historia stoi w miejscu. O ile Żydzi mogli oczekiwać od Jahwe, że ponownie przybędzie i wyprowadzi ich znowu z ziemi niewoli, wylewając na lud ducha, bo tak obiecał przez swoich proroków, Izajasza, Micheasza i Joela, o tyle muzułmanie o żadnych takich obietnicach nie słyszeli. Allaha cechuje to, że jest jeden, wyniosły i potężny: „Allah akbar!".

Można wprawdzie w Koranie znaleźć wersety, które zdają się mówić o bliskości Boga: „My [Bóg] stworzyliśmy człowieka i wiemy, co podszeptuje jemu dusza. My jesteśmy bliżej niego aniżeli arteria jego szyi" (Koran L,16). Z kontekstu wynika jednak wyraźnie, że nie chodzi tu o pokazanie bliskości Boga do człowieka, ale raczej o przedstawienie przenikliwości Boskiego osądu. Jest On bliżej niż arteria szyi w tym sensie, że nie umkną przed Jego wzrokiem żadne ludzkie złe myśli, grzechy i błędy. Nie ucieknie nic, „co podszeptuje człowiekowi dusza". Bóg jest doskonałym Sędzią, który nie tylko widzi to, co dostrzegają ludzie – czyny i słowa, ale także motywy i intencje: „Kiedy spotykają się dwaj spotykający, siedząc z prawej strony i z lewej, człowiek nie wypowie ani jednego słowa, które by nie dotarło do będącego przy nim nadzorcy" (Koran L,17-18).

Oczywiście Bóg chrześcijański też jest doskonałym Sędzią, też odczytuje i osądza ludzkie sumienie, jednak ma w sobie coś jeszcze: miłość do grzesznika. Jest tym, który chce ocalić i szuka, jak by tu człowieka wybawić z pułapki, w którą ten sam się zapędził. W taki sposób Koran nigdy Allaha nie opisuje. Nie, on nie musi troszczyć się o grzeszników. Kiedy zechce, wytraca pokolenia i sprowadza w ich miejsce następne: „A ileż pokoleń wytraciliśmy przed nimi!" (Koran L,36). Śmierć, która spada na człowieka, to nie zakłócenie boskiego planu: „Zaprawdę, My dajemy życie i My sprowadzamy śmierć; i do Nas jest ostateczne przybycie!" (Koran L,43).

Chrześcijanie wierzą, że ostatecznym dowodem bliskości Boga i człowieka było przyjście Chrystusa. Jego objawienie nie spadło na ludzi jak meteor, nie pojawiło się nagle, lecz zostało przepowiedziane oraz stanowiło odpowiedź na pierwsze zerwanie, do którego doszło za sprawą grzechu Adama. Chrystus to nowy Adam i w Nim wszystko może się na nowo zacząć; Chrystus to odpowiedź Boga na katastrofę, którą spowodował pierwszy człowiek. Według chrześcijan Chrystus zwyciężył śmierć, według muzułmanów niczego nie trzeba było przezwyciężać – to Allah zsyła śmierć. Według chrześcijan dzieje człowieka to zapis dramatu, kiedy to Bóg powoli próbuje odzyskać upadłego grzesznika, dla muzułmanów nie zawierają one nic dramatycznego, bo wszystko sprowadza się do Boskiej woli. Dla chrześcijan do zbawienia konieczne jest współdziałanie wolnej woli, dla muzułmanów również o nim decyduje wyłącznie wola Allaha.

Chrześcijańska wiara w Trójcę nie jest arbitralną, przypadkową i wymyśloną doktryną; stanowi ona odpowiedź na to, jak w historii objawił się sam Bóg. Trójca to nie trzy abstrakcyjne imiona czy istoty, które chrześcijanie czczą, bo objawił im to z góry anioł. Nie są to trzy dżiny ani trzy boginie. Chrześcijanie nie wymyślili Trójcy. Nie dodali do jednego Boga pozostałych boskich istot: Jezusa, Ducha czy, jak sądzi Koran, Maryi. Wiara w Trójcę jest zapisem pierwotnego chrześcijańskiego doświadczenia, ujęciem w słowa realnego spotkania. Jezus objawił się jako Syn jednorodzony Ojca i zapowiedział zesłanie Ducha, który ożywia wiarę i daje moc. Chrześcijanie nie znają i nie mogą znać innego Boga niż Tego, który jest Ojcem naszego Pana Jezusa Chrystusa; nie mogą znać innego Ducha niż tego, który ich do Chrystusa prowadzi.

Ten, który był w postaci Bożej, zstąpił do ludzi i przybrał postać niewolnika, jak pisze Paweł w Liście do Filipian, lub, mówiąc słowami Ewangelii Świętego Jana, Ten, który był niedostępnym światłem, rozbił wśród ludzi swój namiot. Osoba Chrystusa to centrum chrześcijańskiego odczuwania i myślenia, w nim bowiem bez zmieszania styka się to, co ludzkie, i to, co boskie. Tak jak w chrześcijaństwie mówi się o inkarnacji, o wcieleniu Boga, tak w islamie można by powiedzieć o inlibracji, „wksięgowaniu" Boga. Koran jest jakby Chrystusem – Koran jest w islamie najpełniejszą formą objawienia Boga, odwzorowaniem Matki Księgi, która znajduje się wiecznie w niebie. Wszakże o ile można sobie wyobrazić bliską i stałą relację z osobą, z Chrystusem, to jak można wyobrazić sobie podobną więź z Księgą? Świętość Koranu stoi na straży transcendencji i nieprzystępności Boga, Allaha, Pana światów; świętość Chrystusa objawia bliskość i miłość Boga, który nie zapomniał o człowieku stworzonym na Jego obraz i podobieństwo.

„O wy, którzy wierzycie! Wierzcie w Boga i w Jego Posłańca, w Księgę, którą zesłał Swemu Posłańcowi, i w Księgę, którą zesłał przedtem!" (Koran IV,136) – wiara w Boga i Posłańca to wiara w Księgę, ona jest ostatecznym potwierdzeniem siebie, sama w sobie stanowić ma – w islamie – dowód swojej autentyczności. To w niej objawiło się w pełni Bóstwo; kto czyta Koran po arabsku albo, ściślej, kto recytuje Koran po arabsku, ten styka się z wiecznością i Bogiem.

Trudno o większy kontrast wobec takiego ujęcia niż to, co przekazuje Ewangelia według Świętego Jana: „A życie wieczne polega na tym, aby wszyscy poznali Ciebie, jedynego, prawdziwego Boga i Tego, którego posłałeś – Jezusa Chrystusa" (J 17,3). Dla muzułmanów poznać życie wieczne to poznać Księgę; dla chrześcijan – poznać Jezusa Chrystusa.

Za jedną owcą

Dla muzułmanów prawdziwa modlitwa wyraża bezbrzeżną przepaść i odległość człowieka od Boga, dla chrześcijan modlitwa przypomina wołanie dziecka do Ojca. Dzięki łasce człowiek, jeśli przyjął wiarę, może za sprawą Jezusa Chrystusa wołać do nieskończonego Boga jak do Ojca. W tym właśnie Koran widzi uroszczenie i bluźnierstwo. Kiedy zatem chrześcijanie i Żydzi nazywają się synami Boga i Jego umiłowanymi, Mahomet odpowiada im: „Przeciwnie, wy jesteście tylko ludźmi spośród tych, których On stworzył" (Koran V,18).

„Tylko ludźmi" oznacza w tym przypadku, że nie wolno wam wołać do Boga „Abba" („Ojcze"), nie wolno wam mówić o tym, że jesteście Bożymi dziećmi, nie wolno wam wierzyć, że Bóg wśród was przebywa. Wszystko to musi zostać odrzucone i potępione. Jesteście tylko stworzeniami i nie wolno wam myśleć, że Bogu na was zależy i że związał się z wami miłością. Tym, co Mahomet odrzuca w chrześcijaństwie, nie jest Trójca czy Synostwo Boże Jezusa, ale bliskość Boga i człowieka, która najpełniej okazuje się w prawie, by wołać do Boga „Abba".

Dzięki tej bliskości chrześcijanie mogą mówić o sobie jako o dzieciach Bożych, mogą wołać do Boga „Ojcze nasz". To jest to nowe posłanie, które tak uskrzydla apostoła Pawła. Raz po raz wykrzykuje on niemal do nowo nawróconych wyznawców, że mogą dzięki Chrystusowi wołać do Boga już nie jak do Króla, Pana, Władcy, Wszechmocnego Wodza, ale właśnie do Ojca. Że mogą mówić do Niego „Abba", tak jak małe dziecko mówi do ojca „Tato". Nie tylko są niewolnikami i czcicielami tajemniczego Pana, niewysłowionego Stwórcy światów, ale stali się za sprawą łaski i wiary współtowarzyszami Zbawcy. Odrzucić wiarę w Synostwo Boże Jezusa to wprowadzić przepaść między Bogiem i człowiekiem, to sprowadzić tego ostatniego tylko do roli posłusznego narzędzia i wykonawcy odgórnych, samowolnych, niedocieczonych decyzji. I żeby w człowieku nie pojawiło się żadne roszczenie do boskości, żadne marzenie o przyjaźni i miłości Bożej, Koran nie wspomina nic o stworzeniu człowieka na Boży obraz i podobieństwo (Koran XXXII,7-9).

Jeśli człowiek jest tylko stworzeniem jak każde inne, jeśli jego zbawienie zależy tylko od Boskiej woli, to nakaz posłuszeństwa staje się tak naprawdę najważniejszą częścią objawienia. Bóg nakazuje, człowiek ma być całkowicie posłuszny. Nieważne przy tym, czy dzieje się tak za sprawą siły, czy słowa. Jezus zarówno w Kazaniu na Górze, jak i w całej swojej działalności przeciwstawiał się gwałtowi. Wynikało to z samego rozumienia istoty Boga. W naukach Jezusa występował On jako dobry Ojciec, który swym miłosierdziem otacza dobrych i złych, który nie niszczy grzesznika, ale pragnie go odkupić. Był tym, który mając dziewięćdziesiąt dziewięć owiec, wyruszył znaleźć jedną zagubioną, i tym, który nigdy nie zmęczył się słuchaniem człowieka.

Inaczej niż większość współczesnych Mu Żydów, Jezus nie wzywał do walki z Rzymianami. Nie wierzył, że oczyszczenie z pogan świętego miasta i świątyni jest najważniejszym Boskim przykazaniem. Gotowość zabijania wrogów nie była w Jego oczach wyrazem gorliwości i nie mogła doprowadzić do niczego dobrego. Uważał siebie za tego, który przyszedł ocalić i uratować to, co było zgubione, za lekarza, który uzdrawia. W Jego oczach nawet grzesznicy, a może przede wszystkim grzesznicy, mogli liczyć na ratunek.

Tak jak nie przyszedł zabijać celników, prostytutek, nieczystych kolaborantów z wrogiem, lecz ich uzdrawiać i odzyskiwać, tak też nie chciał wzywać do pomsty nad poganami i ich mocodawcami. W Jego osobie, wierzył, Bóg objawił się nie jako surowy i karzący Sędzia świata, ale jako miłośnik człowieka, jako troskliwy i zasmucony Ojciec, który czeka na powrót synów i córek. Bliźnim był już nie tylko pełnej krwi Izraelita, lecz stał się nim każdy, znienawidzony i nieczysty Samarytanin, Madianita, Kananejczyk, Grek, Rzymianin. Do nowej wspólnoty założonej przez Jezusa mogli przystąpić wszyscy. Choć sam Nazarejczyk rzadko stykał się z poganami, z niewierzącymi, to w Jego nauce w zarodku niejako kryło się to, co później z taką mocą głosił święty Paweł: że nie ma Żyda ani Greka, wszyscy bowiem zgrzeszyli i wszyscy potrzebują odkupienia. Każdy człowiek jednak musiał sam się nawrócić, słysząc Słowo i widząc czyny apostołów. Miłować bliźniego znaczyło też ostatecznie miłować wroga i przeciwnika; nie zabijać go, lecz pokazywać mu łaskawość i dobroć, tak odsłaniając prawdę o ukrytym Bogu. Niewierny też nosił w sobie – wprawdzie skażony i zniekształcony – obraz Boga. Dobrze czynić nieprzyjaciołom, nadstawiać drugi policzek, nie sprzeciwiać się złu przemocą – nie były to bynajmniej tylko nauki etyczne. Jezus nie reformował społeczeństwa, ale wyprowadzał jedynie praktyczne wnioski z wiary w Boga, który jest Ojcem. Skoro Bóg kochał dobrych i złych, skoro wysłał swego Syna do ludzi, którzy jeszcze byli w stanie winy i podległości grzechowi, skoro pozwolił, by Jego umiłowany Syn umarł za grzeszników, to prawdziwy wyznawca powinien naśladować Boga. Przemoc rodziła przemoc, gwałt odciskał się gwałtem, nienawiść przynosiła jeszcze większą nienawiść.

Nie znaczy to oczywiście, że chrześcijanie mieli negować i odrzucać siłę – w tym świecie wciąż mogła ona służyć dobru, chronić prawa i zapewniać ład. W tym świecie wciąż toczyła się wojna państw, imperia powstawały i upadały, królowie ziemscy dążyli do uciskania poddanych i okazywania swej władzy obcym. Jednak przemocą nie można było zbudować Królestwa Bożego; przemocą nie można było zbawić człowieka. Nowa wspólnota uczniów Jezusa, nowa święta rodzina tych, którzy mieli być

„solą ziemi", miała naśladować Ojca. Ta nowa wspólnota przekraczała wszelkie granice etniczne, państwowe, polityczne. Nie mogła rozszerzać się dzięki przymusowi. To było coś całkiem odmiennego i rewolucyjnego.

Powstańcy żydowscy też wierzyli w jednego Boga, jednak sądzili, że Jego miłość nie obejmuje pogan. Rzymian można było pokonać, można było marzyć o ich wyparciu i zabiciu, wciąż pozostawali na zewnątrz. Każde zwycięstwo zelotów pogłębiało przecież jeszcze przepaść między Izraelem a ludami, między wyznawcami, którzy mieli dostęp do prawdziwego Boga, a poganami, kroczącymi w mrokach śmierci, skazanymi na zatracenie. Dla Jezusa, takiego, jakim zapamiętali Go uczniowie, prawdziwym punktem wyjścia w rozmyślaniu o kondycji człowieka nie była sytuacja historyczna, fakt, że w 30 roku naszej ery Judea była rzymską prowincją zarządzaną przez prefekta Poncjusza Piłata, ale sytuacja taka, jak przedstawiła ją Księga Rodzaju, kiedy mówiła o wygnaniu z raju Adama i o niewoli, w jakiej znalazł się człowiek. Zwycięstwo nad poganami miało się dokonać nie za sprawą wojska, ale ducha. Rzymian i pogan nie należało zabijać, ale nawrócić. Należało im powiedzieć, że Bóg o nich nie zapomniał, że ich kocha i że mogą oni, jeśli uwierzą i wyznają swą wiarę, za pośrednictwem Chrystusa odnaleźć tę Bożą bliskość, troskę i miłość.

W takim rozumowaniu przemoc może być co najwyżej tolerowana; istnieje, bo takie są prawa skażonego świata, jednak sama w sobie nie jest dobrem, właściwym narzędziem budowania wspólnoty wiernych. Przymusem nie zdobywa się serca i sumienia osoby. Jezus porównuje się często do lekarza, gospodarza, rolnika, zarządcy, siewcy, nigdy nie występuje w roli żołnierza i wodza.

Odwrotnie jest w przypadku Mahometa. Allah nie domaga się miłości, ale posłuszeństwa, nie zstępuje z nieba do ludzi, by ich wydrzeć z niewoli grzechu, ale pozostaje Panem światów, nie schyla się nad tym, co upadłe, ale nakazuje walczyć z tymi, którzy nie uznają Jego władania. Tak jak Allah jest Bogiem wojny, tak Jego prorok jest wojownikiem i wodzem.

Wojny Boga

Wojny toczone przez Mahometa były też wojnami Boga. Popełnione podczas nich morderstwa nie tylko nie pociągały za sobą moralnego potępienia, ale przeciwnie, spotykały się z pochwałą. Krewni ofiar, pierwotnie Arabów z innych szczepów, nie mieli też prawa do zemsty za rozlanie krwi plemiennej. Po prostu kto przeciwstawiał się wojskom Mahometa, walczył z samym Allahem i nie zasługiwał na ocalenie. Nie wolno też było okazywać mu litości i współczucia: w tym przypadku miłosierdzie oznaczałoby bunt przeciw Allahowi. Celem dżihadu była zbrojna ekspansja wspólnoty muzułmańskiej. To akt pobożny – pisał Gaudefroy-Demombynes – bowiem wskutek wojny nowi wierni zostają oddani prawu Boga, jeśli zaś odmówią nawrócenia lub przynajmniej poddania się prawu, odbiera im się życie. „Jest ona również aktem politycznym: zapewnia muzułmanom bezpieczeństwo oraz pozwala na aktywność ekonomiczną. [...] Trzeba sobie poddać lub wytępić nieprzyjaciół Boga, tych, którzy głośno to stwierdzają, i tych, których się o tę wrogość podejrzewa. Interesy duchowe i materialne jednoczą się, aby wzmóc zapał wiernych do walki”. Wprawdzie w samym tekście Koranu nigdzie nie pojawia się pojęcie świętej wojny, jednakże to o Allahu mówi się, że jest On wodzem w czasie bitew. To coś więcej niż tylko stwierdzenie: „Oto Ja jestem z wami” (Koran VIII,12).

Pod tym względem zresztą arabski Allah bardzo przypomina biblijnego Jahwe, który też wiódł do zwycięstwa swój lud i podobnie jak Allah domagał się, by wojny w Jego imieniu toczone były według innych niż świeckie, ściśle określonych reguł, niekiedy bardziej surowych i bardziej okrutnych, jeśli chodzi o los przegranych i pokonanych. Tak jak w Koranie wojny wspólnoty muzułmańskiej są wojnami Boga, tak w Starym Testamencie wojny ludu Izraela są wojnami Jahwe. Według Pierwszej Księgi Samuela (8,20) król walczy w imieniu Boga. Wrogowie Izraela są wrogami samego Boga (Sdz 5,31). To Jahwe walczy za Izrael (Joz 10,14) i to jego siła okazuje się w walce (Wj 15,3). W opresji Asa woła do Pana: „PANIE, nikt Ci nie dorówna w udzieleniu pomocy, kiedy walczy potężny i pozbawiony siły. Wesprzyj nas, PANIE, nasz Boże, bo zaufaliśmy Tobie i w Twoje imię wyruszyliśmy przeciwko tej potędze ” (2 Krn 14,10). Według Pierwszej Księgi Kronik to Pan prowadzi wojny Izraela. Idzie On przed Dawidem, aby rozbić wojsko Filistynów (1 Krn 14,15). Stary Testament przekazuje przepisy regulujące wojnę, a także specjalne modlitwy przed bitwą (Pwt 20,1-7; 2 Krn 13,12; Lb 10,9). Cały lud powinien się uświęcić przed bitwą, Arka Przymierza poprzedza wojsko Izraela (Joz 3,5-11). Co więcej, podobnie jak muzułmanom, tak i Izraelitom nie wolno było okazać chwiejności ani litości wobec wydanych w ich ręce przez Boga, jak wierzyli, wrogów.

Oto, jak Księga Jozuego opisuje zdobycie pogańskiego miasta Aj. Najpierw Jahwe mówi do Jozuego: „Wyciągnij oszczep, który trzymasz w ręce, w kierunku Aj, ponieważ oddaję je tobie" (Joz 8,18). A oto, jak owo oddanie Aj wyglądało w praktyce: „Gdy Izraelici zabili wszystkich mieszkańców Aj na pustyni, gdzie ich ścigali, i gdy już wszyscy, aż do ostatniego, padli od miecza, cały Izrael wrócił do Aj i wyciął mieczem jego mieszkańców. Poległych tego dnia, zarówno mężczyzn, jak i kobiet, było dwanaście tysięcy, czyli wszyscy ludzie z Aj. Jozue nie cofnął uniesionej ręki, w której trzymał oszczep, póki na skutek rzuconej klątwy nie wycięto w pień wszystkich mieszkańców Aj" (Joz 8,24-26). Nie wiadomo wprawdzie, czy takie zdarzenie naprawdę miało miejsce, pewne jest jednak, że tak zapamiętała je tradycja i że owe czyny Jozuego uznawano za godne naśladowania. Taki sam morał płynie z historii Saula i Dawida. Ten pierwszy traci królestwo i dziedzictwo, bo nie posłuchał Boga. Najpierw Biblia przytacza słowa Boga, który nakazuje zabić Amalekitów za to, jak przyjęli oni uciekających z Egiptu Izraelitów. Saul słyszy: „Teraz więc wyrusz i uderz na Amalekitów. Wyniszczysz całkowicie wszystko, co do nich należy, i zabijesz bez litości mężczyzn i kobiety, młodzież i niemowlęta, woły i owce, wielbłądy i osły" (1 Sm 15,3). Król Izraela zwycięża wrogów, jednak nie jest całkiem posłuszny rozkazowi Jahwe. Choć wyciął ludność w pień, to jednak zostawił przy życiu Agaga, króla Amalekitów, podobnie nie zabił co bardziej dorodnych zwierząt. Wtedy to Bóg posyła do niego Samuela, a ten ogłasza, że ze względu na nieposłuszeństwo Saul zostanie pozbawiony korony. Absolutne posłuszeństwo, dokładnie tak, jak domaga się tego Koran, jest najważniejsze. To stały wątek od czasów Mojżesza aż po epokę zelotów. Dla nich wszystkich nie ulegało wątpliwości, że wojna może być też dziełem Bożym, szczególnym aktem uświęcenia. I że w czasie takiej świętej wojny nie wolno pozwalać sobie na łagodność, litość czy słabość. Nic dziwnego, że pierwszą rzeczą, jaką zrobili powstańcy żydowscy na terenach, na których zdobyli władzę po 66 roku naszej ery, było masowe wycinanie w pień pogan. Doprawdy, słuchając dziś różnych teologów – na czele z najważniejszymi – którzy ogłaszają, że religia nie ma nic wspólnego z przemocą, dochodzę do wniosku, że mamy tu do czynienia chyba z jakimś osobliwym napadem pomroczności jasnej.

Radykalna zmiana nastąpiła wraz z przyjściem Chrystusa. Chrześcijaństwo odrzuciło ideę świętej wojny. Stało się tak jednak nie ze względu na jakąś bliżej nieokreśloną religię, nie dlatego też, jakoby w istocie religii zawierało się odrzucenie przemocy. To czysty absurd i nie zmienia tego fakt, że jest on powtarzany przez najznaczniejszych współczesnych nauczycieli. Chrystus odrzucił przemoc, bo założona przez Niego wspólnota wierzyła w Boga, który kocha ludzi. Rezygnacja z gwałtu jako właściwego sposobu budowania Królestwa Bożego to nie efekt odkrycia istoty religii, ale skutek pozytywnego objawienia. Chrześcijański Bóg chce panować jak Ojciec, a nie tyran i srogi król; odrzucenie gwałtu jako środka do nawrócenia jest wyrazem posłuszeństwa. Tak jak Saul okazał nieposłuszeństwo, nie zabijając Agaga, króla Amalekitów, tak chrześcijanin okazałby nieposłuszeństwo, gdyby zabijał mężczyzn, kobiety i ich bydło dla Boga.

Jednak duża część tradycji żydowskiej, szczególnie tej sprzed wielkiej klęski roku 70 naszej ery, mówiła coś całkiem innego. Jej najpełniejszymi wyrazicielami byli zeloci, żydowscy powstańcy przeciw Rzymowi. Zasadę tej wiary można streścić prosto: wojna z niewiernymi jest wojną Boga. Im większa udręka, im mniej szansy na zwycięstwo, tym większa nadzieja na interwencję Jahwe. Dopiero zderzenie z brutalną i nieugiętą potęgą Rzymu, z legionami, które dziesiątkowały i mordowały powstańców, sprawiło, że tradycja żydowska zmieniła taki sposób patrzenia.

To był ostatni już dzień istnienia świątyni, kwiecień roku 70. Rzymianie przełamali kolejne punkty oporu, ich machiny oblężnicze miotały pociski, ogień zaczął szaleć na krużgankach. I jeszcze wtedy, jak opisuje to naoczny świadek Józef Flawiusz, sześć tysięcy wiernych zgromadziło się na dziedzińcu, bo wierzyli, że Jahwe ich nie opuści, że Bóg wojny raz jeszcze, jak to było w przypadku Gedeona, przyjdzie w sukurs słabszym i pozornie skazanym na klęskę, że ześle swoje anielskie hufce, które wytracą rzymskich żołnierzy. Tym zaś już od rzezi mdlały ręce. Zeloci byli do tego stopnia przeświadczeni, że są jedynie karzącym narzędziem Boga, że żadne klęski – utrata Idumei, kapitulacja Galilei, rzeź w Jotapacie, wreszcie widok kilkudziesięciu tysięcy wyborowych żołnierzy pod dowództwem Tytusa wznoszących szańce oblężnicze wokół miasta – nie mogły ich odwieść od walki. W ten sposób nawiązywali jednak do prastarej tradycji, która, jak wierzyli, wciąż była żywa. Tak samo przecież postępowali Machabeusze, kiedy porwali się do walki z przeważającymi siłami wroga, gromiąc raz po raz wojska Antiochów.

Kiedy Mahomet mówi o Bogu, który prowadzi wojska muzułmanów do walki, kiedy domaga się od swoich żołnierzy pełnego posłuszeństwa i zabijania pogan, idzie śladami Mojżesza, Jozuego, Gedeona, Dawida, Ezechiasza, Machabeuszy i zelotów. Co się tyczy tej kwestii, jest dziedzicem prastarej tradycji. Nie odwołuje się do przekazów niektórych proroków, jak Izajasz czy Jeremiasz, gdzie pojawiają się tony wojnie przeciwne; pod tym względem całkowicie odrzuca nauczanie Jezusa. Jak Mahomet postrzegał rolę Boga, doskonale widać w surze ósmej: „Lecz Bóg chciał utwierdzić prawdę przez swoje słowa i zniszczyć niewiernych do ostatniego, tak żeby utwierdzić prawdę, a zniweczyć fałsz, chociażby to było nienawistne dla grzeszników" (Koran VIII,7-8).

Zniszczenie niewiernych do ostatniego jest tym samym co „utwierdzenie prawdy". Muzułmanin jest tylko narzędziem w ręku Boga. Właściwie nawet nie on sam zabija przeciwników, robi to za niego Allah. Człowiek w wojnie przeciw niewiernym jest jak oszczep lub miecz w ręku Boga. „O wy, którzy wierzycie! Kiedy spotkacie niewiernych, posuwających się w marszu, to nie odwracajcie się do nich plecami! A kto tego dnia odwróci się do nich plecami [...] – to ten ściągnie na siebie gniew Boga, a jego miejscem schronienia będzie Gehenna! A jakże to złe miejsce przybycia! To nie wy ich zabijaliście, lecz Bóg ich zabijał. To nie ty rzuciłeś, kiedy rzuciłeś [oszczep], lecz to Bóg rzucił [...]" (Koran VIII,15-17). Jak pokazuje z kolei sura trzydziesta trzecia, sam Bóg kieruje wojskiem podczas kolejnych etapów bitwy.

Allah to nie Bóg, który sprawia, że Jego słońce wschodzi dla dobrych i złych, a Mahomet nie ma cierpliwości siewcy, który czeka, aż zboże dojrzeje, by oddzielić ziarno od plew. Chrześcijańskie posłanie miłości zwraca się do wolnych osób; kochać bliźniego oznacza pragnąć jego zbawienia, to zaś może się dokonać jedynie przy jego wolnym współudziale. W takim ujęciu przemoc nigdy nie jest sama w sobie czymś dobrym, jest ona zawsze mniejszym złem, nie jest czymś pochwalanym, a jedynie dopuszczanym. Chrześcijański męczennik za wiarę znosi cierpienie i poświadcza tym samym swoją wierność Chrystusowi. Nie zabójstwo niewiernych okupione własną śmiercią jest godne najwyższej pochwały, ale przyjęcie śmierci za wiarę. Tak, w tym świecie nie da się zachować wolności i pokoju bez siły i przymusu, jednak to nie czyni ich samych w sobie czymś właściwym i dobrym.

Szlakiem szahidów

Człowiek walczy dla łupu; człowiek walczy dla chwały; człowiek walczy, aby pokazać wyższość swego męstwa; kim jest ten, który walczy na drodze Boga? Ten, który walczy, aby wychwalano słowo Boga, jest na drodze Boga" – mówi jeden z hadisów. Dla Koranu podporządkowanie niewiernych prawu Boga samo w sobie było rzeczą godziwą i słuszną. Posłuszeństwo prawu, nawet jeśli nie pociąga za sobą jego uznania i akceptacji, nawet jeśli dotyczy ludzi, którzy powinni być hańbieni i poniżani, jest obiektywnie dobre i sprawiedliwe. Ideałem jest oczywiście nawrócenie i świadome podporządkowanie się Allahowi; jednak czymś słusznym w ujęciu Koranu jest także i to, by ci, którzy po prostu żyją pod władzą muzułmańską, musieli uznawać wyższość islamu. Panowanie takiego prawa jest nieporównywalnie wyższą wartością niż zachowanie ludzkiego życia; dlatego podbój i wojna są uprawnionym i właściwym sposobem szerzenia się islamu w świecie.

Tych, którzy się temu opierają, należy wyeliminować; ci, którzy walczą, zasługują na chwałę, wyróżnienie i przywileje: „Z pewnością, jeśli zostaniecie zabici na drodze Boga albo jeśli umrzecie... – to przecież przebaczenie od Boga i miłosierdzie lepsze jest od tego, co oni gromadzą! I na pewno [...] ku Bogu zostaniecie zebrani" (Koran III,157-158). Jeszcze w czasie walki, kiedy zewsząd dochodzi bitewny zgiełk, ściele się trup, niesie się rżenie koni, w nozdrza bije zapach krwi rozlanej szeroko, słychać furknięcia strzał i dźwięki drgających cięciw łuków, miecz zderza się z mieczem, wierni wiedzą, że nie są sami, że wraz z nimi, po ich stronie, walczą zastępy niebieskie. Orszaki aniołów włączają się do bitwy. W jednej wzięło udział nie mniej niż trzy tysiące aniołów (Koran III,124), było to wojsko, którego zwykłymi oczami nie widać (Koran XXXIII,10). Joachim Gnilka trafnie zauważa, że podobny obraz występuje w pismach sekty z Kumran; również pochodzące stamtąd zwoje wspominają o ostatecznej wojnie synów światła z synami ciemności, w której to mierzyć się będą moce niebieskie.

Kto zabija niewiernych i dąży do rozszerzenia panowania islamu, godzien jest wywyższenia i nagrody nieskończonej: „I nie mówcie na tych, którzy zostali zabici na drodze Boga: »Umarli!«. Przeciwnie, oni są żyjący! Lecz wy nie jesteście świadomi" (Koran II,154). Tak, żyją w raju, od tej pory wolni od trosk, przypadłości, nieszczęść, od skwaru słońca, znoju pracy, pławiąc się w rozkoszach i radości, nasyceni i spełnieni. „My damy im za żony hurysy [*hūr īn*] o wielkich oczach, podobne do perły ukrytej" (Koran LII,20; LVI,22-23) – obiecuje Bóg

Mahometowi i jego wojownikom – „[...] stworzyliśmy je w sposób doskonały i uczyniliśmy je dziewicami, kochającymi, jednakowego wieku – dla tych po prawicy" (Koran LVI,35-38). To oczywiście nagroda dla wszystkich muzułmanów, jednak wojownicy polegli podczas dżihadu mają pierwszeństwo przed innymi. Jeden z hadisów ujął to tak: „Raj jest pod błyskawicami mieczów".

Nie ma wątpliwości, że kto zabija innych, walcząc o rozszerzenie panowania Allaha, postępuje słusznie. Czy ginie w walce, czy zwycięża, sprawa Boga wygrywa. Jest to stały motyw świętej księgi i trzeba być doprawdy ślepym, by tego nie dostrzec: Bóg przyrzeka walczącym zbrojnie wejście do raju. W Koranie nie sposób znaleźć niczego, co odpowiadałoby chrześcijańskim naukom o nadstawianiu drugiego policzka; nie ma też śladu wielokrotnych przestróg Jezusa przed stosowaniem przemocy. Przeciwnie. Allah robi dla Mahometa to, czego Bóg Ojciec nie zrobił dla Jezusa: w kluczowym momencie, kiedy ważą się losy posłania Proroka, wysyła mu anielskie hufce. Te właśnie, z których pomocy świadomie zrezygnował Nazarejczyk. „A jeden z tych, którzy byli z Jezusem, wyciągnął rękę, dobył miecza, uderzył sługę najwyższego kapłana i odciął mu ucho. Wtedy Jezus powiedział do niego: »Schowaj miecz tam, gdzie jego miejsce, bo wszyscy, którzy za miecz chwytają, od miecza giną. Czyż myślisz, że nie mógłbym poprosić mojego Ojca, aby natychmiast postawił przy Mnie więcej niż dwanaście oddziałów anielskich? Ale jak wówczas wypełni się to, co według Pisma musi się wydarzyć?«" (Mt 26,51-54). Dla Allaha jednak niesprzeciwianie się złu byłoby sprzecznością samą w sobie; dobro i siła są niemal tożsame; kto chce władania Boga, ten musi użyć miecza.

Królestwo Boże, tak jak je rozumiał Chrystus, jako panowanie Boga w sercach i sumieniach, jako wspólnotę braci i sióstr połączonych miłością do Ojca, a w Chrystusie do siebie nawzajem, byłoby w oczach Mahometa wielkością niepojętą, obcą, pustą. Chrześcijańscy męczennicy, którzy bezbronni szli na stracenie czy to przez ukrzyżowanie, czy to rzucani bestiom na pożarcie, czy wreszcie poddawani innym wymyślnym torturom, nie zasługują na uznanie. Cóż z tego, że uporczywie trwali przy swoim przekonaniu? Nie, prawdziwy męczennik to ktoś całkiem inny. To męczennik wojny, szahid.

„Prawdziwy szahid to taki wierny, który poległ w boju podczas jakiejś brawurowej akcji bądź też zginął z rąk wroga, buntowników, grasujących po gościńcach bandytów, czy też niesłusznie został skazany na śmierć przez muzułmanów" – stwierdza Gaudefroy-Demombynes. I zauważa, że w ten sposób stracili życie Umar, Usman oraz Ali, pierwsi kalifowie, i zyskali tytuł szahida. Męczennik bowiem wcale nie musi wygrać i pokonać wroga, może ponieść śmierć jako przegrany i pokonany. Jest jednak tylko jeden podstawowy warunek: musi chcieć walczyć! Nie można zostać szahidem tylko dlatego, że przyjęło się cierpienie, trzeba jeszcze okazać wolę walki.

Nic dziwnego, że – jak wspomniałem – Aslan wkładał tyle wysiłku, by wykazać, że Jezus był zelotą; tak tylko można uratować Go dla islamu. Stąd te opowieści o wojnie, do której Jezus wzywał, stąd ciągła próba przypisania Mu dążenia do stosowania gwałtu i chęci wytępienia Rzymian. Jezus wojownik, Jezus powstaniec, choćby przegrany i zamęczony przez wrogów, mieści się w świecie wyobrażeń islamu. Taki Jezus mógłby zostać uznany za prawdziwego szahida; ten jednak, którego wyznają chrześcijanie, co to dał się zawlec na krzyż, bał się i cierpiał, znosił razy i szyderstwa bezgłośnie, wahał się i szedł na śmierć bez oporu i sprzeciwu, byłby raczej uznany za płaksę i słabeusza. Mahomet nie ma żadnych wątpliwości, że walka zbrojna w imię religii spotka się z pochwałą Boga. To, że na zabitych w walce z niewiernymi czeka raj i niebiańskie rozkosze, musiało być, zdaniem Proroka, również częścią objawienia w Torze i w Ewangelii: „Zaprawdę, Bóg kupił u wiernych ich dusze i ich majątki, w zamian za co otrzymają Ogród. Oni walczą na drodze Boga i zabijają, i są zabijani, zgodnie z Jego prawdziwą obietnicą w Torze, Ewangelii i w Koranie. A kto wierniej wypełnia swoje przymierze aniżeli Bóg?" (Koran IX,111).

To się nazywa zagadka! Jako żywo bowiem nie sposób znaleźć żadnego fragmentu Ewangelii, który by zalecał zbrojną walkę z niewiernymi i jeszcze do tego obiecywał w zamian za to raj! Jedyne, co pozostaje komentatorom, którzy chcą uratować prawdziwość tych słów Koranu, to ucieczka do tekstu niezafałszowanej Ewangelii, w której to rzekomo owa obietnica raju w zamian za walkę z bronią w ręku została zapisana. Jest to jednak tyleż wyraz rozsądku, co rozpaczy: skoro nie da się odnaleźć takiego tekstu w Ewangeliach kanonicznych lub w Listach Świętego Pawła, to jak królik z kapelusza wyciągana jest tajemnicza autentyczna Ewangelia, w której taka obietnica na pewno jest. Jest, bo być musi, a być musi, bo tak stoi napisane w Koranie. Co z tego, że nikt nigdy takiego cytatu w niezafałszowanej Ewangelii nie znalazł? Wiadomo, że ukryli go i usunęli chrześcijanie.

Prawdziwy muzułmanin, który walczy dla Allaha, musi być bezlitosny, stanowczy i twardy. Nie wolno mu ulegać uczuciom, nie wolno dać się zwieść niewczesnej litości i miękkości serca. Taka łagodność, niepewność i niechęć do walki byłaby czymś niegodnym prawdziwie wierzącego: „O wy, którzy wierzycie! Zwalczajcie tych spośród niewiernych, którzy są blisko was. Niech się spotkają z waszą surowością. I wiedzcie, że Bóg jest z bogobojnymi!" (Koran IX,123-124).

W tej samej surze Prorok domaga się, by „bałwochwalców zwalczać w całości" (Koran IX,36). Gdzie indziej wyraźnie zapowiada, że Bóg zniszczy niewiernych, bo „Bóg jest opiekunem tych, którzy uwierzyli, [...] dla niewiernych nie ma żadnego opiekuna" (Koran XLVII,11).

Niewierni nie mają nikogo, kto by się za nimi ujął, nie mogą liczyć na żadne zmiłowanie. Te słowa brzmią niemal jak przestroga przed tymi, którzy daliby się zwieść uczuciom i zamiast, jak się tego od nich wymagało, ścinać na lewo i prawo wrogów, zaczęli zdradzać skrupuły sumienia. Nie ma powodu. Wróg, niewierny, musi widzieć surowość muzułmanina! Słowa Koranu są jasne i nie pozwalają na żadne metaforyczne i alegoryczne rozumienie: „Kiedy więc spotkacie tych, którzy nie wierzą, to uderzcie ich mieczem po szyi; a kiedy ich całkiem rozbijecie, to mocno zaciśnijcie na nich pęta" (Koran XLVII,4). Niewierny może ocaleć, tylko jeśli się podda i ukorzy; walcząc z wojownikiem islamu, sam wydaje na siebie wyrok. Przemoc jest właściwym i chwalonym sposobem krzewienia religii, nie jest ważne bowiem, czy ludzie przyjmą prawo Allaha z miłości, czy poddadzą mu się, dostrzegając jego sprawiedliwość, czy też, jak to najczęściej bywa, po prostu ze strachu. Kiedy trzeba, należy wrogów przerazić. „Przygotujcie przeciwko nim, ile możecie sił i oddziałów konnicy, którymi moglibyście przerazić wroga Boga i wroga waszego [...]" (Koran VIII,60). Wzbudzenie przerażenia we wrogu jest najlepszym sposobem pokonania go i zmuszenia do uległości. Nie trzeba się niczego obawiać, nie należy się pytać i wahać. Śmierć wroga to w żadnym razie nie jest śmierć bliźniego; nie wolno go żałować i wylewać nad nim łez. Sam Bóg jest tym, który zabił, współczuć zatem i litować się to potępiać Boga. Niekiedy wersety świętej księgi wręcz rozbrzmiewają gniewem i nawoływaniem do gwałtu: „I zabijajcie ich, gdziekolwiek ich spotkacie, i wypędzajcie ich, skąd oni was wypędzili! – Prześladowanie jest gorsze niż zabicie. [...] Gdziekolwiek oni będą walczyć przeciw wam, zabijajcie ich! – Taka jest odpłata niewiernym!" (Koran II,191).

Wspomniałem o tym, że dziś wielu badaczy stara się za wszelką cenę wykazać, że słowo „dżihad" wcale nie oznaczało wojny świętej, że to chrześcijański wymysł, podczas gdy w Koranie chodzi jedynie o wojnę wydaną słabościom, pożądaniom, ewentualnie złym mocom. Jest prawdą, że „słowo *dżihad* lub raczej czasownik *dżahada* występuje najpierw w Koranie w znaczeniu »robić wysiłek«" – pisał autor „Narodzin islamu". Jednak bardzo szybko ów wysiłek stał się przede wszystkim czynem zbrojnym.

Pod sztandarem Proroka

Wydaje się, że tak właśnie postępował sam Prorok. Nie sposób nie zauważyć, że zarówno wojna, jak też wspomnienia o prowadzonych przez niego wyprawach są ważną częścią Koranu. Z zapisów tych wynika, że Mahomet wielokrotnie walczył z przeważającymi siłami przeciwnika, że nie ulegał i nie poddawał się, ale dzięki hartowi ducha, sile charakteru i mocy woli ostatecznie doprowadzał do korzystnego dla siebie rozstrzygnięcia konfliktu.

„O Proroku! Pobudzaj wiernych do walki! Jeśli wśród was jest dwudziestu cierpliwych, to zwyciężą dwustu; a jeśli jest stu wśród was, to oni zwyciężą tysiąc niewiernych, ponieważ oni są ludźmi, którzy nie rozumieją" (Koran VIII,65).

Niewątpliwie silna wiara w to, że są wysłańcami Allaha i że walczą w imieniu Boga, podnosiła skuteczność oddziałów Mahometa. W oczach żołnierzy Proroka śmierć nie uchodziła za nic strasznego, bo polec w walce oznaczało trafić do raju. Dlatego znacznie mniej liczne, pełne niezłomnej wiary oddziały mogły gromić liczniejszych, pozornie lepiej wyszkolonych, lepiej uzbrojonych przeciwników. A każde zwycięstwo Mahometa traktowane było jak zwycięstwo Boga, jak znak, że jest on faktycznie Jego posłańcem. Nie cuda, nie wskrzeszenia zmarłych, nie uzdrowienia, ale zwycięstwa na polu walki były dowodem wiarygodności posłania Proroka. To jak z samospełniającą się przepowiednią: Mahomet musiał wygrywać, żeby udowodnić, że posłał go Bóg, przegrana w wojnie byłaby końcem misji. Dlatego wygrywał.

Mimo licznych odniesień do bitew, które stoczyło wojsko Mahometa, w oparciu o sam tekst Koranu nie da się ustalić ich kolejności. Chronologia zdarzeń możliwa jest dopiero po uwzględnieniu hadisów. Dlatego wszelkie określenia pól bitew i opisy ich przebiegu mają charakter spekulacyjny. Z drugiej strony może mniej istotne jest przedstawienie samych historycznych faktów, te skrywają się za nieprzebitą zasłoną, ile raczej to, co na ich temat sądzili późniejsi muzułmanie i uznawana przez nich tradycja. Ta zaś nie ma wątpliwości, że kto chce iść w ślady Mahometa, kto chce być prawdziwym wierzącym, posłusznie wypełniającym nakazy Boga, powinien także wypełnić obowiązek żołnierza, wojownika. Wprawdzie udział w dżihadzie, wojnie przeciw niewiernym, nie jest jak pozostałe zasady islamu – wyznawanie wiary, pielgrzymka do Mekki, pięciokrotna codzienna modlitwa czy jałmużna – obowiązkiem każdego muzułmanina, bowiem jest to zadanie dla całej wspólnoty; jest to jednak rzecz polecana i chwalona.

W świętej księdze wspomina się o kilku bitwach pod wodzą Mahometa. Sura III, werset 123 wspomina o bitwie pod Badrem. Sama nazwa odnosi się do osady położonej 120 kilometrów na południowy zachód od Medyny. Sura VIII, werset 42 mówi o bitwie, do której doszło w dolinie i w której wzięła udział konnica. Niekiedy słychać dalekie echa sporów Mahometa z jego żołnierzami, którzy, najwyraźniej znużeni ciągłym bojowaniem, starali się przekonać wodza do pokoju. Musiały też zdarzać się przypadki dezercji – przed pojawieniem się Mahometa Beduini uczestniczyli tylko w krótkich, doraźnych potyczkach, nigdy nie tworzyli zdyscyplinowanej armii mającej na celu podbicie i okiełznanie dużych terytoriów. „Panie nasz, dlaczego nakazałeś nam walkę? A gdybyś dał nam trochę zwłoki?” (Koran IV,77) – mówią rozgoryczeni i zmęczeni wojownicy. W odpowiedzi na takie przejawy niesubordynacji i zwątpienia Prorok grozi opieszałym i niechętnym żołnierzom piekłem (Koran VIII,16). Jednak nie tylko strach przed mękami piekielnymi i nadzieja na raj popychają Arabów do walki pod przywództwem

Proroka; wydaje się, że nie mniej istotnym motywem była pogoń za łupami. Ich podział po zwycięstwie został ściśle uregulowany. Jedna piąta przypadała w udziale Bogu i Jego posłańcowi, następnie jego krewnym, potem sierotom, potrzebującym i podróżnym (Koran VIII,41). Wygląda na to, że Bóg rzeczywiście sobie na swój udział w zdobyczach zapracował: to On jest tym, który według Koranu darowuje bogate łupy (Koran XLVIII,18-19). To On najwyraźniej wspierał Proroka i pozwolił mu rozpocząć wielkie podboje.

Kiedy czyta się te kolejne wersy nawołujące do rozprawy z niewiernymi, widać postępującą radykalizację Mahometa. Jego pierwsze nauki, wszystko na to wskazuje, dotyczyły przede wszystkim jedności Boga, obowiązku jałmużny. Mahomet wzywał do pokuty, widział w sobie ostatniego z proroków posłanych do ludzkości. Jednak krok po kroku następowała metamorfoza. Coraz wyraźniej wyłaniał się obraz wodza, dzielnego i bezwzględnego wojownika, który zrozumiał, że aby utrwalić swoją naukę, musi posłużyć się siłą. Na początku żywił jeszcze złudzenie, że zostanie przyjęty z otwartymi ramionami przez Żydów i chrześcijan, ale w miarę upływu czasu rozumiał, że tak się nie stanie. Słowo okazywało się za słabe. Ani Żydzi, ani chrześcijanie nie chcieli uznać w nim proroka. Nie robiła na nich wrażenia recytacja Koranu, nie chcieli uznać, że ich święte księgi zafałszowano. Mahomet przestał przemawiać, wziął broń i ruszył do walki. O ile na jego słowo niewierni mogli zamykać uszy, mogli je lekceważyć i odrzucać, z mieczem sprawa miała się całkiem inaczej. Tu nie było żartów. Słowo i przykład pobożnego życia mogły nie przekonywać, miecz robił swoje. Chcąc nie chcąc, w ciągu krótkiego okresu, jaki minął od ucieczki z Mekki do Medyny, coraz większe grupy Żydów i chrześcijan musiały podporządkować się władzy posłańca Allaha.

Ucieczka do Jasribu

Pierwszymi, którzy uznali autentyczność objawienia, są członkowie najbliższej rodziny Mahometa. Ogół Kurajszytów, którzy rządzili podówczas w Mekce, odwraca się od niego. Prorok styka się z gniewem, pogardą, lekceważeniem i odrzuceniem. Głównym wrogiem Proroka okazuje się jego stryj Abu Lahab, który wraz z żoną knuje przeciw niemu podstęp. Mahomet jednak ma mocny charakter, nie boi się pułapek, jakie zastawia na niego stryj: „Niech zginą obie ręce Abu Lahaba i niech on sam zginie! – Nie zdadzą mu się na nic jego majątek i to, co zyskał. Będzie się palił w ogniu płomiennym, i jego żona – nosząca drzewo; będzie ona mieć na szyi sznur z włókien palmy" (Koran CXI,1-5).

Jak widać, Prorok nie waha się przeklinać przeciwników; mając pewność, że dostał od Boga władzę, pokazuje, że będzie ją wykorzystywał. Jednak ogłosić, że Abu Lahab i inni wrogowie sczezną w piekle, to nie to samo, co pokonać ich na ziemi. A sytuacja Mahometa, jeśli wierzyć późniejszym kronikom, stawała się coraz trudniejsza. Kurajszyci sądzili, że nowa religia może przynieść im wymierne straty. Mekka, dotychczasowy cel pielgrzymek z całej Arabii, mogła utracić swój religijny charakter i tym samym przestać przyciągać rzesze pogańskich pielgrzymów. Poza tym musiało ich drażnić to, że Mahomet, choć formalnie nie domagał się władzy królewskiej i nie rościł sobie prawa do rządzenia, faktycznie coraz częściej zachowywał się, jakby był udzielnym władcą. Co z tego, że był jedynie, jak twierdził, posłańcem Boga, Rasul Allah, skoro to przez jego usta i tylko przez jego miał przemawiać Bóg? Mogło się wydawać, że występując w imieniu tego jednego, jedynego Boga, Mahomet chce skupić w swoich rękach trzy różne, do tej pory rozdzielone w tradycji arabskiej funkcje: nauczyciela, sędziego i wodza. Sytuacja stawała się coraz bardziej napięta. W 619 roku umiera Chadidża, jego najbliższa powiernica. Odchodzi także Abu Talib, człowiek bliski mu niczym ojciec, do tej pory osłaniający go przed atakami przedstawicieli potężnych mekkańskich klanów. W efekcie presja na Mahometa narasta. Życie w Mekce staje się coraz bardziej niebezpieczne. Prorok podejrzewa, że przeciwnicy w końcu będą chcieli usunąć go siłą.

Wtedy zaczyna na poważnie myśleć o ucieczce, o tym, by opuścić rodzinne miasto i przenieść się do jednej z licznych osad-oaz położonych na pustyni. Jednak jak znaleźć miejsce, w którym by go przyjęto? Co roku w Mekce odbywały się jarmarki, na które z różnych stron półwyspu przybywały karawany kupców, przywożąc najróżniejsze drogocenne towary. Targi w Mekce przypominały pod jednym względem olimpiady w starożytnej Grecji: tak w czasie jednych, jak i drugich nie wolno było prowadzić wojen. Obowiązywało powszechne zawieszenie broni. Mahomet mógł poczuć się pewniej. Miał chwilę wytchnienia. W czasie jednego z takich jarmarków, ponoć rok po śmierci Chadidży, prorok z Mekki odbył długą rozmowę z przedstawicielami północnych plemion. Rok później doszło do kolejnego spotkania, Mahometowi udało się przekonać do siebie Beduinów. Osiągnął wielki sukces. Przybysze zaczęli ponoć modlić się w piątek. W Mahomecie, inaczej niż mekkańscy Kurajszyci, dostrzegli prawdziwego posłańca Niebios. Byli to ludzie z dalekiego Jasribu. Miasto nie nosiło jeszcze późniejszej nazwy Madinat an-Nabi, Miasto Proroka, obecnie po prostu Medyna. Tak dobre przyjęcie przez szczep z północy sprawiło, że Mahomet podejmuje decyzję: to tam się schroni i stamtąd będzie próbował głosić nową naukę. Jest rok 622. Prorok chroni się w Medynie.

Niedługo wcześniej jednak, pod koniec pobytu w Mekce, miał dokonać się wielki cud. Mahomet wstąpił do nieba. Prowadzony przez anioła Gabriela Prorok miał wyruszyć na grzbiecie Al-Buraka z Mekki do Jerozolimy, która jednak była tylko etapem na drodze do prawdziwego celu tej tajemniczej podróży, do siódmego nieba. Oto, co ma do powiedzenia na ten temat Koran: „Chwała Temu, który przeniósł Swojego sługę nocą, z Meczetu świętego do meczetu dalekiego, którego otoczenie pobłogosławiliśmy, aby mu pokazać niektóre Nasze znaki" (Koran XVII,1). Nie sposób nie zauważyć, że to dość niewiele. Kiedy zatem porówna się zawartość tego jednego zdania z tym, co później potrafiła z niego zrobić muzułmańska tradycja, widać, że należy podchodzić do jej przekazów z ogromną ostrożnością.

Według nich Mahomet odbył nocą podróż z Al-Kaby do świątyni w Jerozolimie. Dziwne to jednak, wówczas bowiem żadnej świątyni w Jerozolimie nie było; stały tam tylko resztki murów, których nie zburzyło wojsko Tytusa i nie rozebrali budowniczowie Hadriana. Według wersji kronikarzy arabskich obudzony przez anioła Prorok, który spał w Al-Kabie, wsiada na Al-Buraka, „szybkiego jak błyskawica, mniejszego od konia, a większego od muła, i z głową kobiety". Na tym tajemniczym wierzchowcu Mahomet dociera do Jerozolimy. Tam zaczyna się podróż niebiańska, Al-Miradż, w trakcie której Proroka witają po kolei odźwierni siedmiu kręgów nieba. Rasul Allah spotka w tych kręgach kolejno Adama, Jana i Jezusa, Józefa, Idrisa, Aarona, Mojżesza i wreszcie w siódmym kręgu niebiańskim Abrahama. Według tradycji muzułmańskiej w czasie niebiańskiej podróży Mahomet miał osiągnąć Sidrat al-Muntaha, dotrzeć do Jujuby Ostatniej Granicy. Drzewo jujuby, nabak, miało mistyczne właściwości. Napełniało wonią wszechświat. W jego cieniu dusze męczenników islamu oczekiwały na zmartwychwstanie. Jakkolwiek baśniowo i nieprawdopodobnie brzmiałaby w naszych uszach ta opowieść, a i tak przytoczyłem ją w największym możliwym skrócie, ma ona całkiem realne i znaczące skutki w historii. To ta opowieść, łącznie z pozostawionym rzekomo przez Mahometa śladem stopy na kamieniu w meczecie Kubbat as-Sachra (Kopuła na Skale), stała się podstawą roszczeń muzułmańskich do Jerozolimy. To ona łączy Mahometa z Jerozolimą i to ona pozwala muzułmanom traktować Jerozolimę jako trzecie, obok Mekki i Medyny, święte miasto islamu.

Nie wiadomo, czy witający Mahometa w Jasribie Beduini usłyszeli tę opowieść, czy też, jak wszystko na to wskazuje, jest to późniejsza legenda. Dość, że przyjęli go oni z otwartymi ramionami. Ich miasto leżało na północ od Mekki. Było położone na równinie, nawadnianej i żyznej, otoczonej z północy i ze wschodu górami. Mieszkały tam także trzy szczepy żydowskie: Banu Kajnuka, Banu an-Nadir i Banu-Kurajza. Być może, to stała obecność Żydów w Jasribie sprawiła, że tamtejsi Arabowie bardziej niż ich współplemieńcy z Mekki otwarci byli na monoteistyczne posłanie Mahometa. Większość badaczy podkreśla, że był to rok przełomowy w życiu Proroka. Do tej pory w Mekce musiał bez przerwy zmagać się z oporem i spiskami; tutaj, w Jasribie, znalazł się w przyjaznym otoczeniu, wśród ludzi, którzy uznawali jego autorytet. Człowiek, który jeszcze kilka lat temu drżał cały z niepokoju, czy to, co słyszy, jest głosem Boga, który raz po raz popadał w wątpliwości, teraz nabiera przekonania, że racja jest całkowicie po jego stronie. Ufność w swoje siły i w autentyczność objawień wzrasta. Tutaj miał narodzić się nowy Mahomet, już nie wzywający do pokuty prorok czasów ostatecznych, nie oślepiony światłem boskim i przemożną potęgą słowa mistyk, lecz prawodawca, sędzia, polityk, a przede wszystkim wódz i wojownik, który z nieugiętą siłą wprowadzać będzie swoje prawo i zabijać niewiernych. Od tej pory w Koranie coraz częściej pojawia się formuła „Bóg i Jego Posłaniec, Rasuluhu".

Między Jerozolimą a Mekką

W Jasribie nie tylko zmienia się atmosfera wokół wygnańca z Mekki, takimi bowiem słowami można śmiało określić Mahometa; dochodzi tam do jeszcze jednego przełomowego wydarzenia. Prorok buduje pierwszy meczet, który stanie się wzorcem do naśladowania dla wszystkich innych muzułmańskich domów modlitwy na świecie. Miał on stać na niewysokim kamiennym wzniesieniu, był zbudowany z cegieł i pokryty liśćmi palmowymi, w ten sposób Mahomet nawiązywał do schronienia Mojżesza. Niemniej jedna rzecz odróżnia ten meczet od wszystkich innych, późniejszych i współczesnych. Mianowicie mihrab, nisza wskazująca wiernym kiblę, stronę świata, ku której mają się zwrócić podczas modlitwy, skierowany jest nie jak obecnie ku Mekce, lecz ku Jerozolimie.

Uczeni w różny sposób tłumaczyli sobie ten fakt. Można w tym widzieć ukłon Mahometa w stronę Żydów. Może wierzył jeszcze, że uda mu się ich przekonać do uznania autentyczności swego posłannictwa? Tak czy inaczej, obok meczetu budują swoje domki dwie żony Proroka, Sauda i A'isza. Wkrótce Mahometowi udaje się przekonać do swojej misji całe miasto. Medyna widzi w nim prawdziwego wysłannika Allaha. Gromadzą się wokół niego szczerze wierzący emigranci i ansarowie, pomocnicy, nowo nawróceni wyznawcy. W tej beczce miodu jest jednak łyżka dziegciu. Uwadze Proroka nie może ujść prosty fakt, że mimo pewnej życzliwości miejscowi Żydzi bynajmniej nie chcą ulec jego wymowie. Zwraca się do nich: „Uwierzyliśmy w to, co nam zostało zesłane, i w to, co wam zostało zesłane. Nasz Bóg i wasz Bóg jest jeden i my jesteśmy Mu całkowicie poddani" (Koran XXIX,46-47). Jednak Żydzi mu nie ufają. Mimo wezwań do jedności, mimo twierdzeń, że ich Bóg i jego Bóg to jeden Bóg, wciąż nie chcą widzieć w nim proroka.

Mahomet ogłasza, że prawdziwą wiarą jest wiara Abrahama, hanifa, pierwszego monoteisty, budowniczego Al-Kaby. Od tej pory wszyscy wierni mają się zwracać w modlitwie już nie ku Jerozolimie, ale w stronę Mekki. To zmiana o przełomowym wręcz znaczeniu; od tej pory można powiedzieć, że islam staje się samodzielną religią także w przestrzeni publicznej; związki z judeochrześcijaństwem pozostają, jednak to nie one determinują kształt nowej wiary. Zmiana kierunku modlitwy pozwala też Mahometowi zyskać poparcie coraz większej liczby Arabów – przecież to Mekka i znajdująca się w niej Al-Kaba od wieków już wytyczały centrum życia religijnego wędrujących po półwyspie plemion Beduinów. To mekkańska świątynia przyciągała do siebie od niepamiętnych czasów karawany, kupców, wojowników i pielgrzymów. Dzięki tej drobnej na pozór zmianie Mahomet mógł zostać uznany nie za jednego z proroków, za przywódcę jednego z plemion, ale za prawdziwego Bożego posłańca do wszystkich Arabów. Często tak bywa, że najważniejsze dla dziejów rzeczy rozgrywają się poza sceną, na której skupia się uwaga wielkich tego świata. Mahomet zmienił kiblę podczas uroczystości w meczecie w Kubie, w mieście, do którego najpierw przybył, głosząc swoje nauki Żydom; od tej pory nosi on nazwę Masdżid al-Kiblatajn (Meczet Dwóch Kierunków).

Od samego początku pobytu w Jasribie Mahomet zaczął organizować wyprawy łupieżcze. Z jednej strony było to koniecznością: miasto, do którego przybył razem z pozostałymi emigrantami, było zbyt biedne, by wyżywić tak dużą grupę przybyszów; z drugiej wspólna wojna cementowała wiarę wyznawców i była dowodem przychylności Allaha. Zabawne, jak często współcześni komentatorzy obstają przy tym, że owe zbrojne wyprawy miały wyłącznie obronny i niemal pokojowy charakter. I tak na przykład Bruce Lawrence pisze, że „zawsze była to wojna obronna. Wojna, którą Mahomet rozpoczął z Mekką, nie była walką o prestiż czy bogactwo, lecz o przetrwanie dla Boskiego świata i dla niego samego”. W ramach tej obronnej i pokojowej wojny Prorok i jego wyznawcy zaczęli napadać na małe karawany swoich mekkańskich nieprzyjaciół. Trzeba pamiętać, że wcześniej sam Mahomet zajmował się kupiectwem, znał zatem doskonale trasy przejazdu karawan, oazy i studnie, przy których mekkańczycy mogli się zatrzymywać. Były to typowe dla ówczesnej Arabii napady rozbójnicze, chociaż skuteczność żołnierzy Mahometa mogła też wynikać z ich wiary w to, że toczą wojnę w imieniu Allaha. Ile było tych wypraw i jaki był ich przebieg, nie sposób ustalić. At-Tabari pisze o dwudziestu siedmiu wielkich najazdach dokonanych na rozkaz Proroka oraz trzydziestu czterech małych. „Ekspedycje te, które zresztą zdają się być operacjami typowo rozbójniczymi, tak dobrze pasują do przedmuzułmańskiej tradycji Arabów, że ich najważniejszym wynikiem jest wzrost prestiżu Proroka oraz zachęta do zawierania z nim układów" – podsumowuje łupieżczą działalność Mahometa Gaudefroy-Demombynes.

Odrzucenie korony

Trudno się nie zatrzymać nad tym początkiem aktywności Mahometa. I trudno nie zauważyć, że cokolwiek dziś twierdziliby różnej maści specjaliści, istnieje radykalna różnica w rozwoju dwóch odmiennych religii, chrześcijaństwa i islamu. Od przybycia do Medyny Mahomet gromadzi zwolenników, organizuje napady, zbiera żołnierzy, przygotowuje plan odbicia Mekki. Głosi Słowo Boga, lecz nie zaniedbuje tworzenia armii. Z roku na rok buduje swoją pozycję. Nie traci żadnej chwili.

Jezus obchodził przez rok, może dwa, ale nie więcej niż dwa i pół roku, wsie i miasteczka Galilei. Miał wokół siebie dwunastu uczniów, kilka kobiet, może jeszcze kilkunastu, kilkudziesięciu ludzi, którzy za Nim podążali. Nie potrafił albo nie chciał wykorzystać początkowego entuzjazmu. Mimo że coraz częściej i coraz bardziej natarczywie oferowano Mu przywództwo polityczne. Wystarczyło jedno Jego słowo, a tłumy, które nie odstępowały Go ani na krok, uznałyby w Nim zapowiedzianego Mesjasza, oddałyby Mu władzę i poszły za Nim w bój przeciw Rzymowi. Władza była na wyciągnięcie ręki.

Wspaniale opisuje tę sytuację święty Jan. Przedstawia najpierw, jak pozostali ewangeliści, cudowne nakarmienie rzeszy nad jeziorem Genezaret, a następnie opisuje reakcję obecnych. „Ludzie, którzy widzieli dokonany przez Jezusa znak, zaczęli mówić: »On rzeczywiście jest tym prorokiem, który miał przyjść na świat«" (J 6,14). Tym prorokiem, który miał przyjść na świat i jak wierzono, wyzwolić Izrael spod panowania pogan. Nakarmienie za darmo chlebem jest oznaką najwyższej władzy. Czego więcej można wymagać od wodza niż tego, żeby mógł dać chleb swoim żołnierzom? Jezus, który rozmnożył chleb, stał się natychmiast w oczach tych, którzy jedli, nowym Mojżeszem; tak jak Mojżesz sprawił, że lud Izraela otrzymał mannę z nieba, tak Jezus samym słowem i błogosławieństwem sprawił, że ludzie zostali nasyceni. Nic przeto dziwnego, iż otaczający Go Żydzi uznali, że wreszcie doczekali się przyobiecanego w Pismach wodza. Nie mieli wątpliwości. To był ten moment. „Jezus, wiedząc, że ludzie mają zamiar Go pochwycić i ustanowić królem, oddalił się i sam udał się znowu na górę" (J 6,15). To prawdziwy punkt zwrotny, chwila przełomu. Tłumy Żydów podążają za Jezusem, bo wierzą, że przyszedł do nich wreszcie obiecany Prorok. Takie oczekiwanie doskonale wyraża jeden z tak zwanych psalmów Salomona. Nie wiadomo, kim był jego autor. Można sądzić, że powstał on w połowie I wieku przed naszą erą, czyli raptem kilkadziesiąt lat przed narodzinami Jezusa. Otóż w tymże psalmie – jak podejrzewają badacze, napisanym przez faryzeusza – mówi się wprost o tym, kim ma być wyczekiwany przywódca: „Wejrzyj, o Panie, i wzbudź im króla, syna Dawidowego na czas, który wyznaczyłeś, o Boże, aby sługa Twój panował nad Izraelem. Przepasz go mocą, aby pokonał niegodziwych władców i oczyścił Jeruzalem od pogan, którzy depczą je i pustoszą. Aby w mądrości i sprawiedliwości odrzucił grzeszników od dziedzictwa i rozbił pychę grzesznika jak gliniane naczynie. Aby rózgą żelazną złamał całe ich bezpieczeństwo" (Ps Sal 17,21-24).

Oto, kogo chciano widzieć w Jezusie. Miał pokonać niegodziwych władców, oczyścić Jerozolimę z pogan, wreszcie zniszczyć grzeszników i pogańskie narody. Od prawie stu lat, kiedy to Pompejusz Wielki wykorzystał waśń dwóch braci walczących o władzę, cała Palestyna znajduje się pod rzymskim panowaniem. Siedemdziesiąt lat wcześniej senat obwołał królem Heroda, trzy lata później ten intrygant i jednocześnie doskonały wódz przejmuje władzę nad Izraelem. Podstępnie zabija ostatniego arcykapłana ze starożytnego rodu Hasmoneuszy, tego rodu, który przed wiekiem dał narodowi niepodległość i niezależność od wielkich imperiów Wschodu. Ani królewska propaganda, ani przemoc, ani wreszcie gigantyczne wydatki na świątynię nie są w stanie ukryć tego, że Herod najpewniej w ogóle nie był Żydem. Ale ten z pochodzenia Idumejczyk, zapewne wywodzący się z rodziny pogańskiej, zajmuje miejsce króla Dawida i Machabeuszy. To on ustanawia, powołuje i odwołuje arcykapłanów, on także pilnuje interesów Rzymu. Kiedy trzeba, doprowadza do tego, że cały lud – opór stawiają jedynie faryzeusze i esseńczycy – musi złożyć przysięgę na wierność Augustowi. Po śmierci królestwo zostaje najpierw podzielone między jego synów, a następnie, po kolejnych dziesięciu latach zaburzeń i niepokojów, władzę nad Jerozolimą obejmuje już bezpośrednio przysłany ze stolicy imperium prefekt. Cały ten czas to okres nieustannych buntów, mniejszych i większych powstań tak przeciw Rzymowi, jak i przeciw reprezentującym cesarstwo marionetkowym królom i etnarchom.

Większość Żydów, z wyjątkiem nielicznych arystokratycznych rodów i ciągnących zyski ze świątyni arcykapłanów, nie chce rzymskich rządów. Buntuje się z powodów, które dziś nazwalibyśmy ekonomicznymi – ucisku fiskalnego, niesprawiedliwego rozłożenia podatków, wyzysku. Jednak w nie mniejszym stopniu przyświeca im wiara. Wielu sądzi, że płacenie podatków cesarzowi, szczególnie tak zwanego pogłównego, jest zdradą Jahwe. Trudno im znieść stałą obecność dużego pogańskiego garnizonu rozlokowanego tuż u stóp świątyni. Do tego w czasach Jezusa w Jerozolimie rządzi Poncjusz Piłat, który, inaczej niż jego poprzednicy, nie troszczy się o żydowską wrażliwość: usiłuje wprowadzić do miasta rzymskie znaki legionowe, co Żydzi uznają za zamach na swoje prawa, umieszcza w jednym z pałaców złote tarcze z wizerunkami cesarza, wreszcie zabiera ze skarbca świątynnego pieniądze i przeznacza je na budowę akweduktu. Inny rzymski zausznik, Herod Antypas, władca Galilei, po której wędrował Jezus, prześladuje i zabija w końcu Jana Chrzciciela.

Tłumy czekają na wybawiciela. Kiedy widzą, że Jezus ma nie tylko moc uzdrawiania, ale że nakarmił tysiące mężczyzn, są pewni, że to On. Dlatego biegną za Nim, szukają Go, chcą Go obwołać królem. Oto właśnie nowy Mojżesz, oto nowy Juda Machabeusz, nowy Dawid. Niech zawoła, a staną na Jego wezwanie. Niech podniesie rękę, a schwycą miecze do ręki i ruszą na Rzymian. Ktoś, kto może nakarmić rzesze, musi się cieszyć przychylnością Nieba, a to oznacza, że będzie dobrym wodzem, że będzie zwyciężał. Jednak nie mogą Go znaleźć. Widzą, że „się oddalił". Jak to rozumieć? Wielu z nich jest rozczarowanych i pełnych goryczy. Nie przyszli tu tylko jeść, chcą walczyć, chcą mieć króla z prawdziwego zdarzenia: kogoś, kto w imieniu Boga poprowadzi ich na Jerozolimę. Jezus odrzuca władzę króla, nie chce być wodzem, nie chce przemocy i zwycięstw wojennych. Bóg, którego głosi, nie jest rozmiłowany w wojnie i zabijaniu wrogów.

Nagroda dla wiernych

Kolejne wyprawy przeciw karawanom sprawiają, że mekkańczycy postanawiają raz na zawsze zrobić porządek z Mahometem. Nie wszystkie napady kończą się powodzeniem, niekiedy wojsko Proroka musi się cofać i uciekać. Jednak ten czas drobnych utarczek powoli przechodzi do przeszłości. Prorok musi zmierzyć się w otwartym polu z wysłanymi przeciw niemu oddziałami mekkańskimi. „I kiedy obiecał wam Bóg, iż jeden z dwóch oddziałów wam się podda, pragnęliście, aby to był ten, który nie był uzbrojony. Lecz Bóg chciał utwierdzić prawdę przez Swoje słowa i zniszczyć niewiernych do ostatniego, tak żeby utwierdzić prawdę, a zniweczyć fałsz, chociażby to było nienawistne dla grzeszników" (Koran VIII,7-8). Słowa te komentatorzy odnoszą do zwycięstwa, pierwszego wielkiego zwycięstwa wojsk Mahometa nad niewiernymi w bitwie pod Badrem. Tam to udało się dzięki Boskiej interwencji pokonać wojsko Kurajszytów. O zapale żołnierzy Mahometa najlepiej świadczy opisana w „Narodzinach islamu" historia Umajra, jednego z pierwszych szahidów. Kiedy muzułmanie zaczynają się cofać i losy bitwy zdają się przechylać na korzyść niewiernych, do akcji wkracza sam Mahomet. Recytuje wersety Koranu, które grożą piekłem tchórzom i uciekinierom. Jego ludzie słyszą: „Na tego, który trzyma w ręku duszę Mahometa, ktokolwiek padnie dzisiaj, nieugięty, odważny, twarzą do swego wroga, temu Bóg pozwoli wejść do raju". Kiedy słowa te docierają do Umajra, rzuca daktyle, które właśnie jadł, pędzi w wir walki, zadaje mordercze ciosy wrogom, lecz w końcu ginie.

Zwycięstwo jest całkowite. Kurajszyci opuszczają w popłochu pole walki, muzułmanie wrzucają trupy wrogów do studni. Pierwszy widomy znak został dany. Z historycznego punktu widzenia wydarzenia pod Badrem można uznać za mało znaczącą potyczkę, jedną z wielu, jakich tyle już widziała pustynia. Mahomet wygrywa, mimo że jego wojsko jest znacznie mniej liczne. Widać, jak wielkie znaczenie ma nastawienie i gorliwość żołnierzy. Strach przed piekłem wstrzymuje podanie tyłów i ogranicza dezercję, nadzieja na raj wznieca zapał i pcha do walki bez liczenia się z własnym życiem. Tak pierwszy raz pokazuje się, jak wielką siłę stanowi nowa wiara. Posłuszeństwo Prorokowi daje zwycięstwo. Bo za nim stoi sam Allah. Bitwa pod Badrem nie była tylko jedną z wielu utarczek, w której to słabsi muzułmanie za sprawą sprytu przywódcy, nieładu w szeregach wroga lub zrządzenia losu pokonali silniejszych przeciwników. Nie, bitwa ujawniła nowy sposób działania Allaha, który bezpośrednio angażuje się w walkę po jednej ze stron.

Prawdziwie błogosławieni nie są zatem ani ubodzy w duchu, ani cierpiący udręki, ani łagodni, ani pragnący sprawiedliwości, ani prześladowani dla niej i szukający pokoju, to nie do nich należy Królestwo Niebieskie. Przeciwnie. Prawdziwie błogosławieni są ci, którzy na nic się nie oglądając, w całkowitym posłuszeństwie Prorokowi rzucają się z mieczem na przeciwnika: „Bóg już dopomógł wam pod Badr, kiedy byliście poniżeni. Bójcie się więc Boga! Być może, wy będziecie wdzięczni! Oto mówiłeś do wiernych: »Czyż wam to nie wystarczy, że pomaga wam wasz Pan trzema tysiącami zesłanych aniołów?«. Tak! Jeśli będziecie cierpliwi i bogobojni i jeśli oni zaatakują was niespodziewanie, to dopomoże wam wasz Pan pięcioma tysiącami aniołów, wyróżnionymi" (Koran III,123-125). Można się tylko dziwić, że do zwalczenia niewielkiego skądinąd oddziału Kurajszytów trzeba było aż tylu tysięcy aniołów.

Bitwa ta miała jeszcze jeden skutek. Pokazała, że cały świat dzieli się na wiernych i niewiernych. Że jest to podział najważniejszy i kluczowy. Niewiara Prorokowi to tyle co odrzucenie Słowa Allaha. Ten, kto to robi, zasługuje tylko na niewolę, śmierć lub upokorzenie. To prawda, że Jezus także domagał się wiary, a tym, którzy odrzucili Jego przesłanie, przepowiadał wieczne zatracenie. Jednak ta wiara zawsze musiała przejawiać się w miłości bliźniego, bez niej byłaby martwa i pusta. Nigdzie nie widać tego lepiej niż podczas monumentalnej sceny sądu, takiej jak przedstawił ją święty Mateusz: „Kiedy Syn Człowieczy przyjdzie w swojej chwale wraz ze wszystkimi aniołami, wtedy zasiądzie na tronie swej chwały. Wówczas zgromadzą się przed nim wszystkie narody. A On oddzieli jednych od drugich, jak pasterz oddziela owce od kozłów" (Mt 25,31-32). Ci po jego prawej stronie, symbolizowani przez owce, otrzymają królestwo zgotowane od początku świata, bo „wszystko, co zrobiliście dla jednego z tych najmniejszych moich braci, zrobiliście dla Mnie" (Mt 25,40). Na wieczną mękę zaś pójdą ci, którzy tego nie zrozumieli, nie pojęli, że Bóg kocha ludzi, że właściwą odpowiedzią na to, kim jest Bóg, musi być miłość i troska o bliźniego: „Bo byłem głodny, a daliście Mi jeść; byłem spragniony, a daliście Mi pić; byłem przybyszem, a przyjęliście Mnie; byłem nagi, a przyodzialiście Mnie; byłem chory, a zatroszczyliście się o Mnie; byłem w więzieniu, a przyszliście do Mnie" (Mt 25,35-36).

Jakżeż to przejmujący obraz. Aż ciarki biegną po plecach, kiedy czyta się to uważnie, w skupieniu. Jak wielka jest tutaj wartość uczynków i dobroci! Do tego stopnia, że nagrodzeni, kiedy spełniają dobry czyn, nie muszą wiedzieć, że robią to dla Chrystusa! Tak wielka jest wartość samego aktu miłosierdzia i pochylenia się nad potrzebującym bliźnim. Zbawieni nie muszą wiedzieć ani o czekającej ich nagrodzie, ani o tym, że zrobili to dla Chrystusa, dlatego pytają: „Kiedy widzieliśmy Ciebie [...]?" (Mt 25,38). Wiara bez uczynków, jak powie potem święty Jakub, brat Pański, martwa jest. Wiara, która kazałaby zatem nie pomagać, nie pochylać się, nie prowadzić do prawdy, ale zabijać i eliminować, byłaby z tego punktu widzenia sprzecznością w sobie. Wiara to odpowiedź na Słowo Boga; skoro Bóg jest miłością, to i wiara przejawia się jako miłość. Niewierzącego należy nawrócić, bo znajduje się w śmiertelnym niebezpieczeństwie, bo grozi mu wieczna zatrata. Jednak nawet niewierzącemu mogą zostać policzone na usprawiedliwienie dobre czyny.

W islamie odwrócenie się od religii Proroka jest złem absolutnym. Niewiara to brak posłuszeństwa, a brak posłuszeństwa oznacza śmierć i potępienie zarówno na tym, jak i w przyszłym świecie. Nic nie znaczą dla takiej osoby żadne akty miłosierdzia i dobroci: „A jeśli ktoś z was wyrzeknie się swej religii i umrze jako niewierny – to dla takich daremne są ich uczynki na tym świecie i w życiu ostatecznym. Tacy będą mieszkańcami ognia; oni tam będą przebywać na wieki" (Koran II,217).

Dla kogoś, kto nie chce przyjąć religii Proroka, nie ma ratunku. Wiara i przemoc idą ręka w rękę, przemoc jest innym imieniem wiary. Wiara może przejawiać się tak w słowie lub w miłosierdziu okazywanym słabszym, jak i w zabijaniu przeciwników. Jeden z hadisów, powszechnie uważany za autentyczny, opowiadał o tym, co spotkało pewną niewierną kobietę. Nazywała się Asma Bint Marwan i należała do plemienia Ausutów. Jak przekazuje tradycja, nie tylko ubliżała islamowi, ale też wyśmiewała Proroka i podburzała do buntu przeciw niemu. Musiała ją za to spotkać stosowna kara. Jej wykonawcą był prawdopodobnie jej były mąż i zarazem członek tego samego plemienia. Wszedł nocą do namiotu, gdzie wokół niej spały jej dzieci, ona zaś karmiła najmłodsze. Mężczyzna był niedołężny, ślepy. Mimo to udało mu się odnaleźć kobietę, dotrzeć do niej po omacku, odsunąć dziecko i zadać szablą śmiertelny cios. Ponoć ugodził Asmę prosto w serce. Uczyniwszy zadość sprawiedliwości, jakby nigdy nic podążył świtem do meczetu na poranną modlitwę. Spotkał go tam Prorok i zapytał, czy to on zabił Asmę. Mężczyzna nie wypierał się swego czynu. Zapytał, czy zrobił coś niegodziwego. Na co Prorok odparł, że zabójstwo niewiernej kobiety nie pociąga za sobą żadnej winy.

Tu wszystkie szczegóły są ważne. Całkowite posłuszeństwo i wiara mają absolutne pierwszeństwo; są ważniejsze od litości, współczucia i miłosierdzia. Widać, jak tradycja muzułmańska radykalizuje przekaz biblijny o Pinchasie, który widząc, że Madianitki łączą się z Żydami, sam dla przykładu zabił taką parę. W muzułmańskiej wersji zabójca jest ślepy i zniedołężniały, a mimo to potrafi wykrzesać w sobie dość sił, żeby wejść do namiotu, odnaleźć śpiącą i zadać ostateczny cios. Asma jest matką wielu dzieci, co ma podkreślić, że nic jej nie może uchronić przed mieczem sprawiedliwości. Dlatego słyszymy o tym, że kiedy zginęła z rąk zabójcy, karmiła najmłodsze dziecko. Nic nie ochroni tego, kto ubliża islamowi – brzmi morał. I nic nie powinno powściągnąć miecza muzułmanina: ani to, że jego ofiara była kobietą, ani to, że była matką wielu dzieci, ani to, że kiedy zabójca wszedł dokonać dzieła, była z najmłodszym przy piersi.

To samo przekazują inne starodawne hadisy. I tak jeden z nich opowiada o morderstwie dokonanym na Kab Ibn al-Aszrafie, żydowskim poecie z Chajbaru. Po bitwie pod Badrem udał się do Mekki, gdzie recytował wiersze na cześć Kurajszytów poległych w walce. Kiedy wrócił do Medyny, jego poezja zawróciła w głowie młodym kobietom. Hadis przytacza złowrogie pytanie Mahometa: „Kto mnie uwolni od tego człowieka?". Łatwo sobie wyobrazić, że chętnych nie brakowało. Znowu pojawia się ten sam dramatyczny ton. Kab właśnie poślubił kobietę, ta chce go zatrzymać, jednak nie bacząc na niebezpieczeństwa, poeta trafia do oazy, gdzie dosięgają go zabójcy. Mahomet jest zadowolony; ratuje jednego z rannych skrytobójców i cieszy się z tego, że „nie ma już Żyda, który by się nie bał o własną skórę".

Pierwsze militarne zwycięstwo budzi entuzjazm wspólnoty i samego Mahometa. Od tej pory nie ma wątpliwości, że miecz jest właściwym i skutecznym sposobem wprowadzenia panowania Allaha nad światem. Nie słowo przeciw słowu, ale miecz przeciw mieczowi. Słowo okazuje się zawodne. Mimo najlepszej woli i szczerej intencji Mahometowi nie udało się nawrócić niewiernych. Tyle zabiegów o uznanie poszło na marne. Bitwa pod Badrem przyniosła zrozumienie: mieczem można osiągnąć znacznie więcej niż słowem. A kto nie chce się temu prawu poddać, musi albo umrzeć, albo pogodzić się z poniżeniem. Dochodzi do kolejnych starć z Kurajszytami z Mekki, te nie zawsze jednak kończą się tak dobrze jak pod Badrem. Rok później pod Uhudem to wojska Mahometa muszą pogodzić się z porażką. Nie znaczy to jednak w żadnej mierze, że klęska osłabiła militarny zapał Proroka. Nie, nic nie mogło wzruszyć jego przekonania, że miecz jest skutecznym i właściwym sposobem nawracania drugich. Klęska mogła co najwyżej wskazywać na to, że muzułmanie powinni pamiętać, że ich los jest w ręku Boga. Nie zmieniało to jednak ich rozumienia Boga, nie naruszało przekonania, że był On niczym wódz idący na wojnę, niczym wojownik z włócznią: „I uczynił dla was Bóg prawdziwą Swoją obietnicę, kiedy zniszczyliście ich – za Jego zezwoleniem. A kiedyście się załamali i zaczęliście się wzajemnie sprzeczać, i podnieśliście bunt – a On przecież pokazał wam to, co kochacie – wśród was ujawnili się tacy, którzy pragnęli tego świata, i wśród was byli tacy, którzy pragnęli życia ostatecznego. Potem On odwrócił was od nich, aby was doświadczyć. I On wam przebaczył, Bóg przecież jest władcą łaski dla tych, którzy wierzą!" (Koran III,152).

Klęska wojenna jest skutkiem niewiary; przezwyciężenie niewiary pociągnie za sobą militarny sukces. Po przegranej pod Uhudem następuje zatem okres krwawych i okrutnych rozpraw z przeciwnikami, także plemionami żydowskimi wokół Medyny, które nie chcą uznać władzy Mahometa.

Kiedy już Prorok stłumił bunt i zyskał powszechne posłuszeństwo, dochodzi do przełomowej Bitwy Rowu. Mahomet zwycięża potężną armię mekkańską, mimo że jej wodzem jest Abu Sufjan, główny przeciwnik Proroka, ten sam, który zwyciężył pod Uhudem. Abu Sufjan i Chalid Ibn al-Walid, najzaciętsi wrogowie Mahometa, uznają jego przewagę i przyjmują posłuszeństwo Koranowi. Miecz znowu okazał się skuteczniejszy niż słowo. To, czego Prorok nie mógł zdziałać swoimi przemowami i recytowaniem przez lata w Mekce, osiągnął właśnie na polu bitwy. Jak można było nie uznawać prawdy Koranu, skoro odrzucić ją oznaczało skazać się na śmierć? Im bardziej wzrasta potęga Proroka, tym trudniej wątpić w to, że jest on posłańcem Nieba. Mahomet rozumie, że czas gra teraz na jego korzyść. Wie, że coraz więcej wątpiących zaczyna się zastanawiać, czy dobrze robi, czy nie najwyższy czas przystać do obozu zwycięzcy. Jak w każdej wojnie, tak i w tej łatwo przewidzieć, że przywileje i nagrody czekają na tych, którzy pierwsi dadzą dobry przykład i przeniosą się do obozu wygranych. W 630 roku Mahomet na czele swoich wyznawców, zarówno tych z Medyny, jak i wcześniejszych uciekinierów z Mekki, wkracza do świętego miasta. Dwa lata wcześniej zawarł wstępne porozumienie pokojowe. Jest roztropnym i rozumnym przywódcą, wie, że teraz potrzeba jedności i że zemsta na pokonanym wrogu rodzi tylko chęć odwetu. Okazuje zatem mekkańczykom, z wyjątkiem najbardziej nieprzejednanych, miłosierdzie. Udało mu się zjednoczyć wokół siebie wszystkie plemiona arabskie.

Ostatnie chwile

Dziesięć lat po tym, jak Prorok musiał uciekać z Mekki, stała się ona stolicą kiełkującego imperium. W roku 632 wszystko jest gotowe do następnej wyprawy. Mahomet, twierdzą hadisy, udaje się do Medyny, chce zaatakować Syrię. Miecz znowu musi okazać swoją siłę. Jednak niezbadane są wyroki Opatrzności. Gdy Prorok modli się na cmentarzu, dopadają go silne bóle brzucha. Przerywa modły. Ból narasta, z każdą chwilą staje się bardziej nieznośny. Mahomet ostatnim wysiłkiem woli doczekuje świtu, kiedy to po raz ostatni oddaje chwałę Allahowi. Śmierć jednak wygrywa. Tak spełniły się słowa, które sam przekazał ludziom od, jak wierzył, anioła: „Każda dusza zakosztuje śmierci; potem do Nas zostaniecie sprowadzeni" (Koran XXIX,57).

Prorok odszedł, osiągnąwszy, mogło się zdawać, niemal wszystko, co leży w zasięgu ludzkich możliwości. Zaczynał jako sierota, pogrobowiec. Brak ojca od urodzenia, szybkie odejście matki, przynależność do jednego z poślednich klanów w Mekce sprawiały, iż trudno było uwierzyć, że kiedyś ten mały chłopiec stanie się przywódcą wszystkich Arabów. To, co osiągnął, zawdzięczał sobie. Własnemu hartowi ducha, sprytowi i inteligencji. Tuż przed śmiercią zajął Mekkę, zjednoczył wokół siebie wszystkie plemiona arabskie, zdobył władzę, jakiej nie miał nikt wcześniej. Jego nauka została powszechnie uznana, rodzinne miasto oddawało mu hołdy. Kiedy umierał, musiał widzieć tysiące żołnierzy, łuczników i miotaczy kamieni, doskonałych jeźdźców i wybitnych szermierzy zjednoczonych w jednym pragnieniu podboju świata. Zespolonych jedną wiarą i wyznających ją głośno: „Nie ma Boga oprócz Allaha, a Mahomet jest jego Prorokiem". To, co wydawało mu się tak niepewne, zostało potwierdzone.

Dawno minęły te chwile, kiedy wzburzony, roztrzęsiony przybiegał do Chadidży, szukając u niej zrozumienia. Po latach miał pewność, że się nie mylił. Czyż nie dowodziły tego głosy zgromadzonych? Czyż nie słyszał zewsząd szczęku broni, nie widział współplemieńców, którzy gotowi byli pójść za nim na koniec świata? Teraz, kiedy stał u szczytu potęgi, widział już oczami duszy swoje armie, jak niezwyciężone, potężne, niosące strach i grozę, gotują się do wymarszu, by roznieść i stratować niewiernych, by pogrążyć imperia Persów i Bizantyjczyków. Mógł patrzeć w spokoju na nadchodzącą śmierć. Spełnił, co do niego należało, a zwycięstwo potwierdziło słuszność wiary. Umierał w wieku sześćdziesięciu dwóch lat, syty życia, uznany przez świat, w chwale i czci, otoczony szacunkiem i błogosławiony przez wszystkich wokół niego. Do uszu Mahometa nie docierał najcichszy nawet głos sprzeciwu i powątpiewania.

Niczego podobnego nie można powiedzieć o przedwczesnej, tragicznej i zaskakującej, bo taka była w oczach zwolenników, śmierci Nazarejczyka. Kiedy zaczynał swoją działalność, szły za Nim tłumy ludzi. Żeby znaleźć miejsce samotne, chwilę odosobnienia, musiał chyłkiem wykradać się z domu, uciekać na pustkowie. O ile w przypadku Mahometa czas sprawiał, że grono zwolenników rosło, to w życiu Jezusa było odwrotnie. Pierwsze nadzieje i uniesienie rzesz minęły, gdy tylko okazało się, że prorok z Nazaretu, zamiast podnieść chorągiew wolności i poprowadzić lud na rzymskie barykady, rezygnuje z przemocy i wyrzeka się władzy. Droga Mahometa z Medyny do Mekki prowadziła go ku zwycięstwu i powszechnemu uznaniu; droga Jezusa z Kafarnaum do Jerozolimy wiodła prosto na krzyż.

Z dnia na dzień wykruszali się zwolennicy; wielu z nich odchodziło, bo nie mogli znieść Jego nauki. Idącym za nim Mahomet obiecywał zwycięstwo, potęgę i cześć; Jezus głosił, że kto za Nim podąża, musi gotować się na krzyż: „Jeśli ktoś chce iść za Mną, niech się wyrzeknie samego siebie, niech weźmie swój krzyż i niech mnie naśladuje" (Mk 8,34). Prorok z Mekki wierzył, że ostatecznie wygra i pognębi przeciwników, niektórym wybaczy i pozwoli dołączyć do szeregów, drugich ukarze i wymierzy im sprawiedliwość; Nazarejczyk nie miał złudzeń i raz po raz przepowiadał własną klęskę. Słysząc wyznanie Piotra, swego najważniejszego ucznia, że jest oczekiwanym Mesjaszem, odpowiedział, „że Syn Człowieczy musi wiele cierpieć, że będzie odrzucony przez starszych, wyższych kapłanów i nauczycieli Pisma, że zostanie zabity, lecz po trzech dniach zmartwychwstanie" (Mk 8,31). Dla chrześcijan słowa te nie brzmią aż tak szokująco, bo wierzą, że zmartwychwstanie miało miejsce. Jednak wyobraźmy sobie uczniów Nazarejczyka, kiedy pierwszy raz usłyszeli taką zapowiedź. W ich uszach słowa o zmartwychwstaniu po trzech dniach były, inaczej niż dla nas, jedynie niejasną metaforą. Tak, wierzyli w zmartwychwstanie, ale u kresu czasów, kiedy to Bóg zawezwie na sąd wszystkich zmarłych; w głowie im nie postało, że te trzy dni odnoszą się do konkretnego czasu, że Jezus przepowiada tu największy cud dziejów.

Ich uwaga kierowała się raczej ku zapowiedzi męki, ku przewidywaniu śmierci i upadku. Szli za Jezusem, bo wierzyli, że wciąż możliwe jest inne rozstrzygnięcie, że zapowiedź męki nie spełni się albo że będzie jej towarzyszyło zwycięstwo. Kiedy Mahomet wjeżdżał do Mekki w 630 roku, był już potężnym wodzem, wybitnym mężem stanu. Zdarzały mu się porażki, jednak ostatecznie pognębił wrogów. Wjeżdżał jako uznany i powszechnie słuchany prorok. Sześćset lat wcześniej również naprzeciw Jezusa wyszły z Jerozolimy tłumy, lecz przybywał On bez miecza i bez żołnierzy, zasiadając na oślęciu. Niektórzy sądzili, że przywróci królestwo Izraela, lecz zamiast wezwać do broni, podążył do świątyni, gdzie sam zaczął wywracać stoły. Trudno o większą, patrząc na to z politycznego punktu widzenia, głupotę. Kto o zdrowych zmysłach ciągnie za wąsy groźnego tygrysa? Kto, mając instynkt samozachowawczy, zadziera z władzą, obraża ją i lekceważy, nie mając w ręku porównywalnej siły? Ani wystarczającej liczby stronników, ani wpływowych obrońców? Mahomet przybywał do miasta, które już mu się całe podporządkowało. Wcześniej zawarł układ pokojowy, na mocy którego faktycznie przejął kontrolę nad Mekką. Przybywał do swoich poddanych; był wprawdzie pielgrzymem, lecz dokładnie i bacznie strzeżonym przez swoich żołnierzy. Jezus pojawił się w Jerozolimie, której władze, zarówno żydowskie, jak i rzymskie, były do Niego wrogo nastawione i szukały tylko pretekstu, żeby się Go pozbyć. Kajfasz już wcześniej wiedział, że dla spokoju społecznego musi się pozbyć wichrzyciela, faryzeusze nie mogli znieść tego samozwańczego proroka, który śmiał podważać ich władzę nad ludem. W Jerozolimie Jezus nie mógł liczyć na poparcie, nieliczni zwolennicy drżeli ze strachu i maskowali się. Wkraczając do Mekki u schyłku życia, Mahomet miał nad nią pełnię władzy; Jezus wiedział, że w Jerozolimie władza jest w ręku Jego wrogów. Jeden i drugi mówili o wierze w Boga, jeden i drugi wierzyli, że Bóg jest po ich stronie. Obaj wierzyli, że są całkowicie poddani Bogu. Pierwszy wszakże miał jeszcze siłę i władzę, drugiemu została tylko ufność.

Mahomet umierał wśród swoich, w otoczeniu wiernych, widząc, że lada moment jego nauka zostanie poniesiona do najdalszych zakątków ziemi; śmierć Chrystusa musiała robić na świadkach przygnębiające wrażenie. Najbliżsi uczniowie pierzchnęli jak jeden mąż. Tylko jeden z daleka i w ukryciu towarzyszył orszakowi prowadzącemu związanego Jezusa, ale i on, gdy został rozpoznany, zawiódł. Ewangelie nie wspominają o nikim, kto wziąłby Nazarejczyka w obronę. Trudno nawet powiedzieć, gdzie ukryli się Jego uczniowie. Być może, niektórzy w pośpiechu, przerażeni zbiegli ze świętego miasta do Galilei, inni szukali anonimowości i bezpiecznego schronienia. Tylko czwarty ewangelista wspomina o tym, że umierającemu Galilejczykowi towarzyszył pod krzyżem ukochany uczeń Jan, który znalazł się tam razem z Jego matką. Być może, stali tam tylko kilka minut w czasie kilkugodzinnej, samotnej agonii. Samo to, że Jezus powierza matkę uczniowi, najlepiej pokazuje, że nie mógł liczyć wówczas na oparcie bliskich, bracia Jego już wcześniej przestali Mu ufać. Ukoronowaniem Jego misji staje się śmierć w opuszczeniu i porzuceniu. U stóp Jezus widzi zapewne rzymskich żołnierzy, w ostatnich godzinach męczarni słyszy głosy gawiedzi, która szydzi z Niego i wyśmiewa Go. Umiera w sposób wstrętny i haniebny, właściwy dla niewolnika i buntownika. Przytroczony do narzędzia tortur, bezradny i bezsilny, z najwyższym wysiłkiem stara się podnosić do góry, by choć na moment zaczerpnąć powietrza, jednak skwar, umęczenie po biczowaniu, ciężar drzewca, które dźwigał, rany po upadkach spadają na Niego i przyciskają do krzyża. Nikt by nie uwierzył, że to śmierć godna Syna Dawida, Wyzwoliciela Izraela, Zbawcy. Są przy Nim do końca tylko kobiety, te, które od początku towarzyszyły Mu w drodze. Jest Maria Magdalena, z której wypędził siedem duchów nieczystych, inna Maria, Zuzanna, Joanna, żona Chuzy, zapewne Salome. Może jeszcze któraś z Galilejek. Ale i one patrzą z oddali, czujne, skupione, troskliwe, odepchnięte od wyprężonych w śmiertelnych konwulsjach zwłok.

Zresztą akurat znaczenie, jakie przypisuje się kobietom w początkach chrześcijaństwa i islamu, pod pewnym względem zdaje się łączyć obie religie. Pierwszą wyznawczynią Mahometa jest Chadidża, a A'isza, ukochana żona Proroka, zarówno odgrywa wielką rolę w jego życiu, jak też stanowi istotną gwarantkę pamięci dla późniejszych pokoleń muzułmanów. Lecz i tu podobieństwa są pozorne, a to, co różni obie tradycje, przeważa. Podejście Jezusa do kobiet, zważywszy na panujące w jego czasach obyczaje, było, śmiało można powiedzieć, rewolucyjne. Dopuścił je do grona swoich uczniów; pozwolił im zasiadać u swych stóp i słuchać nauk. Uderzająca jest przypowieść o kobiecie od lat cierpiącej na upływ krwi, przekazana przez trzech ewangelistów. Kiedy obecnie czyta się o tym, jak nieznana bliżej z imienia kobieta chce dotknąć uzdrowiciela, bo liczy na to, że przejdzie na nią jakaś część Jego mocy, nie dostrzega się w takim pragnieniu niczego nadzwyczajnego. W oczach współczesnych Jezusa było to coś skandalicznego. Pozwolił się dotknąć nieczystej kobiecie, nieczystej, bo cierpiącej na krwotok, nie zbeształ jej, nie potępił, ale uzdrowił! Prawo wyraźnie mówiło, że przez takie zetknięcie pobożny Żyd traci rytualną czystość i nie może uczestniczyć w świętych obrzędach.

To tak samo skandaliczny czyn jak słowa o tym, że nierządnice wyprzedzą faryzeuszy w drodze do nieba. Albo jak zgoda na to, by jawnogrzesznica podczas przyjęcia obmywała łzami, a następnie wycierała włosami Jego stopy. To coś niesłychanego, niewłaściwego, ambarasującego w najwyższym stopniu – mówili do siebie faryzeusze i uczeni w Prawie. Cały ich wysiłek religijny skupiał się na oddzieleniu tego, co czyste rytualnie, od nieczystego. Kobiety z samej natury, sądzili, nie mogą nauczać Tory i objaśniać Słowa. Tymczasem Jezus nie tylko że ich nie lekceważył, ale też, jak zanotował to święty Łukasz, przytaczając poruszającą opowieść o Marcie i Marii, dawał niekiedy za wzór. To kobiety należały do najwierniejszych, najbardziej oddanych zwolenniczek Jezusa. Wędrowały z Nim po całej Galilei aż do Judei. Wspierały finansowo, troszczyły się, opiekowały. Słuchały przypowieści i nauk, rozważały je i uczyły się ich. Było to możliwe, gdyż w tej nowej, założonej przez Jezusa wspólnocie zachowywano celibat. Tak tylko mogła powstać nowa rodzina wiary, która zastąpiła naturalną rodzinę złożoną z braci i sióstr, mężów i żon. Powstała nowa wspólnota wierzących, kobiet i mężczyzn, z której wyeliminowano pożądanie i erotyczną zmysłowość.

W stosunku Mahometa do kobiet trudno dostrzec coś równie przełomowego. Inaczej, niż to było w przypadku Jezusa, Mahomet nie rezygnuje z rozkoszy zmysłowych i sam korzysta z powabów licznych kobiet. Tradycja podaje różną liczbę żon, jedni kronikarze mówią o dziewięciu, inni nawet o dwudziestu trzech. Prorok miał też zapewne znacznie większą liczbę konkubin. Wiedział, co to zazdrość i pożądanie; nawet jeśli poślubienie wielu żon wynikało z rachunków politycznych, to nie mniej ważne było pragnienie erotyczne. Pod tym względem Mahomet jest bliższy Dawidowi i Salomonowi, królom starożytnego Izraela, z ich licznymi haremami, rywalizacją i intrygami między kobietami, niż Janowi Chrzcicielowi czy Jezusowi oraz Jego uczniom. Jedyna zmiana w stosunku do wcześniejszej kultury arabskiej polegała na tym, że Koran, akceptując poligamię, ograniczył liczbę żon do czterech. Konkubin jednak mogło być znacznie więcej. Swój harem Prorok stworzył w Medynie. Szczególne miejsce wśród wybranek zajmowała A'isza, córka jego wiernego sprzymierzeńca Abu Bakra. Została jego żoną, kiedy miała dziewięć lat. Przeżyła go o ponad trzydzieści. To u niej, jak twierdzi muzułmańska tradycja, spędził on ostatnią noc życia.

Przepaść oddziela te opisy ostatnich chwil życia Nazarejczyka i mekkańczyka. Ten pierwszy, widząc nadchodzący zgon, zaczął się smucić i trwożyć, „a Jego pot był jak krople krwi spadające na ziemię" (Łk 22,44). Jego uczniowie, zamiast czuwać, ze zmęczenia, może także wskutek wypitego wina, zapadali w sen; ten drugi żartuje z A'iszą i mówi: „Jak by ci było przykro, jeślibyś umarła przede mną, a ja bym ciebie pochował i zmówił modlitwę nad tobą i pogrzebał cię! – Powiedziałabym, że jak byś zrobił to wszystko, wróciłbyś do mego pokoju i zabawiałbyś się tam z jedną z twoich żon. – Prorok się uśmiechnął" – opowiada hadis pochodzący od A'iszy. W tradycji muzułmańskiej brak jakichkolwiek oznak dramatyzmu; śmierć przychodzi na Mahometa łagodnie, jest uwieńczeniem sytego i pełnego sukcesów żywota. Do końca jest z nim ukochana, koi jego ból i czuwa przy słabnącym ciele. Nie ma tu nic z gwałtowności i grozy, jakie towarzyszą pojmaniu Jezusa. Po prostu czując coraz większą słabość, Mahomet skłania głowę na piersi A'iszy i oddaje ducha.

Jakże znowu inny jest obraz śmierci Jezusa, który osamotniony i cierpiący, wydaje głośny okrzyk i umiera w spazmatycznej walce o ostatni oddech, dusząc się na krzyżu. Jak wspomniałem, zarówno Koran, jak i tradycja muzułmańska odrzucają te przekazy. To w pewien sposób konieczne. Allah nigdy nie mógłby się tak nisko schylić, nigdy nie mógłby towarzyszyć swemu posłańcowi w takich głębiach cierpienia i udręki. Jak miałby być absolutnym władcą, jeśliby pozwolił na takie poniżenie i pognębienie swojego proroka? To, co jest osią chrześcijańskiej pobożności – nieskończenie wyniosły i wiekuisty Bóg, który posłał swego Syna, by ten dał życie za niegodnych ludzi, wypijając do dna kielich upokorzenia i cierpienia – nie może zostać przyjęte przez islam.

Zakończenie

Przedziwnym zrządzeniem losu okazuje się, że to obraz Boga przekazany przez islam podbija coraz więcej serc ludzkich, podczas gdy opowieść o Bogu chrześcijańskim natrafia na coraz większy opór. Jak to możliwe? Gdzie tkwi główne źródło słabości? Być może, powód jest banalnie prosty. Jezus przegrywa w starciu z Mahometem, bo... nie ma komu głosić Jego nauk. Wiem, wiem, czytelnicy zaraz zaczną pukać się w głowę. Opił się szaleju i tak pisze, pomyślą. Albo tak strasznie chce powiedzieć coś oryginalnego, że nie zważając na nic, wygaduje bzdury. Jak to nie ma komu mówić o Jezusie? A co robi się w setkach tysięcy kościołów chrześcijańskich na całym świecie? A o czym wciąż naucza armia księży, tych 400 tysięcy ludzi? Czym innym zajmują się biskupi i teologowie?

Zgoda, na pierwszy rzut oka to, co piszę, jest dość niedorzeczne. Jednak jestem przekonany, że mam rację. Jezus przegrywa z Mahometem, bo Jego wyznawcy, zamiast posłusznie przekazywać to, czego nauczał ich Boski Nauczyciel, coraz częściej i coraz widoczniej przykrawają Go do oczekiwania świata. Coraz częściej mówią takim językiem i w taki sposób, że Jego Objawienie trywializuje się i banalizuje, stając się formą świeckiego humanitaryzmu. Chrześcijański Bóg nagle traci świętość i wszechmoc; to, co było największą tajemnicą, która winna wzbudzać w człowieku drżenie i bojaźń – zesłanie Syna – staje się należnym człowiekowi prawem. Łaska, absolutnie wolny i niezasłużony niczym dar, okazuje się prawem przyrodzonym. Miłość grzesznika okazuje się banalnym potwierdzeniem człowieka takim, jaki on jest, a Dobra Nowina staje się ogłaszaniem świętości człowieczeństwa. Prawdziwe to, obawiam się, rzucanie pereł przed wieprze. Bóg traci świętość i wieczność, staje się narzędziem mającym ujawnić wartość człowieka. Nadprzyrodzona łaska okazuje się przyrodzona i naturalna. Nic dziwnego zatem, że ludzie szukający prawdziwej boskiej nieskończoności, szukający religii, w której dostępują spotkania z kimś absolutnie innym, nieproporcjonalnie wyższym, kimś całkowicie nie ludzkim, zaczynają zwracać się do islamu. Tam właśnie odnajdują Boga niezwiązanego ludzkimi oczekiwaniami. Tam odnajdują wzniosłość i majestatyczność, wielkość i wspaniałość chwały Boga, które to wyparowały z chrześcijaństwa w chwili, gdy dostosowało się ono do współczesności. Kiedy sól zwietrzeje, na co się jeszcze przyda?

Gdyby było inaczej, jak można by wytłumaczyć ów niezwykły fenomen wzrostu znaczenia islamu? Każda informacja o kolejnym morderstwie niewinnych powinna sama z siebie przeciwdziałać dopływowi nowych wiernych. Każda powinna stanowić ostrzeżenie i kierować uwagę na niebezpieczeństwo. Tylko że to nie działa. Mimo licznych okrutnych i nieludzkich aktów terroru rośnie liczba nawracających się na islam! Jakkolwiek osobliwie by to brzmiało, takie są fakty: nasilenie przejawów terroryzmu nie odpycha, ale przyciąga do islamu nowych wyznawców. Czy chcę przez to powiedzieć, że ludzie szukają okrucieństwa? Żadną miarą. Przeciwnie, nie sądzę, by do islamu przyciągał terroryzm, stosowanie gwałtu i zabijanie niewinnych. Nie, tym, co jest atrakcyjne, jest – jakkolwiek osobliwie by to zabrzmiało – sam Bóg! To, że w muzułmanach można dostrzec prawdziwą gorliwość wobec Boga. Nie humanitaryzm, nie poszukiwanie jedności, nie dialogowanie, ale gorliwość wobec imienia Boga, która z zachodniego chrześcijaństwa ulotniła się niemal całkowicie. Tym, co atrakcyjne, jest życie podporządkowane woli Boga, życie, w którym wierny ma poczucie, że idzie drogą nakazaną przez Niebo. Nie drogą człowieka, ale Boga. Nowe nawrócenia następują nie ze względu na terroryzm, ale pomimo niego. Przemoc traktowana jest w tym wypadku jako wyraz radykalnej gorliwości i zaangażowania. Mając do wyboru obecny katolicyzm, z jego zaangażowaniem na rzecz światowego pokoju, praw człowieka, godności i wolności ludzkich, oraz islam, z jego niebezpiecznym przyzwoleniem na gwałt, wielu ludzi szukających prawdziwej religii wybiera ten drugi.

O ile katolicyzm w ciągu ostatnich kilkudziesięciu lat uległ znaczącym przemianom, islam, co się tyczy obyczajów i praktyk religijnych, w niczym się nie zmienił. Kościół porzucił łacinę, swój oficjalny i uświęcony język liturgii, gdyż w ten sposób chciał dotrzeć do współczesnego człowieka, chciał być bardziej zrozumiały.

Lecz czy człowiek naprawdę chce, żeby Bóg był dla niego bardziej zrozumiały? Koran może być odczytywany tylko po arabsku; tak samo główne wyznanie wiary, jak i najważniejsze modlitwy muszą być odmawiane w języku Proroka. Księża powszechnie porzucili sutanny, a siostry zakonne z każdym rokiem śmielej rezygnują ze szczelnych habitów, wybierając stroje coraz bardziej świeckie; w tym samym czasie muzułmanki powszechnie zaczęły nosić burki i długie suknie. Chrześcijańscy pielgrzymi dawno już przesiedli się do wygodnych, klimatyzowanych autobusów i szybkich samochodów; miliony muzułmanów, przybywając do Mekki, kiedy to odbywają hadżdż, siedem razy okrążają kamień Al-Kaby, a następnie truchtem siedem razy biegną między as-Safą i al-Marwą, uczestniczą w rytualnych ablucjach, rzucają kamieniem w szatana, biorą udział w wielkim zgromadzeniu na równinie Arafat. Katoliccy pielgrzymi są coraz bardziej zadbani i dobrze odżywieni, muzułmanie muszą zarówno w trakcie hadżdżu, jak i umry powstrzymać się nie tylko od obcinania włosów, ale od wszelkiego ich porządkowania – dzieje się tak od momentu, kiedy wkładają białą szatę pielgrzyma i wchodzą w stan uświęcenia (ihram). O ile co roku zmniejsza się liczba katolików poważnie traktujących nakazy wielkiego postu, to liczba stosujących się ściśle do reguł ramadanu rośnie; a przecież wymaga się tu ścisłego postu od wschodu aż do zachodu słońca przez cały miesiąc!

Liczby mówią same za siebie. Tym, który coraz bardziej wymyka się chrześcijanom, jest sam Bóg. Im więcej wysiłku wkłada Kościół w bycie zrozumiałym, im bardziej stara się trafić do przekonania współczesnego człowieka, im szybciej dostosowuje swoje rytuały i język do współczesności, tym mniej chętnie jest słuchany, tym szybciej opuszczany. I odwrotnie. Światowy sukces islamu spowodowany jest w głównej mierze tym, że daje on dostęp do tajemniczego, nieokiełznanego i transcendentnego Boga, a nie Jego oswojonej, zhumanizowanej i grzecznej wersji. Jeśli zatem jest nadzieja na zmianę i jeśli Zachód ma być w stanie przeciwstawić się islamowi, to pierwszym warunkiem musi być odzyskanie prawdziwego Boga, Boga żywego, Boga ojców, Abrahama, Izaaka, Jakuba, Boga Jezusa Chrystusa, a nie dostosowanego do oczekiwań mitycznej współczesności Boga godności i praw człowieka. Chyba że już na wszystko jest za późno i rację ma Michel Houellebecq, gdy twierdzi, że przyszłość Zachodu należy do islamu.

Literatura przedmiotu

Dżihad i samozagłada Zachodu to nie książka naukowa, lecz duży esej. Dlatego zrezygnowałem z podawania dokładnych adresów bibliograficznych przy cytatach w tekście. Tak samo wskazane tu książki nie są w ścisłym tego słowa znaczeniu bibliografią, raczej jest to zbiór najważniejszych dzieł, których lektura towarzyszyła mi w czasie pisania. Jeśli chodzi o pozycje na temat islamu, jego historii i dziejów stosunków z Zachodem i chrześcijaństwem, to przede wszystkim korzystałem z następujących:

Reza Aslan, *Nie ma Boga oprócz Allaha. Powstanie, ewolucja i przyszłość islamu*, przeł. Patryk Gołębiowski, Burda Publishing Polska, Warszawa 2014.

Reza Aslan, *Zealot. The Life and Times of Jesus of Nazareth*, Random House, Kindle Edition, New York 2013.

Alain Besançon, *L'Image interdite. Une histoire intellectuelle de l'iconoclasme*, Fayard, Paris 1994.

Martin Biddle, *Das Grab Christi*, Brunnen, Gießen--Basel 1998.
Michael Cook, *Mahomet*, przeł. Bogusław R. Zagórski, Prószyński i S-ka, Warszawa 1999.
Saint John of Damascus, *Writings. The Fount of Knowledge: The Philosophical Chapters, on Heresies, the Orthodox Faith*, CreateSpace Independent Publishing Platform, [b.m.] 2012.
Oriana Fallaci, *Wściekłość i duma*, przeł. Krzysztof Hejwowski, Wydawnictwo Cyklady, Warszawa 2003.
Maurice Gaudefroy-Demombynes, *Narodziny islamu*, przeł. Hanna Olędzka, PIW, Warszawa 1988.
Joachim Gnilka, *Bibel und Koran. Was sie verbindet, was sie trennt*, Herder, Freiburg im Breisgau 2010.
Joachim Gnilka, *Koran i chrześcijanie. Tajemnice początków*, przeł. Monika Waluś, Wydawnictwo Jedność, Kielce 2010.
Joachim Gnilka, *Wer waren Jesus und Muhammad? Ihr Leben im Vergleich*, Herder, Freiburg im Breisgau 2011.
Oleg Grabar, The Dome of the Rock, The Belknap Press of Harvard University Press, Cambridge, Massachusetts 2006.
Peter Kreeft, *Between Allah and Jesus. What Christians Can Learn from Muslims*, Kindle Edition, [b.m.] 2010.
Bruce Lawrence, *Koran. Biografia*, przeł. Janusz Danecki, Warszawskie Wydawnictwo Literackie Muza, Warszawa 2008.
Bernard Lewis, Buntzie Ellis Churchill, *Islam. The Religion and the People*, Kindle Edition, [b.m.] 2008.

Christoph Luxenberg, *Die syro-aramäische Lesart des Koran. Ein Beitrag zur Entschlüsselung der Koransprache*, Verlag Hans Schiler, Berlin 2011.
Diane Moczar, *Jak Kościół katolicki ocalił zachodnią cywilizację*, przeł. Jan J. Franczak, Wydawnictwo AA, Kraków 2014.
Karl-Heinz Ohlig, *Early Islam. A Critical Reconstruction Based on Contemporary Sources*, Prometheus Books, Amherst 2013.
Norbert G. Pressburg, *Good Bye Mohammed: Das neue Bild des Islam*, Norderstedt: Books on Demand, Kindle Edition, [b.m.] 2012.
Streit um den Koran. Die Luxenberg-Debatte. Standpunkte und Hintergründe, Hrsg. Christoph Burgmer, Verlag Hans Schiler, Berlin 2006.

Jeśli chodzi o rozumienie historycznej postaci Jezusa, Jego działalności, misji i losów, pozostaje mi odwołać się do szczegółowych danych bibliograficznych podanych na końcu trzech moich książek:

Paweł Lisicki, *Czy Jezus jest Bogiem? Od judaizmu do chrześcijaństwa*, Wydawnictwo M, Kraków, 2014.
Paweł Lisicki, *Kto zabił Jezusa? Prawda i interpretacje*, Wydawnictwo M, Kraków 2013.
Paweł Lisicki, *Tajemnica Marii Magdaleny*, Wydawnictwo M, Kraków 2014.

Wszystko są to oczywiście komentarze i interpretacje, nic nie może jednak zastąpić źródeł. A tymi były dwa wydania świętej księgi muzułmanów:

Koran, z arab. przeł. i komentarzem opatrzył Józef Bielawski, PIW, Warszawa 1986.
Koran (Al Koran), w przekł. Jana Murzy Tarak Buczackiego, z krótkim wprowadzeniem Andrzeja Sarwy, Wydawnictwo Armoryka, Sandomierz 2012.

I jedno wydanie Biblii:

Pismo Święte Starego i Nowego Testamentu, Najnowszy przekład z języków oryginalnych z komentarzem, Edycja Świętego Pawła, Częstochowa 2011.

Ci, którzy przeczytali całość, zauważyli, że sporo uwagi poświęcam obecnej sytuacji zachodniego chrześcijaństwa i krytyce nowego katolickiego podejścia do islamu i innych religii. Mógłbym tu wskazać znacznie więcej pozycji, ograniczę się jednak do, moim zdaniem, najważniejszych:

Romano Amerio, *Iota Unum. A Study of Changes in the Catholic Church in the XXth Century*, Sarto House, Kansas City 1996.
Michael Davies, *Sobór Watykański II a wolność religijna*, przeł. Adam Juchniewicz, Te Deum, Warszawa 2012.
Johannes Dörmann, *Der theologische Weg Johannes Pauls II. zum Weltgebetstag der Religionen in Assisi*, Bd. 1,2, Sitta-Verlag, Senden, 1990/1992.
Dietrich von Hildebrand, *Koń trojański w mieście Boga*, przeł. Jerzy Wocial, Fronda, Warszawa 2013.
Dietrich von Hildebrand, *Spustoszona winnica*, przeł. Tomasz G. Pszczółkowski, Fronda, Warszawa 2013.

Henri de Lubac, *Katolicyzm. Społeczne aspekty dogmatu*, przeł. Maria Stokowska, Znak, Kraków 1961.

Roberto de Mattei, *Sobór Watykański II. Historia dotąd nieopowiedziana*, przeł. ks. Sergiusz Orzeszko IBP, Centrum Kultury i Tradycji Wiedeń 1683, Ząbki 2012.

Dr. Ludwig Ott, *Fundamentals of Catholic Dogma*, Tan Books and Publishers, Rockford, Illinois 1974.

Karl Rahner, *Podstawowy wykład wiary. Wprowadzenie do pojęcia chrześcijaństwa*, przeł. Tadeusz Mieszkowski, Instytut Wydawniczy Pax, Warszawa 1987.

John Thavis, *Dziennik Watykański. Władza, ludzie, polityka*, przeł. Urszula Gardner, Znak, Kraków 2015.

George Weigel, *Świadek nadziei. Biografia papieża Jana Pawła II*, przeł. Dominika Chylińska, Jacek Illg, Jadwiga Piątkowska, Rafał Śmietana, Maria Tarnowska, Znak, Kraków 2012.

Ralph M. Wiltgen, *Ren wpada do Tybru. Historia Soboru Watykańskiego II*, przeł. Aleksandra Słowik, Wydawnictwo AA, Kraków 2011.

Bp Karol Wojtyła, *Znak sprzeciwu. Rekolekcje w Watykanie od 5 do 12 marca 1976*, Znak, Kraków 1995.

Najważniejsze oficjalne wypowiedzi przedstawicieli Kościoła na temat islamu znajdują się na oficjalnej stronie internetowej Episkopatu USA:

http://www.usccb.org/beliefs-and-teachings/ecumenical-and-interreligious/interreligious/islam/vatican-council-and-papal-statements-on-islam.cfm

Poza tym najważniejsze wystąpienia papieskie po polsku można znaleźć tu:

http://www.rzeczynowe.pl/Jan_Pawel_II_Casablanca_1985.html

Dla zrozumienia nowego podejścia do Mahometa i dialogu religijnego należy też zapoznać się z papieskimi encyklikami:

http://www.zaufaj.com/encykliki/74.html

oraz tym, co stanowi prawdziwą podstawę przewartościowania islamu przez Kościół, czyli dokumentami soborowymi:

http://www.tezeusz.pl/cms/tz/index.php?id=3823

A gdyby ktoś nie wierzył, że obecny papież Franciszek faktycznie wymienił jednym tchem katolickich i islamskich fundamentalistów, to źródłem cytatu był Reuter:

http://uk.reuters.com/article/2014/11/30/uk-pope-turkey-mideast-idUKKCN0JE0AB20141130

Spis rzeczy

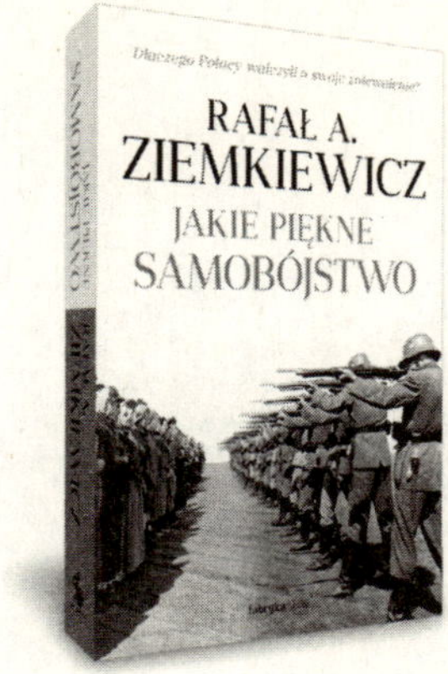

Rafał A. Ziemkiewicz

Jakie piękne samobójstwo

Wielka klęska może być początkiem wielkiego sukcesu. Wielki sukces może poprowadzić wprost do wielkiej klęski.

Rafał A. Ziemkiewicz otwiera nowy rozdział swojej twórczości, do którego dojrzewał w trakcie ostatniej dekady. To już nie jest zwyczajna publicystyka, to błyskotliwa analiza powodów, dla których na przestrzeni dziejów nasze bohaterstwo obracało się przeciw nam.

Świetnie zaobserwowane i znajdujące potwierdzenie w dokumentach źródłowych analogie i procesy nieuchronnie prowadzące do niepotrzebnego rozlewu polskiej krwi na frontach całego świata.

Siedemdziesiąt lat od zakończenia II wojny światowej można już bez kompleksów obalać mity i bajki, którymi karmiono nas z pokolenia na pokolenie.

WYDANIE I

ISBN 978-83-7964-078-2

PROJEKT I ADIUSTACJA AUTORSKA WYDANIA Eryk Górski, Robert Łakuta

FOTOGRAFIA NA OKŁADCE © DAMIR SAGOLJ/Reuters/Corbis

FOTOGRAFIA AUTORA NA OKŁADCE © Katia Serek

PROJEKT OKŁADKI Szymon Wójciak

REDAKCJA Magdalena Byrska

KOREKTA Agnieszka Pawlikowska

SKŁAD „Grafficon" Konrad Kućmiński

SPRZEDAŻ INTERNETOWA
swiatksiazki.pl

ZAMÓWIENIA HURTOWE
Firma Księgarska Olesiejuk sp. z o.o. sp.j.
05-850 Ożarów Mazowiecki, ul. Poznańska 91
tel./faks: 22 721 30 00
www.olesiejuk.pl, e-mail: hurt@olesiejuk.pl

WYDAWCA
Fabryka Słów sp. z o.o.
20-834 Lublin, ul. Irysowa 25a
tel.: 81 524 08 88, faks: 81 524 08 91
www.fabrykaslow.com.pl
e-mail: biuro@fabrykaslow.com.pl
www.facebook.com/fabryka

DRUK I OPRAWA OPOLGRAF S.A. www.opolgraf.com.pl